# 貨幣銀行學

## 理論與實務

*Money, Banking, and Financial Markets*

楊雅惠 博士 著

三民書局

國家圖書館出版品預行編目資料

貨幣銀行學：理論與實務 / 楊雅惠著.－－初版一
刷.－－臺北市：三民，2018
　　面；　　公分

ISBN 978－957－14－6446－6　（平裝）
　1.貨幣銀行學

561　　　　　　　　　　　　　　　　107011275

© 貨幣銀行學
—— 理論與實務

| | |
|---|---|
| 著 作 人 | 楊雅惠 |
| 責任編輯 | 蔡佳怡 |
| 美術設計 | 黃顯喬 |
| 發 行 人 | 劉振強 |
| 著作財產權人 | 三民書局股份有限公司 |
| 發 行 所 | 三民書局股份有限公司 |
| | 地址　臺北市復興北路386號 |
| | 電話　(02)25006600 |
| | 郵撥帳號　0009998－5 |
| 門 市 部 | (復北店) 臺北市復興北路386號 |
| | (重南店) 臺北市重慶南路一段61號 |
| 出版日期 | 初版一刷　2018年9月 |
| 編　　號 | S 582270 |

行政院新聞局登記證局版臺業字第○二○○號

有著作權·不准侵害

ISBN　978-957-14-6446-6　（平裝）

http://www.sanmin.com.tw　三民網路書店

# 序

本書脫胎於作者原作《貨幣銀行學》，原書自 1988 年第一版付梓，至 2012 年發行第五版。至今又匆匆數個寒暑，不但理論研究更為精進，實務方面更是日新月異。為使內容能更符合時代所需，反映金融潮流，本書擴充貨幣銀行學之涵蓋範圍，除了重要的理論架構外，也增添不少實務素材，充實了理論與實務兩大面向。

金融體系發展與貨幣交易，在漫長的歲月中，如溪如河地流動，如雲如虹地轉變，從不在原地停留止步。作者從事金融研究多年，曾擔任政府部門金融監管工作，持續追蹤貨幣金融體系的動向。感受金融危機的震盪，參與金融改革的推動，目睹金融機構的競逐，融入當前科技金融的潮流。在這樣朝夕片刻不休息的環境中，深深體認：任何從事貨幣銀行之理論與實務的學習者與工作者，沒有停滯的空間，必須馬不停蹄地汲取新知，抓緊脈動。

本書從基本的貨幣理論入門，釐清金融體系架構，剖析金融市場的變化原由，融入國內外資金互動影響，整理歷年統計資料，充實各項理論條理，並擴充了各章之繽紛貨銀篇幅，引入當前重要金融現象及議題。期待讀者在詭譎多變的經濟金融情勢下也能啟發思考、激發討論。

「賣卻屋邊三畝地，添成窗下一床書。」出自晚唐詩人杜荀鶴〈書齋即事〉，道出愛書寫書者埋頭書堆而樂在其中之旨趣。一本書尚有完成之日，貨幣金融的故事卻無結局之時。本書盼能提供學子對貨銀基本內容的架構掌握，分析現象的妥適工具，以及未來拓展視野的潛在空間。學海無涯，無論學理與實務，常有諸多論辯。本書字裡行間或有謬誤之處，若各界對本書有所高見，尚祈不吝雅正。

楊雅惠

誌於 2018 年夏

# 貨幣銀行學

目 次

序

表目次

圖目次

繽紛貨銀目次

# ▶表目次

# ▶圖目次

# ▶繽紛貨銀目次

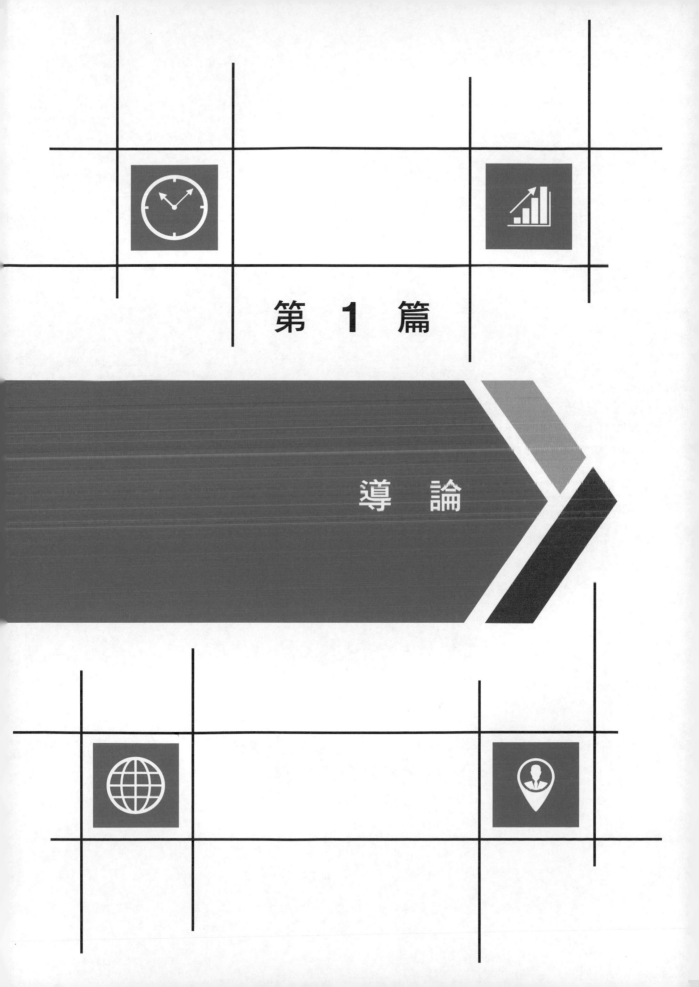

第 1 篇

導　論

第1篇

第一章

# 第 1 章
# 貨幣銀行學簡介

## 1.1 貨幣銀行學之重要性

為什麼要學貨幣銀行學？你可以先想想下述問題。

你聽過金融風暴事件嗎？為何產生金融風暴？這與銀行制度的健全性有何關係？你覺得健全的銀行制度重要嗎？銀行制度是如何運作的？銀行經營如何做資產負債管理？金融監督管理委員會、中央銀行如何監管銀行體系？

你把錢存在銀行嗎？利息收入理想嗎？你向銀行借錢時之利息負擔過重嗎？利率水準對存放款雙方的意義何在？利率水準是如何決定的？為何市場上不同的債券、不同的期限會出現不同的利率結構？

你擔心通貨膨脹的問題嗎？造成通貨膨脹的原因是什麼？政府該如何因應？用什麼政策可以解決通貨膨脹問題？

社會上有游資泛濫或資金緊縮的現象嗎？社會上的貨幣量有多少？到底貨幣的定義是什麼？在經濟發展過程中，貨幣的功能如何？貨幣如何透過銀行體系來發揮它的功能？商業銀行如何創造信用？科技金融及數位貨幣之發展趨勢，如何影響社會支付交易功能？

除了銀行以外，金融體系中還有哪些金融機構與金融商品？你去買過股票嗎？你接觸過票券市場嗎？這些市場的特性如何？

為了讓金融穩定，中央銀行要如何控制貨幣量？中央銀行常用的政策工具有哪些？貨幣政策如何影響整個經濟的成長、物價乃至於失業等變數？

看看外匯市場，其影響外匯供給與需求的因素為何？你想知道匯率是如何決定嗎？為何會有升值或貶值趨勢？

觀察實務現象，臺灣的金融體系有何特色？歷年來臺灣貨幣金融體系表現出什麼現象？

1997 年亞洲金融風暴爆發後，亞洲國家出現哪些金融問題，其原因與影響如何？2008 年發生國際金融海嘯，其經過與原由如何？2010 年歐債事件，突顯歐元哪些潛在問題？未來國際貨幣金融發展趨勢及面臨挑戰如何？

上述問題都是平常財經新聞、報章雜誌常報導的內容，要瞭解這些內容，需有一套完整的理論訓練，才能夠客觀性、全面性、合理性地去分析研判財經局勢。本書便是針對上述內容，逐一用有條理、邏輯的分析架構，予以介紹、剖析，並介紹臺灣之現況。

## 1.2 貨幣銀行與總體經濟之關係

貨幣與物價、經濟成長之間有非常密切的關係，貨幣與總體經濟之關係請見圖 1-1。圖 1-1 顯示金融體系與實質經濟之互動關係，以及政府政策的角色。圖的左方是金融體系，右方是實質經濟活動。兩者之間透過各種市場產生互動。

金融市場可分為國內金融市場與國際金融市場。國內金融市場的討論又分為金融機構與交易工具兩部分。國內金融機構包括金控、銀行、信用合作社、證券公司等；交易工具包括貨幣、股票、債券等等。國外金融市場主要乃指外匯市場，進行各種外匯資產之交易。外匯市場的組成分子包括外匯指定銀行、外匯經紀商等等；外匯資產則包括美元、歐元、日圓等外幣。國際貨幣組織則在全球金融活動上扮演著相當重要的角色。

實質經濟活動分成封閉經濟體系與開放經濟體系。封閉體系指國內經濟活動，未包括貿易部門，重要的總體經濟變數，有所得與失業變數；而開放體系則包括貿易部門，需討論進出口活動。

金融體系的發展，與政府對於金融體系的管制、金融自由化政策與國際

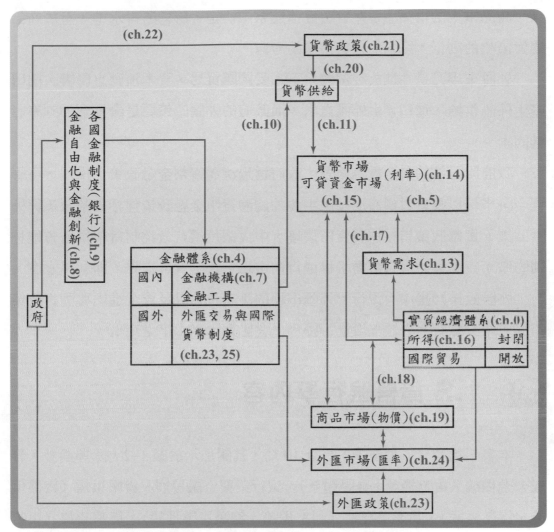

註：圖中數字即本書之章次。

圖 1-1　貨幣金融與總體經濟之互動架構

化政策有關。從管制的金融體系邁向自由化、國際化的過程，需要一連串的金融改革措施。在改革過程中，金融創新不斷推出。

金融體系與實質經濟之間有相互影響，形成貨幣市場、商品市場與外匯市場，每個市場均有其需求與供給。貨幣市場的需求主要來自於實質經濟體系的各項經濟活動，以及金融體系中的資產選擇行為。貨幣市場的供給一方面受政府貨幣政策的影響，另一方面與金融機構的信用創造過程有關，由貨幣市場的供需，決定出利率水準。

商品市場的供需主要在實質經濟體系中決定，影響所得水準，至於商品絕對價格的高低，則需加入貨幣量的考慮。

外匯市場乃是在開放經濟體系下，受國際貿易、資本流動之影響，出口產生外匯供給，進口產生外匯需求，而政府的外匯政策更是最重要的匯率影響因素。

政府所扮演的角色極為重要，政府透過總體貨幣金融政策之操作，可影響金融市場以及實質經濟活動，主要的總體貨幣金融政策包括貨幣政策與外匯政策。貨幣政策旨在控制貨幣環境，中央銀行須有效控制貨幣供給方能控制物價，貨幣供給與貨幣需求構成貨幣市場，決定資金價格，即利率水準。

外匯政策乃是中央銀行對外匯市場的匯率決定以及資金進出移動之政策措施。中央銀行對外匯市場進行操作，會影響匯率水準之高低。

## 1.3 貨幣銀行學內容

本書架構共分 6 個層次，合計 10 篇，其關係示於圖 1–2，除導論外，分成金融概論（貨幣概論、金融體系）、銀行業與金融發展、貨幣供需（貨幣供給、貨幣需求）、貨幣與經濟（利率理論、總體貨幣理論）、貨幣政策（央行貨幣政策）、國際金融等 6 個層次。這些內容，係立基於圖 1–1 的貨幣與總體之關係，各議題相關章次亦標示於上。

本書 10 篇之下共有 25 章，各章主要內容簡介如下。

第 1 篇為導論，介紹貨幣銀行學的入門概念。包括第 1 章貨幣銀行學簡介，乃對本課程主要內容說明，以及附章的相關經濟學概念介紹。

第 2 篇為貨幣概論，共分兩章。第 2 章為貨幣供給之定義與測度：討論廣義與狹義貨幣供給的定義與測量方式；第 3 章為貨幣本位制度：介紹貨幣本位制度之演進與特色。

第 3 篇為金融體系，其中第 4 章為金融體系概論：金融體系的架構、金

融市場的組織、金融工具的種類；第 5 章是利率概念：討論利率的概念與衡量；第 6 章是臺灣金融體系：介紹臺灣金融體系之特色。

第 4 篇為銀行業與金融發展，共有 3 章。其中第 7 章乃是商業銀行經營：如商業銀行的資產、負債、流動性之管理等；第 8 章為金融管制、自由化與金融創新；第 9 章介紹各國銀行業與金融制度，包括美國、歐洲、日本、中國大陸等。

第 5 篇為貨幣供給。第 10 章介紹倍數創造存款過程：貨幣供給乃是透過中央銀行貨幣數量的控制，經由銀行機構之存放款操作，創造貨幣供給；第 11 章則是貨幣供給模型：設立完整的貨幣供給模型，說明貨幣基數、貨幣數量與貨幣供給之關係。

第 6 篇為貨幣需求。第 12 章是資產需求理論：個人進行選擇資產時所考慮因素的分析；第 13 章是貨幣需求理論：闡釋影響貨幣需求理論的因素。

第 7 篇是利率理論，其中第 14 章為利率決定理論，由凱因斯貨幣供需來說明利率之決定；第 15 章為利率結構理論，由可貸資金供給來說明利率之決定。

第 8 篇為總體貨幣理論，因為貨幣市場以及各種政策與總體經濟之間有其相互關係，本書中對於重要的經濟理論（凱因斯理論、古典學派理論、*IS-LM* 模型等）以及對於貨幣政策與總體經濟的關係，均有深入的討論。如第 16 章為國民所得決定之簡單模型；第 17 章為貨幣對所得、利率之影響；第 18 章為貨幣政策對物價之影響；第 19 章為通貨膨脹：分析通貨膨脹的種類、成因及對策。

第 9 篇為央行貨幣政策。其中第 20 章是央行與準備貨幣之變動：政府如何來影響準備貨幣之變動；第 21 章是央行貨幣政策工具：央行可運用之貨幣政策工具的分析；第 22 章是貨幣政策策略：貨幣政策之成效、中央銀行的貨幣政策執行原則。

第 10 篇為國際金融，即分析外匯市場之變動。其中第 23 章為國際收支

與外匯政策：國際收支平衡表之概念；第 24 章為匯率理論：外匯供需與匯率
變動；第 25 章為 1990 年代以來重要國際金融事件：歐元整合與歐債危機根
源、亞洲金融風暴、金融整併、金融海嘯等。

　　本書各章均附兩則繽紛貨銀，大致上就金融相關時事報導、研究議題、
國內外動態等，提出不同層面角度，拓展思考的視野。

　　貨幣銀行學內容，廣義而言，涉及總體經濟學，尤其是貨幣政策部分。
本書為求分析架構周全，將相關內容多予以涵蓋。本書與一般總體經濟學相
關部分包括第 6 篇貨幣需求及第 8 篇總體貨幣理論。此書在講授或閱讀時，
可依學習需求來選擇所需章節。

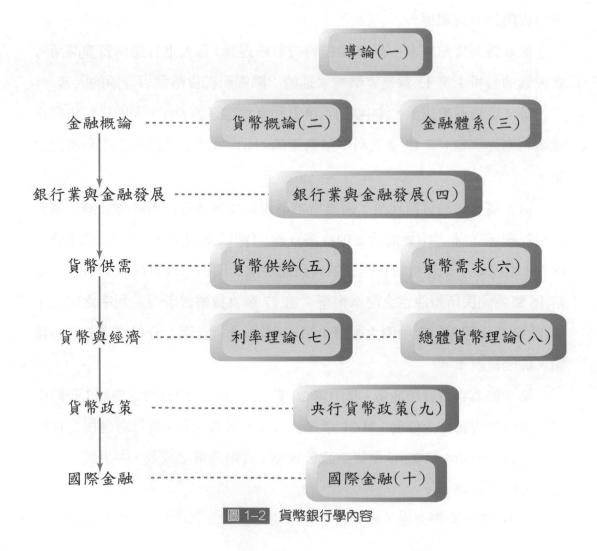

圖 1-2　貨幣銀行學內容

# 繽紛貨銀 1A

## 金融海嘯讓經濟預測失準

各國對於其經濟成長率，都有正式統計數據。對於未來的經濟成長率，也有若干經濟預測機構在進行。對全球進行預測的機構，包括環球透視機構 (Global Insight Inc.)、國際貨幣基金 (IMF)、經濟合作暨發展組織 (Organization for Economic Cooperation and Development, OECD)、Project LINK 等。

針對臺灣經濟成長率進行預測的機構：除了政府機構——行政院主計處定期公布之外，尚有研究機構也定期或不定期公布，包括中華經濟研究院、臺灣經濟研究院、臺灣綜合研究院、寶華綜合經濟研究院等。

然而，無論國內外經濟預測機構，在 2008 年、2009 年金融海嘯期間，定期（每 1 季或每 1 月）發表新的預測數字時，常需要大幅修正上一次所預測的經濟成長率（參見表 1-1）。

預測失準的原因，在於 2008 年 8 月金融海嘯發生得太過突然而猛烈，引起全球金融體系嚴重失序，股市大跌，匯市混亂，不少大型金融機構意外倒閉，造成全球經濟衰退。這麼突然的衝擊，是過去經濟發展軌跡事先難以預料的。因此，若以過去資料所建立的模型來預測經濟，無法解釋金融風暴期間的經濟活動。當經濟活動與金融體系正常運作時，預測有其參考性；一旦金融風暴發生，經濟預測也無法由以往的模式來推動未來的軌跡。

直到 2009 年下半年，經濟開始復甦，各部門的經濟活動逐步恢復正常運作，經濟預測也才又逐漸回到其原有誤差範圍內之預測。在這個調整過程中，也有出現預測過度悲觀的情形。

表 1-1　金融海嘯後之 2009 年國際機構經濟成長率預測比較

單位：%

| | | 全　球 | 美　國 | 日　本 | 歐元區 | 中國大陸 | 臺　灣 |
|---|---|---|---|---|---|---|---|
| 2009 年實際成長率 | | −1.9 | −2.4 | −5.2 | −4.2 | 8.7 | −1.9 |
| 預測機構 | 預測時間 | | | | | | |
| Global Insight | 2008 年 02 月 | 3.5 | 2.2 | 1.9 | 1.9 | 8.9 | 5.1 |
| | 05 月 | 3.2 | 1.4 | 1.4 | 1.5 | 9.0 | 5.1 |
| | 08 月 | 2.8 | 1.0 | 1.7 | 1.0 | 9.0 | 5.0 |
| | 11 月 | 1.1 | −1.0 | −0.5 | −0.5 | 8.4 | 2.8 |
| | 2009 年 02 月 | −1.2 | −2.7 | −3.3 | −2.4 | 5.9 | −2.0 |
| | 05 月 | −2.6 | −3.1 | −6.6 | −4.4 | 6.6 | −4.5 |
| | 08 月 | −2.4 | −2.8 | −6.5 | −4.3 | 8.0 | −4.1 |
| | 11 月 | −2.0 | −2.5 | −5.3 | −3.9 | 8.5 | −3.8 |

| | | | | | | |
|---|---|---|---|---|---|---|
| IMF | 2008 年 07 月 | 3.9 | 0.8 | 1.5 | 1.2 | 9.8 | – |
| | 10 月 | 3.0 | 0.1 | 0.5 | 0.2 | 9.3 | 2.5 |
| | 11 月 | 2.2 | −0.7 | −0.2 | −0.5 | 8.5 | – |
| | 2009 年 01 月 | 0.5 | −1.6 | −2.6 | −2.0 | 6.7 | – |
| | 04 月 | −1.3 | −2.8 | −6.2 | −4.2 | 6.5 | −7.5 |
| | 07 月 | −1.4 | −2.6 | −6.0 | −4.8 | 7.5 | – |
| | 10 月 | −1.1 | −2.7 | −5.4 | −4.2 | 8.5 | −4.1 |
| OECD | 2008 年 06 月 | – | 1.1 | 1.5 | 1.4 | 9.5 | – |
| | 11 月 | – | −0.9 | −0.1 | −0.5 | – | – |
| | 2009 年 06 月 | – | −2.8 | −6.8 | −4.8 | 7.7 | – |
| | 11 月 | – | −2.5 | −5.3 | −4.0 | 8.3 | – |
| Project LINK | 2008 年 05 月 | 2.9 | 1.2 | 1.5 | 1.8 | 9.4 | 4.2 |
| | 10 月 | 1.6 | −0.5 | 0.5 | 0.3 | 8.9 | 3.0 |
| | 2009 年 06 月 | −2.6 | −3.5 | −7.1 | −3.7 | 7.6 | −6.1 |
| | 10 月 | −2.2 | −2.5 | −5.6 | −4.1 | 8.4 | −3.8 |

資料來源：行政院主計處；Global Insight; IMF; OECD; Project LINK.

# 繽紛貨銀 1B

## 臺灣經濟金融發展之國際挑戰

　　臺灣之經濟成長曾有亮麗之表現，與韓國、香港、新加坡，並譽為「亞洲四小龍」，由表 1–2 可見，1982 年時，四小龍之中，香港與新加坡之人均 *GDP* (Gross Domestic Product) 均在四小龍中為首，臺灣超過韓國，臺灣經濟成長率高，物價上漲率低，失業率低，所得分配平均，成為經濟發展的典範。但是經濟發展路徑各國不同，互有消長。香港與新加坡經濟發展依然維持名列前茅，乃是全球舉足輕重的金融中心。韓國之發展速度其為強勁，與臺灣在貿易市場上互為競爭對手，超過了臺灣。但到了 2016 年時臺灣成為四小龍之末。其他亞洲國家陸續崛起，而亞洲四小龍之稱譽，也不復在國際上亮眼。

　　以中國大陸而言，1982 年人均 *GDP* 僅 203 美元，至 2016 年已暴漲至 8,123 美元，增加了約 40 倍。可見經濟發展競爭程度之高。

　　臺灣經濟與全球比較，以 2016 年而言，臺灣 *GDP* 為 467,591 百萬美元，在全球排名第 22 名，若以平均每人 *GDP* 而言，臺灣在全球排名第 34 名。若與其他國家比較，1982 年臺灣人均 *GDP* 是韓國的 1.35 倍，是中國大陸的

9.46 倍；2016 年臺灣人均 *GDP* 只剩韓國的 80%，中國大陸的 2.72 倍。

　　臺灣是小型開放經濟體，無論經濟成長或股市表現，常與全球情勢亦步亦趨。臺灣與國際連動的緊密度，由股票市場更為明顯，金融海嘯是一明證，2008 年臺股隨著全球股價應聲下跌，接著 2011、2015 等年，臺股亦與多國股價同步擺盪；而 2017 年多國股價上揚時，臺股飆上萬點不墜。國際情勢縱橫萬里，左右著臺灣經濟金融走向。

　　表 1–3 為世界主要證券市場股價指數變動率，2008 年美國 NASDAQ 的股價指數變動率為 −40.54%，日本日經 225 指數為 −42.12%，倫敦金融時報指數為 −31.33%，香港恆生指數為 −48.27%，韓國綜合指數為 −40.73%，新加坡海峽時報指數為 −49.41%。世界主要國家股價下跌幅度大，臺灣股價指數也受國際股市影響甚鉅，加權指數下跌至 −46.03。至 2011 年約略回升，但仍呈現類似同跌的現象，美國 NASDAQ 股價變動率為 −1.80%，日本日經 225 指數為 −17.34%，倫敦金融時報指數為 −5.55%，香港恆生指數為 −19.97%，韓國綜合指數為 −10.98%，新加坡海峽時報指數為 −17.04%。而臺灣加權指數為 −21.18，大幅下跌。而至 2017 年，則是全面上揚。美國 NASDAQ 上升至 28.24%，日本日經 225 指數為 19.10%，倫敦金融時報指數為 7.63%，香港恆生指數為 35.99%，韓國綜合指數為 21.76%，新加坡海峽時報指數為 18.13%，臺灣則上升至 15.01%。在國際局勢推升下，屬小型開放經濟體的臺灣，受其國際影響常有同漲同跌的現象。

　　臺灣受國際經濟金融情勢影響甚鉅，為求能在國際經濟競逐中發揮競爭力，必須致力於制訂適切之經濟政策，周全探討金融現象、研擬合宜之金融發展策略，拓展國際視野，比其他國家更努力更精進。

表 1–2　主要國家之人均 GDP (Current Value)

單位：美元

| 年　份<br>經濟體 | 1982 | 2016 |
|---|---|---|
| 臺　灣 | 2,700 | 22,540 |
| 韓　國 | 1,978 | 27,539 |
| 香　港 | 6,134 | 43,681 |
| 新加坡 | 6,076 | 52,961 |
| 中國大陸 | 203 | 8,123 |

資料來源：　1.各國資料：World Bank.
　　　　　　2.臺灣資料：中華民國統計資訊網。

表 1–3 世界主要證券市場股價指數變動率

單位：%

| 年　份 | 臺灣加權指數 | 美國NASDAQ | 日本日經225 | 倫敦金融時報 | 香港恆生指數 | 韓國綜合指數 | 新加坡海峽時報 |
|---|---|---|---|---|---|---|---|
| 2008 | −46.03 | −40.54 | −42.12 | −31.33 | −48.27 | −40.73 | −49.41 |
| 2009 | 78.34 | 43.89 | 19.04 | 22.07 | 52.02 | 49.65 | 64.49 |
| 2010 | 9.58 | 16.91 | −3.01 | 9.00 | 5.32 | 21.88 | 10.09 |
| 2011 | −21.18 | −1.80 | −17.34 | −5.55 | −19.97 | −10.98 | −17.04 |
| 2012 | 8.87 | 15.91 | 22.94 | 5.84 | 22.91 | 9.38 | 19.68 |
| 2013 | 11.85 | 38.32 | 56.72 | 14.43 | 2.87 | 0.72 | 0.01 |
| 2014 | 8.08 | 13.40 | 7.12 | −2.71 | 1.28 | −4.76 | 6.24 |
| 2015 | −10.41 | 5.73 | 9.07 | −4.93 | −7.16 | 2.39 | −14.34 |
| 2016 | 10.98 | 7.50 | 0.42 | 14.43 | 0.39 | 3.32 | −0.07 |
| 2017 | 15.01 | 28.24 | 19.10 | 7.63 | 35.99 | 21.76 | 18.13 |

資料來源：2018 年，《證券暨期貨市場重要指標》，金融監督管理委員會證券期貨局。

## 重要詞彙

貨幣銀行學　　　　　貨幣政策
金融發展　　　　　　利率理論

## 練習題

1. 貨幣銀行學研究範圍為何？其與一般經濟體系分析之關係如何？
2. 貨幣銀行與總體經濟關係如何？
3. 為何觀察貨幣金融現象，需先瞭解金融體系架構與各金融市場發展理論？

# 附 章
# 經濟學概念

　　為有助於貨幣銀行學之講解，本章補充若干經濟學概念，說明經濟學是一門研究如何選擇的行為科學；再分別介紹個體經濟學之需求、供給與均衡等概念；並介紹總體經濟學中國民生產毛額之定義和其衡量的方法。(本章謹對經濟學概念作相當粗淺之介紹，供未曾深入研讀過經濟學的人參考。凡曾研讀經濟學的人，可以略去本章不閱。)

## 架構圖 0　經濟學概念

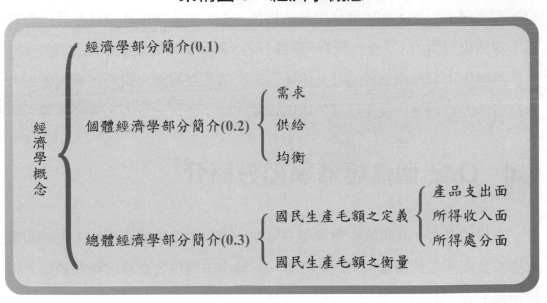

##  0.1 經濟學部分簡介

經濟學是一門人類行為科學，主要是用來研究如何選擇具有多種用途的有限資源，以生產物品和勞務，以供應目前與將來的消費與其他支出。

換句話說，經濟學就是研究「如何選擇資源做最適當的用途，以達到人們最大的滿足」。我們做「選擇」，是因為我們必須選擇，而且可以選擇，「必須選擇」是因為資源是稀少 (scarcity) 的；「可以選擇」是指資源具備多種用途 (alternative uses)。

經濟學包括個體經濟學和總體經濟學。個體經濟學係研究一個個體或單位，在資源限制下，如何進行理性的選擇，並討論市場運作機能。其內容包括市場需求與供給、消費者行為、廠商行為、產品市場與要素市場之運作等。

總體經濟學是研究經濟社會中所有部門的相互與總合關係，探討整個社會在各部門共同運作後所呈現的總體現象，如：物價、所得、失業率等。

##  0.2 個體經濟學部分簡介

市場的存在，有供給和需求雙方。在一個自由競爭的市場，由供給和需求雙方共同決定均衡價格和均衡數量。若非由市場決定交易價格和數量，則是市場上存在各種干預或限制條件使然。

所謂「需求」是指商品價格與其需求量之間的關係。而需求量是指在其他條件不變時，對應於某一個需求價格，在一定期間內，消費者「願意」且「能夠」購買的商品數量。

所謂「供給」是指商品價格與其供給量之間的關係。而供給量是指在其他條件不變時，對應於某一個價格，生產者於一定期間內「願意」且「能夠」提供的數量。

供給線與需求線都是表示價格與數量的關係。當這兩條線相交時，其交點對應的價格與數量，就稱為均衡價格與均衡數量，因為它代表供給與需求這兩個市場力量達到均衡時的狀況，這種分析市場供給與需求如何交互作用、如何決定價格以及資源如何配置的理論，就是市場均衡分析。分析的目的是要瞭解資源配置 (resource allocation) 是否滿足人們之所求。

個體經濟學是研究個別廠商與客戶，在市場上如何扮演產品的供給者、要素需求者、消費者和要素供給者等的行為；這些供需行為如何決定個別物品勞務的價格和數量；以及這個市場機能與政府如何影響資源的配置。

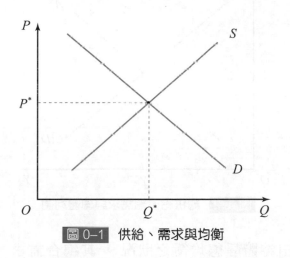

圖 0-1　供給、需求與均衡

圖 0-1 為市場供需均衡的代表圖形，其中需求曲線 $D$ 為個人在預算限制下求效用極大所得出之個人需求曲線，再加總為市場需求曲線而得；供給曲線 $S$ 為廠商在成本限制下求利潤極大所得出之廠商供給曲線，再加總為市場供給曲線，兩者所形成市場之均衡價格與均衡數量。

當 $D$ 往右移（左移）時，會使 $P$、$Q$ 同向增加（減少）；當 $S$ 往右移（左移）時，會使 $P$ 減少、$Q$ 增加（$P$ 增加、$Q$ 減少），呈反向變動。

# 0.3 總體經濟學部分簡介

　　總體經濟學的探討主題是整個經濟社會的總合行為，其所討論的是一些總量與平均量變數的決定與變動。在這些總量與平均量的變數中，最重要的有國民所得、總就業量、失業率、平均工資、一般物價水準、物價上漲率、外匯收支與經濟成長率等。

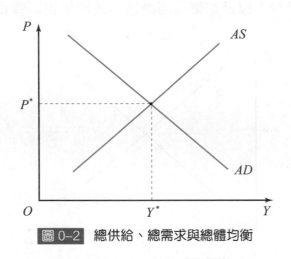

圖 0-2　總供給、總需求與總體均衡

　　圖 0-2 表示出總體靜態均衡之狀況，其總合需求（簡稱總需求，aggregate demand, *AD*）和總合供給（簡稱總供給，aggregate supply, *AS*）共同決定出均衡總產出 ($Y^*$) 與均衡之一般物價水準 ($P^*$)。

　　一般而言，影響 *AD* 之因素為政府支出、貨幣供給、一國人民之偏好、政府稅收等；影響 *AS* 之因素為勞動供給與需求、技術水準、天災、人禍等。當 *AD* 曲線右移（或左移）時，*Y*、*P* 會同時增加（或減少），呈同向變動；當 *AS* 曲線右移（或左移）時，*Y* 則增加、*P* 則減少（或 *Y* 減少、*P* 增加），呈反向變動。故一國政府為使國民所得提高（即失業率減少）之方式有兩種：一為使 *AD* 曲線右移、一為使 *AS* 曲線右移，前者會導致物價上漲、後者會導致物價下跌。但政府所施行的擴張性的財政政策與貨幣政策皆使 *AD* 曲線

右移，故須權衡失業率高、抑或通貨膨脹率高，孰對國家的影響較大。

在總體經濟學中，我們使用「總產出」來代表一個經濟社會在一定期間內的經濟活動成果，而最受世界各國廣泛使用來衡量此一總產出的指標，就是國民生產毛額 (gross national product, *GNP*)。推演 *GNP* 及其他不同涵蓋面之國民所得的一套制度與技術，則稱為國民所得會計 (national income accounting)。國民生產毛額是這套會計制度估算出來的一個重要成果，它的定義如下：一國的國民生產毛額，是該國「全體國民」，在「一定期間」內所生產出來，供「最終用途」的物品與勞務之「市場價值」。

在這個定義裡，有四點說明如下[1]：

(1)所謂「全體國民」，是指居住於國內以及國外的本國國民。因此，本國國民到外國所生產的物品與勞務，或以其生產要素參與國外生產（例如對外投資）所得到的報償，都應計算在內。至於外國國民以其所擁有的生產要素，參與本國生產所獲得的報償，則應予以剔除。

(2)國民生產毛額所衡量的必須是在「一定期間」內生產出來的產品。通常所謂一定期間是指 1 年或 1 季。非本期所生產出來的產品而在本期內出售者，不能計入本期的國民生產毛額內。

(3)所稱「供最終用途」的物品與勞務，一般又可簡稱為最終產品 (final products)。與最終產品相對的，就是中間產品 (intermediate products)。在現代分工細密以及迂迴生產的經濟體系中，許多生產過程中的產品會成為被國內其他生產者採用的原、材料（屬於「中間投入」），至於生產出最後被直接使用的產品則為最終產品。

(4)以「市場價值」計算的，這說明國民生產毛額基本上是以透過市場交易的經濟活動方作為計算對象，而不考慮非市場性的生產活動。例如，家庭主婦操作家務的價值，就不計入國民生產毛額。這是因為家務沒有直接的「市

---

1.參考：張清溪、許嘉棟、劉鶯釧、吳聰敏 (2016)，《經濟學理論與實際》。

價」可計，而以間接的方法評估也較為困難。基於同樣的理由，其他類似的活動，如自力耕種、休閒活動等之價值也不列入。

　　就衡量國民生產毛額的方法而言，我們可從三個角度來獲得同樣的結果。這三個角度分別是產品支出面、所得收入面和所得處分面。我們利用一個沒有政府和國外部門的簡化經濟行為流程圖來說明。下圖說明在這種情況下，廠商生產出來的最終產品（產品面），其總價值即為國民生產毛額 *GNP*（在圖的上側），但任何物品與勞務之市場價值，必然歸屬於社會某人所有，成為其「所得」，成為國民所得毛額 (gross national income, *GNI*)（在圖的下側）。因此，我們可得：

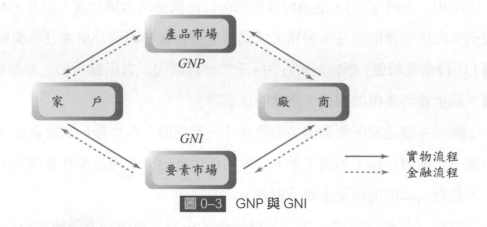

圖 0–3　GNP 與 GNI

　　衡量所得常用的方法有四：產品支出面、所得收入面、所得處分面、附加價值面，分別討論於下[2]。

## ㈠產品支出面衡量法

　　目前各國所通用衡量的方法之一的最終用途衡量法，此法從最終產品購買者之支出面著手估量 *GNP*。因此，這個方向的衡量方法就稱為產品支出面法 (expenditure approach)。最終產品可能賣給家戶或廠商，賣給家戶的，除

2.參考：趙捷謙 (1976)，《經濟學要義》，五南。

了新建住宅外，稱為消費（consumption，簡寫成 $C$），賣給廠商的（以及家戶住宅的）就是投資（investment，簡寫成 $I$）。因此，

$$GNP = C + I$$

如果加入政府及國外部門，則需再考慮政府購買支出與國際貿易的進出口了。上述公式則變成

$$GNP = C + I + G + X - M$$

式中，

$C =$ 消費

$I =$ 投資

$G =$ 政府購買支出

$X =$ 出口

$M =$ 進口

## ㈡所得收入面衡量法

從所得面而言，產品的市價中，除了付給中間投入的成本外，就是由要素報酬方式流入家戶單位，亦即是付給勞動、土地、資本與企業才能；分別稱為工資（wage，簡寫成 $w$）、地租（rent，簡寫成 $r$）、利息（interest，簡寫成 $i$）與利潤（profit，簡寫成 $\pi$）。所有中間投入的價值也是這四項要素報酬再加入上游的中間投入之和；而此中間投入又是這四項要素報酬再加入更上游的中間投入之和，一直到沒有中間投入為止。因此，把所有產品的四項要素報酬相加總，就差不多是最終產品價值之和，但是，縱使在沒有政府與國外部門的簡化模型裡，家戶單位的這四項要素所得之和，與 $GNP$ 的差異就是折舊 (depreciation)。在生產的過程中，固定設備與房屋的折舊費用雖是產品成本的一部分，但一則不是付給其他廠商的中間收入，再則也沒有成為要素成本付給家戶單位。如此，得知：

$$GNP = w + r + i + \pi + \text{折舊}$$

如果將政府部門考慮進來，則有賦稅與補貼的問題，本章暫不討論。

### ㈢所得處分面衡量法

第三種衡量國民所得的方法是用所得如何處分來衡量。生產因素所有主取得因素報酬即所得後，其處分不外是「消費」($C$)、儲蓄（saving，簡寫成 $S$）以及淨租稅支出（net tax payments，簡寫成 $T$）。此地需加解釋的是「淨租稅支出」，此表示因素所有主的總租稅支出包括直接稅和間接稅（直接稅是指納稅人及最終負稅人為同一人；而間接稅是指納稅人和最終負稅人非為同一人；前者如所得稅，後者如貨物稅），但此需減去政府對民間的移轉性支出(transfer)（所謂移轉是指非等價之交換，即所給付者並非因對方提供了等值的生產勞務），以及減去政府公債利息及加上政府補貼等部分。此外尚需考慮對國外的淨移轉支出淨額，此以 $R_f$ 表示之。$R_f$ 可以為正或為負。若為正，表示國內對國外的移轉支出大於國外對國內的移轉支出，此一差額必算入國民生產毛額，以表示該國於某一段期間源於國內生產活動的結果；反之若為負，必加以減除。此如下式所示：

$$GNP = C + S + T + R_f$$

國內生產毛額（gross domestic product，簡稱 $GDP$）是指一國「國內」在一定期間所生產的最終產品市場價值；而 $GNP$ 則是指一國之「全體國民」在一定期間內所生產的最終產品之市場價值。

$GDP = GNP -$ 本國國民的生產要素參與外國生產之報酬

　　　　 $+$ 外國國民的生產要素參與本國生產之報酬

又據一般定義：

要素在國外所得淨額 $=$ 本國國民的生產要素參與國外生產之報酬

　　　　　　　　　　 $-$ 外國國民的生產要素參與本國生產之報酬

故 *GDP* 與 *GNP* 之關係又可寫成：

$$GDP = GNP - 要素在國外所得淨額$$

在計算所得時，以當期價值計算者稱名目所得，經過物價水準平減者稱實質所得。

## ㈣附加價值面衡量法

附加價值面衡量法 (value added approach) 是指將產品由原料到半製品再到製成品之每一段生產過程中增添之價值相加求其總和的結果。下面一例可說明由附加價值計算國民所得的原理。 最終產品為皮鞋店售予消費者之皮鞋，假定價值為 2,000 元，其每一段生產過程從農民、屠宰廠、皮革處理廠到皮鞋店，均有貢獻，各貢獻的附加價值可分解為四項：即 600 元、300 元、400 元及 700 元。

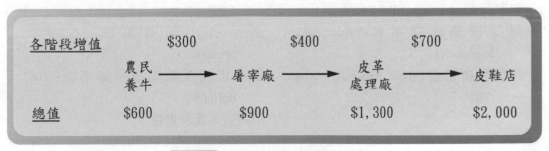

**圖 0-4** 國民所得附加價值之衡量

## ㈤物價指數

常用物價指數分為三種：

⑴躉售物價指數 (wholesale price index, *WPI*) 又稱批發物價指數：衡量物品批發價格的物價指數，所謂物品，通常不包括各項勞務。

⑵消費者物價指數 (consumer price index, *CPI*) 或稱零售物價指數：一種用以衡量正常家庭平時主要消費物品價格相對變化程度的物價指數。

(3)國內生產毛額物價平減指數 (*GDP* deflator) $= \dfrac{\text{名目 } GDP}{\text{實質 } GDP} \times 100$

在衡量物價水準時，實質所得之計算公式為

$$\text{實質所得} = \dfrac{\text{名目所得}}{\text{以基期算出之物價指數}} \times 100$$

總體經濟學的範疇，尚包括國民所得之決定、通貨膨脹、政府政策之影響等等，本書不克細述。

## ┃重要詞彙┃

需求

所得處分面衡量法

供給

國內生產毛額 (gross domestic product, *GDP*)

資源配置 (resource allocation)

附加價值面衡量法 (value added approach)

國民生產毛額 (gross national product, *GNP*)

躉售物價指數 (wholesale price index, *WPI*)

國民所得毛額 (gross national income, *GNI*)

消費者物價指數 (consumer price index, *CPI*)

產品支出面衡量法 (expenditure approach)

國內生產毛額物價平減指數 (*GDP* deflator)

所得收入面衡量法

## ┃練習題┃

1. 何謂個體經濟學？
2. 何謂總體經濟學？
3. 衡量國民生產毛額，可從哪些角度來衡量？
4. 一般常用物價指數有哪些？

第 2 篇

貨幣概論

第 2 篇

貨幣概論

# 第 2 章
# 貨幣供給之定義與測度

　　討論貨幣問題，須先瞭解貨幣的定義，並知道貨幣數量如何測量。本章主要針對貨幣供給的定義和其測度加以探討，本章重點由架構圖 2 來顯示，其中 (2.1)、(2.2)、(2.3)、(2.4) 代表第 2 章的 1、2、3、4 節。第 1 節述及貨幣之定義、起源、屬性與貨幣、所得、財富三者之分別；第 2 節是講述貨幣的功能，貨幣有四大功能，即扮演交易媒介、價值儲藏工具、計價單位、延期支付標準等；第 3 節則以臺灣貨幣供給的實際資料，對 M1A、M1B、M2 加以定義；第 4 節則論及貨幣供給定義之選取，對其準則和臺灣實際經驗亦予以介紹。

## 架構圖 2　貨幣供給之定義與測度

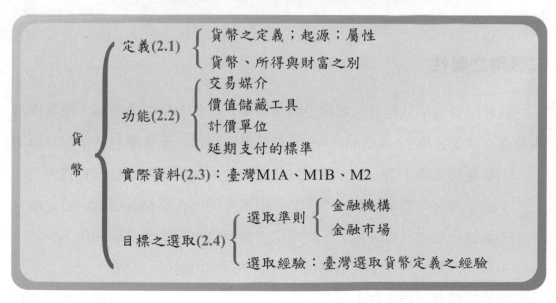

# 2.1 貨幣之定義

## ㈠貨幣之定義

一般人所說的「錢」，多指鈔票與硬幣，但經濟學上所說的「貨幣」，範圍就比一般人通稱的錢要來得廣，不管是什麼物品，只要是大眾所普遍接受的交易媒介工具，均可稱為貨幣。

## ㈡貨幣之起源

在經濟發展初期，乃是以物品相互交易，稱為物物交易制度 (barter system)。但是物物交易有其不便之處，慢慢地，便有一種物品會脫穎而出，成為大眾所普遍接受的交易媒介，例如貝殼、黃金、白銀等。這便是所謂的貨幣。

## ㈢貨幣之屬性

並非所有物品均能被大眾接受而為貨幣。可作為貨幣的物品，須具備某些特性。完美貨幣 (perfect money) 所需具備的屬性，至少應包括下述九項：

(1)普遍接受性：為一般大眾可以普遍接受而使用作為交易媒介者。

(2)易於識別：容易辨識，不至於有混淆不明而在交易時滋生糾紛之事。

(3)品質一致：品質的統一、標準化，使貨幣單位的價值單一化。

(4)易於分割：可分割成小單位，用於不同價值物品之交易。

(5)易於儲存、耐久性：易於儲存耐久，不會折價，方具有儲存價值，也方為眾人所樂於持有。

(6)易於攜帶：容易攜帶之幣材，方適合隨時隨地之交易。

(7)數量充裕：數量充裕的貨幣，方足以應付日增的經濟活動。

⑻價值安定：價值穩定的貨幣，方為理想的貨幣。

⑼低生產成本：該幣材之產生，不需耗費過多成本，容易製造，求其普遍性。

## ㈣貨幣、所得與財富之別

貨幣 (money)、所得 (income) 與財富 (wealth) 之意義並不相同。在比較貨幣、所得與財富之不同前，我們先介紹存量 (stock) 與流量 (flow) 的觀念。存量是在某一時點的變數量；流量是指在某一段時間內某變數的變動量。貨幣與財富均為存量，所得則為流量。就個人而言，財富乃其總資產減總負債以後所剩的淨值 (net worth)，是某一時點之存量。財富的形態很多，包括金融資產、實物資產等，而貨幣則為財富的一部分。至於所得是在某一時間內所賺取之收入。

舉例而言：本月賺取家教費 $5,000，即本月所得為 $5,000。家教費中有 $3,000 是債券型態，$2,000 為現金，則貨幣持有量為 $2,000。本月所得用於消費之後，餘額成為儲蓄，可累積成財富，若本月消費 $1,000，則本月財富增加 $4,000，若過去財富已累積至 $20,000，則月底累積的財富可達 $24,000。

# 2.2 貨幣之功能

貨幣的主要功能有四：交易媒介、價值儲藏工具、計價單位、延期支付的標準，本節中逐一說明之。

## ㈠交易媒介 (medium of exchange)

作為貨幣的物品，需具有普遍接受性，社會大眾願意在交易進行時使用之，具有交易媒介的功能，這是貨幣的第一個功能。社會上進行各種交易，當買方需要某種商品時，可提出大家所普遍接受的貨幣，向賣方購買，例如

張三想向李四購買布匹時，張三須提出大眾所普遍接受的貝殼，李四才願意把布匹交給張三，於是在這交易過程中，貝殼便扮演了交易媒介的角色。如果沒有貝殼，張三便需提出其他李四願意接受的物品，否則這個交易只好中斷。亦即在物物交易制度 (barter system) 下，若交易要完成，便須交易雙方之慾望相符 (double coincidence of wants)，但此條件並非隨時都會成立，一旦存在貨幣，交易過程中均以貨幣進行，交易雙方之慾望不須相符，交易便較為順利。換言之，貨幣的存在，使得交易進行較為順暢，具有潤滑交易的功能。

## ㈡價值儲藏工具 (store of value)

由於貨幣是大眾普遍接受的交易媒介，於是擁有貨幣，便擁有購買力 (power of purchase)，貨幣成為可儲藏價值的工具。例如張三儲蓄了相當數量的貝殼，將來需要任何東西時，可用貝殼來購買，擁有貝殼便是擁有購買力，貝殼愈多，購買力愈高，貝殼成為儲藏價值的工具。

除了貨幣外，尚有其他物品可作為價值儲藏的工具，例如房地產、有價證券等等。這些物品雖有價值儲藏的功能，但不具有交易媒介的功能，不似貨幣同時具有多重功能。

## ㈢計價單位 (unit of account)

各種商品進行交易時，需有交易價格，價格乃以貨幣作為計價單位，即每樣物品相當於多少單位的貨幣。若社會上沒有大眾所接受的貨幣，而每次交易時以不同的物品作為計價單位，那麼同一個物品，會隨著不同的計價單位而有不同的價格；換言之，一個物品有多個價格，社會上的價格制度便顯得相當混亂。

在一個沒有貨幣的社會，倘若只有兩項物品進行交易，則這兩項物品的交易價格只需要一種；若有三項物品，每兩項物品交易時便需要一種價格，

共需要三種價格。以此類推；推廣到 $n$ 項物品，則需要 $\frac{1}{2} \times n\,(n-1)$ 種價格；假設 $n$ 為 10，價格便有 45 種；假設 $n$ 為 100，價格便有 4,950 種；假設 $n$ 為 1,000，價格便有 499,500 種。這麼複雜的價格體系，十分不方便，於是一個共同的計價單位遂應運而生，這就是貨幣。一旦有了貨幣，所有物品均以貨幣作為計價單位，$n$ 種物品只需要 $n$ 種價格，交易制度得以簡化。

## ㈣延期支付的標準 (standard of deferred payment)

雖然銀貨兩訖的交易型態常見，但是在工商業日益發達的社會，因為資金調度現象與信用交易制度日漸興盛，並非每次交易時，買者均可如數付出全部現金，有時需要延期支付，故定出一個眾所接受的延期支付標準有其必要。這時候，貨幣便責無旁貸地擔負起延期支付標準的角色。而信用交易制度愈盛行，社會對延期支付標準的需求更為殷切。

# 2.3 貨幣供給之實際資料

貨幣供給之定義，一般有狹義與廣義之別。狹義的貨幣供給，指大眾所普遍接受的交易媒介；廣義的貨幣供給，除包括狹義貨幣外，尚包括準貨幣。

## 臺灣貨幣供給定義

臺灣的貨幣供給，有 M1A、M1B、M2 三種定義[1]，各種定義所涵蓋的內容如下：

M1A = 全體貨幣機構以外各部門持有通貨 + 支票存款❶ + 活期存款

M1B = M1A + 活期儲蓄存款

---

註

1.資料來源：2018 年，《中華民國金融統計月報》，中央銀行經濟研究處。

M2 = M1B + 準貨幣

= M1B + 定期存款及定期儲蓄存款❷ + 外匯存款❷❸ + 郵政儲金❹ + 外國
人新臺幣存款❺ + 附買回交易餘額❻ + 貨幣市場共同基金❼

說明：

❶包括本票、保付支票及旅行支票。

❷自 2001 年 1 月起，剔除結構型商品本金。

❸自 2005 年 8 月起包括外幣可轉讓定期存單。

❹包括劃撥儲金、存簿儲金及定期儲金。

❺包括國外非金融機構持有之活期性及定期性存款。

❻係指銀行賣出附買回約定債（票）券交易餘額中，屬國內企業及個人部分。1993 年 12 月以
前缺該項資料。

❼係指國內企業及個人與外國人持有銀行發行之貨幣市場共同基金，自 2004 年 10 月起開始募
集，截止於 2017 年 5 月「元大商業銀行貨幣市場共同信託基金」清算程序完成。

M1A 與 M1B 為狹義的貨幣供給，M2 為廣義的貨幣供給。準貨幣
(quasi-money) 雖非立即可作為交易媒介，但具有相當流動性，有高度變現
力，可快速轉為交易媒介，有某種程度的貨幣性 (moneyness)，故稱為準貨
幣。

在上式貨幣供給的定義中，支票存款為不具利息之存款。活期存款是指
公司行號、法人等等的大筆存款，其利率較低；活期儲蓄存款則是針對一般
大眾消費者之儲蓄存款，其利率較高。而定期存款為 1 年以下之存款金額；
定期儲蓄存款則是指 1 年以上之存款金額，因為期間較長具有儲蓄之意。

表 2–1 為 M1A、M1B、M2 之金額與成長率。中央銀行自 1992 年始訂
立 M2 成長率目標區，有其上限與下限，作為控制貨幣供給之參考依據。比
較 M2 實際成長率是否落在目標區內，距離中線值有多遠，研判各年資金情
勢是過於緊俏或寬鬆，可發現：超過 M2 貨幣成長目標區上限之年度有
1992、1993、1994、2004、2009 等年；低於 M2 貨幣成長目標區下限之年度
有 1997、2008 年；其他年度皆落於目標區上下限之間，貨幣供給之控制越來
越趨於穩定。

表 2-1 臺灣貨幣供給與貨幣成長目標區

單位：新臺幣億元；%

| 年　份 | M1A | | M1B | | M2 | | M2 貨幣成長目標區 | M2 貨幣成長目標區中線值 |
|---|---|---|---|---|---|---|---|---|
| | 金　額 | 年增率 | 金　額 | 年增率 | 金　額 | 年增率 | % | % |
| 1982 | 3,186 | – | 4,583 | – | 12,384 | – | n.a | n.a |
| 1983 | 3,570 | 12.06 | 5,437 | 18.66 | 15,670 | 26.53 | n.a | n.a |
| 1984 | 3,968 | 11.15 | 6,200 | 14.02 | 19,380 | 23.68 | n.a | n.a |
| 1985 | 4,187 | 5.51 | 6,743 | 8.77 | 23,351 | 20.49 | n.a | n.a |
| 1986 | 5,335 | 27.41 | 8,924 | 32.35 | 28,435 | 21.77 | n.a | n.a |
| 1987 | 7,511 | 40.80 | 13,066 | 46.42 | 35,127 | 23.53 | n.a | n.a |
| 1988 | 9,550 | 27.14 | 17,002 | 30.12 | 42,561 | 21.16 | n.a | n.a |
| 1989 | 11,661 | 22.10 | 19,273 | 13.36 | 51,250 | 20.42 | n.a | n.a |
| 1990 | 11,609 | −0.45 | 18,734 | −2.80 | 57,834 | 12.85 | n.a | n.a |
| 1991 | 11,669 | 0.52 | 19,833 | 5.87 | 67,281 | 16.33 | n.a | n.a |
| 1992 | 12,646 | 8.38 | 22,895 | 15.44 | 80,694 | 19.94 | 10～15 | 12.5 |
| 1993 | 13,411 | 6.05 | 24,777 | 8.22 | 93,951 | 16.43 | 10～15 | 12.5 |
| 1994 | 15,076 | 12.41 | 28,975 | 16.94 | 109,260 | 16.29 | 10～15 | 12.5 |
| 1995 | 15,089 | 0.08 | 30,355 | 4.76 | 121,924 | 11.59 | 10～15 | 12.5 |
| 1996 | 15,013 | −0.50 | 31,608 | 4.13 | 133,183 | 9.23 | 9～14 | 11.5 |
| 1997 | 16,176 | 7.75 | 35,978 | 13.83 | 144,180 | 8.26 | 9～14 | 11.5 |
| 1998 | 16,239 | 0.39 | 36,885 | 2.52 | 156,805 | 8.76 | 6～12 | 9.0 |
| 1999 | 16,740 | 3.09 | 40,526 | 9.87 | 169,862 | 8.33 | 6～11 | 8.5 |
| 2000 | 17,973 | 7.37 | 44,815 | 10.58 | 181,826 | 7.04 | 6～11 | 8.5 |
| 2001 | 17,130 | −4.69 | 44,358 | −1.02 | 192,360 | 5.79 | 5～10 | 7.5 |
| 2002 | 18,600 | 8.58 | 51,904 | 17.01 | 199,183 | 3.55 | 3.5～8.5 | 6.0 |
| 2003 | 20,699 | 11.28 | 58,039 | 11.82 | 206,698 | 3.77 | 1.5～5.5 | 3.5 |
| 2004 | 25,066 | 21.10 | 69,054 | 18.98 | 222,093 | 7.45 | 2.5～6.5 | 4.5 |
| 2005 | 26,983 | 7.65 | 73,958 | 7.10 | 235,907 | 6.22 | 3.5～7.5 | 5.5 |
| 2006 | 28,527 | 5.72 | 77,875 | 5.30 | 249,390 | 5.72 | 3.5～7.5 | 5.5 |
| 2007 | 30,466 | 6.80 | 82,892 | 6.44 | 259,759 | 4.16 | 3.5～7.5 | 5.5 |
| 2008 | 30,762 | 0.97 | 80,458 | −2.94 | 266,793 | 2.71 | 3.0～7.0 | 5.0 |
| 2009 | 34,877 | 13.37 | 93,765 | 16.54 | 286,671 | 7.45 | 2.5～6.5 | 4.5 |
| 2010 | 39,936 | 14.51 | 107,766 | 14.93 | 299,661 | 4.53 | 2.5～6.5 | 4.5 |
| 2011 | 43,162 | 8.08 | 115,478 | 7.16 | 317,139 | 5.83 | 2.5～6.5 | 4.5 |
| 2012 | 44,692 | 3.55 | 119,467 | 3.45 | 330,376 | 4.17 | 2.5～6.5 | 4.5 |
| 2013 | 48,783 | 9.15 | 128,158 | 7.27 | 346,167 | 4.78 | 2.5～6.5 | 4.5 |
| 2014 | 53,298 | 9.25 | 138,361 | 7.96 | 365,767 | 5.66 | 2.5～6.5 | 4.5 |
| 2015 | 56,780 | 6.53 | 146,800 | 6.10 | 388,941 | 6.34 | 2.5～6.5 | 4.5 |
| 2016 | 60,817 | 7.11 | 156,098 | 6.33 | 406,469 | 4.51 | 2.5～6.5 | 4.5 |
| 2017 | 62,821 | 3.29 | 163,363 | 4.65 | 421,708 | 3.75 | 2.5～6.5 | 4.5 |

說明：中央銀行資料有「月底數字」與「日平均」兩種，本表採「日平均」數字。

資料來源：1. M1A、M1B、M2 之金額與年增率：2018 年，《中華民國金融統計月報》，中央銀行經濟研究處。

2. M2 貨幣成長目標區：歷年資料，《中央銀行季刊》，中央銀行經濟研究處。

# 2.4 貨幣供給目標區之選取

## ㈠貨幣供給目標選取準則

政府制定貨幣政策時，以控制貨幣供給為中間目標。由於貨幣供給有不同的定義，須選取適當的貨幣供給定義，方能作出正確的貨幣政策。政府選取貨幣供給定義時，有若干準則需要考慮：

### 1.貨幣與物價之關係

貨幣供給與物價之間，有非常密切的關係，只要貨幣供給增加，便造成物價上漲的壓力。然而，不同定義的貨幣與物價之關係程度不同，站在控制物價之考量，選取關係密切的貨幣定義，較能為中央銀行提供政策參考。

與物價關係密切的貨幣，即是交易媒介功能較強的貨幣。蓋交易過程中，貨幣作為計價的單位，如果貨幣數量太多而社會物資有限，就會造成物品價格的抬升。若是採用的貨幣定義之交易媒介功能不強，其與物價關係不夠密切，即使中央銀行控制了這種定義的貨幣也無法有效影響物價，就不是適切的貨幣供給定義。

### 2.貨幣與所得之關係

貨幣扮演經濟活動的潤滑劑，會促使交易較為活絡，進而促升所得水準。因此，政府藉著貨幣供給的控制，可以影響所得水準，寬鬆的貨幣政策可刺激景氣，緊縮的貨幣政策可平緩景氣。選取一個可以影響所得的貨幣定義，也是中央銀行之所欲。

會影響所得水準的貨幣，就不限於狹義的貨幣，尚包括準貨幣。蓋準貨幣可以迅速轉為交易媒介，也具有促進所得的功能，故廣義的貨幣也是影響所得水準的重要參考變數。

### 3. 金融資產間的替代性與加權貨幣

由於金融資產之間有某種程度的替代性，且其替代程度不一，有些人主張：凡與交易媒介有替代性的金融資產，可依其替代程度的高低，設算成貨幣，然後再把各種不同金融資產的設算貨幣量加總之，成為加權貨幣。

不同金融資產的替代性，可用交叉彈性 (cross elasticity) 的觀念來測定。所謂交叉彈性是指：$X$ 商品價格變動百分之一時，$Y$ 商品的需求量變動百分比多寡。若以數學式子來表示，以 $P_x$、$P_y$ 代表 $X$ 商品與 $Y$ 商品的價格，$Q_x$、$Q_y$ 各代表 $X$ 與 $Y$ 之數量，令 $\Delta$ 符號代表其數量，則交叉彈性為：

$$\eta_{yx} = \frac{\dfrac{\Delta Q_y}{Q_y}}{\dfrac{\Delta P_x}{P_x}}$$

有些學者認為：由於各種金融資產的貨幣性不一，宜各金融資產根據不同權數，予以加權後，方視為貨幣總量。例如定期儲蓄存款中有 40% 具有貨幣性，定期存款中有 60% 具有貨幣性，那麼貨幣供給便可用下式估算：

$$加權貨幣 = M1 + 0.6 \times 定期存款 + 0.4 \times 定期儲蓄存款$$

然而，儘管以加權概念定義貨幣供給，用意甚佳，但在實證研究上，如何估計這種權數，各學者以實證方法尋求貨幣供給定義，並未獲得一致的結論，尚有待進一步研究。

Belongia and Chalfant (1989) 對貨幣定義進行研究，認為選取若干具有強烈貨幣性的金融資產加權方式來定義貨幣，會比 M1A 來得理想。

### 4. 貨幣供給穩定性

不同貨幣定義之成長率，其波動情形不同。中央銀行作貨幣政策考量時，不宜經常隨著大幅波動的貨幣供給成長率而調整政策方向，會傾向於選取成長趨勢較為穩定之定義。一般而言，狹義貨幣定義 (M1) 之波動性較高，如股市繁榮時，一些準備貨幣之存戶會將資金由準貨幣帳戶移轉至 M1，M1 大幅增加而準貨幣減少，但 M2 則維持穩定。大量增加的 M1 湧向股市，並未

大量投注於實質商品之購買,與物價之關係不再密切,因此,將 M1 視為控制標的已不恰切,而較為穩定的 M2 比 M1 適合作為貨幣政策目標區的選取標的。

### ㈡臺灣選取貨幣供給目標之經驗

臺灣之中央銀行執行貨幣政策時,所選取的貨幣定義曾有數度改變。約 1970 年代之前,當時具交易媒介功能者,以流通的通貨、支票存款、活期存款為主。至於活期儲蓄存款,自 1970 年後才開始辦理,當時為了鼓勵儲蓄辦理此存款,規定每半年提取超過十九次者,其利息打七折。一般人多以儲蓄方式來處理此存款,鮮少提存,故該存款以「儲蓄」性質居多,而「活期」性質較少,交易媒介功能不彰。因此,貨幣當局於 1973 年 7 月在計算 M1 時,剔除活期儲蓄項目;迨 1979 年 12 月政府取消提取次數限制後,中央銀行於 1982 年 6 月恢復將活期儲蓄存款計入 M1 中。迨 1984 年 1 月,則把 M1 分成 M1A 與 M1B,其間差異便是活期儲蓄存款一項。每次進行這些修正工作時都會回溯過去資料一併修正。

中央銀行將 M1 分成 M1A 與 M1B 兩項的原因,乃因後來一般人開始增加活期儲蓄存款的提存次數,使活期儲蓄存款的交易性質增加,於是到底活期儲蓄存款應否計入狹義貨幣定義內,大家有爭議。所以中央銀行把 M1 拆開,由使用者自行決定要使用何種定義。原來中央銀行的貨幣政策中間目標釘住 M1A,由於活期儲蓄存款的活期性質日漸增加,到 1980 年代,中央銀行的中間目標便逐漸由 M1A 轉為 M1B。

1980 年代後期,臺灣股票市場掀起狂潮。股市交易時必須透過銀行活期存款進行交割,M1 遂隨著股市榮枯而上下波動,當股市巨幅動盪時,M1 就跟著大幅震盪,那麼,中央銀行若緊跟著 M1 而判斷貨幣政策走向,勢必混亂而失舵。有鑑於此,自 1990 年代以來,中央銀行便愈來愈傾向於釘住 M2,更以 M2 年增率作為貨幣成長目標區之訂定數據。

# 繽紛貨銀 2A

## 1980 年代游資泛濫與股市狂飆[2]

　　1980 年代，臺灣社會出現大量游資，股票市場狂飆，房價高漲。貨幣供給大幅成長，以 1987 年而言，M1A、M1B、M2 之年增率分別高達 40.8%、46.42%、23.53%。

　　出現大量游資的原因，與匯率政策及長年貿易順差有關。臺灣在 1980 年代之前，採固定匯率，刻意壓低新臺幣幣值，以促進出口，維持長期貿易順差，國際收支長期盈餘，外匯市場供過於求。央行為穩定匯率，在外匯市場以新臺幣收購外匯，增加貨幣供給，遂使國內資金相當寬鬆。

　　1980 年代初期，美國由於其貿易大量逆差，遂而要求各國放棄固定匯率制度，依市場供需採行浮動匯率制度。日圓、新臺幣與其他亞洲貨幣均立即面臨大幅升值的壓力。

　　在沉重的升值壓力下，臺灣面臨緩慢升值與快速升值的兩難抉擇，由於擔心快速升值會嚴重衝擊出口商的營運，重創外銷與經濟，政府遂公開宣布採緩慢升值政策。此政策公布之後，在預期新臺幣將每日升值的心態下，國外資金紛紛湧入臺灣，使國內貨幣供給增加情形更為嚴重。在這段期間，游資灌注到股票市場與房地產市場，使股票大幅狂飆，房價也快速攀升。

　　由於貨幣供給增加過多，央行擔心造成通貨膨脹，遂於 1988 及 1989 年採行強力緊縮貨幣政策，提高各項存款之法定準備率，抑制貨幣供給之擴張，於是乎，M1A、M1B 與 M2 之成長率下跌，甚至出現負成長，方慢慢地讓貨幣供給量穩定下來。

---

註

2. 參考 ：Yang, Ya-Hwei (1998), "Monetary Policy and Capital Flows in Taiwan during the 1980s and 1990s," Coping With Capital Flows in East Asia, edited by C. H. Kwan, Donna Vandenbrink, and Chia Siow Yue, Nomura Research Institute (Tokyo) & Institute of Southeast Asian Studies (ISEAS), August, pp. 111–135. Reprint in the Volume II set The Economic Development of Northeast Asia (edited by Heather Smith), Edward Elgar, 2002.

# 繽紛貨銀 2B

## 比特幣

　　貨幣由商品貨幣進展到金屬貨幣，到信用貨幣。近年來已發展至數位貨幣。數位貨幣化型態隨著科技而有不同方式，也未必能通過各國中央銀行對其貨幣定位之認同。

　　比特幣 (Bitcoin) 在 2009 年 1 月 3 日被創立，採用共識主動性開源軟體發明之。目標是創造一種全球通用，基於區塊鏈作為支付技術的加密貨幣。採用密碼技術來控制貨幣的生產和轉移，而沒有中央的發行機構，無法任意增發，交易在全球網路中執行，有特殊的隱祕性，不必經過第三方金融機構，因此得到越來越廣泛的應用，也成了非法交易的媒介。「區塊鏈」 (Blockchain) 是比特幣的一個重要概念，比特幣對等網路將所有的交易歷史都儲存在區塊鏈中，所以區塊鏈可以看做記錄著比特幣交易的帳本。

　　除了比特幣，還有許多相似的同類型貨幣，統稱為加密貨幣，比特幣以外的加密貨幣，持續增加中，新的加密貨幣可能在任何時間被建立出來。

　　因為比特幣未受到任何政府的掌控，全世界的政府當局開始憂慮並展開一波鎮壓。諾貝爾經濟學獎得主保羅‧克魯曼 (Paul Robin Krugman) 認為「比特幣是邪惡的」，發表了若干對於比特幣的看法。比特幣作為貨幣的合法性，因國因時而異，存在嚴禁、限制和容許三種態度。自 2013 年以來，中國大陸政府就感受到比特幣存在巨大風險，2016 年下半年，人民幣交易占全球比特幣交易量甚至衝到 98%，比特幣價格更屢創新高。不過，自 2017 年 1 月開始，中國大陸政府不斷祭出大量規範，人民幣交易占全球比特幣交易量大減至 30%，比特幣在中國大陸可說是「大起大落」。

　　具支付功能的比特幣及其他類似數位貨幣，未來發展值得關注，如果其在經濟社會之支付交易的普及度大幅提高，是否會影響到各國央行所發行之貨幣功能，造成貨幣政策效果失常，乃是一項重要的全球貨幣課題。

## 重要詞彙

| | |
|---|---|
| 貨幣 (money) | 流量 (flow) |
| 所得 (income) | M1A |
| 財富 (wealth) | M1B |
| 存量 (stock) | M2 |

準貨幣 (quasi-money)　　　　　　　交叉彈性 (cross elasticity)
貨幣性 (moneyness)

## ｜ 練習題 ｜

1. 貨幣的主要功能為何？
2. 何謂狹義與廣義的貨幣供給？臺灣貨幣供給有哪些定義？
3. 政府如何選取適切的貨幣定義？
4. 物物交換制度會發生何種困難？有何缺點？
5. 臺灣的貨幣供給有 M1A、M1B 與 M2 之區分，請問這三種貨幣供給各包括哪些項目？彼此又有何關係？
6. 貨幣的四項功能是否為貨幣所獨有？（以銀行之定期儲蓄存款為例，與貨幣之各項功能加以比較。）
7. 何謂比特幣？與一般傳統貨幣的功能相同嗎？其公信力如何？

# 第 3 章
# 貨幣本位制度

　　貨幣本位制度是一國之貨幣基本制度。貨幣的演進,在歷史上,可分成商品貨幣、金屬貨幣、信用貨幣三個階段。貨幣本位制度可分成金屬本位與紙幣本位兩大類,金屬本位又包括單本位與複本位,而其中單本位又可分成銀本位與金本位兩類。 至於紙幣本位則可分成黃金準備本位與純粹紙幣本位。架構圖 3 已列示出各類制度之間的關係。將於本章第 1 節中探討貨幣演進過程;第 2 節中簡述各種本位制度之分類的相互關係;接著本章在各節中進一步介紹各種本位制度之內涵:第 3 節為銀本位;第 4 節為複本位;第 5 節為金本位;第 6 節為紙幣本位。

## 架構圖 3　貨幣本位制度

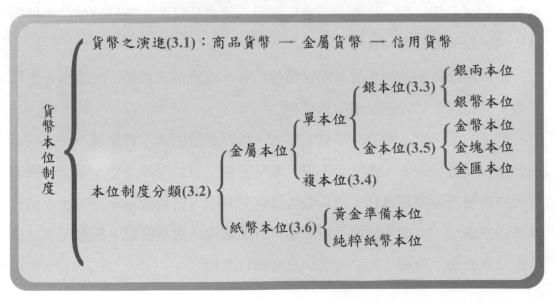

# 3.1 貨幣之演進

貨幣是大眾所普遍接受的交易媒介，凡具有這種功能的物品均可被用來作為貨幣。隨著人類社會的進步，貨幣的形態也隨之更迭，最初時為商品貨幣的形態，再來為金屬貨幣的形態，後來為信用貨幣的形態。

## ㈠商品貨幣

商品貨幣是一種物品，同時可作為交易媒介的貨幣之用，又可作為一般商品使用以滿足人們消費或投資之需求。這種商品貨幣具備雙重用途，不管是作為商品，或作為貨幣，其實質價值相同；因此，可隨時從商品角色轉為貨幣角色，亦可隨時從貨幣角色轉為商品角色。

曾作為商品貨幣的物品，包括貝殼、獸皮、可可子、菸草、椰子等等。通常，在同一個時期，社會上不會只使用一種商品貨幣，會同時使用多種商品貨幣，同時流通多種貨幣。

由於商品貨幣的面值與其幣材價值相等，故貨幣的價值不會折損，也就不會有通貨膨脹或貨幣貶值的現象。

另一方面而言，由於商品有其限制，或因運輸困難、或儲藏不易、或不易分割、或數量有限，愈來愈不足以滿足社會上日益增加的交易需求。例如貝殼雖廣被視為交易媒介，但貝殼數量畢竟有限，貝殼數量不足時，人們也無法憑空創造，有限的貝殼不足以應付日漸繁複的經濟活動。那麼，商品貨幣制度就面臨了考驗，代之而起的是金屬貨幣制度。

## ㈡金屬貨幣

金屬具有充當貨幣的諸多條件，如易於運輸、耐久性、同質性、可分性、易認性、價值穩定性、有用性、稀少性等等，故很早就脫穎而出而被選為貨

幣。曾被選為貨幣的金屬包括銅、金、銀、鐵等等。

　　早期的金屬貨幣沒有統一的形狀、重量或成色，例如刀狀、魚鉤狀等，均曾出現過，顯示當時金屬貨幣除了作為交易媒介外，亦作為裝飾品之用。後來，金屬貨幣慢慢發展成固定的形狀，如圓形、三角形、四方形、六角形等鑄幣。歷史上，金屬本位制度曾扮演相當重要的角色，如金本位，銀本位，以及金銀並行的複本位，均曾被許多國家執行過。

### ㈢信用貨幣

　　當經濟社會愈發達，交易活動愈活絡，商品貨幣與金屬貨幣均無法滿足社會需求，信用貨幣便應運而生。顧名思義，信用貨幣乃是以發行者信用為基礎而發行的貨幣。此類貨幣若作為一般商品使用，其商品價值往往低於其面值。這種貨幣能夠以低於商品價值的方式而被廣為接受，乃是靠著發行者的信用為其根基，只要發行者的信用仍然存在，其信用貨幣便可通行。目前一般通用的紙幣便是由政府發行，一般由中央銀行發行，靠著政府的信用，維持著該貨幣的交易媒介地位。

　　隨著科技進步，數位型態交易工具陸續出現，普及率快速增加，但某些數位交易工具並未獲得中央銀行認可，信用程度未由政府出面擔保，乃是貨幣主管當局一大挑戰。

## 3.2 貨幣本位制度分類

### ㈠貨幣本位制度之定義

　　所謂貨幣制度 (monetary system)，乃是一國國內所流通的各種貨幣間，依等價關係所建立的貨幣體系與秩序。狹義而言，指貨幣間的相對關係；廣義而言，則包括各種貨幣金融政策。

## ㈡本位貨幣

　　為建立一國貨幣制度，必須在法律上承認某種物品作為全國交易媒介，並作為本國與他國兌換的貨幣，亦即制定本位貨幣 (standard money)。例如新臺幣的元 (New Taiwan Dollar)、美國的元 (Dollar)、日本的圓 (Yen)、英國的鎊 (Pound)、歐洲的歐元 (Euro)、南韓的圜 (Won) 等等，均各為各國的本位貨幣。凡是本位貨幣，便具有無限法償 (unlimited legal tender) 的效力。所謂無限法償，乃指法令上確定該本位貨幣得以在一定國境內充當最後償付債務的工具，不論其金額大小都具有強制接受性。以臺灣為例：1 元硬幣是本位貨幣，在債務清償時，不論金額多少，均可用 1 元硬幣作為償付的工具[1]。

## ㈢本位制度分類

　　作為幣材的材料，在歷史上曾有幾次變化，故本位貨幣有幾次更迭。以金屬為本位者，有銀本位、金本位等；以紙幣為本位者，有黃金準備本位、純粹紙幣本位等。歷史上的本位制度可分類如圖 3–1。圖中顯示：貨幣本位制度包括金屬本位與紙幣本位兩大類，金屬本位包括單本位（以一種金屬為本位貨幣）與複本位（以兩種金屬為本位貨幣）。單本位中以銀本位與金本位為主，銀本位有銀兩本位與銀幣本位；金本位有金幣本位、金塊本位與金匯本位。至於紙幣本位，則包括黃金準備本位以及純粹紙幣本位。

　　各國實施不同的貨幣本位制度期間並不相同，表 3–1 列示英國、法國、美國、及中國大陸各種本位制度的實施期間。一般而言，歷史上的貨幣本位制自銀本位制開始，邁向複本位制，接下來為金本位制（金幣本位、金塊本位），演變至今，目前則以紙幣本位為主。

---

註

1.法官曾有判例：若金額過多，全以 1 元硬幣償付，損害對方權益時，對方得拒絕接受。

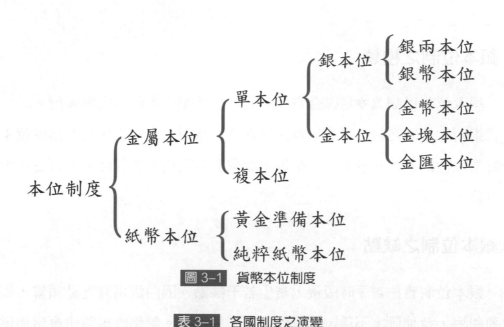

圖 3–1　貨幣本位制度

表 3–1　各國制度之演變

| 國別<br>實施期間<br>本位制度 | 英 國 | 法 國 | 美 國 | 中 國 |
|---|---|---|---|---|
| 銀本位制 | ～1665 | ～1803 | | ～1935 |
| 複本位制 | 1717～1816 | 1803～1814 | 1792～1879 | |
| 金幣本位制 | 1816～1914 | 1874～1914 | 1879～1914 | |
| 金塊本位制 | 1925～1931 | 1928～1936 | ～1934 | |
| 紙幣本位制 | 1931 至今 | 1936 至今 | 1934 至今 | 1935 至今 |

參考：郭國興 (1995)，《貨幣銀行學：理論與應用》，三民，第 2 章。

## 3.3 銀本位制度

### ㈠銀本位制之條件

　　銀本位制係指以一定重量及一定成色的白銀作為本位幣的幣材的貨幣本位制度。銀本位制之成立有五個構成條件：(1)以一定的重量及成色的白銀鑄成一定形狀本位幣。本位幣的幣材價值等於本位幣的面值；(2)銀幣可自由鑄造；(3)銀幣為無限法償貨幣，具有強制流通能力；(4)紙幣及其他鑄幣可依等值關係自由兌換銀幣；(5)白銀及銀幣可以自由輸出及輸入。

### ㈡銀本位制之種類

銀本位制以銀為交易媒介方式，又可分成銀兩本位與銀幣本位。

銀兩本位制乃是以銀兩作為交易媒介，依銀兩實重來作為價格單位；至於銀幣本位則是將銀塊熔鑄成銀幣，銀幣上有面值，依其面值作為交易中介之幣值。

### ㈢銀本位制之缺點

銀本位制實施若干時段後，產生若干缺點。因白銀供需變動頻繁，銀價波動劇烈，會使匯率不穩定，對外貿易不易擴張。銀價跌落時也會增加償付外債之負擔；而銀價上漲時，則妨礙輸出，使國際收支不穩定。由於有上述缺點，因此，在 19 世紀末葉，銀本位制國家或者直接改為金本位制，或者經由複本位制，間接調整成金本位制。

## 3.4 複本位制度

### ㈠複本位制之優點

複本位制是兩種以上本位貨幣同時流通之本位制度，歷史上的複本位制，即金幣與銀幣同時流通的期間。

複本位制有若干優點，其中較重要者有兩項：⑴金銀幣同時流通，擴增一國的貨幣存量，使因交易量日益增加而產生的交換媒介需要之增加，能獲得較充分的滿足；⑵複本位制可透過自然調節作用，維持金銀比價的安定，並確保貨幣數量的充裕。

自然調節作用指稱：在複本位制下，金銀各有其自由市場，依市場供需因素決定其市場比價。但政府對金銀兌換比率則有官定的法定比價，若法定

比價與市場比價背離，透過國內外自由市場機制，會輸入較貴之貨幣，較貴的貨幣因供給增加而降價，最後讓金銀之法定比價等於市場比價。

## ㈡複本位制的沒落

在複本位制下，市場同時流通金幣與銀幣，金、銀之間有固定的法定比價。當金、銀的法定比價與市場比價不一致時，低估的良幣（指市場比價高於法定比價之金屬所鑄造的本位幣）被當作商品，熔化出售，高估的劣幣（指市場比價低於法定比價之金屬所鑄造的本位幣）以貨幣定位申請鑄造，充斥於市場。由於此一劣幣驅逐良幣的現象，為 16 世紀中葉英國女王伊麗莎白一世的財政顧問格萊欣爵士所首先發現，故稱之為「格萊欣法則」(Gresham's Law)。

美國和歐洲對金、銀的法定比價始終不一致。在金、銀有輸出入自由之下，歐洲金、銀的法定比價對美國金、銀的市場比價有牽制作用。歐洲國家金、銀的法定比價始終是 1：15.5，即一單位金幣可兌換十五點五單位的銀幣，而美國開始是 1：15，後來變為 1：16。當美國金、銀的法定比價是 1：15，若市面上比價為 1：16，則金幣為良幣，被熔化成商品出售可換得較多單位的銀幣，至於銀幣為劣幣，在市場以貨幣型態流通。當美國金、銀的市面比價是 1：14，金幣為劣幣，在市場流通，銀幣為良幣，被熔化出售。所以，在複本位制時期，銀幣、金幣並非同時流通，而是輪流交替出現，此稱之為跛行本位制。

表 3–2 舉例，若金銀之法定比價為 1：15、市場比價為 1：16 時，則作為商品時，一單位的金可以兌換十六單位的銀；而作為貨幣時，一單位的金幣可以兌換十五單位的銀幣，故金作為商品時較有價值，銀作為貨幣時較有價值。因為就貨幣而言，若購買一頭牛需要十五單位的銀幣（即一單位的金幣），今將十五單位的銀幣購買一頭牛，再以此頭牛賣得一單位的金幣，爾後熔化金幣作成商品，其價值十六單位的銀，比以一單位金幣所購得牛轉換成

十五單位的銀之價值更高，故交易時人們會選擇以銀幣作為交易媒介，而窖藏金幣，使得劣幣（銀幣）驅逐良幣（金幣）。相反地，若是市場比價成為 1：14，則較合算的方式是由一單位金幣購買一頭牛，再以此頭牛交換十五單位銀幣，將銀幣熔化成商品，可換得一又十四分之一（即 $1\frac{1}{14}$）單位的金幣。

表 3–2　金銀的兌換比率

| 比價 | 金：銀 | 以商品流通 | 以貨幣流通 |
|---|---|---|---|
| 法定比價 | 1：15 | | |
| 市場比價 A | 1：16 | 金 | 銀 |
| 市場比價 B | 1：14 | 銀 | 金 |

## 3.5 金本位制度

### ㈠金本位制之條件

英國很早就作為國際金融中心，早就已採行金本位制。純粹金本位制需要滿足下列三個條件：(1)其本位貨幣須與一定量黃金聯繫；(2)政府規定本位貨幣與各種形式之通貨間的兌換平價；(3)須准許黃金在國內及國外自由移動。在歷史上先後出現過的金本位制則有下列三種形式：金幣本位 (gold coin standard)、金塊本位 (gold bullion standard) 與金匯本位 (gold exchange standard)。在金本位制下，除需滿足上列三個條件外，尚有兩項特點：(1)它是一種黃金流通制度 (gold circulation system)；(2)代表本位幣的銀行券，得無限制兌換金幣。

### ㈡金幣本位制

金幣本位制 (gold coin standard) 係指以法律規定貨幣一單位和一定量黃

金之間，維持法定等價關係的一種制度。金幣本位制的基本特點有：(1)以金幣為本位貨幣，具有無限法償資格；(2)金幣可自由鑄造、自由熔化；(3)黃金及金幣得自由輸出入；(4)金幣與其他各種信用貨幣之間，有相互兌換的自由。

金本位下，國際收支可自動保持平衡。倘若有貿易順差（即出口大於進口），則黃金有淨輸入（即黃金輸入大於黃金輸出），國內黃金總量增加，遂造成物價上漲。因此，進一步產生反向影響，出口減少、貿易逆差、黃金淨輸出、最終國際收支回復均衡。

國際收支平衡之原因：

貿易順差（逆差）→ 黃金增加（減少）→ 貨幣增加（減少）→ 物價上漲（下跌）→ 出口減少（增加），進口增加（減少）→ 降低貿易順差（逆差）→ 貿易收支平衡

實施金幣本位制，有下列數項優點：(1)維持市場匯率的穩定；(2)維持國際收支平衡；(3)由於紙幣可兌換黃金或金幣，因此可使政府所發行的紙幣數量受到黃金存量的限制，而免於通貨膨脹。

不過，金幣本位制也有其缺點：(1)若黃金價值不穩定，會使貨幣價值受到影響；(2)在金幣本位制下，過度重視對外匯率及國際收支的安定，會使得國內物價不易維持穩定；(3)由於紙幣可兌換黃金或金幣，會使得紙幣的發行數量受到黃金存量的限制，未能因應經濟環境變化，而作彈性調整；(4)對於因投機或恐懼的心理，所引起黃金大量外流的現象，無法有效控制。

## ㈢金塊本位制

第一次世界大戰後，為節約黃金的使用，不再鑄造金幣，金塊由政府保管持有，市面流通的是銀行券。銀行券具有無限法償資格，必要時可兌換金塊。

金塊本位制與金幣本位制的最主要差別有二：(1)金幣已退出流通界，而專門擔當大宗國際收支清算的任務；(2)政府雖承擔按一定價格買賣黃金的義

務，但是紙幣只能兌換金塊，且兌換量亦有最低金額的規定。因此，一國的黃金都逐漸集中於政府手中，增強政府應付緊急事故的力量。

### (四)金匯本位制

金匯本位制的意義是：國內本位貨幣與基金之間，雖不直接保持等價關係，但與其他金本位國家（如英、美）的貨幣維持一定的關係。

金匯本位制的主要特色是：(1)政府或中央銀行黃金存量有限，故對人民的兌換要求，可在金塊或在金本位制國家的外匯（通常是美元、英鎊、歐元、日圓等或具國際認定通行貨幣）擇一兌換之；(2)其貨幣發行準備主要係由黃金與儲存外國的外匯所構成。

## 3.6 紙幣本位制度

由於金本位制有其不可避免的缺點，各國政府紛紛放棄金本位制，改發行紙幣，成為紙幣本位制，此制度又可分為黃金準備紙幣本位制與純粹紙幣本位制。

### (一)黃金準備紙幣本位制

放棄金本位制，實施不兌換紙幣制之初，許多國家的政府為取信於民，仍直接或間接將其貨幣與黃金連在一起，這便是黃金準備紙幣本位制。

### (二)純粹紙幣本位制

純粹紙幣本位制，亦可稱為管理紙幣 (managed money)。換句話說，在適當的管理下，只要紙幣數量能夠適應人民的需要而發行，則紙幣價值即能穩定，人民自然對紙幣有信心。紙幣不必與一定量黃金保持聯繫。

管理紙幣制雖是貨幣演進過程的產物，在世界各國普遍存在已有數十年

的歷史，其優點與缺點都非常明顯。大體上說，支持管理紙幣制者認為此制度有下列三大優點：(1)紙幣攜帶與使用較方便；(2)紙幣成本較低；(3)紙幣發行量由政府決定，並非像金屬貨幣一樣取決於自然資源。

缺點：雖然管理紙幣制有上述多項優點，然其接受性則以人民對幣值安定的信心為基礎，而幣值安定的維持則有賴發行機構確能適度控制發行數量。一旦幣值不穩定，發行量失控，導致民眾對幣值信心崩潰，其後果堪慮。

### ㈢各種紙幣發行制

政府發行紙幣，以政府信用為後盾，保證紙幣的價值，為維持民眾對紙幣的信心，政府需要保存若干準備，以供民眾想用紙幣兌換金屬貨幣之用。依紙幣量和發行準備之間的關係，可分成五類：

**1 十足準備發行制 (100% reserve issue system)**

在此項制度下，現金準備須等於其紙幣發行餘額。

(1)優點：穩定人民對紙幣的信心。

(2)缺點：紙幣發行量受限於現金準備持有量。

**2.固定保證準備發行制 (fixed fiduciary issue system)**

在此項制度下，在某金額以下的紙幣發行依法得以保證準備充當準備金，若超過限額，則需為現金準備。例如 1844 年英國的皮爾法案 (Peel's Act) 規定：英格蘭銀行得以 1,400 萬英鎊之政府債券為準備金，發行 1,400 萬英鎊的銀行券。超過此項金額的每 1 英鎊銀行券發行，就須有 1 英鎊之現金準備金。

(1)優點：可保證最低交易貨幣需求的貨幣供給量。

(2)缺點：缺乏彈性。

**3.最高發行制 (maximum issue system)**

在此制度下，法令規定紙幣的最高發行量，至於發行準備之內容並不規定，由發行銀行自行決定。例如 1848 年，法蘭西銀行統一全國紙幣發行權，

規定最高發行額為 3 億 5,000 萬法郎；至於現金準備與保證準備如何安排，法律上並無明文規定。

(1)優點：穩定人民對紙幣的信心。

(2)缺點：缺乏動態考量，以至於貨幣數量不能滿足社會交易的需要。

### 4. 比例發行制 (proportional reserve issue system)

在此項制度下，並不規定紙幣的最高發行量，但規定所發行之紙幣中，現金準備須占一定比例，其餘為保證準備。例如 1875 年德國銀行條例規定，紙幣發行總額為 3 億 8,500 萬馬克，其中三分之二為現金準備，其餘為保證準備，此種制度可稱為最高比例發行制。

(1)優點：此種發行制度較上述各種發行制度更具伸縮性，較不易產生紙幣不足的現象。

(2)缺點：在快速通貨膨脹或大量現金外流時期，則會成為貨幣供給量的限制因素。

### 5. 伸縮性發行制 (elastic issue system)

在此項制度下，紙幣發行量可隨經濟發展需要而增減，不再受到最高發行量的限制，此項制度又因對發行準備規定不同，可區分為兩類：一類是仍保有十足準備的伸縮性發行制。另一類是完全放棄現金準備的伸縮性發行制度，這就是管理紙幣制，又有兩小類：一種是有最高額的限制，例如舊臺幣的發行制度；一種是未設最高限額者，例如 1968 年 3 月以後的美元發行制度。

臺灣貨幣制度在實施法幣制度時期（1935 年 11 月至 1948 年 8 月），法幣係採行比例發行制度，規定現金準備六成；金圓券時期（1948 年 8 月至 1949 年 7 月），金圓券亦採行比例發行制，規定現金準備四成；銀圓券時期（1949 年 7 月至大陸淪陷），銀圓券採十足準備發行制。

幣值改革，直接衝擊到整體經濟社會各階層之交易，影響甚鉅，不應率爾為之。各國幣制改革的經驗不同。臺灣曾在戰後初期到 1949 年中，物價漲

了 7,000 多倍，並於 1949 年 6 月 15 日進行幣制改革，當時 4 萬舊臺幣換成 1 元新臺幣，成功達成穩定幣值的功能。可見，幣制改革在某些時候或有必要，但需審慎為之。迨中央銀行於 1961 年 7 月在臺復業，改採十足準備的伸縮性發行制；嗣後根據 1979 年修正公布之《中央銀行法》，臺灣貨幣發行雖採用十足準備制，惟準備內容除金、銀、外匯外，另增加了合格票據及有價證券[2]。

## 繽紛貨銀 3A

### 辛巴威貨幣奇譚一：超級通貨膨脹

辛巴威 (Zimbabwe) 的超級通貨膨脹在世界通貨膨脹史上寫下了驚悚的一頁。它原為非洲經濟楷模，從 2000 年開始的一連串錯誤政策，使其經濟陷入深淵。其通貨膨脹率一直攀升，2007 年 7 月，辛巴威通貨膨脹率，保守估計，物價已經飆漲 45 倍，甚至有機構估計高達 90 倍，高居全球之冠，物價飛漲，民眾搶購民生消費物資，很多東西有錢都買不到。因為通貨膨脹過於嚴重，政府只好大量印鈔票，提高鈔票面額，2008 年 3 月才發行面額 2,500 萬、5,000 萬元新鈔的辛巴威，到了 2008 年 5 月 6 日再度正式推出面額 1 億、2 億 5,000 萬元的新鈔，此為第二代辛幣，不到 2 個月的時間，辛巴威儲備銀行接連提高鈔票面額，顯示辛巴威外匯和現金短絀現象十分嚴重，但這些鈔票形同廢紙，物價每天都在攀升，民生物資早已被搶購一空，民眾的痛苦指數也一路飆升。

到了 2008 年 8 月 1 日辛國政府再發行第三代辛幣，三代辛幣與二代辛幣之間的兌換比率是「1：100 億」。然而問題仍然相當嚴重，無法解決困境，到了 2009 年 2 月 2 日，辛巴威中央政府為遏止通貨膨脹繼續惡化，調整貨幣價值，刪掉鈔票面額的十二個零，原本 1 兆辛幣調整後變成 1 元，為第四代辛幣。但第四代辛幣幾乎成了虛擬貨幣，辛巴威財政部長滕達伊‧比蒂 (Tendai Biti) 於 2009 年 3 月 18 日說，「辛巴威幣已經死亡」，並且於同年 4 月初宣布

---

註

2. 《中央銀行法》（2011 年 4 月 27 日修正）第 16 條：「本行發行及委託發行之貨幣，應以金銀、外匯、合格票據及有價證券，折值十足準備。硬幣免提發行準備。」

停用本國貨幣，改用美元，正式宣告一個幣別的滅亡。然而此舉並未真正解決問題，辛巴威幣仍然復活，繼續其坎坷而不堪的紀錄。

# 繽紛貨銀 3B

## 辛巴威貨幣奇譚二：消失的辛巴威元[3]

辛巴威，一個位於非洲東南方緊鄰南非的小國，國度遙遠，經濟落後，民眾貧困，對大多數人乃是陌生國度，未受關注。2015 年該國作了一個貨幣史上的破紀錄決策，2015 年 6 月 9 日，辛巴威公布，自 6 月 15 日起不再使用該國貨幣，民眾可改用美元或其他外幣。

辛巴威總統穆加比 (R. G. Mugabe) 宣布，要正式廢棄辛巴威幣。到 2015 年 9 月，開放民眾換成美元。若是存款帳戶型態，民眾存款帳戶是在 2009 年 3 月前開設，帳戶存款未達 17.5 萬兆辛巴威幣者，一律換成 5 美元，若超過則每 3.5 萬兆可換 1 美元；如果是持有現金型態，2008 年之前發行的貨幣，每 250 兆辛巴威幣可以換得 1 美元，而 2009 年之後發行的則是 250 辛巴威幣可換 1 美元。將來，辛巴威貨幣不再具有市場上買賣流通的作用，央行準備了 2,000 萬美元以作因應。

一個國家的本土貨幣棄守了，以後該貨幣不再流通，這是全球大新聞。辛巴威走上此途，其來有自，因為辛巴威多年來惡性通貨膨脹，嚴重度全球之冠。辛巴威元早就失去民眾信心，民眾不想擁有辛巴威元，每天抱著大捆大捆一直貶值的鈔票，追逐著每日攀升的物價，只想趕快脫手換成實物。

辛巴威原為英國殖民地，在政權爭戰下，黑人政權出線，1980 年宣布獨立。雖然國家政權獨立，並未擁有治國的能力，全國經濟日益下衰。回溯其貨幣史跌跌撞撞走過三代，第一代辛巴威元始於 1980 年，當時幣值比美元還高，1 美元只能換得 0.68 辛幣，但是幣值一路下滑。第二代於 2006 年 8 月開始上路，舊幣 1,000 元換 1 元新幣，仍止不住通膨走勢。第三代於 2008 年 8 月 1 日開始，100 億舊辛元只能換 1 元新辛元，已是天方夜譚數字。由於本國幣始終不受市場歡迎，只得用外幣取代，2009 年 1 月 29 日遂容許使用外幣，包括美元及南非幣蘭特 (Rand)。最後，不得已的一招終於出鞘，2015 年

---

3. 參考：楊雅惠，〈消失的辛巴威元　世界貨幣奇譚〉，《工商時報》，2015 年 7 月 3 日。

宣布停用辛巴威元。這段期間，民眾已痛苦地煎熬了三十餘年，飽受凌遲。

　　造成這種現象，諸多因素使然。該國在戰亂中立國，由於長期積欠外債，財政赤字，經濟失調，政府又不願意實施經濟上的穩定措施，使得 IMF 停止對辛巴威的經濟援助。為支應財政赤字，該國政府則以大量印製新鈔來填補支出，導致嚴重的通貨膨脹與幣值急貶。失業率高達 80%，大多民眾的生活水準在貧窮線之下，不少人民為了生計被逼逃到鄰國。

　　其實，辛巴威並非一無是處，該國擁有天然資源，生產黃金、象牙與銅礦等物資，是南部非洲重要的文明發源地，在中世紀時代以來，透過與來自印度洋岸的回教商隊貿易，在 11 世紀時漸漸強盛，15 世紀已經成為非洲南部最大的邦國。然而在政權動盪下，並未奠立堅實的經建基礎，國步維艱。

　　此次辛巴威的貨幣退場，並未引起全球恐慌震撼，不像希臘債務問題般動輒見報。蓋辛巴威乃是小國，其貨幣問題則是多年沈痾，而且通貨膨脹只是該國問題，並未株連多國。此次辛巴威貨幣退場，可謂是快刀斬亂麻的壯士斷腕措施，不但砍斷幣值下跌的爬藤，說不定也給了該國一個新的契機，有重整面目的機會。同時也給全球一個啟示：當一國貨幣貶到極致，與其徒然在貨幣面額上加幾個零，不如斷然棄守，改用國際貨幣，這可以是解決通貨膨脹的重要選項。未來辛巴威的後續應變與發展，值得進一步觀察。其貨幣奇譚，可在貨幣發展史上寫下特別的一章。

＊＊＊＊＊＊＊＊＊＊＊＊＊＊＊＊＊＊＊＊＊＊＊＊＊＊＊＊＊＊＊＊＊＊＊＊＊＊

【後續發展】

　　2016 年 11 月 28 日，辛巴威發行「債券紙鈔 (bond notes)」，訂其幣值與美元等值，包括 2 元、5 元等不同面額，發行初期，企業界與黑市可以接受，人民仍偏愛美元，不喜使用辛巴威元。

　　辛巴威的拙劣經濟政策，與其領導階層長期專治不曾變革有關。前總統穆加比在位 37 年，長期專制，直到 2017 年已 93 歲，乃全球最年邁的國家元首與總統，仍策劃由他妻子接手掌握，並開除副總統，引起軍方不滿。2017 年 11 月發生政變，他才黯然下臺，柔性政變成功新領導階層上任，能否大刀闊斧，調整經濟金融體制，振興經濟，有待觀察。

## 重要詞彙

| | |
|---|---|
| 本位貨幣 (standard money) | 複本位 |
| 無限法償 (unlimited legal tender) | 紙幣本位 |
| 銀本位 | 格萊欣法則 (Gresham's Law) |
| 金本位 | |

## 練習題

1. 貨幣的型態如何演進？
2. 貨幣本位制度可分為哪些種類？
3. 何謂信用貨幣？依信用貨幣發行量與發行準備之間的關係，包括哪些種類？
4. 何謂銀本位？有何特性？其缺點何在？
5. 何謂複本位制？複本位制為何沒落？
6. 何謂格萊欣法則？
7. 試述金幣本位制之自動調節機能。
8. 臺灣曾如何透過幣制改革穩定物價？
9. 臺灣貨幣發行準備制度如何規定？

第 3 篇

金融體系

第 3 篇

金融體系

# 第4章
# 金融體系概論

　　金融體系的主要角色,是扮演資金供需之媒介,儲蓄與投資之橋樑。金融體系的結構包括正式金融體系與非正式金融體系。前者又包括金融機構與金融市場,並可依性質分成不同類型的金融組織。至於金融市場工具則包括短期信用工具與長期信用工具,亦可分成貨幣市場工具與資本市場工具。一般而言,金融體系之存在,主要功能在於降低資金供需雙方的交易成本與資訊成本。

　　本章共分4節,第1節討論金融體系之角色;第2節介紹金融體系之結構;第3節介紹金融工具;第4節討論金融體系之功能。

## 架構圖4　金融體系概論

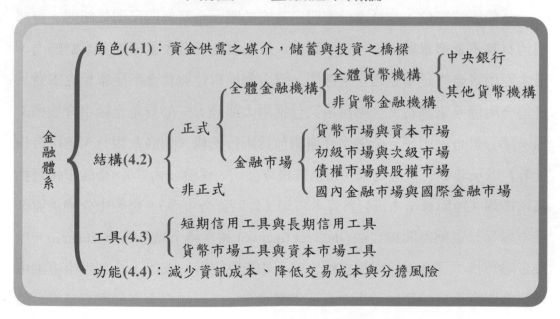

57

## 4.1 金融體系之角色

在經濟社會中,各經濟單位的收支情況各有差異,收入大於支出的經濟單位稱為資金剩餘單位 (funds surplus units),例如家計部門往往有儲蓄資金,乃是主要的資金剩餘單位。 支出大於收入的經濟單位稱為資金不足單位 (funds deficit units),例如企業部門常因進行投資而需要資金,乃是主要的資金不足單位。資金剩餘單位可以將其剩餘資金貸放給別人,是資金供給者;資金不足單位則需向其他單位借貸,是資金需求者。資金供給者與資金需求者之資金借貸過程中,便需仰賴金融體系居中媒介,使得儲蓄資金投入金融體系後,貸放給資金需求者來進行投資等用途。換言之,金融體系的主要角色,乃是資金供給與資金需求之媒介,儲蓄與投資的橋樑。

金融體系之角色所能發揮之功能,可用圖 4-1 來說明。

一般經濟單位,包括家計部門、政府部門、企業部門及國外部門。每部門均有其資金需求與供給。一般而言,最主要的資金剩餘單位為家計部門,最主要的資金不足單位為企業部門。資金剩餘單位與資金不足單位之溝通,透過金融體系來進行。金融體系又包括兩大部分,一部分是金融中介機構;另一部分是金融市場。金融中介機構包括銀行機構(如商業銀行、信用合作社等)以及非銀行金融機構(如信託投資公司、保險公司等)。金融市場包括貨幣市場(短期資金市場)與資本市場(長期資金市場)。金融中介機構與金融市場又分別稱為間接金融 (indirect finance) 與直接金融 (direct finance)。間接金融乃指:資金供給與需求雙方並不知道交易對方為誰,全部委由金融機構作為媒介;直接金融乃指:資金供需雙方可以得知資金交易對方是誰,並決定交易對象。

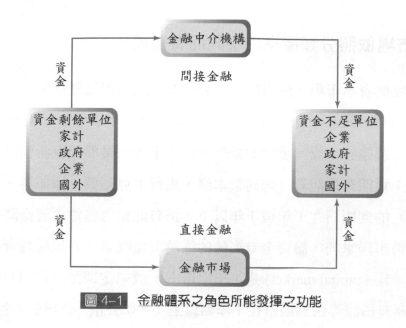

圖 4-1 金融體系之角色所能發揮之功能

# 4.2 金融體系之結構

金融體系分成金融機構與金融市場兩大部分。這兩大部分可依其性質而有不同的分類，分述如下：

## ㈠全體金融機構可分成全體貨幣機構與非貨幣機構

### 1. 全體貨幣機構

依我國中央銀行所公布之資料，2012 年 2 月起採新定義，全體貨幣機構包括中央銀行與其他貨幣機構。中央銀行是通貨發行機構，職司貨幣政策。其他貨幣機構辦理非通貨之貨幣創造業務，收受大眾存款或資金，央行計算貨幣供給量 M2 時予以涵蓋進來，包括本國銀行、外國銀行在臺分行、信用合作社、農漁會信用部、中華郵政公司儲匯處、貨幣市場共同基金等。

### 2. 非貨幣機構

不收受存款亦不創造貨幣之金融機構，屬於非貨幣機構，具代表性者為人壽保險公司。

### ㈡金融市場依照分類標準的不同而有差異

#### 1.貨幣市場與資本市場（依市場上的交易工具之期限為標準）

貨幣市場 (money market) 包括金融業拆款市場以及 1 年期或 1 年期以下的短期有價證券市場。金融業拆款市場是金融同業間相互拆借資金的短期資金市場；短期有價證券（如商業本票、銀行承兌匯票、國庫券、可轉讓定期存單等）的到期日在 1 年或 1 年以下，持有此票券者需要資金時，將該票券拿到貨幣市場求售，讓資金有剩餘的經濟單位購買，藉以融通資金供需。

資本市場 (capital market) 是 1 年期以上，或未定期的中長期有價證券市場。中長期有價證券的到期日在 1 年期以上（例如公債、公司債、金融債券、股票等）。此類證券的發行與交易，均可透過資本市場來進行。中長期資金的供給與需求，也透過資本市場運作而達到均衡。

#### 2.初級市場與次級市場（依交易之有價證券的新舊而區分）

初級市場 (primary market) 也稱原始市場，又稱發行市場 (issue market)。某經濟單位發行證券以籌募資金，在發行之際進行資金交易之市場即是發行市場。在此市場所交易的證券均為新發行的證券，故又稱新證券市場 (market for new securities)。

次級市場 (secondary market) 又稱流通市場 (circulation market)。當有價證券發行之後，持有證券者，可以在證券市場進行出售，換取資金。在次級市場交易之證券，並非首次發行之證券，故此市場又稱舊證券市場 (market for existing securities)。次級市場的存在，使得持有短期證券者欲調度資金時，甚為容易；他可以隨時賣出證券以獲取現金，亦可以隨時買入以賺取利息或價差。

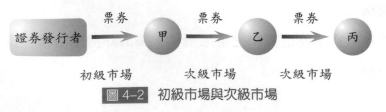

圖 4-2　初級市場與次級市場

### 3.債權市場與股權市場（依持有債券者的權利性質區分）

每個經濟單位籌募資金時 ， 有兩種方式 ， 一種是透過債務市場 (debt market) 發行有價債券，則資金供需雙方的關係便成債權人與債務人之關係，持有債券者是債權人，可在一定期限內，要求發票人履行支付利息與償還本金之義務，但是其利息乃事先約定，不受債務人之財務狀況（例如公司之營業利潤）所影響。例如公司發行公司債、政府發行公債，均屬債權市場流通之交易工具。

另一種籌措資金的方式是透過股權市場 (equity market)。 資金需求者發行有價證券，例如公司發行股票，在市場上出售。持有股票者，成為其股東，享有股東之權利，包括分配盈餘、參與公司決策投票，也包括承擔風險等。

### 4.國內金融市場與國外金融市場（依交易國境與交易貨幣區分）

一般金融市場指國內金融市場，廣義而言，應包括國外金融市場。只要金融交易涉及國外人士、國外市場、國外貨幣，便屬於國際金融交易範疇。屬於境外交易的部分，如國際金融業務分行所辦國際業務，稱境外金融中心 (Offshore Banking Unit, OBU)，相對應地，國內交易便稱為 DBU (Domestic Banking Unit)。

### 5.正式金融市場與非正式金融市場（依市場組織合法性區分）

若金融交易組織是合法的，屬正式金融市場 (formal financial market)，乃是已納入金融當局之管理範疇，故又稱「已納入管理金融市場」 (regulated financial market)，即是一般俗稱的「地上金融」。

相對而言，不合法的金融活動，並非金融當局所核准並進行管理之範疇，故稱「非正式金融市場」(informal financial market)，未納入管理之金融市場 (unregulated financial market)，即是一般俗稱的「地下金融」。

# 4.3 金融市場之工具

在金融市場交易的金融商品，稱為金融工具。金融工具的種類，可分為短期信用工具與長期信用工具，又可分為貨幣市場工具與資本市場工具，分述於下。

## ㈠短期信用工具

短期信用工具包括：本票、支票、匯票。

### 1.本　票

由發票人簽發一定金額之票據，於指定到期日由自己無條件支付款項予受款人或持票人，此票據即為本票。本票是發票人簽發的一定之金額、於指定之到期日、由自己無條件支付給受款人或執票人的票據。

### 2.支　票

由發票人簽發一定金額之票據，委託銀行業者或基層金融機構於票據到期日無條件支付款項予受款人或持票人，此票據即稱為支票。支票限於見票即付，所以支票是支付工具，不是授受信用的工具。支票是發票人簽發一定之金額、委託金融業者見票時無條件支付給受款人或執票人的票據。

### 3.匯　票

匯票是發票人簽發一定之金額、委託付款人於指定之到期日、無條件支付給受款人或執票人的票據。

匯票包括商業承兌匯票與銀行承兌匯票。匯票有三個當事人：出票人 (the drawer)、付款人 (the drawee)、收款人 (the payee) 或持票人。承兌的付款人如果是工商企業或商人，稱為商業承兌匯票 (trade acceptance)；如果是銀行，稱為銀行承兌匯票 (bank acceptance)。以銀行承兌匯票而言，在跨國貿易進行時，由銀行作為中介機構，承兌貿易過程的支付功能，有助於國際貿

易之順暢推動。

## ㈡長期信用工具

長期信用工具包括：股權工具、債權工具。

### 1.股權工具

工商業發行對其自身之所有權的要求權，即發行股票，募集股本資金。

### 2.債權工具

工商業創造及出售對其本身的債務要求權，即發行債券，在市場出售，藉以籌款。

## ㈢貨幣市場工具

貨幣市場指金融業拆款市場以及短期票券市場（1 年或 1 年以下到期的信用工具之發行與交易市場）。其中短期票券包括國庫券、商業本票、可轉讓定期存單與銀行承兌匯票等。

### 1.國庫券 (treasury bill, TB)

國庫券係中央政府發行的一種短期債券。通常是以調節國庫收支為目的而發行之國庫券。

### 2.商業本票 (commercial paper, CP)

商業本票係信用卓著之工商企業為籌措短期資金所發行之定期本票，我國貨幣市場所發行及流通的商業本票分為交易性商業本票及融資性商業本票兩類。交易性商業本票稱為自償性票據，又稱為第一類商業本票，係工商業基於合法交易行為所產生，並經受款人背書之本票。融資性商業本票，又稱為第二類商業本票，係工商企業為籌集短期周轉資金，經金融機構或票券金融公司保證發行之本票。

### 3.可轉讓定期存單 (negotiable certificate of deposit, negotiable CD, NCD)

可轉讓定期存單係由銀行所發行而可自由轉讓之定期存款單據。

### 4. 銀行承兌匯票 (banker's acceptance, BA)

銀行承兌匯票係工商業基於實際交易行為的發生，指定特定銀行為承兌人所簽發之匯票，匯票經指定銀行承兌後，持有人在到期前如需要資金，可在貨幣市場貼現。

## ㈣資本市場工具

資本市場指 1 年以上到期的信用工具之發行與交易市場，包括政府公債、金融債券、公司債、股票等。

### 1. 政府公債 (government bond)

通常簡稱為公債。政府在臺灣發行政府公債，初期係用於彌補財政赤字，後期則用於支持經濟建設。依公債發行條例規定，政府公債可分為中央政府（財政部）發行之公債與地方政府（直轄市或縣市政府）發行之公債兩種，前者又稱國債，後者又稱為地方債。

### 2. 金融債券 (financial debenture)

金融機構所發行的債券，是金融機構自資本市場籌措長期資金的主要來源之一。依我國《銀行法》第 72-1 條規定，商業銀行得以發行金融債券，其發行辦法及最高發行餘額，由主管機關洽商中央銀行定之。

### 3. 公司債 (corporate bond)

公司所發行之債券，是公司籌措長期資金的方式。

### 4. 股票 (stock)

是一種股權資產 (equity asset)，是企業在資本市場籌措長期資金的信用工具。股票發行經證券交易管理委員會依證券交易法及公司法之核准始得公開發行。

股票與一般債務工具有三項不同之處：(1)其他債務工具都附有一定期限，原有債務工具到期，企業必須設法發行新債務工具來償債，故發行市場特別重要。股票則因未附期限，企業不需為買回股票而煩惱，但為提高其流

動性起見，股票的交易市場因而特別重要；⑵一般債務工具在發行時就訂有一定的票面利率，其市場價格的漲跌幅度不大。股票則未有確定的股息與紅利，其市場價格變動幅度較大；⑶並非所有的股票，都是為了籌措資金而發行。例如，有些股票是因企業未分配盈餘累積至某一程度而發行。

以下金融商品之到期日長短不一，視到期日長短而歸屬為貨幣市場或資本市場。一般而言，附買回協定與歐洲美元較近於貨幣市場性質，基金與其他新金融商品則視性質而定。

### 1. 附買回協定 (repurchase agreement, RP)

在金融市場出售證券以獲取資金時，證券之出售者與購買者同時協定，出售者在未來某一特定時日以協定之價格予以購回該證券，稱之。

### 2. 歐洲美元存單 (Eurodollar certificate of deposit, Eurodollar CD)

在美國境外（大部分在歐洲）的商業銀行以美元為計價單位的可轉讓定期存單，稱之。

### 3. 開放型基金

投資人可隨時向基金發行公司購買受益憑證，也可以隨時要求公司依基金淨額購回受益憑證。

### 4. 封閉型基金

基金只在發行期初出售受益憑證，不可隨時依基金淨資產價值購回受益憑證。

### 5. 其他新金融商品

隨著金融創新活動之熱絡，許多新金融商品不斷推出，例如資產證券化、衍生性金融商品等均在金融市場中陸續出現。

## 4.4 金融中介之功能

金融市場扮演著儲蓄與投資之橋樑，在資金需求者與資金供給者之間扮演居中媒介的角色，可讓資金借貸雙方減少資訊成本 (information cost)[1]、降低交易成本 (transaction cost)、分擔風險等。

### ㈠減少資訊成本

為何金融中介可減少資金供需雙方的交易成本與資訊成本呢？假設沒有金融中介的存在，資金不足單位需要借入資金以進行投資生產活動，但是他不知道誰有剩餘資金，必須挨家挨戶去查詢，方能蒐集到相關的資訊，即使他本人不親自查詢，亦須委由第三者代為蒐集相關資訊。且只找一個家計部門，可能尚無法滿足其資金需求，需多找幾個家計部門。另一方面，資金剩餘單位有剩餘的資金可供借出，例如家計單位有儲蓄可提供出來以賺取利息收入，但他需找到適切的資金需求單位（如某一企業）。家計單位為了確保將來債權可以回收，就必須先對企業進行徵信調查，若信用良好方考慮借出，蒐集此類資訊需要耗費相當的時間精力。換言之，不論是資金供給或需求者，為了蒐集交易所需的情報資訊，均需耗費相當的時間精力，此即為資訊成本。

### ㈡降低交易成本

在資金供需雙方彼此互相尋求適當的交易對象時，尚需詢問彼此合意的價格。如果價格不合，則需進行議價，議價不成，則只好另行尋找交易對象。

----

註

1.1996 年諾貝爾經濟學獎得主英國劍橋大學教授米爾里 (James A. Mirrlees)，及加拿大籍的美國哥倫比亞大學榮譽教授維克瑞 (Williams Vickrey)，其研究訊息不對稱的問題對資訊經濟學數十年來的研究影響深遠，這就是兩人之所以成為諾貝爾獎得主的最大原因。

如此一來，為了進行此交易，則需耗費相當成本，即所謂的交易成本。

如果有金融中介的存在，則可減少資訊成本與交易成本。金融中介機構一方面吸收大眾存款，把多筆而小額的資金匯集起來，一方面對廠商進行徵信，選擇適當的買主，貸放資金。金融中介在這過程中，便可發揮專業的功能，蒐集市場上各種相關資訊，包括各式各樣不同需求的市場參與者，把條件相合的交易對象湊在一起，促使該交易得以進行。

對資金需求者而言，僅需向一個金融中介機構借款而毋需向多個金融機構借款。對資金供給者而言，只需把資金交給金融中介機構，便可取得固定利息收入，不需對借款客戶逐一進行徵信調查。於是乎，此金融中介的存在，便是降低交易雙方的資訊成本與交易成本。

## ㈢分擔風險

資金交易過程中，面臨種種風險，例如交易雙方任何一方違約、債信情況改變，均可能造成另一方之風險損失。為降低金融風險損失，一方面可透過金融體系之運作及交易平臺之操作，讓每一位參與者共同分擔風險，降低平均風險損失。另一方面由金融專業人員之研判，將資金分配給較具生產力而健全的企業之生產投資用途上，也會減少風險之或然率。

換言之，透過金融體系集中各種資金供給者之資金，經過金融中介之資金分配機制之後，由成功交易案件之收益來彌補失敗案件之損失，即具風險分擔與風險降低之功能。倘若部分資金需求者未能償還，其風險已由多位資金供給者共同分擔，降低了個別風險額度；甚至透過金融機構之存放機制，已經提供存款者利息保證，隔離了貸放風險。

# 繽紛貨銀 4A

## 民間借貸市場之角色

民間借貸市場並非正式金融體系，未納入金融主管機關之管轄，俗稱「地下錢莊」。在經濟發展初期，往往因金融體系之功能不彰且受到政府多方管制，未能讓資金需求者在金融體系順利取得資金。銀行機構往往會貸款給公營企業與大企業，至於中小企業則不易從銀行機構取得資金。於是乎，中小企業在受到銀行機構摒棄之後，往往轉向民間借貸市場調度資金。

在經濟發展過程中，當正式金融體系無法充分發揮金融中介之應有功能時，民間借貸市場發揮了市場機制。換言之，民間借貸市場彌補了正式金融體系功能之不足。民間借貸市場的規模，隨其經濟發展程度與金融發展成熟度的提高，而逐步降低。固然民間借貸市場難以完全杜絕，但在社會中的重要性將逐步減少。

臺灣在 1989 年以前實施利率管制，意在以低利率降低廠商生產成本，刺激投資意願。中央研究院院士蔣碩傑[2]教授分析而得：刻意壓低銀行利率，無法讓市場機制充分發揮。銀行利率低於市場均衡水準，民間借貸利率因反映風險因子，其利率水準則遠高於市場均衡水準。且在雙元金融體系下，全體金融體系所成交之資金總額，若與無利率管制而市場機制發揮下的成交資金總額相較之下，前者反而較低。蔣碩傑等學者建議利率自由化，讓具效率之資金需求者取得資金。臺灣遂在 1989 年修訂《銀行法》時，明定利率由各銀行自行訂定，正式採取利率自由化措施。

Yang, Ya-Hwei and Shea, Jia-Dong (1999) 對於民間借貸市場規模之角色有所分析，研究指出：在 1964～1994 年間，企業向民間借貸市場借貸之比重約占 27.86%，其中公營企業倚重民間借貸市場之比重為 3.17%，民營企業倚重民間借貸市場之比重為 32.91%。而民間借貸市場在整體金融體系之比重，隨著經濟之發展而逐漸式微。

2. 蔣碩傑 (1918～1993)，經濟學博士，中央研究院院士，中華經濟研究院前院長、前董事長。

# 繽紛貨銀 4B

## 金融知識教育蔚為國際潮流[3]

想賺錢嗎？每個人都想賺。想知道如何賺錢嗎？每個人都想知道。想花時間學習認清風險嗎？嗯！未必每個人都願花時間去學習，多認為風險是他人的事。再說，即使想學，也常忽略賠錢可能性，只要有賺錢秘方就好。

當每個人都只想賺錢，而不花時間去認知風險，於是乎金融風暴的種子開始種下，隨著市場交易規模的擴大而坐大風險，有朝一日，危機爆發，難以收拾，這便是 2008 年金融海嘯成因之一。

海嘯發生之後，各國檢討，皆認為加強民眾金融教育、保護投資及消費者權益是必要措施，紛紛設立專責機制來推動。以美國為例，其 2010 年生效的金融改革法案《多德－弗蘭克法案》(Dodd-Frank Act) 便包含此項目，並於 2011 年 7 月開始營運金融消費者保護局。

其實不必等到金融海嘯，承平時期便需加強金融教育。倘若民眾不具金融知識，道聽塗說地盲目投資，直到虧損出現，甚至慘遭背信棄約詐騙，才認清重重投資陷阱，等於是付出高額學費來學習金融知識。因此在拿錢於市場上投資前，應先在校園中或社區教室裏學習正確的金融觀。

英國在 1999 年調查發現：全英國有 150 萬的家計及超過 200 萬成年人不使用金融服務，約十分之一的家計未在金融機構開戶，四分之一不儲蓄。英國在 2000 年成立了金融知識教育的專責機構團體，尤其針對較低所得的弱勢者；類似的措施在大英國協的四個國家（英格蘭、威爾斯、蘇格蘭、北愛爾蘭）皆具。日本早已推動金融教育，一方面是現金卡與信用貸款盛行時期提醒民眾要謹慎投資並自負風險，另方面是引導民眾多元理財而發展直接金融。

經濟合作暨發展組織 (OECD) 在 2005 年制定金融教育之原則與執行準則，2008 年至 2012 年間陸續公布對年金制度、風險認知、信用、校園金融教育之指導原則，並在 2008 年籌建了國際金融教育網絡 (International Network for Financial Education, INFE)，目前已有 86 個國家超過 170 個單位加入此組織。

G20、FSB 與其他國際組織，在金融海嘯後呼籲金融教育與消費者保護之重要性。投資者教育宣導國際論壇 (International Forum for Investor Education, IFIE) 與國際證券監理委員會組織 (IOSCO) 也曾舉辦論壇交換各國經驗，馬來西亞提出投資人教育計畫藍圖，加拿大強調青少年與高中老師

---

註

3.參考：楊雅惠，〈金融知識教育蔚為國際潮流〉，《工商時報》，2012 年 5 月 4 日。

之金融宣導成功案例。

　　我國早已重視金融知識教育，金管會 2005 年籌劃、2006 年開始推動金融知識普及計畫，透過校園、社區、媒體、教育團體與業者合作機制，進行金融宣導。金管會與教育部攜手整合金融與教育人士，編制金融教材以供教師參考，交換教學心得，響應的學校逐年增加。此外，利用網路遊戲來宣傳金融知識的作法，也受到國際注目與肯定。2012 年初成立的金融消費評議中心已開始運作，未來如何讓民眾利用此途徑來保護己身權益，則有待推廣。

　　金融知識教育是無止境的，也難立竿見影，但是功效無窮。建立正確觀念不但有助於金融體系健全發展，更可提升生活品質，降低貧富差距。當國際上紛紛加強金融教育時，我國愈早普及金融知識，愈早強化國際競爭力。

　　值得一提的是：金融教育內涵，重點不在傳播複雜新潮的金融商品，也不是培養億萬富翁，而要奠立正確的金融觀念，尤在學童的早期學習階段，宜及早灌輸基本理念，諸如量入為出、風險意識、儲蓄習慣等態度。而在成年人的金融教育課程中，介紹金融商品時，勿流於特定商業行銷。尚有種種議題，值得深思。如何建立合宜的金融教育架構，有賴各方人士持續細心斟酌，深入研討，隨時檢視，建立共識。今日如何紮根，未來便如何結果。

## 重要詞彙

| | |
|---|---|
| 間接金融 (indirect finance) | 資本市場 (capital market) |
| 直接金融 (direct finance) | 初級市場 (primary market) |
| 貨幣市場 (money market) | 次級市場 (secondary market) |

## 練習題

1.何謂貨幣市場與資本市場？其交易的金融工具有哪些？

2.何謂本票、支票、匯票？

3.何謂初級市場與次級市場？

4.何謂直接金融與間接金融？

5.銀行承兌匯票功能如何？

6.金融體系的功能為何？

# 第 5 章
# 利率概念

　　利率是常提的金融概念，與之相關的名詞包括現值、殖利率、報酬率等，且名目利率與實質利率亦有不同。

　　本章共分 5 節，第 1 節介紹利率之定義；第 2 節談現值觀念；第 3 節介紹殖利率之觀念；第 4 節為報酬率；第 5 節則是實質利率與名目利率之差別。

## 架構圖 5　利率概念

利率概念 {
定義(5.1)：利率為可貸資金之價格

現值(5.2)

殖利率(5.3)

報酬率(5.4)：報酬率＝利率＋資本利得率

名目利率與實質利率(5.5) {
費雪方程式

實質利率＝名目利率－預期通貨膨脹率
}
}

## 5.1 利率之定義

資金市場的供給和需求，共同決定利率水準。換言之，利率 (interest rates) 乃是可貸資金 (loanable funds) 的價格。

資金供給來自於社會儲蓄，包括家計部門、企業部門、乃至於政府部門的儲蓄，即各部門的資金剩餘。這些儲蓄從這些部門中釋放出來，注入資金市場。如果政府增加貨幣供給，也注入資金市場，則資金供給也會增加。至於資金需求，乃是各部門的資金不足部分，即各部門投資大於儲蓄的淨投資部分。根據這些供給和需求的共同作用，決定出市場上的資金價格，即利率水準。

利率的計算有單利與複利兩種。單利是以固定本金作為計息之基礎，複利則是把本期利息滾入本金，作為下期計息之基礎。令 $C$ 為本金、$n$ 為期間、$i$ 為利率、$A$ 為本利和。

計算 $n$ 期單利的本利和公式為：

$$A = C(1 + i \times n)$$

計算 $n$ 期複利的本利和公式為：

$$A = C(1 + i)$$

## 5.2 現　值

將未來的財富，經過利率予以折現設算之後，換算成今日的財富價值，稱為現值 (present value)。

凡有資金借貸關係者，必牽涉到「借貸金額」、「借貸期間」與「利息」。這種借貸關係，可能是銀行放款所成立的；可能是政府或企業發行票券所成立的；可能是家計部門互相融通所成立的。期初時的借貸金額，又稱之為「本

金」。經過一段期間的借貸，按期繳納利息，將來到期之後償還。每個借貸關係都存在著一個利率水準。

計算利率水準之方法甚多，茲先介紹現值觀念。通常，今日的財富與將來等額的財富價值不等，將來等額的財富還原成今日的價值後，其價值會降低。因為這筆錢若存到銀行去，可以生利，將來可領到本利和。把將來財富還原成今日價值，成為現值。還原的方式，乃是用利率來折現。

舉例而言，某債券票面為 100,000 元，期間為 1 年期，1 年期滿後持票者可取得 100,000 元。若利息為 5%，還原成現值後為：

$$\frac{100,000}{(1+5\%)} = 95,238$$

以一般式來表示：某債券於 $n$ 年後可獲得之收入為 \$$P$，換算成現值，令 $C$ 代表現值，$i$ 代表利率，則

$$C = \frac{P}{(1+i)^n}$$

如果是無限期債券，每期可領 \$$P$，換算成現值後，即是：

$$C = \frac{P}{(1+i)} + \frac{P}{(1+i)^2} + \frac{P}{(1+i)^3} + \cdots + \frac{P}{(1+i)^n} + \frac{P}{(1+i)^{n+1}} + \cdots$$

$$= \frac{P}{(1+i)} \times \left[ \frac{1}{1 - \frac{1}{(1+i)}} \right]$$

$$= \frac{P}{i}$$

上式中 $C$ 為現值，這是個等比級數。由此式可知，若每期可領得之金額是固定的，那麼利率愈高則現值愈低，利率愈低則現值愈高，利率與現值成反比。

可由下例說明之：假定有一張 1 年後到期，到期時可領到 100 元之債券，若銀行存款年利率為 10%，則該債券目前在市場上之售價應等於 $\frac{100}{(1+10\%)}$ = 90.9 元（因為若將 90.9 元存入銀行，1 年後的本利和即為 100 元）；若年利

率升至 20%，則售價降至 $\frac{100}{(1+20\%)}=83.3$ 元。

## 5.3 殖利率

某債券於今日已有個市價，特定某時間到期亦有某市價，依此換算之利率，為殖利率 (yield to maturity)。

舉例而言，某債券之目前市價為 90 萬元，2 年後之市價為 100 萬元，折算之公式為：

$$900,000 = \frac{1,000,000}{(1+r)^2}$$

依此公式所算出來的利率為：$r = 5.41\%$，$r$ 即是殖利率。

推到 $n$ 期公式，則是

$$C = \frac{P_1}{(1+r)} + \frac{P_2}{(1+r)^2} + \frac{P_3}{(1+r)^3} + \cdots + \frac{P_n}{(1+r)^n}$$

假若某債券其殖利率大於市場利率：大眾為了獲得較高的報酬則搶購此債券，造成債券價格上漲、殖利率下跌，直到殖利率等於市場利率為止；相反的，假若某債券其殖利率小於市場利率：由於持有此債券所能獲得的報酬較市場上為低，故紛紛拋售此債券，直到殖利率等於市場利率為止。所以在市場均衡之情形下，殖利率往往即等於市場利率。

## 5.4 報酬率

某債券在轉手過程中，一買一賣之間，會有利得或損失之情形有兩種：

(1)利息收入：利息除以本金，可求得利率。利率又可分票面利率與實際利率兩種，票面利率是債券上所書面記載的利率水準；實際利率是根據實得利息與實際購價所求得之利率水準。

74

⑵債券市價變化，又稱資本利得 (capital gain) 或資本損失 (capital loss)：資本利得（或損失）除以原購買市價，稱為資本利得率（或資本損失率）。

將上述兩項加總後，稱為報酬率 (rate of return)。

$$報酬率 = 利率 + 資本利得率$$

舉例而言，某債券期初市價為 90 元，期末市價為 99 元。此債券之票面值為 100 元，每期獲得利息收入為 10%，即 10 元。則購買此債券之報酬為：

$$利息收入：10$$

$$資本利得：9$$

$$資本利得率：\frac{99-90}{90} = 10\%$$

$$實際利率：\frac{10}{90} = 11.1\%$$

$$報酬率：10\% + 11.1\% = 21.1\%$$

# 5.5 名目利率與實質利率

## ㈠費雪方程式 (Fisher equation)

名目利率 (nominal interest rate) 乃是市場上交易時真正掛牌的利率，但是在物價上漲時，資金的實際價格便不再是名目利率，而是扣除預期物價上漲率之後的實質利率 (real interest rate)。令 $r$ 代表實質利率，$i$ 代表名目利率，$\pi^e$ 代表預期物價上漲率 (expected inflation rate)。

$$實質利率 = 名目利率 - 預期物價上漲率$$

$$r = i - \pi^e$$

此公式可進一步說明其來源：

$$(1+r) = \frac{(1+i)}{(1+\pi^e)}$$

$$(1+i) = (1+r)(1+\pi^e)$$

$$(1+i) = 1+r+\pi^e+r\pi^e$$

$$\because r\pi^e \to 0$$

$$\therefore 1+r = 1+r+\pi^e$$

$$i = r+\pi^e$$

$$r = i-\pi^e$$

名目利率乃是名目資金成本，實質利率則是實質資金成本。名目利率必為正值，但實質利率則有可能出現負值。

## ㈡物價上漲對借貸雙方之影響

對借貸雙方而言，物價上漲所造成的影響並不相同：

1.對借方而言，物價上漲造成其實質利率下跌，實質資金成本減少，使其實質負擔反而降低，乃是有利影響。

2.對貸方而言，物價上漲所造成的實質利率下跌，會使其實質利息收入減少，有不利影響。

## ㈢臺灣實質利率資料

臺灣實質利率資料請見圖 5–1，圖中名目利率 $i$ 為第一商業銀行 3 個月期存款利率，*GCPI* 為消費者物價上漲率，兩者之差即實質利率。吾等可發現：1974 年及 1980 年左右，實質利率為負值，此乃兩次石油危機造成全球性的通貨膨脹現象所致；2008 年實質利率為負值，乃金融海嘯所致。

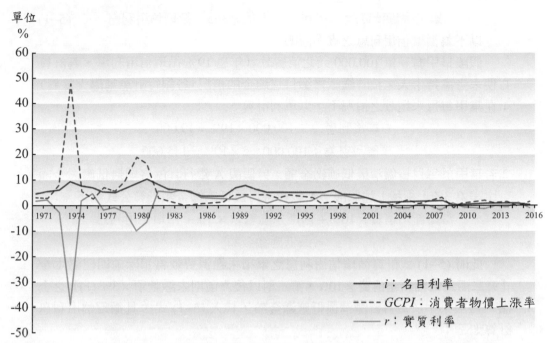

資料來源： 1. i：名目利率；採用臺灣銀行業牌告利率之一個月期存款利率，取自中央銀行網站。
　　　　　 2. GCPI：消費者物價上漲率；消費者物價總指數取自中華民國統計資訊網。
　　　　　 3. r：實質利率；r＝i－GCPI。

圖 5-1　臺灣實質利率

# 繽紛貨銀 5A

## 卡債的循環信用利息

　　臺灣的銀行業在 2005 年間發生了嚴重的卡債問題，整體銀行體系之雙卡（信用卡與現金卡）核發泛濫，信用卡循環信用餘額及現金卡放款餘額分別在 2005 年底達到 4,947 億元及 2,984 億元之高峰，2006 年 2 月底時，信用卡循環信用餘額及現金卡放款餘額合計 7,649 億元，占總放款餘額之 4.5%；雙卡逾放金額 284 億元，逾放比率約 3%。

　　發生嚴重的卡債問題，乃因自 2002 年至 2004 年間，不少銀行未審慎審核消費者之信用資格，過度行銷信用卡與現金卡，尤其未要求消費者在消費時具備足夠的存款餘額，得以先向銀行賒借來消費。至於向銀行借貸來消費之額度，則採相當高的利率來計算。

　　信用卡循環信用利息之計算公式如下[1]：

$$累積未繳消費款 \times 年利率 \times 天數 \times 365 = 循環信用利息 \qquad (5\text{--}1)$$

以下為循環信用利息之實例說明：

假設某甲有一筆 100,000 元之消費款（年息 19% 循環信用利率，為計算方便未考慮持卡人未按時繳款需繳付違約金的情況、各銀行計息基礎之差異）

1.在某甲每月未還款之情況下，以單利計算，

$$一年後利息為：100,000 \times 19\% = 19,000$$

$$五年後利息為：100,000 \times 5 \times 19\% = 145,000$$

2.若某甲於每月皆繳清最低應繳金額，另假設 A 銀行其餘各期最低應繳金額比率為 3%，根據上述假設，A 銀行每月最低應繳金額計算公式如下[2]：

$$當期新增消費 \times 10\% + 前期未繳款項 \times 3\% + 循環信用利息$$

$$= 最低應繳金額$$

此時 (5–1) 式計算循環信用利息之累積未繳消費款為扣除前期已繳本金【第二期為當期新增消費 $\times 10\%$，第三期以後為前期未繳款項 $\times 3\%$ $(r)$】之金額，假設某甲於每月皆繳清最低應繳金額，代入 (5–1) 式，其循環信用利息計算如下：

| 期數 ($N$) | 累積未繳消費款 ($A$) | $\times$ | 年息 ($R$) | $\times$ | 天數[3] | $=$ | 利息 |
|---|---|---|---|---|---|---|---|
| 1 | 100,000 ($A$) | $\times$ | 19% | $\div$ | 12 | $=$ | 1,583 |
| 2 | $A \times (1-10\%)$ | $\times$ | 19% | $\div$ | 12 | $=$ | 1,452 |
| 3 | $A \times (1-10\%)(1-3\%)$ | $\times$ | 19% | $\div$ | 12 | $=$ | 1,382 |
| 4 | $A \times (1-10\%)(1-3\%)^2$ | $\times$ | 19% | $\div$ | 12 | $=$ | 1,341 |
| 5 | $A \times (1-10\%)(1-3\%)^3$ | $\times$ | 19% | $\div$ | 12 | $=$ | 1,301 |
| 6 | $A \times (1-10\%)(1-3\%)^4$ | $\times$ | 19% | $\div$ | 12 | $=$ | 1,262 |
| 7 | $A \times (1-10\%)(1-3\%)^5$ | $\times$ | 19% | $\div$ | 12 | $=$ | 1,224 |
| 8 | $A \times (1-10\%)(1-3\%)^6$ | $\times$ | 19% | $\div$ | 12 | $=$ | 1,187 |
| 9 | $A \times (1-10\%)(1-3\%)^7$ | $\times$ | 19% | $\div$ | 12 | $=$ | 1,151 |

 註

1.循環信用的計息方式，有別於一般貸款的年息計算法，大都是採按日計息，利息約為年利率 12–20% 不等。計算基期有依銀行入帳日、帳單結帳日或帳單繳款截止日等不同。償還的金額與時間可自行決定，但每個月須至少繳付月結單上所列之「最低應繳金額」，亦並可隨時結清。

2.依主管機關（金管會）規定（2010 年資料）信用卡每期最低應繳金額為：信用卡當期一般消費之 10% 應納入當期最低應繳金額，其餘各期最低應繳金額之百分比，各銀行得視本身狀況自行約定最低應繳金額之計算方式，但應明定於契約中。

3.表示為每年的 $\dfrac{1}{12}$。

| 10 | $A \times (1-10\%)(1-3\%)^8$ | $\times$ | 19% | $\div$ | 12 | $=$ | 1,117 |
|----|------|------|------|------|------|------|------|
| 11 | $A \times (1-10\%)(1-3\%)^9$ | $\times$ | 19% | $\div$ | 12 | $=$ | 1,083 |
| 12 | $A \times (1-10\%)(1-3\%)^{10}$ | $\times$ | 19% | $\div$ | 12 | $=$ | 1,051 |
| 合計 | | | | | | | 15,107 |

代入公式　　　$\{A + A(1-10\%)[\sum_{i=0}^{n-2}(1-r)^i]\} \times R\% \div 12$

一年後總利息為：$\{A + A(1-10\%)[\sum_{i=0}^{12-2}(1-3\%)^i]\} \times 19\% \div 12 = 15,107$

五年後總利息為：$\{A + A(1-10\%)[\sum_{i=0}^{60-2}(1-3\%)^i]\} \times 19\% \div 12 = 41,209$

（說明：「累積未繳消費款 $(A)$」項下各期之右上角數字，為次方，非註解）

# 繽紛貨銀 5B

## 實質利率之國際比較

　　依據 2017 年 12 月 21 日中央銀行理監事聯席會議之會後記者會簡報指出：臺灣的利率並未偏低，分析如下：

　　1.與其他國家相較，臺灣目前的實質利率水準為正數，且明顯高於主要國家。(1)臺灣的名目與實質利率皆為正數，且實質利率較大多數國家為高。(2)實質利率應反映經濟成長率。部分國家的經濟成長率高於臺灣，惟實質利率卻為負數。(3)根據野村證券分析 *，如以泰勒法則來衡量，臺灣的政策利率未過低，不似亞洲多數國家有偏低情形。央行內部最新的實證分析，此一結果並未改變。

　　2.臺灣目前的利率水準，符合當前的經濟基本面。(1)利率應反映一國的經濟基本面，同時也受到全球因素的影響。(2)臺灣整體的通膨溫和、產出缺口仍為負，目前利率水準符合當前經濟情勢。

表 5-1　各國實質利率水準

單位：%

| 經濟體 | (1)<br>1 年期定存利率<br>（2017 年 12 月 21 日） | (2)<br>CPI 年增率*<br>（2017 年預測值） | (3) = (1) - (2)<br>實質利率 | 2017 年經濟成長率預測值* |
|------|------|------|------|------|
| 印　尼 | 4.750 | 3.84 | 0.910 | 5.0 |

| 泰　　國 | 1.500 | 0.70 | 0.800 | 3.8 |
|---|---|---|---|---|
| 臺　　灣 | 1.065 | 0.61 | 0.455 | 2.61 |
| 美　　國 | 2.140 | 2.14 | 0.000 | 2.3 |
| 中國大陸 | 1.500 | 1.73 | −0.230 | 6.8 |
| 新加坡 | 0.250 | 0.49 | −0.240 | 3.6 |
| 瑞　　士 | 0.160 | 0.52 | −0.360 | 1.1 |
| 日　　本 | 0.011 | 0.44 | −0.429 | 1.8 |
| 南　　韓 | 1.300 | 2.04 | −0.740 | 3.2 |
| 馬來西亞 | 2.850 | 3.79 | −0.940 | 5.9 |
| 香　　港 | 0.050 | 1.50 | −1.450 | 3.6 |
| 歐元區 | −0.270 | 1.47 | −1.740 | 2.4 |
| 英　　國 | 0.860 | 2.69 | −1.830 | 1.5 |
| 菲律賓 | 0.500 | 3.17 | −2.670 | 6.6 |

\* 臺灣：CPI 年增率及經濟成長率係央行預測值；其他國家：IHS Markit（2017 年 12 月 15 日）預測值。

資料來源：中央銀行理監事聯席會議決議 12 月 21 日央行理監事會後記者會簡報。

## ▍重要詞彙 ▍

利率　　　　　　　　　　　　名目利率 (nominal interest rate)

現值 (present value)　　　　　費雪方程式 (Fisher equation)

殖利率 (yield to maturity)　　實質利率 (real interest rate)

報酬率 (rate of return)

## ▍練習題 ▍

1. 假設某債券為無限期債券，每期可領得 100 元，市場利率為 10%，請問此債券之現值為何？

2. 假設臺灣的債券市場利率為 7%，預期物價上漲率為 3%；美國的債券市場利率為 8%，預期物價上漲率為 5%。購買美國債券或臺灣債券較為划算？

3. 解釋名詞：
   (1)費雪方程式 (Fisher equation)。
   (2)名目利率與實質利率。

4. 債券價格與市場利率是正向或反向關係？

# 第 6 章
# 臺灣金融體系

　　本章擬介紹臺灣金融體系。一般正式金融體系包括貨幣機構、其他金融機構與金融市場等,其中乃以銀行體系為其主體。而臺灣金融體系尚包括未納入管理之民間借貸市場。在正式金融體系中,各銀行之經營績效不同,且若將銀行分成公營、民營、專業、商業銀行等不同類型,可看出其經營績效上的主要差異。此外,政府為協助特定產業之發展,例如中小企業、外銷產業以及策略性工業,會制定專業金融體系,提供金融獎勵措施,這種產業融資政策會隨著經貿發展而逐漸有所調整。

　　本章共分 2 節,第 1 節為臺灣金融體系概論;第 2 節為臺灣金融體系之分析。

## 架構圖 6　臺灣金融體系

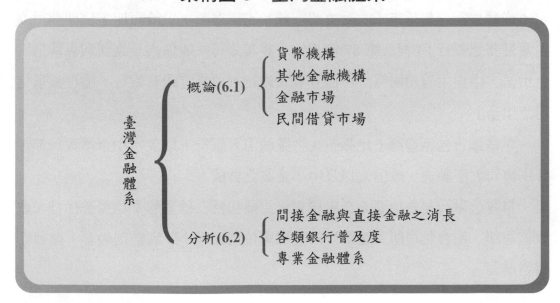

## 6.1 金融體系之概論

臺灣金融體系有如圖 6–1 所示，包括有組織之金融體系（又稱正式金融體系、已納入管理之金融體系）與無組織之民間借貸（又稱非正式金融體系、未納入管理之金融體系） 兩部分， 故又稱雙元性金融體系 (dual financial system)， 這種正式與非正式金融體系並存的現象， 稱為金融雙元性 (financial dualism)。在有組織的正式金融體系方面，中央主管機關為金融監督管理委員會與中央銀行。中央銀行管理貨幣政策與外匯政策，並管理銀行業務；金融監督管理委員會則負責金融行政與業務之監督管理。

正式金融體系包括金融機構與金融市場。金融機構中具有創造存款貨幣之能力者稱為貨幣機構，包括商業銀行、專業銀行、基層合作金融等；不具創造存款貨幣能力的其他金融機構，主要有保險公司等。

商業銀行與專業銀行合稱為本國一般銀行。依我國《銀行法》第 70 條規定，商業銀行一般係指「收受支票存款、定期存款、供給短期、長期信用為主要任務之銀行」；同法第 87 條規定，專業銀行一般係指「為便利專業信用之供給，中央主管機關得許可設立專業銀行，或指定現有銀行，擔任該項信用之供給」。

專業銀行包括臺灣土地銀行、中國輸出入銀行，以及中小企業銀行等，分別專司對不動產、輸出入以及中小企業之貸放。

基層金融乃是各地區之金融機構，主要包括三種型態：信用合作社、農會信用部、漁會信用部。這類型的金融單位規模較小，家數則較多，體質亦相對纖弱。

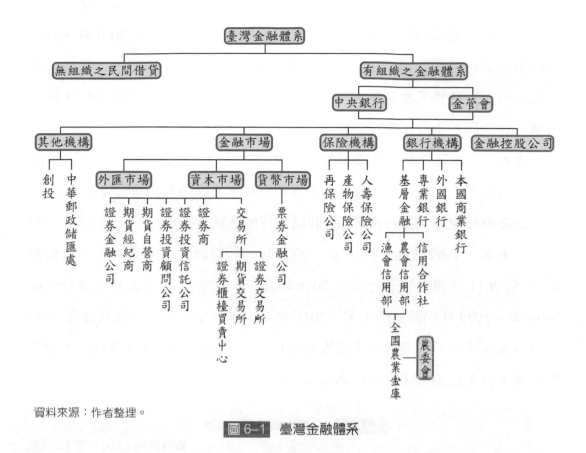

資料來源：作者整理。

圖 6-1　臺灣金融體系

　　郵局儲金匯業局提供一般民眾極為方便的儲匯服務，透過其廣布各地的
據點，成為目前市場占有率最高的金融機構，但其金融業務範疇與運作機制
不如一般銀行之完備。

　　保險公司包括人壽保險與產物保險公司。中央存款保險公司乃是為保護
存款者而成立的，其金融業務範疇與運作機制不如一般銀行之完備。

　　臺灣自 1980 年代晚期以來，進行金融自由化，接著自 1990 年代以來，
各種金融機構乃大幅開放，包括銀行業、票券金融業、證券業等等。

　　1989 年《銀行法》修正，開放民間申請設立銀行。當時接受各界申請之
初，政府原擬只開放少數幾家，並將資本額定為 100 億元。然而，當時正逢
社會資金泛濫而股市狂飆之際，財團籌措這筆資金並無困難，高額的資本門
檻並未阻擋財團籌設銀行之決意，申請書一一遞出。當時之金融主管機關財
政部大幅核准設立，新銀行一一掛牌營業。1998 年初，三家公營的主要商業

銀行進一步透過釋股移轉民營，使民營銀行陣容更為龐大。至 2001 年，政府開放設立金融控股公司，於是在不到 2 年間，設立了十四家金控。由於市場上反映出金融機構家數甚多，又逢經濟不景氣，使得金融業獲利降低，經營困難，遂而開始進行金融整併。

表 6–1A 為臺灣金融機構一覽表，表 6–1B 為金控業之設立情形，表 6–1C 為金融機構家數。綜合這些表可看出臺灣歷年來金融體系之重要變動情形。

回顧歷年來臺灣銀行業家數，我國銀行的家數從 1990 年二十四家，1991 年二十五家，1992 年增至四十家，2001 年達到高峰五十三家之後，逐年減少，至 2011 年降至三十七家，2016 年為三十九家。外國銀行在臺分行在 1996 年、1999 年間超過四十家，2016 年為二十九家。信用合作社亦在 1997 年後陸續減少。至於農會信用部與漁會信用部則因配合農漁會之行政區域規劃考量，其家數增減未反映市場需求之變化。

表 6–1A　臺灣金融機構一覽表

資料日期：2017 年 12 月底

| 1. 中央銀行 | 共計 1 家。 |
|---|---|
| 2. 本國銀行 | 共計 39 家：計有臺灣銀行 Bank of Taiwan(163)、臺灣土地銀行 Land Bank of Taiwan(150)、合作金庫商業銀行 Taiwan Cooperative Bank(269)、第一商業銀行 First Commercial Bank(187)、華南商業銀行 Hua Nan Commercial Bank(185)、彰化商業銀行 Chang Hwa Commercial Bank(184)、上海商業儲蓄銀行 The Shanghai Commercial and Savings Bank (68)、台北富邦商業銀行 Taipei Fubon Commercial Bank Co., Ltd.(126)、國泰世華商業銀行 Cathay United Bank (163)、中國輸出入銀行 The Export-Import Bank of the Republic of China(4)、高雄銀行 Bank of Kaohsiung(35)、兆豐國際商業銀行 Mega International Commercial Bank Co., Ltd.(107)、全國農業金庫 Agricultural Bank of Taiwan(4)、花旗（臺灣）商業銀行 Citibank Taiwan Ltd.(53)、澳盛（臺灣）商業銀行 ANZ (Taiwan) Bank Ltd.(2)、王道商業銀行 O-Bank Co., Ltd.(3)、臺灣中小企業銀行 Taiwan Business Bank(124)、渣打國際商業銀行 Standard Chartered Bank (Taiwan) Ltd.(71)、台中商業銀行 Taichung Commercial Bank(80)、京城商業銀行 King's Town Bank(65)、滙豐（臺灣）商業銀行 The HSBC Bank (Taiwan) Limited(30)、瑞興商業銀行 Bank of Taipei(21)、華泰商業銀行 Hwatai Bank(33)、臺灣新光商業銀行 Shin Kong Commercial Bank(104)、陽信商業銀行 Sunny Bank(102)、 |

| | |
|---|---|
| | 板信商業銀行 Bank of Pan Shin(63)、三信商業銀行 Cota Commercial Bank(29)、聯邦商業銀行 Union Bank of Taiwan(89)、遠東國際商業銀行 Far Eastern International Bank(55)、元大商業銀行 Yuanta Commercial Bank(87)、永豐商業銀行 Bank SinoPac Company Limited (127)、玉山商業銀行 E. Sun Commercial Bank(137)、凱基商業銀行 KGI Bank(52)、星展（臺灣）商業銀行 DBS Bank(Taiwan) Ltd.(45)、台新國際商業銀行 Taishin International Bank(100)、大眾商業銀行 Ta Chong Bank Ltd.(63)、日盛國際商業銀行 Jih Sun International Bank(43)、安泰商業銀行 EnTie Commercial Bank(49) 及中國信託商業銀行 CTBC Bank(149)。 |
| 3. 外國銀行在臺分行 | 共計 29 家：計有日商瑞穗銀行 Mizuho Bank Ltd.(3)、美商花旗銀行 Citibank N.A.、美商美國銀行 Bank of America, National Association、泰國盤谷銀行 Bangkok Bank Public Company Ltd.(3)、菲律賓首都銀行 Metropolitan Bank and Trust Company、美商美國紐約梅隆銀行 The Bank of New York Mellon、新加坡商大華銀行 United Overseas Bank、美商道富銀行 State Street Bank and Trust Company、法國興業銀行 Societe Generale、德商德意志銀行 Deutsche Bank A.G.、香港商東亞銀行 The Bank of East Asia Ltd.、美商摩根大通銀行 JPMorgan Chase Bank, N.A.、新加坡商星展銀行 DBS Bank Ltd.、香港上海滙豐銀行 The Hongkong and Shanghai Banking Corp. Ltd.、法商法國巴黎銀行 BNP Paribas(3)、英商渣打銀行 Standard Chartered Bank、新加坡商新加坡華僑銀行 Oversea-Chinese Banking Corporation Ltd.、法商東方匯理銀行 Calyon Corporate and Investment Bank、瑞士商瑞士銀行 UBS A.G.(3)、荷蘭商安智銀行 ING Bank, N.V.、澳商澳盛銀行 Australia and New Zealand Banking Group Limited、美商富國銀行 Wells Fargo Bank, National Association、日商三菱東京日聯銀行 The Bank of Tokyo-Mitsubishi UFJ, Ltd. (2)、日商三井住友銀行 Sumitomo Mitsui Banking Corporate、西班牙商西班牙對外銀行 Banco Bilbao Vizcaya Argentaria S.A.、法商法國外貿銀行 Natixis、大陸商中國銀行 Bank of China Ltd.、大陸商交通銀行 Bank of Communications Ltd.、大陸商中國建設銀行 China Construction Bank Corporation Ltd.。 |
| 4. 信用合作社 | 共計 23 單位 (267)。 |
| 5. 農會信用部 | 共計 283 單位 (821)。 |
| 6. 漁會信用部 | 共計 28 單位 (44)。 |
| 7. 中華郵政公司儲匯處 | 郵局 1,307 所。 |
| 8. 人壽保險公司 | （含中華郵政公司壽險處）共計 23 家 (123)。 |
| 9. 產物保險公司 | 共計 20 家 (171)。 |
| 10. 中央存款保險公司 | 共計 1 家。 |
| 11. 票券金融公司 | 共計 8 家 (30)。 |
| 12. 證券金融公司 | 共計 2 家 (4)。 |
| 13. 國際金融業務分行 | 共計 61 單位。 |

說明：括弧內數字表示國內分行（分公司）家數，外商銀行則係國內營業據點。

資料來源：2018 年 1 月，《中華民國金融統計月報》，中央銀行經濟研究處。

表 6-1B　臺灣金控業之設立情形

| 金控公司名稱 | 開業日期 | 金控公司名稱 | 開業日期 |
|---|---|---|---|
| 華南金控 | 2001/12/19 | 台新金控 | 2002/02/18 |
| 富邦金控 | 2001/12/19 | 新光金控 | 2002/02/19 |
| 中華開發金控 | 2001/12/28 | 兆豐金控 | 2002/02/04 |
| 國泰金控 | 2001/12/31 | 第一金控 | 2003/01/02 |
| 中國信託金控 | 2002/05/17 | 日盛金控 | 2002/02/05 |
| 永豐金控 | 2002/05/09 | 國票金控 | 2002/03/26 |
| 玉山金控 | 2002/01/28 | 臺灣金控 | 2008/01/01 |
| 元大金控 | 2002/02/04 | 合作金庫金控 | 2010/12/01 |

資料來源：2018 年，金融監督管理委員會銀行局。

表 6-1C　臺灣金融機構家數

| 年　底 | 總機構 | | | | | |
|---|---|---|---|---|---|---|
| | 金融控股公司 | 本國銀行 | 外國銀行在臺分行 | 信用合作社 | 農會信用部 | 漁會信用部 |
| 1981 | – | 23 | 24 | 75 | 281 | 4 |
| 1982 | – | 24 | 25 | 75 | 283 | 4 |
| 1983 | – | 24 | 28 | 75 | 283 | 12 |
| 1984 | – | 24 | 31 | 75 | 282 | 16 |
| 1985 | – | 24 | 32 | 75 | 283 | 17 |
| 1986 | – | 24 | 32 | 75 | 284 | 19 |
| 1987 | – | 24 | 32 | 74 | 282 | 19 |
| 1988 | – | 24 | 32 | 74 | 282 | 22 |
| 1989 | – | 24 | 33 | 74 | 285 | 22 |
| 1990 | – | 24 | 35 | 74 | 285 | 24 |
| 1991 | – | 25 | 36 | 74 | 285 | 26 |
| 1992 | – | 40 | 36 | 74 | 285 | 27 |
| 1993 | – | 41 | 37 | 74 | 285 | 27 |
| 1994 | – | 42 | 37 | 74 | 285 | 27 |
| 1995 | – | 42 | 38 | 73 | 285 | 27 |
| 1996 | – | 42 | 41 | 73 | 285 | 27 |
| 1997 | – | 47 | 45 | 64 | 287 | 27 |
| 1998 | – | 48 | 46 | 54 | 287 | 27 |
| 1999 | – | 52 | 41 | 50 | 287 | 27 |
| 2000 | – | 53 | 39 | 48 | 287 | 27 |
| 2001 | 4 | 53 | 38 | 39 | 260 | 25 |

| 2002 | 13 | 52 | 36 | 37 | 253 | 25 |
| 2003 | 14 | 50 | 36 | 35 | 253 | 25 |
| 2004 | 14 | 49 | 35 | 32 | 254 | 25 |
| 2005 | 14 | 45 | 36 | 29 | 253 | 25 |
| 2006 | 14 | 42 | 33 | 28 | 253 | 25 |
| 2007 | 14 | 39 | 32 | 27 | 261 | 25 |
| 2008 | 15 | 37 | 32 | 27 | 264 | 25 |
| 2009 | 15 | 37 | 32 | 26 | 275 | 25 |
| 2010 | 15 | 37 | 28 | 26 | 276 | 25 |
| 2011 | 16 | 37 | 28 | 25 | 277 | 25 |
| 2012 | 16 | 38 | 30 | 24 | 277 | 25 |
| 2013 | 16 | 39 | 31 | 24 | 278 | 25 |
| 2014 | 16 | 39 | 30 | 23 | 281 | 25 |
| 2015 | 16 | 39 | 30 | 23 | 282 | 27 |
| 2016 | 16 | 39 | 29 | 23 | 283 | 28 |
| 2017 | 16 | 39 | 29 | 23 | 283 | 28 |

說明：2005 年 5 月全國農業金庫成立，未計入本表。
資料來源：2018 年，金融監督管理委員會銀行局。

表 6–1D　臺灣金融機構存款餘額占有率

單位：新臺幣億元

| 年　　底 | 本國銀行 | 外國及大陸地區銀行在臺分行 (%) | 信用合作社 (%) | 農漁會信用部 (%) | 中華郵政儲匯業務 (%) | 金融機構存款餘額 | |
|---|---|---|---|---|---|---|---|
| | | | | | | 億　元 | % |
| 2000 | 69.74 | 2.91 | 4.37 | 7.40 | 15.03 | 188,274 | 100 |
| 2001 | 71.33 | 2.45 | 3.55 | 6.63 | 15.45 | 196,886 | 100 |
| 2002 | 72.15 | 2.42 | 3.32 | 6.23 | 15.30 | 200,159 | 100 |
| 2003 | 72.9 | 2.56 | 3.12 | 6.06 | 14.80 | 210,443 | 100 |
| 2004 | 73.32 | 2.52 | 2.81 | 5.95 | 14.86 | 223,833 | 100 |
| 2005 | 73.49 | 2.39 | 2.53 | 5.75 | 15.36 | 238,256 | 100 |
| 2006 | 73.09 | 2.58 | 2.36 | 5.50 | 16.02 | 249,805 | 100 |
| 2007 | 73.66 | 2.65 | 2.13 | 5.41 | 16.09 | 251,032 | 100 |
| 2008 | 74.06 | 3.23 | 1.99 | 5.06 | 15.67 | 270,162 | 100 |
| 2009 | 75.65 | 2.00 | 1.88 | 5.03 | 15.44 | 286,337 | 100 |
| 2010 | 76.96 | 1.31 | 1.84 | 4.98 | 14.92 | 301,515 | 100 |
| 2011 | 77.11 | 1.53 | 1.73 | 4.85 | 14.78 | 315,139 | 100 |
| 2012 | 77.36 | 0.99 | 1.72 | 4.85 | 15.08 | 326,595 | 100 |
| 2013 | 77.75 | 0.84 | 1.72 | 4.78 | 14.90 | 344,814 | 100 |
| 2014 | 77.57 | 1.12 | 1.65 | 4.69 | 14.97 | 365,332 | 100 |

| 2015 | 77.65 | 1.37 | 1.62 | 4.53 | 14.82 | 387,142 | 100 |
| 2016 | 77.19 | 1.97 | 1.61 | 4.48 | 14.76 | 400,943 | 100 |
| 2017p | 77.95 | 1.64 | 1.60 | 4.40 | 14.42 | 414,872 | 100 |

說明：p：初步統計數。
資料來源：2017 年 12 月，《中華民國金融統計指標》，金融監督管理委員會銀行局。

金融市場包括貨幣市場、資本市場與外匯市場。貨幣市場始創於 1976
年，由票券金融公司組成，經理國庫券、商業本票、銀行承兌匯票與可轉讓
定期存單等短期票券交易。這些短期票券的相對規模可由表 6–2 得知。表中
顯示：這四種票券的相對餘額大小有相當的變化，以 1980 年而言，貨幣市場
上最重要的票券為商業本票，1985 年最重要的票券為銀行承兌匯票，而 1990
年代之後，又是商業本票拔得頭籌，此時可轉讓定期存單一直增加，已成為
第二大的貨幣市場票券。

表 6–2　貨幣市場票券餘額

單位：新臺幣百萬元

| 年 底 | 貨幣市場 | | | | | |
| | 國庫券 (%) | 商業本票 (%) | 銀行承兌匯票 (%) | 可轉讓定期存單 (%) | 合　計 | |
| | | | | | 餘　額 | % |
|---|---|---|---|---|---|---|
| 1976 | 41.48 | 21.74 | 7.79 | 28.99 | 7,474 | 100 |
| 1977 | 22.49 | 41.01 | 5.60 | 30.90 | 21,344 | 100 |
| 1978 | 15.68 | 31.59 | 5.22 | 47.51 | 47,195 | 100 |
| 1979 | 2.89 | 61.67 | 5.33 | 30.11 | 69,277 | 100 |
| 1980 | 1.85 | 68.46 | 7.64 | 22.05 | 86,613 | 100 |
| 1985 | 25.26 | 27.54 | 35.54 | 11.66 | 309,816 | 100 |
| 1990 | 2.72 | 42.60 | 9.83 | 44.85 | 662,039 | 100 |
| 1995 | 0.36 | 46.02 | 19.49 | 34.13 | 1,406,941 | 100 |
| 2000 | 2.49 | 69.60 | 0.57 | 27.34 | 1,805,018 | 100 |
| 2005 | 3.85 | 63.95 | 0.65 | 31.54 | 1,168,102 | 100 |
| 2009 | 20.61 | 62.44 | 0.47 | 16.48 | 1,043,055 | 100 |
| 2010 | 20.56 | 58.76 | 0.53 | 20.14 | 1,167,462 | 100 |
| 2011 | 15.11 | 61.64 | 0.48 | 22.77 | 1,192,626 | 100 |
| 2012 | 13.41 | 70.40 | 0.29 | 15.90 | 1,453,996 | 100 |
| 2013 | 13.00 | 72.67 | 0.25 | 14.08 | 1,650,235 | 100 |
| 2014 | 7.92 | 79.62 | 0.26 | 12.20 | 1,641,244 | 100 |

| 2015 | 5.36 | 80.26 | 0.21 | 14.16 | 1,677,731 | 100 |
| 2016 | 4.80 | 79.00 | 0.22 | 15.98 | 1,873,457 | 100 |
| 2017 | 1.16 | 79.32 | 0.19 | 19.32 | 2,154,516 | 100 |

說明：自 1995 年 6 月起，包含新設票券金融公司資料。
資料來源：歷年資料，《中華民國金融統計月報》，中央銀行經濟研究處。

　　資本市場又稱證券市場，負責股票、政府公債、公司債與金融債券等之發行、經紀與融資等交易，組成分子有臺灣證券交易所、證券金融公司與證券商。資本市場的各種票券相對交易量大小示於表 6–3A 債券交易與表 6–3B 股票集中市場交易。表 6–3A 債券市場中最大宗為政府債券，其次為公司債。表 6–3B 股票為資本市場之主體，總面額隨公司家數持續增加，但總市值、總成交量與日平均成交值則有上下波動。

**表 6-3A 資本市場——債券交易**

單位：新臺幣百萬元

| 年　份 | 政府債券 (%) | 公司債 (%) | 金融債券 (%) | 受益證券 (%) | 外國債券及國際債券* (%) | 合　計 | |
|---|---|---|---|---|---|---|---|
| | | | | | | 百萬元 | % |
| 1998 | 99.49 | 0.20 | 0.00 | 0.00 | 0.31 | 54,957,730 | 100 |
| 1999 | 99.39 | 0.29 | 0.00 | 0.00 | 0.33 | 52,432,572 | 100 |
| 2000 | 99.29 | 0.35 | 0.00 | 0.00 | 0.36 | 68,843,106 | 100 |
| 2001 | 99.45 | 0.24 | 0.01 | 0.00 | 0.30 | 118,992,507 | 100 |
| 2002 | 99.10 | 0.65 | 0.04 | 0.00 | 0.21 | 134,399,037 | 100 |
| 2003 | 98.52 | 1.06 | 0.06 | 0.00 | 0.35 | 203,623,979 | 100 |
| 2004 | 98.00 | 1.45 | 0.22 | 0.02 | 0.31 | 206,132,362 | 100 |
| 2005 | 98.24 | 1.20 | 0.44 | 0.03 | 0.10 | 319,736,952 | 100 |
| 2006 | 99.15 | 0.57 | 0.19 | 0.05 | 0.04 | 275,833,248 | 100 |
| 2007 | 99.09 | 0.69 | 0.09 | 0.08 | 0.04 | 194,005,451 | 100 |
| 2008 | 98.70 | 1.02 | 0.15 | 0.06 | 0.06 | 135,509,518 | 100 |
| 2009 | 98.41 | 1.38 | 0.16 | 0.00 | 0.06 | 97,547,485 | 100 |
| 2010 | 89.55 | 8.99 | 1.28 | 0.12 | 0.06 | 106,318,029 | 100 |
| 2011 | 82.91 | 15.15 | 1.71 | 0.16 | 0.06 | 97,809,076 | 100 |
| 2012 | 79.69 | 18.02 | 2.15 | 0.12 | 0.02 | 86,551,746 | 100 |
| 2013 | 74.38 | 22.64 | 2.81 | 0.11 | 0.06 | 69,226,106 | 100 |
| 2014 | 73.17 | 22.12 | 3.65 | 0.13 | 0.93 | 68,032,412 | 100 |
| 2015 | 67.59 | 26.65 | 3.80 | 0.05 | 1.91 | 67,725,712 | 100 |

| 2016 | 67.71 | 25.74 | 3.56 | 0.03 | 2.96 | 66,817,923 | 100 |
| 2017 | 64.19 | 29.37 | 3.73 | 0.04 | 2.67 | 61,583,469 | 100 |

說明：* 係指外國機構在臺發行之新臺幣債券及外幣債券（自 2006 年 11 月起併入），包括外國債券及國際債券。

資料來源：歷年資料，《中華民國金融統計月報》，中央銀行經濟研究處。

表 6–3B 資本市場——股票集中市場交易

單位：新臺幣百萬元

| 年　　底 | 上市股票 | | | | | 加權平均股價指數 |
| | 公司家數 | 總面額 | 總市值 | 總成交值 | 日平均成交值 | |
| --- | --- | --- | --- | --- | --- | --- |
| 1998 | 437 | 2,689,504 | 8,377,035 | 29,618,969 | 109,295 | 7,737.68 |
| 1999 | 462 | 3,054,000 | 11,787,331 | 29,291,525 | 110,119 | 7,426.69 |
| 2000 | 531 | 3,630,045 | 8,191,474 | 30,526,568 | 112,644 | 7,847.21 |
| 2001 | 584 | 4,062,775 | 10,247,599 | 18,354,935 | 75,225 | 4,907.43 |
| 2002 | 638 | 4,409,697 | 9,094,936 | 21,873,952 | 88,201 | 5,225.61 |
| 2003 | 669 | 4,705,054 | 12,869,101 | 20,333,237 | 81,660 | 5,161.90 |
| 2004 | 697 | 5,031,317 | 13,989,100 | 23,875,367 | 95,502 | 6,033.78 |
| 2005 | 691 | 5,389,949 | 15,633,858 | 18,818,901 | 76,190 | 6,092.27 |
| 2006 | 688 | 5,494,930 | 19,376,975 | 23,900,362 | 96,372 | 6,842.04 |
| 2007 | 698 | 5,558,644 | 21,527,298 | 33,043,851 | 133,781 | 8,509.56 |
| 2008 | 718 | 5,690,399 | 11,706,527 | 26,115,409 | 104,881 | 7,024.06 |
| 2009 | 741 | 5,772,899 | 21,033,640 | 29,680,470 | 118,249 | 6,459.56 |
| 2010 | 758 | 5,811,281 | 23,811,416 | 28,218,677 | 112,425 | 7,949.63 |
| 2011 | 790 | 6,026,767 | 19,216,183 | 26,197,409 | 106,062 | 8,155.79 |
| 2012 | 809 | 6,257,977 | 21,352,161 | 20,238,166 | 80,953 | 7,481.34 |
| 2013 | 838 | 6,488,000 | 24,519,560 | 18,940,933 | 76,996 | 8,092.77 |
| 2014 | 854 | 6,665,328 | 26,891,503 | 21,898,537 | 88,301 | 8,992.01 |
| 2015 | 874 | 6,849,291 | 24,503,635 | 20,191,486 | 82,752 | 8,959.35 |
| 2016 | 892 | 6,936,979 | 27,247,913 | 16,771,139 | 68,734 | 8,763.26 |
| 2017 | 907 | 7,055,765 | 31,831,936 | 23,972,238 | 97,448 | 10,208,12 |

資料來源：歷年資料，《中華民國金融統計月報》，中央銀行經濟研究處。

外匯市場則由外匯指定銀行及中央銀行共同運作。國際金融業務分行得辦理國際金融業務。

無組織的民間借貸，係泛指個人、家庭、公民營企業（不包括上述金融機構）、租賃公司與分期付款公司等交易主體，未曾透過上述有組織的金融體

系，彼此間所為的直接借貸行為。其交易型態包括信用借貸、質押借款、遠期支票借款、存放廠商（指員工及員工親友之存款）、民間互助會或所謂標會、融資性租賃以及融資性分期付款等，不一而足。這類民間借貸的主要特徵有二：一是大多無正式組織或市場之存在。除了融資性租賃及分期付款交易因為有租賃公司及分期付款公司之正式組織，並採取公開的專業經營方式，故真正具有一「市場」外，其他的民間借貸，交易雙方若非具有親友之誼、僱傭關係，就是有業務往來，否則多難以成交，既無正式組織，市場也都非常狹隘且零碎。另一特徵是尚未納入金融法規管制，政府難以有效管理，故民間借貸市場又俗稱地下金融，或黑市資金市場，有時亦被稱為未納入管理的金融體系。

## 6.2 臺灣金融體系之簡析

對臺灣金融體系之分析，已有許多學者陸續進行，主題涵蓋範圍甚廣，包括：直接金融與間接金融相對比重、各類銀行普及度、專業金融體系等等[1]，本節中僅作一初步介紹。

### ㈠間接金融與直接金融之消長

一般而言，間接金融之規模比直接金融為高，惟前者比例會隨經濟發展而有下跌之情形，並逐漸趨於穩定。而產業界也由主要倚重銀行機構融資的現象逐漸倚重於貨幣市場與資本市場，直到趨於穩定。但是，仍然以間接金融之比重高於直接金融之比重。表 6-4 顯示在 2002 年至 2017 年間，間接金融約占四分之三左右；直接金融約占四分之一左右。

----

**註**

1.關於金融體系之其他研究甚多，包括銀行業經營規模及效率、股市分析、金融模型等等。囿於篇幅所限，不克在本書中一一盡述。

表 6-4　直接金融與間接金融比例

單位：%

| 年　底 | 金融機構授信（間接金融） | 證券發行減金融機構投資（直接金融） | 合　計 |
|---|---|---|---|
| 2002 | 76.37 | 23.63 | 100.00 |
| 2003 | 73.82 | 26.18 | 100.00 |
| 2004 | 74.06 | 25.94 | 100.00 |
| 2005 | 74.35 | 25.65 | 100.00 |
| 2006 | 75.40 | 24.60 | 100.00 |
| 2007 | 75.75 | 24.25 | 100.00 |
| 2008 | 77.00 | 23.00 | 100.00 |
| 2009 | 76.87 | 23.13 | 100.00 |
| 2010 | 77.69 | 22.31 | 100.00 |
| 2011 | 78.30 | 21.70 | 100.00 |
| 2012 | 78.90 | 21.10 | 100.00 |
| 2013 | 79.35 | 20.65 | 100.00 |
| 2014 | 79.37 | 20.63 | 100.00 |
| 2015 | 79.47 | 20.53 | 100.00 |
| 2016 | 79.38 | 20.62 | 100.00 |
| 2017 | 80.18 | 19.82 | 100.00 |

說明：本表之數字均為過去至今的累積數，主要在觀察市場結構變化情況，適合長期分析之用。
資料來源：中央銀行。

## ㈡各類銀行普及度

　　臺灣銀行體系由不同類型的銀行機構所組成。各類銀行在市場上的占有率有所不同，為瞭解其占有率之差別，可觀察其分行數多寡，亦可觀察其存放款業務之相對市場占有率。若將銀行分成公營專業銀行、公營商業銀行、民營銀行、外國銀行在臺分行等四大類，分別計算各類銀行平均分行數，可發現：在銀行體系開放民營後約 5 年間，公營商業銀行的平均分行數最多，外國銀行在臺分行的平均分行數最少，此乃因公營商業銀行之歷史較久，其營業據點也較多。

　　若觀察不同類型銀行在放款市場上的占有率，將銀行分成公營銀行、中小企銀、傳統商銀（即 1990 年之前已存在之銀行）、新興商銀（1991 年之後

新設之銀行)、外國銀行等五類,比較銀行開放民營後 5 年間之放款市場之占有率,乃是傳統商銀的市場占有率最高。

值得一提的是:上述銀行普及度是否會隨著時間遷移而有改變,需要隨著時間遷移而進一步研究與觀察。唯銀行業結構逐年改變,截至 2017 年底,股份全為公股之銀行惟臺灣銀行與土地銀行兩家。

## ㈢專業金融體系

專業金融體系乃是在商業銀行之外,政府為支持穩定產業活動資金需求而規劃成立之金融體系。臺灣金融體系,依其性質可分成下述專業金融體系:

### 1.中小企業金融體系

中小企業金融體系共分三部分:融資、保證、輔導。對中小企業提供融資的機構,包括中小企業專業銀行的貸款與商業銀行的貸款;保證業務由中小企業信用保證基金負責;輔導工作則由省屬行庫中小企業輔導中心擔任。

### 2.貿易金融體系

與貿易有關的金融機構,首推中國輸出入銀行,辦理與輸出入有關之特定融資與保證業務。此外,各商業銀行亦辦理一般與貿易有關之融資、匯兌、保證等業務。以往政府為協助外銷,會透過銀行提供外銷低利貸款;此項措施迨 1989 年已經取消。

### 3.產業金融業務

協助特定產業發展之金融體系,1980 年代前以交通銀行為其代表。當政府在推動策略性產業(如機械、電子)、新興產業(如生化)時,交通銀行總是扮演著主導性金融角色,提供策略性貸款、自動化貸款等金融獎勵措施。1990 年代之後,銀行家數增加,各產業向銀行融貸相對較為容易,公營的產業銀行之角色式微,慢慢轉型為商業銀行。

## 繽紛貨銀 6A

### 臺灣之金融業整併

臺灣的銀行業原受政府多方管制，在 1989 年《銀行法》修訂之前，以公營銀行為金融體系主體，不准民間新設銀行。1989 年《銀行法》修訂而開放民營銀行新設之後，銀行家數快速增加，短短 2 年內即增加了十六家，後來更逐年增加。

銀行過度快速擴張，競爭加劇，但臺灣金融市場規模有限，難以讓所有銀行均能保持高額利潤，因此銀行業開始併購。

自 1990 年以來，國際間公司相互併購乃是全球潮流，金融業更是積極推動。臺灣銀行業之併購，也積極進行。然而臺灣銀行業在併購過程中，若是純為民股成分者，便快速進行；至若含有公股成分者，併購時較為複雜，產生不少政治與金融糾紛。

此外，政府亦對金融業進行整頓。民營金融機構中，有少數因經營不善，資本嚴重虧損，甚至引起民眾擠兌，造成金融風暴。

政府於 2001 年 7 月設立金融重建基金 (Financial Restructuring Fund)，整頓問題金融機構，包括農漁會信用部、信用合作社，以及問題銀行被政府接管之金融機構，透過金融重建基金與中央存款保險公司，以公開招標的方式，尋求承接經營之機構。至 2011 年 12 月底為止，金融重建基金共處理了五十六家經營不善金融機構，包括三十八家農漁會信用部、九家信用合作社、二家信託投資公司、及七家銀行，依《行政院金融重建基金設置及管理條例》規定，該基金於金融業營業稅稅款及保險費停止列入時應予結束，爰該基金已於 2011 年底屆期結束。

## 繽紛貨銀 6B

### 臺灣銀行業發展階段之變遷

臺灣歷年來金融業發展，在不同發展階段，金融政策舉措有所不同。一般而言乃是先採金融管制，隨著經濟逐步成長，對金融服務要求增加，社會上也需要較有效率之金融體系[2]。

歷年來臺灣銀行體系發展變化相當大，大致可分為若干階段[3]。

## 一、銀行發展初期：

國民政府接收了來自兩個管道的金融體系，第一個為日本在臺殖民期間所遺留下來的金融機構，另一個為國民政府撤退來臺後，隨之在臺復業的金融機構，此時期銀行業在政府主導下有了雛形。

## 二、銀行業管制期：

1961 年之前臺灣銀行扮演臺灣金融樞紐，特准發行貨幣。1961 年中央銀行在臺復業，臺灣銀行轉型為一般銀行。在至 1989 年之前，金融體系之發展受到法令多重限制，致使金融中介功能受到壓抑。銀行機構多限定為公營，不開放民營，業務多所限制。在此時期，銀行利率為官定，並未開放利率自由化，此情形維持了數十年。1961 年適逢中央銀行在臺復業，許多原本由臺灣銀行所暫代的業務也歸還中央銀行。

## 三、銀行業開放期：

1989 年後進入銀行業開放期。1989 年《銀行法》修定時，有了兩項重大金融改革，一為利率自由化，即銀行存放款利率由官定改成市場供需決定。另一為銀行開放民營，銀行不再都是公營，民間可申請設立銀行，許多金融機構都在這段時間大幅開放、成長。

## 四、銀行業整併期：

2001 年以後，金融體系開始轉型，包括整併與併購。金融機構之合併風潮興起，2001 年通過《金融控股公司法》後，開放設立金融控股公司，而政府也開始整頓問題金融機構。此時期相較於以往，民間借貸明顯縮小。

政府於 2004 年 7 月 1 日成立隸屬於行政院的「金融監督管理委員會」，承接原屬於財政部職責的監管金融機構工作，換言之，臺灣金融體系的主管機關原為中央銀行與財政部，改為中央銀行與金管會。

2008 年政黨輪替而國民黨重新執政後，兩岸經貿交流更趨頻繁，2009 年 11 月 16 日由行政院金融監督管理委員會分別與大陸 「銀行監督管理委員會」、「保險監督管理委員會」、「證券監督管理委員會」，以互遞方式完成簽署三項金融監理合作瞭解備忘錄，即通稱之兩岸金融 MOU，使兩岸的金融交流更往前加速推動。

楊雅惠、許嘉棟 (2015) 將兩岸金融 MOU 後稱為金融拓展期，金融前景具多種可能性。而 2016 年民進黨政府執政，兩岸關係產生變化。臺灣金融業在種種政經情勢變化的環境下將如何轉型，有待繼續觀察。

臺灣是小型開放經濟體，無論經濟成長或股市表現，常與全球情勢亦步

---

註

2.參考：楊雅惠 (2011)，〈金融體制之演變〉，《中華民國發展史》，國立政治大學人文中心。

3.參考：楊雅惠、許嘉棟 (2015)，《台灣金融體制之變遷綜觀》，臺灣金融研訓院。

亦趨。臺灣與國際連動的緊密度，股票市場更為明顯，金融海嘯是一明證，2008 年臺股隨著全球股價應聲下跌，接著 2011、2015 等年，臺股亦與多國股價同步擺盪；而 2017 年多國股價上揚時，臺股飆上萬點不墜。美國川普總統 2017 年 1 月 20 日就職後陸續推出刺激美國經濟政策，通過稅改方案。2018 年後，美國與中國大陸之貿易大戰開打。再看歐洲，雖然內部基本問題尚未徹底解決，暫時擺脫了歐債危機與歐元崩盤的氣氛，走出經濟衰退陰霾，未來仍待觀察。至於國際間政治舞臺劍拔弩張，緊張氣氛升高，乃是極大不穩定因素[4]。

在這國際局勢多變下，金融國際競爭激烈，臺灣之金融發展所面臨之挑戰日益增加。依據「全球金融中心指標」(The Global Financial Centres Index, GFCI) 之調查，臺北金融中心的全球排名曾在 2011 年拿到全球第 19 名，而 2016 年後有下跌現象，2016 年 9 月為第 21 名，2017 年 3 月第 26 名，2017 年 9 月為第 27 名，2018 年 3 月下跌至第 30 名。可見各國之金融實力競爭激烈，臺灣金融體系是否將在國際金融中心競爭中挺進，與金融政策之開放性與金融體系之效率性有關。在此挑戰下，臺灣金融體系將如何發展，將是一大考驗。

## 重要詞彙

雙元性金融體系 (dual financial system)　　專業金融體系

## 練習題

1. 何謂雙元性金融體系？
2. 簡述臺灣專業金融體系。
3. 臺灣之銀行業開放民營新設是在何時？銀行家數有何變化？

---

註

4. 參考：楊雅惠，〈水漲船高非本事　全球經濟持穩中宜求躍升〉，《工商時報》，2018 年 1 月 5 日。

第 4 篇

銀行業與金融發展

# 第 7 章
# 商業銀行經營

　　商業銀行的業務，主要為存款、放款與相關金融服務。銀行為求健全經營，須加強其資產管理與負債管理，在這些管理的規則上有若干理論來討論相關問題。本章共分 4 節，第 1 節介紹商業銀行之業務，包括其基本任務、資產負債表及相關法規等；第 2 節為銀行負債管理，討論在考慮銀行的利潤和風險之下的負債管理原則；第 3 節為銀行資產管理理論，包括自償性理論、移轉性理論與預期收入理論；第 4 節為風險管理之國際潮流，介紹《巴塞爾資本協定》的主要內容。

## 架構圖 7　商業銀行經營

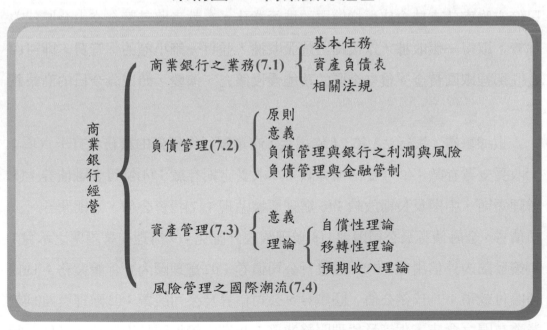

# 7.1 商業銀行之業務

## ㈠商業銀行之基本任務

商業銀行的設立所承擔的任務,簡言之有二:⑴傳統以賺取存放利差為主,即作為授受信用的金融機構。由經濟社會吸收資金,此為受信。商業銀行利用收受存款中不必握存的部分,對顧客作放款或投資,此為授信;⑵現代以配合貨幣政策為主,即作為創造存款貨幣的貨幣機構。商業銀行收受各種存款之後,由於法定存款準備率小於 100%,所以銀行有超額準備時,即可用於放款,從而創造存款貨幣,也就是創造貨幣供給額。

今日的商業銀行是由古代的金匠 (goldsmiths) 發展而來的,最初,金匠只像衣物寄放處或倉庫那樣簡單的進行業務。存款者將其黃金交由金匠代為保管,取得一張收據,以後提出這張收據,並付一筆小額的保管費,即可由金匠那裡取回黃金。後來金匠的功能慢慢擴充、演變,始成為今日的商業銀行。

根據臺灣《銀行法》第 71 條規定,商業銀行得經營的業務共有十六項:⑴收受支票存款;⑵收受活期存款;⑶收受定期存款;⑷發行金融債券;⑸辦理短期、中期及長期放款;⑹辦理票據貼現;⑺投資公債、短期票券、公司債券、金融債券及公司股票;⑻辦理國內外匯兌;⑼辦理商業匯票之承兌;⑽簽發國內外信用狀;⑾保證發行公司債券;⑿辦理國內外保證業務;⒀代理收付款項;⒁代銷公債、國庫券、公司債券及公司股票;⒂辦理與前⒁款業務有關之倉庫、保管及代理服務業務;⒃經主管機關核准辦理之其他有關業務。其中,存款為商業銀行最主要的資金來源,放款則為商業銀行最主要的資金去向。前者表現在商業銀行資產負債表的負債項,後者則表現在商業銀行資產負債表的資產項。

## ㈡商業銀行之資產負債表

### 1.銀行資產項目

⑴國外資產：在開放經濟體系中，銀行體系擁有國外的資產，如外匯、國外證券等。

⑵準備金：商業銀行本身須儲備準備金，一方面是政府對於法定準備的要求；另一方面應付存款者提取及其他周轉用途。通常最重要的兩個項目為「庫存現金」與「存放中央銀行」兩項。「庫存現金」是商銀置放於本行庫的現金；「存放中央銀行」則是商銀置放於中央銀行的法定準備金，屬於商銀對中央銀行的債權，亦即中央銀行對商業銀行的負債項目。銀行準備又可分法定準備（或應提準備，required reserves）與超額準備 (excess reserves)。法定準備是依法應提之存款準備，超額準備是超過法定準備的準備部分。

⑶放款：商業銀行的重要業務之一即是對各界提供貸款，貸款對象包括政府機構、公營事業與民營事業。

⑷投資：銀行把資金拿來進行投資，購買政府債券、股份與民間債券。這些項目可作為銀行的第二準備金，平時收取利息，必要時得迅速在公開市場上換取現金。此外，可在某限度內，進行不動產投資。

### 2.銀行負債項目

⑴國外負債：開放經濟體系下，商業銀行與國外經濟體系之間會發生債權債務關係。

⑵存款：傳統的商業銀行重要業務，即是存款與放款兩大業務。存款依其客戶部門可大別為「企業及個人存款」與「政府存款」兩大項。在「企業及個人存款」中，存款有活期與定期等不同科目。以臺灣而言，存款科目有支票存款、活期存款、活期儲蓄存款、外匯存款等。

⑶對金融機構負債：當銀行資金不足，向中央銀行申請貸款，即中央銀行對商業銀行之貼現款，乃是調節資金鬆緊的貨幣政策工具之一。此外，各

金融機構之間可透過同業拆放中心互調資金，遂在各金融機構之間產生債權債務關係。

(4)其他債務：郵政儲金匯業局是臺灣存款大眾相當重要的存款方式，而郵政儲金匯業局本身並不進行放款，改存到中央銀行或專業金融機構。

金融債券乃是金融機構所發行之債券，某些專業銀行以此方式作為主要資金來源。

### 3.銀行資本項目

即其淨值，代表股東對其所有權，通常單獨列記。

我國銀行資產負債表，請見表 7–1，2017 年底資產（或負債與權益合計）總額為新臺幣 42,031,118 百萬元，資產中以放款為最主要項目，尤以民營事業放款為主。負債中以企業及個人存款為主要項目，其中以活期儲蓄存款之金額最大。

表 7–1　本國銀行資產負債統計表（2017 年 12 月底）

單位：新臺幣百萬元

| | | | | | |
|---|---|---|---|---|---|
| 國外資產 | | 4,274,356 | 國外負債 | | 927,928 |
| 放款 | | 23,644,124 | 企業及個人存款 | | 31,536,249 |
| 　政府機關 | 1,183,801 | | 　支票存款 | 406,505 | |
| 　公營事業 | 467,053 | | 　活期存款 | 3,850,266 | |
| 　民間部門 | 21,993,270 | | 　活期儲蓄存款 | 9,344,328 | |
| 對非金融機構證券投資 | | 3,544,492 | 　定期存款 | 4,566,578 | |
| 　政府機關 | 1,785,425 | | 　可轉讓定期存單 | 214,948 | |
| 　公營事業 | 384,233 | | 　定期儲蓄存款 | 7,807,915 | |
| 　民營企業 | 1,374,834 | | 　外匯存款 | 5,345,709 | |
| 對金融機構證券投資 | | 270,089 | 政府存款 | | 802,755 |
| 不動產投資 | | 0 | 對金融機構負債 | | 2,551,941 |
| 對金融機構債權 | | 8,671,262 | 　中央銀行 | 59,358 | |
| 　中央銀行 | 8,084,666 | | 　其他貨幣機構 | 1,768,213 | |
| 　其他貨幣機構 | 586,420 | | 　人壽保險公司等 | 724,370 | |
| 　人壽保險公司等 | 176 | | 金融債券 | | 1,186,681 |
| 庫存現金 | | 199,136 | 其他負債 | | 1,702,170 |
| 其他資產 | | 1,427,659 | 權益 | | 3,323,394 |

| 資產合計 | 42,031,118 | 負債與權益合計 | 42,031,118 |

說明： 1.放款自 2004 年 1 月起，包括承作附賣回票（債）券投資業務。
　　　 2.對非金融機構證券投資、對金融機構證券投資自 2006 年 1 月起，配合財務會計準則第 34 號公報實施，證券投資金額由原始取得成本改以公平價值為準。
　　　 3.對金融機構證券投資自 2010 年 1 月起，含投資銀行發行之結構型商品本金部分。
　　　 4.定期存款、其他負債自 2001 年 1 月起，銀行承作結構型商品所收本金自存款剔除，改列其他項目。
資料來源：歷年資料，《中華民國金融統計月報》，中央銀行經濟研究處。

## ㈢商業銀行之相關法規

　　銀行的性質較為特殊，因此政府對於銀行的設立與活動，通常會給予若干較為嚴謹的限制及管理。管理的方法分為兩種：一種是經由立法手續，制訂法規，對銀行的設立及組織作適當的規定，促使其先天上的結構較為健全；一種是銀行設立後，立即納入銀行體系，接受中央銀行、財政部及各有關機關的管理及監督。前者在於事前的防範措施，後者在於事後的輔導。

　　在臺灣，《銀行法》對銀行設立之相關規定如下：第 52 條：「銀行為法人，其組織除法律另有規定，或本法修正施行前經專案核准者外，以股份有限公司為限。」故股東會為最高權力機構，而董事會則為最高執行機構。

　　《銀行法》第 23 條對於銀行設立時的資本額亦有規定，「各種銀行資本之最低額，由中央主管機關將全國劃分區域，審酌各區域人口、經濟發展情形，及銀行之種類，分別核定或調整之。銀行資本未達前項調整後之最低額者，中央主管機關應指定期限，命其辦理增資；逾期未完成增資者，應撤銷其許可。」依金管會公布之「商業銀行設立標準」第 2 條規定，我國商業銀行設立之實收最低資本額為新臺幣 100 億元。

　　為保障存戶存款安全，並配合國際清算銀行有關銀行自有資本比率國際統一標準，《銀行法》第 44 條規定：「銀行自有資本與風險性資產之比率，不得低於一定比率。銀行經主管機關規定應編製合併報表時，其合併後之自有資本與風險性資產之比率，亦同。銀行依自有資本與風險性資產之比率，劃分下列資本等級：(1)資本適足；(2)資本不足；(3)資本顯著不足；(4)資本嚴重

不足。前項(4)所稱資本嚴重不足，指自有資本與風險性資產之比率低於百分之二。銀行淨值占資產總額比率低於百分之二者，視為資本嚴重不足。第一項所稱一定比率、銀行自有資本與風險性資產之範圍、計算方法、第二項等級之劃分、審核等事項之辦法，由主管機關定之。」

除此之外，《銀行法》第 26 條還有管制設立家數的規定：「中央主管機關，得視國內經濟、金融情形，於一定區域內限制銀行或其分支機構之增設。」其目的是要防止行數太多，各銀行基於同業的競爭，常發生不健全的放款及投資行為，危及客戶利益，且銀行太多，則難免使銀行規模趨小，以致降低其經濟效率。

# 7.2 商業銀行負債管理

## ㈠資產負債管理原則

銀行對其資產負債之管理，著重幾個原則：獲利性、安全性與流動性。

1.獲利性 (profitability)：指銀行在資產負債之調度上要考量其獲利能力，例如保有債券以賺取收益，進行放款以賺取利息。

2.安全性 (safety)：資金調度上，須避免資金調度不良所招致之金融恐慌或擠兌危機。例如：保有存款準備金以應付提款需求，持有相當資本金以維持運作穩健。

3.流動性 (liquidity)：讓金融資本維持流動性，可以隨時變現，亦可以於平時收取部分利息，可以同時獲利並考量安全性的因素。

## ㈡負債管理的意義

負債管理之意義，狹義而言，為傳統吸收存款以外之方式，透過貨幣市場以主動出價，來積極覓求新資金來源的銀行業務，即稱為負債管理

(liability management)；廣義而言，則泛指銀行通過各種負債項目之操作來達到其理想的負債組合。

負債管理的觀念發源於美國 1960 年代初期。由於 1950 年代後期聯邦資金市場的蓬勃發展，美國銀行界盛行彼此間互相借貸短期資金，以應付流動性不足問題及處理過剩的閒置資金。並且逐漸倚賴此方式作為出售流動性資產以外取得現金的來源，以避免資本損失。1961 年起，花旗銀行首先至貨幣市場發行較高利率的可轉讓定期存單 (negotiable certificated deposit, NCD) 來籌集資金。 1972 年起， 美國麻州相互儲蓄銀行首先開辦可轉讓提款命令書 (notes of withdrawing, NOW)，成為實質上有支付利息的支票存款。此外，還有一項較新的負債管理工具，即是附買回協議 (rcpurchase agreement, RP)。最後，對於信譽卓著的大銀行而言，常擴大為向歐洲美元市場吸收資金或向國外分支機構作短期融通。

## ㈢負債管理與銀行之利潤與風險

在偏向資產管理的時期，由於銀行資金來源有限，銀行乃不得不重視其資產的流動性，以應付存戶突發性的大量提款，或滿足顧客的借款需求，或補充法定準備的不足。但在負債管理盛行使銀行資金來源大為增加之後，銀行難免疏於資金之管理，特別是在銀根緊縮時期，此將使銀行流動性深受影響。況且，在競爭激烈的市場，銀行負債比例的提升及負債的多樣化，固然反映銀行成長迅速，但也由於吸收資金的成本愈來愈重，使銀行資產的風險跟著提高。整體而言，銀行持有流動性高的資產以應付未來流動性的需要，與持有流動性低的資產而靠借款獲得流動性之間雖有頗密切的替代性，但對銀行的利潤與風險之影響有所不同。在銀行體系健全發展時，負債管理將使冒險進取的銀行享有較高的利潤；但在銀行體系發生擠兌風潮時，負債管理將大大提高銀行倒閉的風險，危及整個銀行體系的穩定。

## ㈣負債管理與金融管制

藉由負債管理的盛行，開創銀行新的資金來源，除了使銀行更易於調度其資金外，亦加快了貨幣流通速度，使傳統上以貨幣存量變動為主的緊縮性貨幣政策效果趨弱。因而，金融主管當局亟思對銀行負債管理有若干法令限制。例如美國於 1936 年 9 月公布的存款利率管制法案，限制存款利率不能高於某一上限；或對歐洲美元的借款課徵法定準備等。惟考慮銀行對金融市場利率的波動甚為敏感，金融主管當局對銀行的監督有所顧忌，而不願強制執行對銀行負債管理的規章法令，以免對金融穩定造成不良影響。於是為因應時代潮流所趨，銀行的經營愈來愈少受到金融法規的限制了。1980 年代包括美國及澳大利亞在內的幾個國家率先推動金融自由化的改革，可說是順應此種潮流的表現。

# 7.3 商業銀行資產管理理論

## ㈠資產管理之意義

銀行資產經營理論是指銀行在購進生利資產時，須慎重地就流動性與收益之間，作一詳細的規劃，以求得最佳資產組合。如此，一來銀行可獲取盈餘；二來保持高度流動性，可隨時應付客戶提現要求。

## ㈡資產管理理論

資產管理理論有三種：即自償性理論、移轉性理論與預期收入理論。

### 1. 自償性理論 (self-liquidating theory)

商業銀行資產的自償性理論，英國學者稱為實質票據學說 (real bill doctrine)，美國學者稱為商業放款理論 (commercial loan theory)，係指商業銀

行為獲取利息收入及維持流動性，應以實質商業生產與交易過程中，所生產的自償性票據為放款對象，而以正在銷售中、運輸途中、或生產中的實質財貨為擔保。

早期的銀行家及古典學派經濟學家認為此種形式的放款，其優點如下：(1)放款期限短，與專以吸收支票與活期存款為主要業務之商業銀行的負債結構配合，銀行可避免發生流動性危機；(2)此種放款到期能自動清償，最為可靠；(3)此種放款因放款與生產同時增加，對物價水準不致產生不良影響。

今日之學者已不接受自償性理論。目前銀行也只是以之作為放款的原則之一，並不完全接受。此種理論的缺點如下：(1)商業銀行的存款中，定期及儲蓄存款所占的比例不斷升高，銀行放款如僅限於自償性的短期存款，不能滿足銀行牟利的要求，同時也不能滿足經濟社會對中、長期資金的需要；(2)由整個銀行體系來看，個別銀行視為具有自償性的短期放款，若無其他銀行的配合，則未必更其流動性；(3)由於廠商的產品生產較放款仍有時間落後的現象，因此自償性放款對物價水準仍會產生不良影響。

### 2.移轉性理論 (shiftability theory)

移轉性理論又可稱可售性理論，此理論認為流動性等於可售性，商業銀行流動性能力的大小，與其生利資產的一部分是否可售有密切關係。亦即銀行所持有之資產，在其必要時，若能以低代價移轉或出售，就能維持其流動性。

在移轉性理論盛行時，商業銀行除了第一準備（包括庫存現金、央行活期存款、同業往來借差、票據交換清算的應收帳款）外，其可售性高、流動性大的第二準備資產（國庫券、銀行承兌匯票、短期放款）的數額大為增加。

移轉性理論的優點為金融市場的次級市場非常發達時，銀行大量握有金融市場的生利資產，一來可獲取利得，二來又可維持銀行的流動性。

不過，移轉性理論也有其兩項缺點：(1)個別銀行認為具有流動性的政府債券，就整個銀行體系來看，則未必如此。因為當全體銀行都急需現金的時

候，這些政府債券便不容易找到買主；(2)在利率水準都顯著趨高時，證券的市場價格下跌，出售證券自然會招致很大的資本損失，因而各銀行所持有的證券便被套牢。

### 3.預期收入理論 (anticipated yield theory)

預期收入理論指稱，現代銀行承受多種放款，且借款人以分期付款方式償還貸款也相當普遍，各銀行以借款人未來收入為基礎而估算其還債計畫，並據以安排其放款的期限結構，便能維持銀行的流動性。由於借款人未來收入的安定與經濟循環週期有密切關係。在繁榮時，借款人收入較確定，此類放款在銀行資產中所占比例會提高；在衰退時，借款人收入較不確定，此類放款在銀行資產中所占比例就會下降。

預期收入理論的優點為：若銀行對此種貸款之借款人的預期所得估計正確，則商業銀行可按期由此一來源得到資金收入，以應付存款人的提款及承作貸款的需要，不致影響到商業銀行的流動能力。

預期收入理論的缺點則為：借款人未來數年的收入並不確定。為彌補此一缺點，現代銀行都持有若干高流動性的投資資產，以備不時之需。

在實際作業上，商業銀行進行貸款時，會考慮所謂的五 C 原則與五 P 原則。如圖 7–1 所示，所謂五 C 是指信用評估基礎，即五大要素：品格 (character)、能力 (capacity)、資本 (capital)、擔保品 (collateral) 以及業務狀況 (condition of business)。其中品格與能力均是針對管理階層特色之要素，資本與擔保品乃是針對財務特色之要素。這些均屬企業體內部因素，相對地有企業體外的因素，即是與整體經濟有關的因素，乃是企業與產業環境的一般狀況。

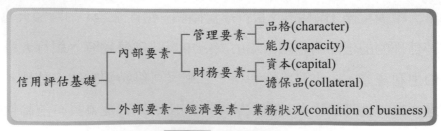

**圖 7–1　五 C 原則**

另有五 P 因素 ： 借款戶因素 (personal factor) 、 貸款用途因素 (purpose factor)、償還來源因素 (payment factor)、債權保障因素 (protect factor)、借戶展望因素 (perspective factor)，分別對該項貸款的五個層面去評估，即考慮該項貸款的借款者本身條件、貸款用途規劃、將來償還的資金來源、如何保障債權人，以及對借戶的未來展望等等。

# 7.4 金融業風險管理之國際潮流

為加強風險管理，國際間簽訂了《巴塞爾資本協定》(Basel Capital Accord)，對銀行之資本適足率進行規範。隨著數十年來金融自由化發展快速，銀行經營環境丕變，各項金融創新工程大行其道，且因作業上疏失造成鉅額損失的事件頻傳（如 1995 年霸菱事件、日本大和銀行事件及 1998 年貝爾斯登公司事件），巴塞爾委員會鑑於銀行所承受的風險之複雜度已超越舊版《巴塞爾資本協定》內容所規範之風險，於 1999 年開始陸續展開數度之修正工作，由各國金融監理機關與銀行業者提出建議意見，於 2007 年初開始實施新資本協定內容。為與國際金融業接軌，金管會銀行局預定與國際同步正式實施《新巴塞爾資本協定》。這是全球金融監理制度之一大變革，也是金融機構將面臨的一大課題。

舊《巴塞爾資本協定》原只強調資本適足率，《第二版巴塞爾資本協定》(Basel II) 則擴充成三大支柱：

(1)資本適足率：定義資本對風險性資產最低比率的原則。

(2)監督審查：要求監理機關對銀行資本分配技術，及是否符合相關標準進行質、量性評估。

(3)市場紀律：以市場之機制，提升銀行遵循第一支柱及第二支柱之要求。

資本適足率的計算也比以往繁複，除了信用風險與市場風險之外，尚包括作業風險；各種風險可用不同模型來衡量之。

表 7-2 《第二版巴塞爾資本協定》架構

| | | | | | | |
|---|---|---|---|---|---|---|
| 第一支柱 | 最低資本 | 信用風險 | 標準法<br>(the standardized approach) | | 信用沖抵<br>資產證券化 | 定義資本對風險性資產最低比率的原則。 |
| | | | 內建評等法<br>(internal rating based, IRB) | 基礎<br>foundation | | |
| | | | | 進階<br>advanced | | |
| | | 市場風險 | 標準法 | | | |
| | | | 內部模型法 | | | |
| | | 作業風險 | 基本標準法<br>(basic indicator approach, BIA) | | | |
| | | | 標準法<br>(standardized approach, SA) | | | |
| | | | 進階法<br>(advanced measurement approach, AMA) | | | |
| 第二支柱 | | | 監理檢視（審查） | | | 要求監理機關對銀行資本分配技術，及是否符合相關標準進行質、量性評估。 |
| 第三支柱 | | | 市場紀律（公開揭露） | | | 以市場之機制，提升銀行遵循第一支柱及第二支柱之要求。 |

資料來源：參考金管會與銀行公會資料整理而成。

　　符合《第二版巴塞爾資本協定》的金融機構，可望在國際上獲得較佳之評等，有助於競爭力之提升。不同業務之金融機構所關切之重點亦有不同，例如銀行業可能較關心信用風險，證券業可能較在乎市場風險，各金融機構需依業務性質規劃其較為適切之風險管理機制。至於在運用《第二版巴塞爾資本協定》所規範的方式上，可由金融機構根據情況選擇，例如基本法、標準法、進階法等，但須經過主管機關之核准。這些模式之研究與引用都相當費時費力，而資料庫的建置，更是窒礙重重，可見對金融業挑戰之嚴峻。

　　《第二版巴塞爾資本協定》實施之後，雖然對銀行業之資本額要求增加，仍未能完全杜絕倒閉風險。因此，又進一步推展出《第三版巴塞爾資本協定》(Basel III)，由各國提出修正意見，研擬適用的新規範。

# 繽紛貨銀 7A

## 《第三版巴塞爾資本協定》(Basel III)

為確保銀行有適當的資本水準，以承受未來經營業務所產生的損失，巴塞爾委員會公布《巴塞爾資本協定》，要求十大工業國依據各國風險情況來衡量資本適足率，且資本適足率至少要達 8%，該規定後來成為 1990 年代以來世界各國普遍接受的標準，包括臺灣已有百餘國的銀行體系採用《巴塞爾資本協定》。2006 年 12 月 31 日，《第二版巴塞爾資本協定》開始實施。金融海嘯後，為強化全球銀行資本適足性管理，巴塞爾委員會重新檢討資本計提方式，最新版本的《第三版巴塞爾資本協定》，於 2010 年 12 月 6 日正式發布，其主要目的係促進金融市場穩健發展，使金融機構於因應經濟衝擊能更具彈性，並以健全銀行體系來支應經濟發展。

《第三版巴塞爾資本協定》要求最低資本仍維持 8% 不變，惟調整資本結構，以漸進方式要求銀行提高第一類資本比率及普通股權益比率。《第三版巴塞爾資本協定》將銀行第一類資本 (tier 1 capital) 占風險性資產比率最低標準由原本的 4% 調升到 6%。而最低普通股權益比率（包括保留盈餘、綜合淨利），由 2% 提高至 4.5%。

此外，根據《第三版巴塞爾資本協定》，銀行自 2016 年 1 月 1 日起必須開始逐年提撥「保留緩衝資本」(capital conservation buffer)，設置保留緩衝資本的目的，是為了確保銀行保留一定比例的資本緩衝，俾於金融及經濟危機時期用以吸收損失，至 2019 年 1 月 1 日時至少應達 2.5%。保留緩衝資本加計最低普通股權益要求，合計銀行應計提之普通股權益比率於 2019 年 1 月將達 7%，第一類資本將達 8.5%。另規範各會員國得視本國情況，為因應景氣循環，計提 0% 至 2.5% 不等之普通股權益或其他可完全吸收損失之資本，作為「抗景氣循環緩衝資本」(countercyclical capital buffer)。

總計上開資本要求，於 2019 年 1 月銀行應計提之自有資本比率最低將由 8% 提高為 10.5% (8% + 2.5% + 0%)。

其他修正重點尚包括：增加交易對手信用風險之資本計提、建立槓桿比率作為第一支柱以風險為基礎之資本要求之補充指標、以預期損失方式提列呆帳準備、解決系統性問題、及建立全球流動性最低標準等。由於《第三版巴塞爾資本協定》無法杜絕全球風險，遂而又有《第四版巴塞爾資本協定》之提出，訂定更嚴格之規範，加強監控銀行之內部模型。

# 繽紛貨銀 7B

## 為除弊而除「幣」　從印度廢鈔談起[1]

除弊，自是社會所期待，也是政府展現魄力，民眾擊節稱賞的時候，但為了除弊而把社會上普遍交易的貨幣都除了，只為鎖斷黑幫人士的地下金庫，逼出原形，這可是足可動搖國本的舉措。2016 年 11 月，印度驚人地動用此舉，且看此舉帶來什麼啟示。

2016 年 11 月 8 日，印度總理莫迪公布了震撼指令，自次日起立即廢止該國 500 盧比與 1,000 盧比之使用，要求民眾將該面額之貨幣立即至銀行兌換成小額貨幣（100、50、10 盧比），另緊急印發新的 500 面額與 2,000 面額之盧比。政府聲稱，此舉要求黑錢之大面額鈔票曝光，斷絕地下財源，讓不法交易無法疏通。

通常廢鈔這樣重大的貨幣政策，不會輕易出手，多是在通貨膨脹至為嚴重，物價如火延燒躥升失控時，方祭出此嚴厲措施，不成功便成仁。然而，印度廢鈔之際並無嚴重通貨膨脹，其政府宣稱重點在於打擊犯罪不法所得，乃是以除弊為主的貨幣政策。

實施此制之後，印度經歷了何種過程？在政府宣布政策當日，立刻群情嘩然，全國交易秩序大亂。當晚，印度一家銀行門口已排滿民眾準備換錢；自動取款機在運作幾個小時後，現金全部用盡，很快地已有一半自動取款機陷入癱瘓。發生搶劫商店事件，交通售票窗口糾紛，甚至有些人在等待中死亡，並有醫院因拒絕舊鈔而影響醫療。民眾一夜之間生活環境丕變，食衣住行各項交易都成問題。其 17.97 萬億盧比中有 86% 被列為廢鈔，中小企業首受重挫，各行業因缺資金而生產幾近停擺。2017 年頭 4 個月有 150 萬人因此失業，*GDP* 重創約 2%。而其鄰近的尼泊爾數千民工擁有近 5,500 萬被廢盧比，卻無法及時兌換，一直等待印度回應。

檢視除弊效果，根據印度中央銀行 2017 年 8 月 30 日報告，99% 資金都回籠換鈔。這代表廢鈔政策未達效果，不管黑錢或有錢人，手法多變，可透過各式管道，藉由親友代理出面兌換。反對此政策者不斷抨擊，前財長嚴厲批判，前總理亦認為廢鈔令與 2017 年 7 月稅改摧殘了小企業。

要打擊黑錢，尚有諸多方式，包括國際洗錢防制組織的因應規範，加強查緝，嚴刑峻法等等。一味矯枉過正，將淪偏頗之失。以治療身疾為例，盲腸炎割盲腸，筋骨痛做復健，但若任何疾病均動用到全身換血的大手術，殺

1. 參考：楊雅惠，〈為除弊而除「幣」　從印度廢鈔談起〉，《工商時報》，2018 年 2 月 2 日。

雞用到牛刀，必然元氣大損。以企業為例，若為抓員工上班摸魚而嚴禁休息，反而降低其工作效率。以金融機構為例，若為防杜銀行蓄意爛貸給不良企業，而連坐重罰經手人員，可能反而導致惜貸的當舖效應。以政府而言，若為打擊宵小並掌控治安，而嚴格控管民眾行動，便是妨礙人民之自由。不少案例，可以仔細推敲。

印度在經歷這場紛亂之後，隨著時間漸漸遠去，負面影響趨淡，慢慢拾起其能量。其官方出面聲稱掌握了 200 位極度可疑人士，2017 年 8 月底已宣布另發行 200 面額貨幣，並推出數位貨幣，其龐大的人口紅利撐起其經濟的規模。抨擊與支持此項措施的人士互不退讓，國際上對於此舉，亦是褒貶兩極。

其實，採取廢鈔手段，在印度已有前例，早在印度獨立前的英國殖民政府，於 1946 年 1 月廢止 1,000 及 10,000 盧比紙幣，意在懲罰逃稅大企業。1978 年 1 月 16 日印度亦廢止高額紙幣，以遏制假幣和洗黑錢行為。2012 年其中央稅務局也曾建議廢止大面額紙幣，因遭反對而未行。可見，廢鈔政策在印度並非創新措施，甚至常被列為政策選項。質言之，政府在考慮廢鈔政策時，宜檢視不同面額貨幣之流通分布狀況，在經濟發展不同時期之用鈔習慣差異，大企業與小企業的支付方式今昔變化，以往視為大鈔而民眾鮮用者，今日或許已是基層交易所需，宜充分瞭解。

在實驗室中可以反覆進行自然科學實驗，但經濟社會無法當作實驗再回頭重來。吾人不知印度如果重回 2016 年，是否仍會下此重手。沙漏一點一滴地伴送著時光，時光只會向前，無法倒轉，在時光腳步中，社會每一角落所受衝擊影響已經烙印。由印度這段歷程，以及各界種種討論，觸及不少角度頗具啟示。政府除弊立意為佳，而可考慮之方式不少，宜多作比較研析，權衡利弊得失，斟酌經濟基礎實力，備齊配套措施。政府政策若合宜，可以是「反黑錢日」，否則恐反成為「黑暗日」矣！

## ｜ 重要詞彙 ｜

| | |
|---|---|
| 負債管理 | 移轉性理論 (shiftability theory) |
| 資產管理 | 預期收入理論 (anticipated yield theory) |
| 自償性理論 (self-liquidating theory) | 巴賽爾資本協定 (Basel Capital Accord) |

| 練習題 |

1. 何謂商業銀行負債管理？
2. 何謂商業銀行資產管理理論？
3. 銀行授信對被授信者之信用必須注意考察有五C、五P之說，試詳釋之。
4. 《巴塞爾資本協定》目前國際已進行至第幾版本？臺灣要求金融機構須符合第幾版本？
5. 試就下列資料編製商業銀行體系之資產負債表：

（單位：新臺幣百萬元）

| | |
|---|---:|
| 放款 | 150 |
| 淨值 | 10 |
| 庫存現金 | 5 |
| 定期及儲蓄存款 | 112 |
| 其他負債 | 8 |
| 活期存款 | 140 |
| 銀行業在中央銀行存款 | 15 |
| 債券 | 100 |

6. 臺灣銀行業之業務以何者為主體？請從銀行資產負債表分析之。

# 第 8 章
# 金融管制、自由化與金融創新

　　所謂金融創新，是在經濟發展過程中，對舊日的金融環境、金融制度與運作重新加以評估，並且更新。所以，金融創新往往伴隨著金融自由化與國際化。

　　本章將介紹金融自由化與金融創新的各種概念及工具。本章共分 3 節，第 1 節說明由金融管制邁向金融自由化與國際化的過程；第 2 節介紹金融創新的意義及其內容；第 3 節則討論金融環境改變下的貨幣金融管理。

## 架構圖 8　金融管制、自由化與金融創新

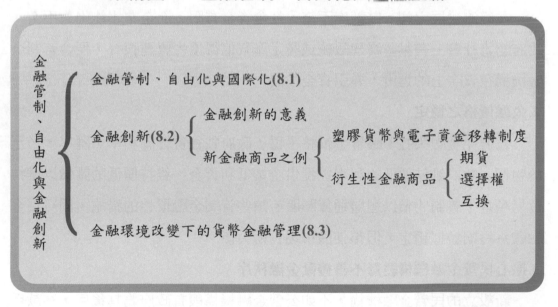

金融管制、自由化與金融創新
{
　金融管制、自由化與國際化(8.1)
　金融創新(8.2) {
　　金融創新的意義
　　新金融商品之例 {
　　　塑膠貨幣與電子資金移轉制度
　　　衍生性金融商品 {
　　　　期貨
　　　　選擇權
　　　　互換
　　}
　}
　金融環境改變下的貨幣金融管理(8.3)
}

# 8.1 金融管制、自由化與國際化

## ㈠金融管制與自由化

在經濟發展初期，政府會有意支配資金去向，並對金融體系多方管制。金融管制會影響金融體系之資金中介功能，降低資金貸放效率，使得金融體系無法充分發揮社會上儲蓄與投資的橋樑之角色，此稱為金融壓抑 (financial repression)。

政府實施金融管制的緣由如下：

### 1.社會資金有限，政府想引導資金至特定用途

在經濟發展之初，儲蓄率不高，社會資金有限，而企業才能尚為不全。政府認為社會上有某些經建設施或特定產業值得優先興建投資，便會管制金融機構在資金上的運用，導引資金去向。

### 2.金融價格之穩定

為避免金融失控，讓資金價格平穩，政府往往會管制利率、匯率，乃至於物價。政府維持偏低的利率以提供企業低利資金，維持偏低的匯價以維持貿易順差，管制物價以迴避通貨膨脹。這些管制金融價格的措施，固可使金融體系短期貌似穩定，但都使該市場長期失衡。

### 3.擔心民營金融機構經營不善擾亂金融秩序

新設立的民營金融機構，不如公營金融機構般有政府為其後盾，存款戶對其信心較為不足，如果經營不善，不但該金融機構可能產生問題，亦極可能引起金融風暴。

### 4.財閥掌握的考慮

在銀行開放民營下，有錢者可能籌建銀行，財閥掌握了銀行，把眾多儲蓄資金斂入自己囊袋中，壯大自己的企業，造成貧者愈貧，富者愈富，也可

能更釀成資金集中貸放給不良企業之風險。

### 5.政府財源的考慮

公營金融機構的歲末盈餘必須繳給政府，作為政府財源之一。倘若政府把金融機構的所有權釋出，政府財務是否因此而變得拮据？這個理由，在一個貧窮的政府或專制的政權更有可能成立。

### 6.既得利益團體的考慮

凡是受保護的團體，就成為特權階級，特權階級擁有從中獲利的機會。由於公營金融機構受制於主管機關與民意代表，民意代表若不能捨棄私利，便可能運用職權干擾放款，於是乎特權階級干預放款情事，便可能發生。

上述種種理由，使得政府長期維持金融管制。但隨著經濟的發展，企業才能提升，社會資金暴增，民眾希望經濟運作與金融體系之功能應予提升。金融穩定已不再是金融發展唯一的訴求，因此金融自由化呼聲日益高漲，金融改革便一步步推動。

## ㈡臺灣金融管制、自由化與國際化的情形

自二次大戰以後，臺灣金融體系一直在政府多重管制之下，故金融體系之發展遲緩，直到 1980 年代末期，金融改革腳步才慢慢加快。

歷年來政府對金融機構的重要管制內容大致如下：

### 1.所有權

以往財政部控制銀行的設立，一直不容許民營銀行成立，這個禁令直到 1989 年《銀行法》修正公布方得解除。在這之前的少數幾家民營銀行，只包括改制自中國銀行的中國國際商業銀行以及三家僑資銀行（華僑商業銀行、上海商業儲蓄銀行、世華聯合商業銀行）。至若三家主要商業銀行（第一商業銀行、華南商業銀行、彰化商業銀行）應如何由公營型態移轉民營，爭議已久。如果三家商銀在股票市場上拋售官股，使之降低官股份額至 49% 以下，便可移轉經營型態，惟此案在行政、立法等單位的審議過程中，延宕多日。

因此，公營的本國銀行仍維持其金融體系主導的地位。但隨著公營事業民營化的潮流，三商銀於 1998 年 11 月開放釋股，轉成民營。

至若其他類型金融機構，如外商銀行、信用合作社、農漁會信用部等，固然皆為民營且家數甚多，但其經營規模遠不及商業銀行。

### 2. 分 行

政府不但在金融機構設立家數上予以管制，在分行增設方面也加以束縛，對於每年每家銀行增設分行數有所限制。

### 3. 經營目標

民營銀行一般所追求的首要目標乃是利潤極大化，公營銀行則需兼顧多重目標。公營商業銀行受限於《審計法》、《預算法》等種種管制，除了追求利潤外，必須盡量降低呆帳率，而公營機構往往也有過度擴張編制之傾向。公營專業銀行更在上述目標外，尚需兼顧政策性任務，故其政策性貸款業務也屬其經營目標之一。

### 4. 放 款

公營金融機構的活動為整體金融活動之主體。尤其是公營商業銀行，其市場占有率約占了三分之二以上，以 1963 年為例，公營金融機構放款占全體金融機構放款額之比例為 79.90%。此比例固有其降低趨勢，以 1988 年為例，公營金融機構之放款比例仍高達 66.6%，而三家主要商業銀行（彰化、第一、華南）之放款額占全體放款額之比例在該年也高達 22.02%。

為避免集中放款風險，每家銀行對單一客戶之放款不超過該銀行淨值25%。然而，實際上銀行客戶也許透過關係企業或親戚等其他管道取得資金，致使每一客戶取得資金超過上述限制，但無確切資料可循。

公營銀行的呆帳必須經過行政院審計部查核。查核程序相當複雜而嚴格，導致公營銀行行員放款態度趨於保守，貸款效率不彰，這也是輿論呼籲銀行民營化的理由之一。

### 5. 存 款

公營銀行存款額占全體金融機構總存款額之比例，例如在 1967 年時為 76.8%，1988 年時為 65.2%。比例雖在下降，仍為金融市場之主體。

本國銀行吸收存款不受限制；外商銀行吸收存款時，則有諸多限制。諸如：不得吸收活期存款，不得收受定期存款。存款總額不得超過匯入資本 12.5 倍（1990 年之前）或 15 倍（1990 年之後），存款額上限不得超過新臺幣 10 億元，至 1997 年後開放而取消相關限制。

### 6.財 務

銀行業在財務管理上必須講求獲利性、流動性與安全性。政府當局為使其財務健全，對其財務比率有某些限制。例如為使其資產保持流動性，要求其流動比率（流動資產與存款之比率）不得低於 7%。在獲利性管制方面，政府在評估銀行績效時，一向給高盈餘的銀行較高的評價。在安全性管制方面，《銀行法》規定其自有資本與風險性資產之比例不得低於一定比率，在實施初期不得低於 8%。

### 7.人 事

公營銀行的員工全為公務員，一般須通過高、普考檢定方能取得銀行行員任用資格。公營銀行的董事長與總經理由政府任命，任期三年，得連任一次。這種輪調制度的優點是避免某金融機構被某特定人士把持過久；缺點是：預知在位不久的銀行主管可能無意大力整頓行務，不求有功，但求無過。

在銀行人員流動方面，被新任命的銀行主管可能來自其他銀行或政府單位，換言之，財政部、中央銀行、公營金融機構的人員可能彼此交流。至於董事會的成員，可能來自退休的政府官員。銀行行員的任用也許來自內部升遷，也可能來自外部延攬，除非有重大缺失，否則得以一直任職至退休為止。一旦銀行開放民營，則公營銀行從業人員頓成民營銀行的搶手人才。

### 8.利 率

1975 年之前，各類存款利率水準均由政府核定，且為單一利率。在 1975 年所修正的《銀行法》中，規定存款利率之上限由央行訂之；放款利率由銀

行公會議定其幅度，報請央行核定施行。1980 年開始實施「銀行利率調整要點」，放款種類簡化成短期放款、中長期放款及外銷貸款三類，貼現利率改成完全自由化，而放款利率上下限也大幅擴大。1985 年中央銀行函各銀行建立基本放款制度，由各銀行依基本放款利率減碼或加碼，但該基本利率仍不得逾越央行所核定的利率上下限。1989 年修正《銀行法》，取消了對利率上下限之管制。

在利率尚未自由化之前，銀行調整利率的速度總落在市場利率變動之後，唯隨著利率逐步自由化過程，其調整速度則逐漸加快。利率管制解除之初，鑑於主要銀行尚為公營，對於市場利率具有主導力量，因此市場利率結構，並未因利率自由化措施而有大幅變動。

一般所謂金融管制，包括幾種重要管制內容，如利率管制、銀行所有權管制、銀行新設管制、對外商銀行管制，以及銀行業務管制。

在利率管制方面，過去銀行存放款利率由政府訂定，並且經常壓低利率以進行信用分配。1980 年 11 月央行公布「銀行利率調整要點」，授權銀行公會視資金需求決定放款利率上下限。隨後，政府又逐步放寬對存、放款利率的管制，終於在 1989 年 7 月達成利率的完全自由化。

在銀行所有權管制方面，以往臺灣的銀行主要為公營，並且管制民間設立銀行。雖然舊有商業銀行中有四家號稱民營，但均有其特別淵源：其中三家為僑資（即華僑商業銀行、上海商業儲蓄銀行、世華聯合商業銀行）；一家則由原為公營的中國銀行改制而成為中國國際商業銀行。另有七家各區中小企業銀行，乃是改制自合會儲蓄公司。

在增設分支機構方面，國內金融機構每年申請分行數不得超過三處。1992 年 6 月財政部擬議修正「金融機構增設分支機構審核要點」，將每年增設分行數由三處增為五處。至於外商銀行，原先只限定在臺北開設營業單位，自 1987 年起得在高雄開第二家分行，自 1991 年起又方得在臺中開設第三家分行。對外商銀行除了有分行數限制外，對其營業內容也有限制，例如不得

吸收活期存款，新臺幣存款總額不得超過匯入資本的 15 倍等。至 1994 年，分行數不再受限，且若第一家分行匯入資本超過 1 億 5,000 萬，第二家以後分行匯入資本超過 1 億 2,000 萬，可不受前述存款總額不逾匯入資本 15 倍之限制。至 1997 年後，更放寬前述限制而朝向國際化。

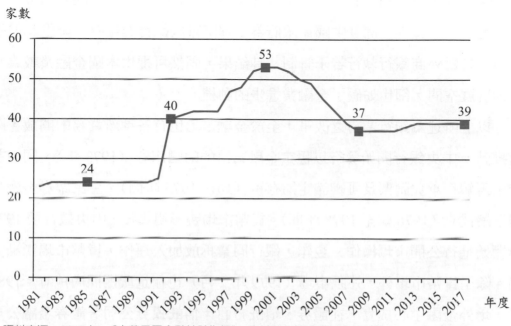

家數

資料來源：2017 年，《中華民國金融統計指標》，金融監督管理委員會銀行局。

圖 8-1 本國銀行家數

1980 年代末期以後，尤其是 1989 年 7 月新《銀行法》的公布與實施，除了在利率管制的解除、開放民間設立銀行、放寬本國及外商銀行設立分支機構外，在銀行業務方面，也逐步開放銀行信託部從事證券業務（融資融券）。1992 年，財政部正式開放銀行業辦理短期票券業務之經紀與自營業務，至 1995 年，則進一步開放票券之簽證與承銷業務。

以銀行所有權及新設管制而言，以往政府對於銀行開放民營，猶豫拖延，有其理由。蓋政府擬定產業政策，欲扶持某些特定產業時，金融優惠措施得靠金融機構配合。一般而言，公營銀行在政府掌握下，較願配合政府政策。而平常與政府維持良好關係的企業界，也較容易向公營銀行取得資金。至若

民營銀行，必以利潤為主要經營目標，與政府配合之意願可能較低。此外，擔心民營銀行被財團把持，也是銀行一直維持公營而不願開放民營的疑慮之一。基於上述緣由，政府對於開放銀行新設，總是審慎至極。銀行開放民營的金融自由化措施，直到 1989 年《銀行法》修訂時方准開放。

在外商銀行管制方面，外商銀行之服務水準往往較高，金融商品較為多樣，運作較有彈性。開發中國家政府為了保障國內銀行業生存，降低其競爭壓力，會對外商銀行執行若干管制。其結果，固然可提供本國金融業較為平穩的發展空間，卻也妨礙了金融業進步的動機。

以上所述為銀行業務之改革，至於金融市場也有各種新業務的開放，陸續推動。中央銀行開始發行以穩定金融為目的的國庫券（1973 年）、國內首度出現銀行承兌匯票及可轉讓定期存單（均在 1975 年間）、三家票券金融公司陸續成立（1976 年至 1978 年間）。貨幣市場雛形初具後，中央銀行於 1979 年開始進行公開市場操作。翌年，銀行同業拆放加入運作，貨幣市場漸漸完備。除了貨幣市場外，外匯市場（1979 年 2 月）也在這段期間內成立。1984 年，境外金融中心成立。在證券、信託方面，信託投資公司、證券金融公司及證券投資信託公司先後成立，證券融資、融券業務，及受益憑證等均在這段期間陸續出現。

1986 年以後，臺灣的金融創新倍出，各類金融產品的交易量也大幅擴張。1987 年《管理外匯條例》修正，外匯管制大幅放寬。接著，臺北外幣拆放市場在 1989 年間成立後，又陸續和新加坡、香港、東京的貨幣經紀商連線，而得以和世界各金融中心連成一體。這期間，外匯指定銀行也推出「外幣換匯交易」和「外幣保證金」交易等新種業務。銀行業方面，信用卡、綜合存款帳戶、指定到期日的定期存款、無摺存款、電話轉帳、自動櫃員機轉帳，和公債存款等新種業務倍出，整個銀行體系在創新下也不斷在蛻變中。至於證券市場方面的創新也相當突出。例如開放增設證券商、開辦店頭交易、建立集中保管制度、企業發行海外公司債及海外存託憑證 (global depositary receipt, GDR)，以及封閉式基金和臺灣存託憑證 (Taiwan depositary receipt, TDR) 等新投資工具，一直到國內外期貨買賣，形形色色，不一而足。

　　1990 年之後，臺灣金融體系有更多變化，除了 1980 年代後期的匯率自由化、利率自由化、以及銀行開放民營，對金融體系造成甚大影響，1997 年亞洲金融風暴衝擊了整體亞洲金融市場。2002 年初臺灣以「臺澎金馬個別關稅領域」名義加入 WTO，金融體系對外大幅開放。2003 年由於基層金融改革受挫，反而將農業金融體系自原來金融體系切割出來由農委會主管。2004 年 7 月，成立「金融監督管理委員會」，財政部原主管政策中的金融政策改由金管會主管，這種新的金融監理機制展開新的運作方式也面臨諸多考驗。

**表 8-1** 1980 年代以來臺灣金融大事簡表

| 年　份 | 事　件 | 說　明 |
|---|---|---|
| 1987 | 匯率自由化 | • 中央銀行不再制定匯率上下限，匯率制度由原本固定匯率制度於 1980 年代改成管理匯率之後，進一步於 1987 年進入浮動匯率制度。 |
| 1989 | 利率自由化 | • 《銀行法》修訂，利率不再由銀行制定，改由各金融機構自行訂定市場利率。 |
| 1989 | 銀行開放民營 | • 銀行不再限定公營，開放民間可以設立銀行。隨後於 1991 年便核准設立第一批十六家銀行，銀行家數大幅增加。 |
| 1997 | 亞洲金融風暴 | • 1997 年發生亞洲最大金融風暴，大多亞洲國家均受衝擊，股價與匯價快速下跌。臺灣亦難倖免，但受衝擊程度較小。 |
| 2001 | 成立金控 | • 2001 年 7 月通過《金融控股公司法》，2001 年 12 月開始設立金融控股公司，至 2003 年初快速成立了十四家金控。 |
| 2002 | 加入 WTO | • 2002 年 1 月 1 日，臺灣以「臺澎金馬個別關稅領域」名義，加入 WTO，在金融服務業方面作了多項開放措施。 |
| 2003 | 農業金融體系分離 | • 財政部原擬改革金融體系，整飭不良金融機構，尤其是基層金融，但遭基層金融反彈，遂改弦更張，將基層金融主管機構改為農委會負責，並另籌設「全國農業金庫」。 |
| 2004 | 成立「金融監督管理委員會」 | • 財政部原同時主管財政政策與金融政策，2004 年 7 月 1 日成立「金融監督管理委員會」，金融政策改由金管會負責，金融管監理一元化。 |

| 2008 | 國際金融海嘯 | ・美國 2007 年次級房貸風暴暴發，2 年內接連三波金融風暴，引起全球金融市場動盪，景氣蕭條，臺灣亦受衝擊。 |
| 2009 | 兩岸簽訂金融 MOU | ・臺灣金融監督管理委員會與中國大陸之銀行、保險、證券等三個監督管理委員會簽訂金融備忘錄。 |

資料來源：作者整理。

# 8.2 金融創新

## ㈠金融創新的意義

金融創新 (financial innovation) 係指各類新種金融工具的出現，以及金融市場、金融法規與制度，乃至於金融觀念上各種異於傳統的改變。

金融機構的金融創新依其創新角度之不同，可分為三類：

### 1. 規避利率風險的金融創新

指金融機構為規避市場變動不確定所產生的風險，例如利率風險。此類金融創新的工具有浮動利率可轉讓定存單、浮動利率抵押放款、金融期貨交易，以及各種金融工具的期約買賣權交易等。若銀行的資產中，固定利率資金部分占總資產比例，比負債中固定利率負債部分之比例低，則市場利率上漲會使銀行利潤增加，利率下跌時則利潤降低。

### 2. 技術進步的金融創新

指利用電子科技促進資訊的傳遞正確而迅速，且有大量處理金融交易的能力，使得經營業務的成本得以降低，並開辦若干電腦設施配合的新興金融業務。將科技引入金融系統已蔚為全球熱門潮流，稱為科技金融 (Fintech)。

### 3. 規避金融管理的技術創新

指金融機構為規避金融管理加諸經營業務的限制，如美國聯邦準備理事會 1930 年代頒布規則 Q 對存款利率的限制、依法提存存款準備金規定等等，

金融業遂以非存款負債籌措資金方式、實質上對支票存款支付利息方式等從事金融創新，此類金融創新的工具包括歐洲美元借款、發行商業本票、可轉讓提款命令書、自動轉帳存款帳戶、再購置協議及貨幣市場共同基金等等。

## ㈡新金融商品之例

### 1.塑膠貨幣 (plastic money)

1960 年代以後，許多工業國開始使用信用卡 (credit card)，可以憑信用卡先消費，日後再付款，稱之為塑膠貨幣。就我國而言，塑膠貨幣包括金融卡（提款卡）、簽帳卡 (debit card) 和信用卡、會員卡等等。

⑴金融卡：須先在金融機構開戶，同時帳戶內有存款，則可憑金融卡提領帳戶內的現金使用。今日新的金融卡不像原來的磁條卡，而是具有積體電路 (integrated circuit, IC) 的 IC 卡，稱為第二代金融卡，其功能更強，惟其製作成本較高，原來簽約商店較少，尚未普遍使用。

⑵簽帳卡：如聯合信用卡。持卡人無須在金融機構開戶，而可享有先消費後付款的服務。

⑶信用卡：如 VISA、MASTER 卡等，持卡人可以享有如下的好處：

①先消費後付款的服務。

②在國外可提領當地現金使用。

③具循環信用功能。即收到帳單，可以毋需完全付清帳款，只要向發卡銀行申請循環信用，約定時間再償還，但國內的循環利率相當高。

④可預借現金。

⑷會員卡：如美國運通卡。須繳納會費，只有成為會員才擁有服務。會員卡除了具備一般信用卡的功能外，更有其他服務如會員海外的旅遊保險等。

塑膠貨幣的存在，讓消費者不須手持現金便可進行消費，有些尚容許消費者不須先有存款便可向銀行賒借款項來消費，但須付出高額利息。臺灣在

2000 年代初數年，銀行衝刺雙卡（現金卡、信用卡）業務，泛濫發卡，未嚴格管控，不少消費者持有多張現金卡或信用卡，在存款不足情形下仍過度刷卡，卻因無法償還本息而造成社會問題。至 2006 年初，問題更形加劇，經由金融監督管理委員會與銀行公會出面協調，採用協商機制，逐案商議償還條件，而新卡成長率也在此教訓之後轉而減少，逐步化解了雙卡風暴。

事實上，塑膠貨幣的使用耗費很多的郵寄成本，況且最後的清算仍須現鈔或支票，因而促成無現金社會 (cashless society) 的來臨。電子資金移轉制度（electronic funds transfer system，簡稱 EFTS），即所謂電子貨幣 (electronic money)，乃利用電子系統完成轉帳支付的工作。

**2.電子資金移轉制度**

1970 年代起，銀行業已開始利用高效能電腦進行少用紙張的支付制度革命，通稱微電腦資金移轉制度。常用的有自動櫃員機、自動交換所、銷售點終端機、存託憑證及網路銀行等。

⑴自動櫃員機 (automated teller machine, ATM)：係放置在銀行、機場、購物中心或其他熱鬧地區的電子轉帳系統裝置。顧客只需利用塑膠磁卡依循設定好的步驟啟動機器，即能提領現金，且繼續發展出存款、查詢帳戶餘額、憑卡預支現金、帳戶餘額的移轉等功能。

⑵自動交換所 (automated clearing house)：此種機械裝置將傳統的票據交換作業予以自動化，藉電腦系統傳達資金移轉訊息以處理票據交換作業，如此可獲得節省時間、降低成本乃至於提高安全程度等利益。

⑶銷售點終端機 (point of sale terminal)：裝置在購物中心或超級市場收款地點的自動化設備。它具有驗明付款人的存款餘額、自動由顧客的付款帳戶將應付款轉入商店的存款帳戶內、自動將應付款記入顧客的信用卡帳內等功能。如此不但減少開發支票的張數，亦保障商家降低退票的風險。

⑷存託憑證 (depositary receipts)：所謂的存託憑證，是由本國金融機構（通稱為存託機構，depositary institution）所發行的一種可轉讓憑證，它表彰

了一定數量的外國有價證券，所以本國人民買了存託憑證，就等於買到外國有價證券，由於存託憑證是本國的有價證券，故其買賣、交割方式可依本國投資人所熟悉的方式加以設計，股利的支付亦可由外國公司支付予存託機構，再由存託機構轉換成本國貨幣後發放予存託憑證之持有人，使本國投資人可以避免直接持有外國有價證券的種種不便；至於存託憑證所表彰的外國有價證券是以存託機構為名義的持有人，並由外國公司境內的金融機構（通稱為保管機構，custodian institution）就近保管；存託憑證買賣時，就外國公司立場，其股東在名義上並未變動，故存放於保管機構的有價證券並無移轉交割或過戶的問題。

(5)網路銀行 (internet banking)：網路銀行是指透過網路與某一銀行的電腦連線，不需親自前往銀行的櫃檯，就能夠直接使用各項的金融服務，例如查詢帳務、臺外幣轉帳交易及付費服務、信用卡服務、基金下單等。即客戶利用網際網路與銀行電腦連線，銀行電腦依據客戶輸入之指示提供金融資訊或辦理帳務撥轉之電腦系統連線服務。

### 3.衍生性金融商品

衍生性金融商品（derivative financial products 或 financial derivatives）是指由標的物資產 (underline assets) 之價值所衍生出來的金融商品，本身非實物資產，通常包括期貨 (futures)、選擇權 (options) 與互換 (swap) 等等。是由其他標的物資產如黃金、股票、債券、稻穀等所衍生出來的金融商品。

(1)期 貨

期貨是指買賣雙方彼此約定於將來某日以目前議定的價格來成交之契約。隨著交易標的之不同，有不同型式的期貨，大致可分為商品與金融期貨。

若金融期貨交易的標的為外幣，則稱為外幣期貨或外匯期貨。所謂外匯期貨或外幣期貨 (foreign exchange futures) 是指，由外幣的買賣雙方以公開喊價的方式，承諾在未來一定時間及價格（即匯率）下，來交割一個標準數量的外幣買賣契約。外幣期貨又稱之為通貨期貨 (currency futures)。

外幣期貨的交易起始於 1972 年，在 1972 年芝加哥商品交易所 (Chicago Mercantile Exchange, CME) 的國際貨幣市場部 (International Monetary Market Division, IMM) 開始有外幣期貨的交易。IMM 是世界最早出現的金融期貨市場。芝加哥商品交易所的國際貨幣市場，可說是目前全球最具代表性，也是最主要的外幣期貨交易所。目前國內期貨商得受託從事國外期貨及期貨選擇權契約的外幣種類有日圓、英鎊、瑞士法郎、加幣、澳幣、歐元、美元兌巴西的匯率、美元指數等。國內期貨商可與國外辦理外幣交易的交易所有 CME、新加坡交易所 (Singapore Exchange Derivatives Trading Limited, SGX-DT)、巴西商品與期貨交易所 (Bolsa de Mercadorias & Futures, BM&F)、美國紐約期貨交易所 (The New York Board Options of Trade, NYBOT)。

(2)選擇權

所謂選擇權 (options) 乃是一項權利 (而非義務)，這項權利的買方 (buyer 或 holder) 在付出權利金 (premium) 後，獲得在一特定期間 (expiration or maturity date) 內要求賣方 (seller 或 writer) 依一特定價格 (exercise or strike price) 買入 (call) 或賣出 (put) 某項標的之權利。

選擇權可分為買入選擇權 (call options) 與賣出選擇權 (put options)。所謂買入選擇權是指，選擇權買方所購買者為「是否依特定價格買入」某種標的 (例如股票或外幣) 之權利；所謂賣出選擇權是指，選擇權的買方所購買的是「是否依特定價格賣出」某種標的 (例如股票或外幣) 之權利。

無論買入選擇權或賣出選擇權都有買者及賣者。選擇權買者乃是指付出權利金購入選擇權權利的一方；選擇權賣者乃是指，接收選擇權買方的權利金而在選擇權買方執行權利時，有義務履約的一方。

選擇權若依是否可在屆滿日前任何時間內隨時要求履約，又可分為美式選擇權 (American options) 及歐式選擇權 (European options) 兩種。美式選擇權，選擇權的買方可以在期滿前隨時行使權利或提早要求履約，而不需等到期滿時才能履約；而歐式選擇權的買方則必須等到期日時才能行使權利，要

求履約。但由於目前全世界的選擇權市場是以美國為主，因此一般所謂的選擇權通常是指美式選擇權。

現代的選擇權交易制度乃是美國所創立，美國目前已成為全球最大的選擇權市場。1973 年 4 月，芝加哥的選擇權交易所 (Chicago Board Options Exchange, CBOE) 成立，美國選擇權交易正式開始發展，而期貨交易亦產生了革命性之變化。美國主要的選擇權交易所有芝加哥選擇權交易所 (CBOE)、美國證券交易所 (AMEX)、費城證券交易所 (PHLX) 等。此外，英國、法國、荷蘭、瑞士、瑞典、德國、澳洲及比利時等國亦皆有選擇權的交易所。

選擇權的交易可分為傳統型的店頭市場式與定型化的交易所式。傳統型的店頭市場式並無集中的交易場所，與一般的外匯交易相同，是以店頭交易（或櫃檯交易）方式進行。1973 年 4 月芝加哥選擇權交易所的成立，選擇權交易開始有了現代定型化的形式，有公開交易的集中交易場所。交易所式的選擇權交易使得權利金及手續費等交易成本大為降低，因此選擇權交易量迅速增加，並產生了次級市場。一般而言，選擇權的店頭交易在世界各地都有，但整體而言，選擇權交易仍以集中在交易所的公開交易為主。

目前選擇權的交易標的主要有股票、股票指數、債券（利率）、外幣、貴重金屬、金融期貨（包括股價指數期貨、利率期貨、外幣期貨等）及商品期貨（包括玉米、棉花、黃豆、活豬、活牛等）。

⑶互換 (swap)

互換是一種契約，約定交換雙方同意在未來持續數個期間各為對方支付某種金融商品。依互換的標的物，分成利率互換（interest swap，固定利率與浮動利率之互換）、外匯互換（foreign exchange swap，不同通貨之間的互換）、即期遠期互換（買進遠期契約，賣出即期契約；或買進即期契約，賣出遠期契約）等等。

①換率（即利率交換）：換率是一種契約。它約定交換雙方同意在未來持續數個期間內各為對方支付利息（即交換利息支付）。利息的計算是基於某一

同種的貨幣為主。它只涉及雙方利息的互換，並無本金的交換。因此，換率也稱為債券利率交換 (coupon swaps)，作為計算利息的本金稱為概念本金 (notional principal)。

②換匯（即貨幣交換）：換匯也是一種契約。它不但涉及雙方的利率交換，也涉及不同貨幣的交換。也就是，甲乙雙方同意在未來持續數個期間內，甲方以某種外幣本金計算的（固定或浮動）利息支付給乙方，而乙方以另一種外幣本金計算的（固定或浮動）利息支付給甲方。在契約的期初與期終雙方也交換等值的外幣本金。因換匯涉及利息與本金的交換，它也被稱為「貨幣利率交換」(currency coupon swaps)。

③股權交換 (equity swap)：所謂的股權交換，性質上接近於股票擔保融資，典型的作法是投資人提供一定成數自備款，銀行則配合融資以買進股票，股票漲跌風險及股息紅利歸投資人所有，且投資人亦需支付融資利息予銀行，但投資人並未取得該股票的所有權，而是銀行擔任股票的所有權人，再以契約規範前項所述各款權利義務關係，由於具有所有權易位的關係，故可視為一種 swap。

# 8.3 金融環境改變下的貨幣金融管理

金融創新雖使金融資源的利用效率大幅提高，但顯然也產生更多、更複雜的金融交易與金融環境。結果，不僅一般大眾與工商企業必須以更大的精力及更多的專業知識來參與金融活動，管理當局無論中央銀行或金管會，均面臨前所未有的挑戰。

金融創新為各國貨幣政策造成極大的困擾。貨幣餘額之所以重要，乃因為它是產出與物價水準的重要影響因素。藉著對貨幣供給的控制，貨幣當局希望達到一理想的產出與物價水準。但是，在金融創新下，首先，貨幣當局就面臨了貨幣定義的問題。許多國家傳統的貨幣政策均偏重控制 M1。M1 是

由通貨淨額及存款貨幣所組成，可立即用於交易，具有最典型的貨幣功能，對產出與物價有直接的影響力，其他附有利息而不能立即用於交易的金融資產則列入較廣義的貨幣定義中。然而，金融創新的結果，很多新金融工具都兼具交易及儲蓄兩種用途，同時受到各種因素的影響，社會資金經常在交易與儲蓄兩種不同用途的金融工具間，快速且大量地流竄，控制 M1 已失去意義，迫使許多國家轉而控制較廣義的貨幣，如 M2 等。

就臺灣而言，從 1980 年代後期以來，臺灣金融環境的劇烈轉變，再加上外來的衝擊，對中央銀行貨幣管制而言，不斷面臨新的考驗。臺灣是一個小型的開放型經濟，自由化及國際化措施，長期而言可以提高資金運用，有助於臺灣經濟發展。但是就短期而言，由於資金之移動易受投機等各種因素影響而劇烈變動，往往會對臺灣金融穩定造成衝擊。因此，這些年來，在推動金融自由化、國際化的同時，中央銀行也一直致力於如何更有效地管理貨幣，以維持金融穩定。歷年來，中央銀行貨幣管制上的中間目標，也配合環境之變遷而加以調整。早年是以 M1 為中間目標，其後將 M1 區分為 M1A 及 M1B，而以 M1B 為中間目標。自 1990 年起，又將 M2 與 M1B 並列為中間目標，後來又以 M2 作為主要中間目標。中間目標的調整，即是為了在環境變遷下，更有效地掌握貨幣控制能力。同樣地，在操作方式上，中央銀行也須一直精益求精。

中央銀行對金融市場掌握力之下跌，可以 1997 年金融事件為例說明。1997 年亞洲金融風暴，掀起一股匯價跌降之預期。10 月間，中央銀行原且努力守住匯價，以圖打擊投機客。為守住匯價，央行釋出外匯存底減少臺幣供給，使得國內資金緊俏，短期利率高漲，又正逢股市慘跌之時機，央行遂在 10 月份內又立即降低存款準備率以期挽救股市，並宣布棄守匯價，聲稱交給外匯市場供需去決定匯率水準。結果是匯價、股價仍然一路狂跌。所幸的是，在數日內達到市場均衡而暫時止住狂跌趨勢。

從 2000 年以來，鑑於國內外景氣蕭條，而國內又有因為銀行家數過多而

不利發展之議，復見國外屢有金融機構或企業界併購策略，儼然形成整併風潮，因此，國內金融機構併購風氣日盛，不但銀行之間彼此併購，金控之間也有了併購之趨勢。

　　臺灣陸續推動金融改革措施，本來金融改革是年年持續性的工作，媒體慣於將 2000 年民進黨執政以來所推動的金融改革分成「一次金改」與「二次金改」。「一次金改」所指的是：行政院在 2002 年提出「挑戰 2008 國家發展重點計畫」，將金融改革列為三大改革之一，並於 7 月成立「金融改革專案小組」，下設銀行、保險、資本市場、基層金融、金融犯罪查緝等五個工作小組，積極推動臺灣金融改革工作。2002 年 8 月宣示改革目標：以 2 年為期，銀行逾放比率降至 5% 以下，資本適足率維持 8% 以上。該階段之主要改革措施為：(1)協助銀行處理不良債權：協助並督促銀行積極打消呆帳；建立資產管理公司 (AMC) 機制，協助銀行出售不良資產。(2)成立行政院金融重建基金：加速處理經營不善金融機構及不良債權。其重要執行成效為：逾放比率明顯下降。2003 年底本國銀行原逾放比率已由 2002 年 3 月最高峰的8.04%，降至 4.33%；且資本適足率為 10.07%，高於國際標準 8%，順利達成降低逾放比率且提高資本適足率之目標。2005 年底本國銀行逾放比率更降至2.24%，2010 年則降至 0.60%，如表 8–2 所示。綜觀 1995 年以來，金融機構逾放比率是下降趨勢，可謂各類金融機構之經營體質有逐年改善。

　　上述措施著重除弊，在 2004 年，政府復推出興利措施，即所謂的「二次金改」，揭櫫五大策略，包括：策略一：健全總體金融環境；策略二：推動區域籌資中心；策略三：推動資產管理業務；策略四：發展多樣化金融服務；策略五：強化金融市場體質。此階段金融改革有六大預期成效，預期 2008 年達成若干目標，包括金融服務業產值占 GDP 比重提高、產生國際區域間具代表性之金融機構、外資持有股票占總市場比重提高、國際企業及機構來臺籌資金額倍增、資產證券化發行量成長、整體金融資產總額快速成長等等目標。為達成上述成效，政府原來釐定具體目標包括：促成三家金融機構市占

率達 10% 以上、公營銀行整併、十四家金控公司整併成七家、至少一家金融
機構由外資機構經營或至國外上市等。在上述各種目標中,最受興論重視者,
為公股銀行整併與金融控股公司整併,而政府也在各方爭論不斷之下,不再
堅持合併家數與合併期程,顯示此措施推動之複雜性與困難度。

表 8-2 金融機構逾放比率

單位:%

| 年 底 | 總體逾放比率 | 本國銀行 | 外國銀行在臺分行 | 基層金融機構 | |
| --- | --- | --- | --- | --- | --- |
| | | | | 信用合作社 | 農漁會信用部 |
| 1995 | 3.00 | 2.85 | 0.82 | 3.12 | 5.07 |
| 1996 | 4.15 | 3.70 | 1.00 | 6.13 | 8.24 |
| 1997 | 4.18 | 3.71 | 1.07 | 6.19 | 10.68 |
| 1998 | 4.93 | 4.37 | 1.65 | 7.55 | 13.10 |
| 1999 | 5.67 | 4.88 | 3.20 | 10.54 | 16.03 |
| 2000 | 6.20 | 5.34 | 3.22 | 12.45 | 17.90 |
| 2001 | 8.16 | 7.48 | 3.53 | 11.66 | 19.33 |
| 2002 | 6.84 | 6.12 | 2.36 | 10.34 | 18.62 |
| 2003 | 5.00 | 4.33 | 1.51 | 6.91 | 17.57 |
| 2004 | 3.28 | 2.78 | 1.03 | 3.17 | 14.46 |
| 2005 | 2.19 | 2.24 | 0.75 | 2.09 | 10.92 |
| 2006 | 2.08 | 2.13 | 0.69 | 1.55 | 8.13 |
| 2007 | 1.79 | 1.84 | 0.74 | 1.29 | 6.25 |
| 2008 | 1.52 | 1.54 | 1.20 | 1.24 | 6.52 |
| 2009 | 1.14 | 1.15 | 0.91 | 0.85 | 5.60 |
| 2010 | 0.60 | 0.61 | 0.22 | 0.57 | 4.09 |
| 2011 | 0.42 | 0.43 | 0.13 | 0.41 | 3.03 |
| 2012 | 0.39 | 0.40 | 0.01 | 0.27 | 2.21 |
| 2013 | 0.36 | 0.38 | 0.01 | 0.14 | 1.53 |
| 2014 | 0.24 | 0.25 | 0.03 | 0.10 | 1.05 |
| 2015 | 0.22 | 0.23 | 0.00 | 0.08 | 0.85 |
| 2016 | 0.26 | 0.27 | 0.08 | 0.07 | 0.88 |
| 2017 | 0.26 | 0.28 | 0.01 | 0.11 | 0.86 |

說明: 1. 2005 年 7 月起除農漁會信用部外,均採與國際相同之廣義逾放標準。
　　　 2. 2005 年起,總體逾放比率不含信託投資公司及農漁會信用部。
資料來源:歷年資料,《金融統計指標》,行政院金融監督管理委員會銀行局。

從國際上經驗來看，金融開放之後，雖然可使金融效率提升，但若無適當監管，可能損及金融穩定。2008 年金融海嘯發生後，不少評論指向美國對衍生性金融商品之監理以及信用評等機構之失當。以往過度放任市場運作，忽略了整個金融系統有風險集中現象。世界各國紛紛提出金融改革報告，對金融監理思維多所檢討，擬加強金融體系之監管，強化金融預警機制，並且增加消費者金融教育。

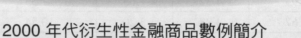

## 繽紛貨銀 8A

## 2000 年代衍生性金融商品數例簡介

　　全球各金融中心不斷有金融創新，在 2000 年代以來，若干新金融商品在國內外快速成長，其中有些甚至因過度擴張而形成系統性風險，產生消費者與金融業者之間的爭議。僅簡介數例於後。

(一)境外結構型商品

　　依我國《境外結構型商品管理規則》規定，所謂結構型商品係指於中華民國境外發行，以固定收益商品結合連結股權、利率、匯率、指數、商品、信用事件或其他利益等衍生性金融商品之複合式商品，且以債券方式發行者。

(二)資產基礎證券 (asset backed securities, ABS)

　　係指特殊目的公司依資產證券化計畫所發行，以表彰持有人對該受讓資產所享權利之權利憑證或證書。投資標的多半是非不動產抵押貸款債權的證券化商品。主要係金融機構將能產生現金收益的資產或債權集合起來，予以信用增強，然後發行成證券，出售給有興趣的投資人，背後連結的資產可以是銀行貸款、租約或其他資產等。例如，以汽車貸款、信用卡應收帳款、或以分期付款之應收帳款作為擔保發行證券，預期報酬主要來自於發行時所承諾的票面利率。投資風險以證券化背後的資產或債權之信用風險為主，發行人的風險與提前還款的風險次之。

(三)債券擔保受益憑證 (collateralized bond obligation, CBO)

　　為債權擔保受益憑證 (collateralized debt obligation, CDO) 的一種，CDO的背後都有一些債務工具作為發行受益證券的支撐，當背後連結的債務工具大部分是債券時，則稱為 CBO。

㈣信用違約交換 (credit default swap, CDS)

　　將交易對手的信用風險移轉給第三者的一種衍生性金融商品，係可供信用提供者（放款人或公司債持有人）規避信用風險之契約，交易主體包含違約風險保護買方 (protection buyer) 及違約風險保護賣方 (protection seller)。買方因持有風險敏感性資產（例如債券或放款部位），欲將此違約風險轉嫁給賣方，故定期支付費用以保障未來可能發生的違約損失，賣方收取費用並相對承擔義務，一旦發生違約事件，需給付買方所造成的損失。

# 繽紛貨銀 8B

## 在科技金融新代的迷潮中[1]

　　科技發展沒有極限，不只一日千里，正以加速度疾行跳躍。金融體系本是潤滑社會交易，愈潤滑愈流暢，資金早已超越時空限制，在全球各洲快速竄流。金融加上科技，天雷勾動地火，必然一飛沖天，步上不歸路。除非金融危機出現，點醒眾人切勿過度在金錢遊戲中縱慾，否則一路奔馳，新技新品不斷冒出，推向未來，3、5 年後，甚至 10 年 20 年後，不知通往何處不可知的奇幻世界。

　　傳統的銀行臨櫃存款匯兌之形式，早已被網路銀行以及信用卡逐步取代。新興科技用在金融體系各層面，包括借貸、存款、理財、支付、投資管理、募資、市場平臺等方面，無遠弗屆，無處不與。無論金融機構的獲利來源、客戶目標、產品設計、溝通管道等，都跳脫了傳統金融的模式，開展新的運作過程。區塊鏈之概念切入金融市場，影響了貨幣支付體系，比特幣即為其例。不少公司已成功地運用電腦科技，帶入理財服務，增添不少商機。

　　其實金融創新並非只在今日發生，話說人類開始相互買賣之初，原為物物交易形式，然而運作未能順暢，有賴中介單位居中潤滑，遂產生了貨幣單位，貨幣型態從貝殼、椰子之商品貨幣，進展為金銀本位之金屬貨幣，再沿革成紙鈔之信用貨幣。接著，除了可見之實體金融工具之外，進而創出以契約合成的衍生性金融商品。回顧歷史軌跡，每有金融創新，人類的經濟交易行為便隨之改變，生產消費態樣日趨多元，生活步調節奏加快。目前有些國

---

註

1.參考：楊雅惠，〈在科技金融新代的迷潮中〉，《工商時報》，2017 年 5 月 5 日。

家地區甚至不再使用實體現鈔，在網路科技中認定買賣記錄。科技揚起飛躍雙翼，翱翔洲際，抽換了全球人類生活面貌。

金融創新的原因，起源於多種可能性，不只是科技進步，尚可能為使顧客方便，為市場價格波動的避險用途，為規避法規限制而另創金融工具，在同業競爭中力圖殺出商機。這些原因，持續燃炙，也將是繼續推動金融創新的動力。

每度金融創新，都讓客戶驚艷，業界忙碌，政府緊張。如果情勢失控，市場可能失序，甚至肇致金融危機，無論客戶、業者或政府，都傷痕累累。過往次次的創新與失序之循環中，社會經歷了痛苦的代價，也從中摸索出新的定力錨繩。放眼科技金融的未來，快步流星，迷離撲朔，恐非今日所能逆料。那麼，新的挑戰也伴著風馳電掣的科技，隨時迅雷不及掩耳地突襲。為了防備，必須先行打造定錨之力。

主管單位更要睜眼注視新潮新境，前瞻應變。中央銀行面臨如何掌握貨幣供給以及貨幣政策之課題，總須適時檢視貨幣之定義，在新的交易工具出現時考慮增刪貨幣內容包含項目，研析貨幣政策工具在新情境下之有效性與適切性。金融監管單位也勢必要更改監理思維，調整監理角度，更換監理指標，結合資訊與金融的監管人才。客戶面對不瞭解的科技，在乎其權益是否依然受到保護，自己即應認清資金運作內容。業界則必須留意駭客的可能危害，負起資安責任。

有謂：人類歷史至今已有四次工業革命，從第一次發明蒸汽機，第二次電力普及量產，第三次自動化生產，第四次則為人工智慧。倘若有朝一日踏入第五代工業革命，或許不宜稱為工業革命，只是不知是何型態呢！

面對迷惘的未來科技世界，應與時間競賽，與潛力挑戰，與定力相伴。進修，再進修，兼俱科技與金融技能，方是勝出之道。整合，再整合，集結各方智慧與資源，方是穩舵之帆。

## 重要詞彙

金融壓抑 (financial repression)

金融自由化 (financial liberalization)

存託憑證 (global depositary receipt, GDR)

期貨 (futures)

金融創新 (financial innovation)

科技金融 (Fintech)

塑膠貨幣 (plastic money)

電子資金移轉制度 (electronic funds transfer system, EFTS)

衍生性金融商品 (financial derivatives)

選擇權 (options)

互換 (swap)　　　　　　　　　換匯
換率　　　　　　　　　　　　　股權交換 (equity swap)

## 練習題

1. 請簡述臺灣近年來金融自由化之歷程。
2. 何謂期貨？
3. 何謂選擇權？
4. 金融創新之背景為何？
5. 金融環境改變下，金融管理面臨哪些挑戰？

# 第9章
# 各國銀行業與金融制度

　　由於各國經濟發展程度與金融發展背景不同，金融體系之架構不同，各有其特色，值得彼此互相借鏡，本章擬介紹若干國家的銀行業與金融制度，藉以觀察比較其異同。

　　本章共分 5 節，第 1 節為概論，先作一概括性介紹；第 2 節介紹美國商業銀行的發展。值得一提的是：美國的中央銀行乃是聯邦準備制度。故第 2 節除介紹美國金融體系與商業銀行制度外，特別介紹其聯邦準備制度；第 3 節介紹歐洲金融制度；第 4 節介紹日本金融制度；第 5 節則介紹中國大陸金融制度。

## 架構圖 9　各國銀行業與金融制度

各國銀行業與金融制度
- 特色概論(9.1)
- 美國銀行(與央行)制度(9.2)
- 歐洲金融制度(9.3)
- 日本金融制度(9.4)
- 中國大陸金融制度(9.5)

#  9.1 各國金融制度特色概論

各國之金融制度各有不同，舉凡在銀行機構種類、銀行業務、銀行與企業關係等各方面，均有差異。而隨著時間變遷，各國金融制度均有若干更迭，一方面是隨著國內經濟發展需要而更迭，一方面是因應世界潮流而調整。

本章擬簡介主要國家金融制度。通常，各國金融制度之特色與潮流有下列現象。

## ㈠金融深化程度增加

金融深化 (financial deepening) 是指：一國金融資產累積的速度超過非金融資產累積的速度；而金融淺化 (financial shallowing) 是指：一國金融資產累積的速度不如非金融資產累積的速度。通常，隨著經濟發展程度的提高，各國金融深化程度也會增加，惟迨經濟水準與金融體系趨於穩定成長時，金融深化程度也會趨於穩定。

## ㈡跨業經營制度之發展

金融不同業務原本在不同金融機構中進行，銀行、保險公司、證券機構分別負責存放款、保險、證券交易等不同業務。後來金融業務之界限漸泯，銀行機構也開始兼營證券業務，乃至於兼營保險業務，乃是跨界經營。將所有金融業務置於一金融機構中完全整合跨業行銷，成為綜合銀行。

所謂綜合銀行 (universal banking)，是指銀行除了從事傳統的存款放款業務外，尚從事與生產有關的證券業務，並提供企業財務顧問諮詢。許多歐洲體系國家，例如德國、英國，均採用此制度。

以德國為例，其綜合銀行制度之實施行之有年，且一般銀行設立時即採此制度。其第一大銀行稱德意志銀行，便在其設立時即採此制度。此制度可

分散不同金融業務之風險。且德國早就實施金融自由化，不需經過巨幅金融改革的階段，因此，可免去金融改革過程中所涉及的調整成本。

## ㈢對特定產業專案貸放之協助

隨著經濟發展程度之不同，各國對特定產業之協助重點有所不同。以對中小企業之協助而言，各國多有相對應之措施。美國設有中小企業處 (Small Business Administration)，對中小企業提供資金協助。臺灣亦有中小企業融資體系，給予中小企業資金優惠、保證、輔導。又如兩德統一後，東德政治經濟制度改變，為促使經濟發展，德國亦有專業銀行機構特別著重對中小企業之創業貸款，有其成效。

## ㈣銀行與企業間之關係

在經濟發展初期，社會資金有限，政府會有意分配資金去路，銀行多為公營，而銀行在資金運用上只是被動地貸放，而銀行與企業間的關係並不特別緊密，如中國大陸早期金融體系。而有些國家的銀行業則發揮積極解決廠商財務問題的角色，當企業有資金調度困難時，可透過其經常往來的銀行及關係金融事業來幫忙籌資，如日本銀行制度即是如此。

## ㈤公民營比重不同

一般而言，經濟發展初期，金融機構多為公營；迨經濟發展成熟，民眾對於經濟效率之需求增加，自由化呼聲日高，鑑於潮流之驅使，金融機構會逐漸開放民營。例如美國、德國、日本之金融機構多為民營，而中國大陸早期金融機構則幾乎全為公營。

值得注意的是：各國金融制度，迭有變遷。研讀本章時，宜留意其資料之年代。換言之，本章之資訊未必是最新的資料，但仍具相當參考價值。

# 9.2 美國銀行制度兼論聯邦準備體系

## ㈠美國主要金融機構

美國主要金融機構包括商業銀行、保險公司、儲蓄機構、投資銀行、共同基金、退休基金等，簡述如下。

### 1.商業銀行 (commercial bank)

在美國多樣化的金融機構中，不論在分布上、市場占有上，商業銀行都是排名第一位。早期商業銀行是模仿英國制度而來，主要業務是由一般大眾吸收存款資金及承做短期放款，但在後期，許多公司企業要擴大其規模，及購買機器設備要大筆長期的資金貸款，為配合市場的需要，銀行也開始加重其長期貸款的比例。從 19 世紀末葉起在金融的大幅競爭下，其他各種金融機構蓬勃興起，使得商業銀行的地位開始有了改變，商業銀行資產在金融市場中的比例雖然降低，但仍為金融體系中之主體。

### 2.保險公司 (insurance companies)

從 1750 年代開始，保險公司（包括壽險公司及產險公司）已成為美國金融機構中僅次於商業銀行的第二重要金融機構，至 1840 年開始，壽險公司開辦全險（生死合險）後，其具有民眾儲蓄的意義，壽險公司更具備了將大眾儲蓄資金導入投資的中介功能。

### 3.儲蓄機構 (thrift institution)

美國的儲蓄機構相當的普遍，其目的為鼓勵社會大眾儲蓄，成效良好，其中主要有相互儲蓄銀行 (mutual saving bank) 以及儲貸會 (saving and loan association) 兩種組織。

⑴相互儲蓄銀行

其目的主要以吸收中下階層零星存款為主，銀行本身不發行股票，其所

有存款戶為銀行所有人，儲蓄銀行之資金運用於投資房地產放款、政府債券、公司債券……，銀行所獲得之盈餘除支付各項必要開支外，對存戶發放固定之紅利或利息，其餘為保留公積金，政府在稅率上對其有相當之優惠。

⑵儲貸會

可向州政府或聯邦註冊，又可稱為建築放款公司，不以存款方式，凡儲戶購買其股權視為其股東。其經營由股東所選舉之董事負責，而對於儲戶所付之利率較銀行為高，原因是管理運用費用較低且其投資獲利較高，資金運用於房地產放款為主，對於美國人民住宅問題之解決貢獻很大。但 1980 年代末至 1990 年代間，儲貸會在經營不善及政策錯誤下造成金融風暴，至 1995 年關閉了 747 家。

**4.投資銀行 (Investment bank)**

投資銀行其大部分的業務是進行新發行證券的承銷，包括各機構購買證券時的經紀商 (broker)，小額證券之自營商 (dealer) 及部分的合併、顧問、共同基金……較小額業務。

雖然全美有數千家的投資銀行，但其分布及規模都是非常不平均的，大約只有十餘家左右是全國知名且也有許多的分支遍布全國及許多員工，其餘的都是規模非常小，地方性質的小機構。在商業銀行的競爭下，投資銀行在獲利額、家數上都有了若干變化。

**5.共同基金 (mutual funds)**

共同基金是向社會大眾招募資金，將許多小額資金匯集後交由專業經理人從事各項投資。

**6.退休基金 (pension funds)**

用於保障人民退休後生活，在許多的政府、私人機構均有附設，尤其在受到聯邦的壓力後，退休金在廿世紀更是普遍發展，其中規模最大而為公營的機制是聯邦政府老年、遺族、殘障保險 (Federal Government's Old Age, Survivors, and Disability Insurance, OASDI)，也稱為社會安全 (Social

Security)。

## ㈡美國中央銀行聯邦準備銀行

美國的中央銀行是由各州代表性銀行組成一個聯邦準備體系。

### 1.聯邦準備銀行之成立

美國於 1913 年下半年通過《聯邦準備法案》(Federal Reserve Act)，而於 1914 年 11 月正式成立聯邦準備銀行。

美國的聯邦準備制度與其他國家的中央銀行，具有類似功能，但在結構控制及功能上亦有重大的不同。例如大多數的國家只有一家中央銀行，控制的權力集中於一個中央主管機構；但是，美國則有十二家分開組設的聯邦準備銀行，分設於十二個聯邦準備區 (Federal Reserve Districts)，控制權力分散於十二家聯邦準備銀行及設於華盛頓的聯邦準備理事會 (Board of Governors)。造成這種差異的原因很多。例如：⑴其他國家的面積較小，地區上的差異並不顯著，當無設立一家以上之中央銀行的必要。但是，美國的幅員廣闊，各個地區的經濟及金融情況並不相同，所以，各個地區應該設立自己的中央銀行，其政策方能適應當地特殊情況；⑵其他國家的中央政府，對於商業銀行的設立、監督、及管理，獨立享有管轄權力，故僅設立一家中央銀行。但在美國，上述權力乃由聯邦政府與各州政府分享，故非設立多家中央銀行不可；⑶其他國家的商業銀行，家數不多，但是，各家均在全國各地設有分行，故在該國金融中心設立一家中央銀行加以集中管理，極其合適。但在美國，商業銀行數以萬計，大多只有一個營業據點，在其本州之外不設分行，所以勢必須設立多家中央銀行分別加以管理。

一般學者對於聯邦準備制度的探討，總是集中在貨幣政策執行以後，對於所得與物價的影響。事實上，聯邦準備制度因能發揮若干服務功能 (service functions)，故對美國當前貨幣制度的順利運作，具有莫大的貢獻。這些服務包括：支票收受 (check collection)、銀行監督 (banking supervision)、

以及財政功能 (fiscal functions) 等等。

## 2. 聯邦準備制度的結構

《聯邦準備法案》規定每一會員銀行，須以等於自身已繳資本及累積盈餘之 6% 的金額，認繳聯邦準備銀行的股份；又規定，如果此一來源所獲資本不足，該項股份可以售給公眾；如各銀行及公眾所認購股份仍然不足，則可售給聯邦政府，但事實上，聯邦準備銀行的股份既未售給公眾，亦未售給聯邦政府，甚至只需會員銀行支付其認購股份的半數，就已籌足。因此，目前的聯邦準備銀行完全為其會員所有，每家會員銀行以等於自身已繳資金及累積盈餘的 3% 金額，付給聯邦準備銀行。

### (1)聯邦準備理事會

設於華盛頓的中央銀行控制機構稱為聯邦準備理事會。其主要任務在於協調準備制度之信用政策，並且監督各個聯邦準備銀行之業務。

聯邦準備理事會係由總統提經參議院同意之七位理事組成，理事之任期 14 年，不得連任，每隔兩年改任其中一人。理事之任命應能公平代表金融、農業、工業、及商業的利益，且同一準備區不得指派兩位理事。該理事會的主席及副主席均由總統任命，任期 4 年，但其任期與總統任期無須一致，這是為了避免受到政治因素的影響。事實上，每隔 2 年才有一位理事的任期屆滿，即使總統連任兩屆，也是很難任命超過半數以上的理事。該理事會每年的開支費用，係由十二家聯邦準備銀行負擔，使其預算能夠免於國會及總統的控制，以致影響權力的行使。

### (2)聯邦準備銀行

《聯邦準備法案》規定，全國分成八至十二個聯邦準備區，每一聯邦準備區設立一家聯邦準備銀行。因為各大城市無不希望設有一家聯邦準備銀行，所以由財政部長、農業部長、錢幣司長組成的組織委員會 (Organization Committee) 也就決定從寬設立，共為十二家。

每家聯邦準備銀行設有九位董事，分為三級，每級三人。其中，A 級的

貨幣銀行學 *Money, Banking, and Financial Markets*

董事代表該區的會員銀行；B 級的董事代表該區的商業、農業、或工業；C 級的董事代表理事會，並且指派其中一人作為董事會之總裁。選舉之時，是將各準備區之會員銀行區分為大、中、小三組，各組之銀行數目不同，但其資本總額大致相近。各組俱得選舉 A、B 級董事各一名，所有董事任期均為三年。實際行政工作係由董事會指派總經理 (president) 擔任，但此指派須經理事會之同意，任期五年。此外，各家準備銀行並得設置分行。

(3)會員銀行

所有的國立銀行均須加入聯邦準備制度作為會員銀行，但是，州立銀行則可自由決定是否加入。

凡是會員銀行均可享受下列權利：(a)可自聯邦準備銀行借入所需資金；(b)可以利用聯邦準備制度的全國票據交換機構；(c)可向聯邦準備銀行隨時提取通貨；(d)可自聯邦準備銀行獲得諮商服務；(e)可對該區的聯邦準備銀行掌有部分股份及若干控制權利。

會員銀行應盡的義務包括：(a)應將存款準備繳存聯邦準備銀行；(b)行政活動應受法律及行政的各種管制；(c)應受聯邦準備當局的檢查與監督。

(4)公開市場委員會

聯邦準備制度的最大權力之一，就是可以透過政府債券的買賣，藉以影響商業銀行的準備狀況。公開市場政策則由公開市場委員會 (Federal Open Market Committee) 決定。

公開市場委員會是由十二位委員組成，其中，七位係由聯邦準備理事會的理事兼任，紐約聯邦準備銀行的總裁則為當然委員，其餘四位委員則由其他十一家聯邦準備銀行的總裁輪流擔任。這些委員經常集會，決定公開市場的活動方針。同時由五人小組逐日監督公開市場活動，密切聯繫。由於理事會的理事在委員會中占有絕對多數，故對公開市場政策具有最後決定權力。

(5)聯邦諮詢委員會

聯邦諮詢委員會 (Federal Advisory Council) 是由各家聯邦準備銀行指派

代表一人組成，每年至少集會四次，俾對有關事項進行研究，並向聯邦準備理事會提供建議。

上述有關美國聯邦準備銀行之組織結構，請參閱圖 9–1 所示。

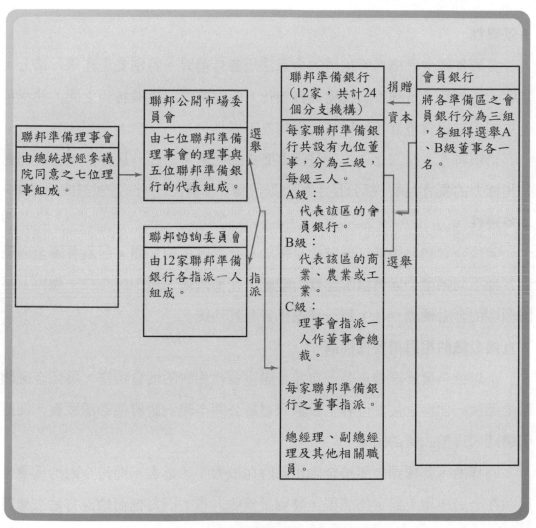

參考： 1. 2005, Board of Governors of the Federal Reserve System (U.S.).
2. 白俊男 (1983)，《貨幣銀行學》，三民，第 15 章。

圖 9–1 美國聯邦準備制度之組織結構

美國聯邦準備理事會主席葛林斯班 (Alan Greenspan) 於 1987 年就任，至 2006 年 1 月 31 日退休，由柏南克 (Ben Bernanke) 接任。葛林斯班任職的近二十年間，歷經雷根、布希、柯林頓、(小) 布希等不同總統，不但對美國經

濟有舉足輕重的影響力，對世界經濟之影響力亦甚大，且其任職年資跨過四任總統，在不同黨派執政時亦受肯定，也顯示出貨幣政策執行具備獨立性。

### ㈢美國金融制度的基本特性

#### 1.差異性

美國各種金融機構所適用的金融法規各有差異，特別表現在銀行業上，其中大約包括了各種不同授權商業銀行。而在美國中央與各州之間，法令單位規制也有相當差異，這種特性堪稱為差異性。

這項特性，原因之一部分是因為歷史的因素；一部分是由於中央聯邦對各州權力的獨立；另一部分是由於小銀行為了保護自己，而遊說鼓吹的結果。

#### 2.多變性

美國金融體系的第二項特性是在於其金融體系的多變。因為美國金融受到各種不同類型金融機構的影響而變動，在美國國內至少就有二十種以上不同類型的金融機構存在，每一種機構各有其功能。

#### 3.直接金融的相對重要性提高

金融體系發展至健全時，直接金融重要性相對的便會提高，美國金融體系的開放，使得它成為世界上少數只藉著公開市場上政府債券的買賣，便能引導國內貨幣政策的國家。

同樣的，美國國內間接金融也同時在擴張中，這表示間接金融的重要性反映在金融市場上特定的族群，特別是低收入者，因為他們缺乏方法去參與證券市場，所以金融媒介對他們顯出特別的重要性。

## 9.3 歐洲金融制度

歐洲之金融制度頗為先進，對顧客提供多項服務，多數國家普遍採用「綜合銀行制度」之跨業經營型式。

## ㈠綜合銀行制度之意義

綜合銀行之主體機構或為銀行或為銀行兼證券，或為銀行兼保險，所謂綜合銀行制度 (universal banking system) 是指混合經營各種長短期之金融、證券與投資等業務，不需因業務種類或期間的不同而分別設立不同類別的銀行之銀行制度，也就是銀行除了經營一般商業銀行業務之外，尚可進行承銷、資產投資組合管理、委託投票、董事會代表權以及擁有公司股權，也就是兼營工業銀行、證券銀行及投資銀行等業務。

## ㈡綜合銀行制度的優缺點

**優 點**

### 1.競爭力較其他制度之銀行為強

綜合銀行既可經營一般金融業務以扶助工商企業發展；又可擁有公司的股票，甚至於直接參與企業之經營，可使銀行依金融情況及本身業務上之需要與財力狀況就各種業務加以選擇，不但獲利之機會較多，而且成本亦較為降低，所以對外競爭能力較強。換言之，綜合銀行制度可充分發揮範疇經濟 (scope of economy) 之利基，結合不同金融業務，創造出更多商機，並可節省業務成本。

### 2.對工商企業金融協助具連貫性

綜合銀行制度可用以扶植新式工商企業之發展，所以自始即與企業間之關係甚為密切。幾乎所有企業自創辦階段至成熟階段，其資金、財務，甚至於經營管理等困難，綜合銀行都可加以包辦解決。以德國為例，綜合銀行制度在德國為金融體系的中堅，其業務量及家數都占有很高的比重，雖然其擁有工商企業之股權，但多不至於與董監事發生衝突，相反的大部分之銀行都以履行社會職責為目標，綜合銀行經常於經濟不景氣時，自行組成銀行團詳加評估後，即對艱苦工業加以支援，而且等到該企業重新賺錢並發放股息時，

即將此項銀行握股轉讓給社會大眾，此種作法常常使工商企業得以度過不景氣之衝擊與危機，又可促進資本市場之發達與分散股權。

**3.瞭解產業經營實況**

　　支持綜合銀行的學者認為，若干綜合銀行因同時擁有公司客戶的債權與股權，具有下列優點：可減少道德危機發生，避免公司過度從事風險行為；獲取公司的隱含資訊，減少資訊的不對稱，得到公司承諾，成為穩定客戶。

**缺　點**

　　綜合銀行若同時擁有客戶債權或股權，亦有下列缺失：

1.因為綜合銀行兼具授信者、投資者、被信託人，及股票經紀人等多重身分，所以競爭能力很強，且與工商企業間之關係較其他制度下之銀行為密切，因而遇有經濟不景氣時，常遭受較大之不利影響。

2.當銀行既是債權人又是股東時，是否會造成公司的決策過於保守，過度重視外部貸款，不追求利潤極大而追求規模或成長的極大，以及減少現金股利的發放？銀行代理監督公司決策時，是否會犧牲小股東的利益？

3.金融業務之間需有適切之防火牆，避免長短期資金的債權債務關係因配置錯誤而造成金融風險。在綜合銀行制度之下，不同業務之間的界限較單一金融機構為模糊，則其防火牆之設置須更確實。除非一國之普遍信用習慣紮實與金融運作健全，否則一般開發中國家較不會率爾採用此制度。

# 9.4 日本金融制度

## ㈠日本金融制度簡介

　　傳統上，日本金融市場長久以來一直深受政府之管制，在大藏省（相當於我國財政部）過度行政保護下，金融管理政策仍或多或少承襲 19 世紀末葉日本金融制度發展後的產物，包括長短期金融的劃分、金融機構依功能的分

立，以及各項金融活動，均在大藏省的行政指導下運作。

日本金融機構已相當專業化，例如長期信用銀行和短期信用銀行業務是分開的，而人壽保險與非人壽保險的業務亦是分開的，而且銀行業務與證券業務亦是分開的。易言之，對於各種特定的對象，皆有專門的金融機構為其提供服務。

日本金融機構組織可概分為日本銀行（日本的中央銀行）、政府金融機構，與民營金融機構三大系統，見圖 9–2 所示。其中全國銀行 (all banks) 係指全國銀行協會連合會 (The Federation of Banker Association) 之會員銀行，包括都市銀行、地方銀行、長期信用銀行，及信託銀行。此等銀行在日本金融體系扮演極重要的角色，其營業總額約占全體金融機構營業額的半數；而民營銀行是日本金融結構體的憑樑，其存款及證券投資更占有極大的比重。

歷年來各類銀行貸放給製造業融資比例均有大幅降低。這現象與日本產業發展型態有關，蓋日本在經濟發展過程中之服務業比重日增，製造業比重日減，使得銀行業對製造業之融資比例隨之降低。

可創造存款貨幣之金融機構有商業銀行、長期金融機構、中小企業金融機關及農林漁業金融機構等，不創造存款貨幣之金融機構包括證券投資信託委託會社、保險機構等等。至於政府金融機關則包括郵局、銀行及公庫。協助產業開發之政府專案貸款，由日本開發銀行執行；一般與輸出入有關之資金協助，由日本輸出入銀行執行。

執行政策專案貸款之機構，可大別為社會開發金融、產業開發金融、中小企業金融、地域開發金融、農林漁業金融、海外取引金融，其歷年來增加最多的部分為社會開發金融類之融資。

## ㈡日本金融制度特色

### 1.各類金融機構的重要性並不相同

日本為了政策考量而扶持特定產業與對象，透過政府所設立之銀行（日

**貨幣銀行學** *Money, Banking, and Financial Markets*

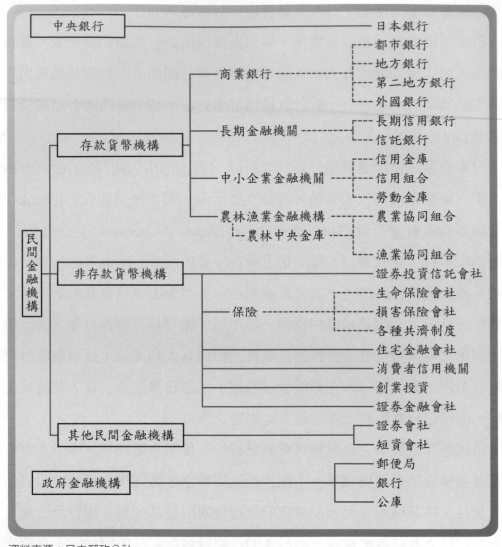

資料來源：日本郵政公社。

圖 9–2　日本金融體系

本輸出入銀行)、公庫（農林漁業金融公庫、國民金融公庫）給予資金協助，此為政府金融機構，在整體日本金融體系中比重有限。日本金融體系之主體為民間金融機構，包括都市銀行、地方銀行、長期信用銀行、信託銀行等等。

**2.銀行與企業之關係**

　　由於長期間銀行與企業往來關係，大企業與某銀行往往有密切關係，稱主力銀行制度 (main banking system)。 銀行對於企業之資金來源握有相當的影響力，不但提供企業融資，並提供企業發行各式債券與資金調度所需之財

務諮詢、協助，乃至於透過關係金融企業來承擔。例如企業如身陷困境，可由銀行介入經營（或銀行再融資，或縮減其還債的金額），透過此舉對企業予以再組織，如此可節省平常破產處理所發生之社會成本。但此制度之缺點是，如果企業經營不善，銀行亦頗可能受到牽連。這種關係逐步調整，銀行放款對象也有分散趨勢。

### 3.財政投融資制度

日本之公共支出，分由一般會計與財政投融資兩大系統執行。所謂財政投融資就是，日本政府以公營的郵政儲金或各種保險及年金的形式吸收資金，再以此資金為主要財源，通過二銀行九公庫及海外經濟協力基金、各種公團及事業團，用出資、貸款或承購債券等方式進行投融資活動。

財政投融資計畫與預算一樣，每年度就上述四種財源個別作成預算受國會之議決。就產業投資特別會計而言，就政府保證債及政府保證借款之保證限額須明記於一般會計預算之預算總則中。此外，就資金運用部之資金及簡保資金而言，其長期運用預定額則根據「資金運用部之資金、簡保資金及郵政年金準備金長期運用特別措施之有關法令」的規定，在特別會計預算的預算總則中，明記其資金別及運用對象，接受國會議決。

為了機動因應經濟情勢的變化，就資金運用部之資金、簡保資金、政府保證債及政府保證借款，在預算中制定彈性條款，在議決計畫金額之 50% 範圍內，不需經過國會審議可行追加。財政投融資的這種機動性，對執行景氣復甦的經濟對策頗為重要。

### 4.日本零利率與失落的年代

1980 年代初起，日本逐步解除金融管制，同時致力於資本移動的自由化，加以 1985 年的廣場協議後，在美國壓力下，日圓大幅升值，日本銀行（日本之央行，Bank of Japan, BOJ）為協助出口產業，復採行極度寬鬆的貨幣政策，致銀行放款浮濫，房地產、股票價格狂飆。起初，BOJ 並未採取因應措施，資產價格泡沫持續膨脹；1989 年 5 月起，BOJ 轉而採取強烈的緊縮

性措施,短短 18 個月內,重貼現率大幅調升 3.5 個百分點,資產價格泡沫終於被戳破,並帶來了往後十餘年的夢魘。

1990 年代起,日本陷入經濟蕭條,經濟成長率降低,物價低迷,銀行機構逾放比升高。BOJ 採行低利率政策,試圖以寬鬆的貨幣政策來促進投資與經濟成長,成效不彰。日本遂一再降低利率,甚至趨近於零,即一般所稱之零利率時期。但是經濟蕭條、通貨緊縮與金融機構超高逾放的情形無甚改善,直到 2003 年全球經濟開始復甦,日本方漸漸脫離困境,並於 2006 年開始調高利率至 0.4%,然而,日本經濟仍未能完全起死回生,已經不復昔日榮景。

日本的經濟多年未能持續大幅成長,1988 年其經濟成長率雖高達 7.15%,1992 年遽降至 0.82%,接下來各年之經濟成長率便無法超過 3%,甚至有負成長現象。在 2009 年之前日本為僅次於美國的世界第二大經濟體,但到 2010 年,日本國內生產總值比中國少 4,044 億美元,已退至全球第三。

日本政府的領導力與社會的應變力,無論是 1990 年代的長期經濟蕭條,或 2011 年 3 月東日本大震災時刻,均呈現嚴重的無力感。其決策能力、組織運作、緊急應變機制,均在此巨大天災中暴露缺陷無遺。未來,其政府與社會該如何提高應變力,覓得解決困境的有效策略,乃是一大挑戰。

# 9.5 中國大陸金融制度

## ㈠中國大陸金融制度簡介

中國大陸自 1979 年推動經濟改革與對外開放政策之後,其金融體制為因應商品化與市場經濟的需求,採取一連串的金融改革措施,從過去高度集中、一體化的社會主義金融體系,逐步朝向市場經濟的運作機制發展;1984 年後,中國大陸當局為健全金融體系的發展,開始建立以中國人民銀行為首之中央銀行體系。自此中國大陸的金融體制已經確立,具備初步的市場經濟運

作模式。而後中國大陸當局為持續深化金融改革,在銀行擴充、新金融機構設立、金融市場、金融法規等方面都有相當程度的進展。至 1994 年底為止,中國大陸的金融體系已發展出較為完整的體系架構(見圖 9–3),以下就中國大陸金融發展過程及其若干特點作一說明:

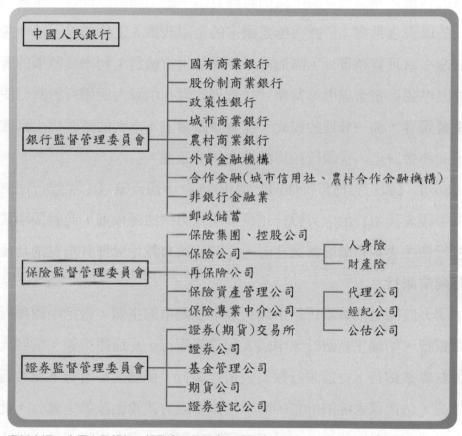

圖 9–3 中國大陸金融體系

### 1.中央銀行:中國人民銀行

中國人民銀行於 1948 年 12 月成立於河北省石家莊,原為中國大陸的「國家銀行」,直屬於中國大陸國務院管轄。1979 年以前,它是中國大陸唯一的銀行,也是金融管理機構,為典型的單一化、大一統金融體制下的產物。1979 年第十一屆三中全會以後,中國大陸積極推動經濟改革與對外開放,而中國大陸的銀行體系亦開始進行一系列的改革措施;經過 1979 年與 1984 年

兩大階段的金融改革後,中國人民銀行已由過去多功能、無所不包的角色轉變為單純的中央銀行,專責執行中央銀行職務。

1984年後的中國人民銀行成為中國大陸的中央銀行,它專門行使中央銀行的業務,為隸屬於國務院,負責管理中國大陸全國金融事業的國家機構,其既有的信貸業務業已取消,交由新成立的中國工商銀行經營。中國人民銀行主要的職責包括有:研究與擬定國家的金融政策、工作方針、法令規範與基本制度;掌理貨幣發行,調節市場貨幣的供需流通;利率與匯價的管理;以及外匯準備與黃金儲備等業務。在管理方面,中國人民銀行對其分支機構採取垂直領導,統一管理的模式。在金融政策上,重大的議題仍由國務院作決定,此將會降低人民銀行槓桿調節功能的效益。

1986年《銀行管理暫行條例》與1995年中國大陸《人民銀行法》的通過,為中國人民銀行的中央銀行地位提供有力的法源依據,而對於中國人民銀行在行使中央銀行職權與業務時,亦較能夠有效地發揮其應有的功能。

## 2.國有商業銀行

中國大陸國有商業銀行是中國大陸金融體系的主體,包括中國銀行、中國農業銀行、中國工商銀行、中國人民建設銀行、交通銀行等。前四大銀行原為國有專業銀行,交通銀行原為政策性銀行,係屬國家所有,為執行國家產業政策,依照國家經濟計畫的需求,以金融方式協助政策之執行,此五大銀行之專業任務各有所重。為了因應國際化潮流,提升金融體系之效率,這種專業銀行或政策性銀行已轉型為國有商業銀行,朝著商業銀行之經營方式改革,並於2001年12月加入WTO之後,便開始逐步地釋股,朝著民營化方向逐步調整。

## 3.國家政策銀行

中國大陸的國家政策銀行係國務院根據第十四屆三中全會的決定而設立,主要有國家開發銀行、中國農業開發銀行、中國進出口銀行等三家。政策性銀行設立的目的主要是將原屬國家專業銀行之政策性金融業務納入專屬

的政策銀行負責執行，而讓各專業銀行能夠順利轉型而經辦其正常之商業銀行業務。

## 4.商業銀行

此處的商業銀行包括有全國性多功能銀行、區域性銀行兩大部分。由於中國大陸經濟改革的持續深化帶動高經濟成長，資金需求日漸增加，且多元金融體系的建立與銀行業務的開放，產生金融機構的競爭機制，遂有多功能的全國性商業銀行設立。這類銀行也包括交通銀行、中信實業銀行、中國光大銀行、華夏銀行與其他區域性銀行業。

中國大陸之民營銀行甚少，其一為 1994 年成立的民生銀行，該銀行為中國大陸地區的民營企業組織中華全國工商聯合會所設立，其經營的對象以民間的中小企業為主。

區域性銀行係由地方政府籌資設立或管理的區域金融機構，其特徵為經營規模小、融資對象以地區的中小企業為主。大多中國大陸地區之區域性銀行的設立以沿海地區為主。

商業銀行中已不少採股份制型態，而國有商業銀行也已陸續在股市公開釋股。

## 5.非銀行金融機構

中國大陸金融體系係以銀行為主體。隨著經濟的持續改革開放，金融市場的建立與金融工具的多元化，使中國大陸的融資管道逐漸有多元化的趨勢，因此一些非銀行金融機構開始形成，成為中國大陸金融體系的一部分。

中國大陸地區非銀行金融機構的種類繁多，不勝枚舉，包括保險公司、信託投資公司、金融公司、財務公司、租賃公司、新技術投資公司、證券公司，以及郵政儲匯機構等。

## 6.信用合作組織

(1)農村信用合作社

中國大陸的農村信用合作社為其農村金融之基礎，其形成的歷史亦相當

悠久。由於中國大陸仍是以農業為主，因此農村信用合作社對於中國大陸的農村經濟發展有相當的重要性。農村信用合作社為集體所有制的合作金融組織，分為信用合作社、信用合作社分社、信用站與縣聯社等四級，由社員（農村個人與集體經濟單位）自願入股組成，其設立主要任務為吸收農村地區的游離資金、農村地區融資業務，以及中國農業銀行委託之農業轉帳結算與現金管理等業務。目的在於提供農村地區金融服務、協助農村經濟發展、解決農業生產與農民生活問題。農村信用合作社係由中國人民銀行所委託之中國農業銀行領導管理。

(2)城市信用合作社

中國大陸自經濟改革開放以來，城鎮集體經濟與個體經濟開始高度的發展。隨著商品流通管道的擴大與市場交易量的增加，既有的銀行已無法滿足集體企業與經濟個體戶的需要，因此，以城鎮集體企業、個體經濟為主要服務對象之城市信用合作社即應運而生。城市信用合作社為集體所有制之合作金融組織，僅在中、大型城市中設立，其主要任務即為辦理城鎮集體企業與個體工商戶的存放款、結算與其他代收代付等業務。此外，經人民銀行批准亦可經營個人儲蓄存款業務，可彌補一般銀行據點不足的缺憾。

**7.國家外匯管理局**

中國大陸最早的外匯管理專責機構為 1979 年成立的國家外匯管理總局，係直屬國務院的局級機構，由中國人民銀行管理；後於 1982 年改稱國家外匯管理局，由中國人民銀行直接領導。

由於中國大陸的外匯管理體系一直是配合所謂社會主義經濟的發展，因此基本上在外匯管理採取嚴格管制的態度。中國大陸曾採用外匯留成制度，企業所能保留者僅是外匯額度中的「外匯使用權」，並非自身握有外匯現金，對於企業在外匯資金的調度上頗多不便。此制度後已取消。在 2004、2005 年間，由於各國預測人民幣即將升值的壓力甚鉅，政府採用釘住一籃貨幣之匯率變動區間方式，已非全然固定匯率制度，這暫時消減了當時資金匯入的升

值壓力，但是並未完全去除市場上對人民幣升值壓力的預期。中國人民銀行之外匯政策如何因應，乃是一大挑戰。

中國大陸在人民幣國際化過程中，並非率爾全面開放，先擇世界不同據點，在境外成立數個人民幣離岸市場，逐步拓展其人民幣之國際化市場，具有試點性質。

### 8.金融市場

改革開放後的中國大陸金融體系中，金融市場的改革亦為發展重點之一。中國大陸的金融市場歷經十餘年來的改革深化後，已逐漸由過去單一化銀行信用工具的形式轉變至多種金融工具相互作用的多元金融市場型態，此種信用形式與集資方式多元化發展的結果，使中國大陸在資金分配運用由過去中央政府垂直的資金分配方式，逐漸轉變到多層次水平式的資金融通市場。這意味著中國大陸中央已將經濟與財政上的權力逐漸下放，對於地方資金籌措的控制能力亦降低不少。

中國大陸的金融市場，可概分為短期資金市場（貨幣市場）、中長期資金市場（資本市場）與外匯市場。其中短期資金市場包括有銀行同業拆借市場、商業本票市場、可轉讓定期存單市場與票據承兌與貼現市場；中長期資金市場則包括債券市場與股票市場。證券期貨之交易有二個集中市場：上海證券交易所與深圳證券交易所，尤其以上海證券交易所為其重點。

1997 年香港回歸大陸後，香港證券交易所乃是中國企業重要的上市市場，數家大型商業銀行，釋股時乃透過香港證券市場執行。香港原即世界金融中心之一，在中國國際化過程中扮演相當重要的角色。

## ㈡中國大陸金融制度若干特色

⑴中國大陸金融機構早期多為公營，貸放對象多為國營企業，銀行業多只是為配合政府政策而執行資金收支工作。

⑵自 1978 年來中國大陸逐步推動金融改革，奠立了中央銀行的地位，並

逐步調整商業銀行機能。

⑶中國大陸當局歷經多年的經濟改革與開放後，在金融業方面已有相當改進，尤其是金融機構的設立與金融法規的制定，都有長足的進步。自中國大陸整體的金融改革過程來看，顯見中國大陸已對其過去的措施進行大幅度的改變，逐步逐年推動。

## 繽紛貨銀 9A

### 兩岸金融 MOU

「金融 MOU」(memorandum of understanding) 全名叫做「金融監理合作瞭解備忘錄」，依國際金融監理慣例，當銀行、證券期貨、保險業到其他國家設分支機構做生意的時候，雙方金融監理機關通常會先協商如何合作監理，並且將此一願意合作的「瞭解」以備忘錄的方式予以記載，這種書面文件在國際慣例上經常見到。依金管會統計，截至 2012 年 3 月底為止，臺灣已與各國金融監理機關簽署四十六個監理合作備忘錄或換函。

行政院金融監督管理委員會業已於 2009 年 11 月 16 日與中國大陸「中國銀行業監督管理委員會」、「中國保險監督管理委員會」、「中國證券監督管理委員會」完成兩岸銀行、保險、證券期貨等三項金融監理合作瞭解備忘錄的簽署。三項金融監理合作瞭解備忘錄的內容，都是依循國際慣例來處理，主要包括資訊交換、資訊保密、金融檢查、持續聯繫及國際金融海嘯發生後各國關心的危機處置。重點如下：

1. 資訊交換：範圍限於對金融機構進行合併監理所需資訊、金融監理法規制度相關資訊，但不包括客戶帳戶資料。
2. 資訊保密：對於所取得的資訊，僅能供監理目的使用，並應予保密。
3. 金融檢查：雙方可以對己方金融機構在對方境內的分支機構進行檢查。
4. 持續聯繫：雙方可舉行會談，並鼓勵進行人員交流互訪。
5. 危機處置：對於一方金融機構在對方境內的分支機構發生經營困難時，雙方應協調共同解決所面臨的問題與障礙。

兩岸金融主管機關均需進一步修訂相關法規，無論臺灣金融機構赴中國大陸設點，或大陸金融機構來臺設點，均依雙方的法規來執行。並且依照 MOU 的約定，雙方金融監理機關可相互取得金融業在對方據點的財務及業務

資訊，包括監理資訊與檢查報告等，協助主管機關掌握跨境金融業的經營狀況。

# 繽紛貨銀 9B

## 綜合性銀行與傳統銀行之抉擇

2008 年金融海嘯發生後歐美先進國家紛紛提出金融改革報告，美國有沃爾克法則 (Volcker Rule)，英國有維克斯報告 (Vickers Report)，均擬收回原來釋放給金融機構從事的多樣業務，關起開放的閘門。作者[1]將之稱為「英美雙 V 閘門」。上述兩項重大改革，均是在金融海嘯之後，從金融開放轉為封閉，顯然是向已開放的市場挑戰，這也透露出，全球金融發展的走向，但非一路開放直衝下去，有了暫停開放以省思的空間。這樣的改革，也引起諸多討論。改革內容觸及一項重要議題：綜合性銀行與投資銀行，是否給予銀行過多自由運作的空間，創出過多衍生性金融商品，忽略金融紀律。金融海嘯後的省思，重新思考是否回復傳統銀行以存款放款為主的傳統業務，較為穩健？

英國銀行業獨立委員會 (Independent Commission on Banking, ICB) 於 2011 年 9 月 12 日宣布一份金融改革報告，以該委員會主席約翰·維克斯 (John Vickers) 之名而稱為維克斯報告，認為英國必須將零售銀行予以圈護，把零售銀行業務予以獨立出來，與投資銀行及批發銀行的業務分離，意在將風險予以隔離。並對於大銀行與小銀行的要求亦有不同，規模愈大者，對於風險規避的要求更高。

美國歐巴馬總統於 2010 年 7 月 21 日簽署公布《多德─弗蘭克法案》，預計兩年內要落實。改革報告出爐看來是風擎雷行，但是執行起來則捉襟見肘。其中最具爭議者為沃爾克法則（採前聯準會主席保羅·沃爾克 (Paul Volcker) 之名），旨在限制銀行業的投機行為，授權監理機關訂定禁止銀行、銀行之關係企業、銀行控股公司以自有資金從事自營交易，限制銀行投資避險基金及私募股權基金之比率。各界意見紛至沓來，對沃爾克法則的適用性，爭議不

註

1.參考：楊雅惠 (2012)，〈英美雙 V 閘門：關起開放之門？〉，《台灣銀行家》，金融研訓院，第 33 期，頁 10~11。

斷。

　　從管制走向開放，總是易獲市場掌聲，得到業者支持。但是從開放走回管制，業者既有業務面臨縮減，現有客戶必須放棄，必然反彈聲浪沸騰，爭議不絕。

　　金融開放有多種抉擇模式，最好在開放之初便思慮周全，以免事後由開放轉向管制時問題重重。以歐洲綜合銀行體制而言，乃是容許一個金融機構可提供多樣金融服務，聯結了存放款、證券、保險等多重業務，如同金融百貨般地提供多元服務。如此的金融型態，固然讓客戶感受方便性，但是各種業務之間需要風險防火牆，除非業者本身確實清楚劃明，否則風險極可能相互滲透傳遞，造成更大風險。

　　臺灣在 2001 年考慮金融體制改變時，便曾討論過金融控股公司與綜合性銀行的利弊得失，最後政府選擇了金融控股公司，通過《金融控股公司法》。此抉擇原因之一在於金融控股公司之下的各子公司財務獨立，經營分層，關於風險防火牆的搭築上較為堅牢，在金融監理的架構上也較為明確。

　　而今，眼見歐洲綜合性銀行業務開始限縮，也顯示出綜合性銀行體制的缺失，即使先進的歐美，也無法在開放過程中完全有效防弊。臺灣當時沒有一頭栽進去，也給了自己進退的空間。

## 重要詞彙

| | |
|---|---|
| 金融深化 (financial deepening) | 綜合銀行 (universal banking) |
| 聯邦準備體系 (Federal Reserve System) | 財政投融資制度 |

## 練習題

1.何謂金融深化？
2.美國央行制度有何特色？
3.何謂綜合性銀行？有何優缺點？
4.請比較先進國家金融制度與開發中國家金融制度，並列出數點異同。
5.日本財政投融資制度功能為何？
6.兩岸金融 MOU 何時簽訂？意義如何？

# 第 5 篇

## 貨幣供給

第 5 篇

# 第 10 章
# 倍數創造存款過程

　　貨幣供給的創造，是社會上許多單位共同決定的。除中央銀行、商業銀行有相當角色外，另外一般社會大眾竟也是影響供給的因素之一，但仍以央行最為重要。本章第 2 節以央行的資產負債表為例，介紹央行、商業銀行和一般存款者間的關係，以瞭解貨幣供給量的決定過程。

　　而另一個要討論的重點是貨幣供給是如何創造出來的。 從央行發行貨幣，到整個銀行體系如何透過倍數創造存款的過程，使得整個銀行體系的存款貨幣成倍數增加。在第 3、4 節中，首先由央行增加存款準備金開始，逐漸將其影響範圍擴大至整個銀行體系。銀行體系存款準備金增加，再透過放款過程創造存款，此過程會持續進行至存款增加額為原先存款準備額的某一倍數為止，這整個過程就稱為倍數創造存款過程，而增加的倍數則稱為存款乘數。

## 架構圖 10　倍數創造存款過程

倍數創造存款過程
- 貨幣供給量之主要決定者(10.1)
- 央行資產負債表(10.2)
- 倍數創造存款簡單模型(10.3)
  - (甲)央行增加貨幣基數
    - (A)央行增加存款準備金(R↑)
      1. 央行向銀行買進有價證券
      2. 央行對銀行融通
    - (B)央行增加流通通貨(C↑)
  - (乙)個別銀行之存款創造
  - (丙)銀行體系之存款創造
- 存款乘數之求法(10.4)

##  10.1 貨幣供給量之主要決定者

在總體經濟理論當中，當論及貨幣政策時，多將貨幣供給視為外生變數，乃由政府所決定的。但在貨幣銀行學裡頭則不是這樣。貨幣供給是由許多因素來決定，並不是全部外生決定的，包括中央銀行、商業銀行、一般社會大眾等，都對貨幣供給有其影響力。

在本篇討論的貨幣供給過程中，在特定時點整個社會流通中貨幣供給量的多寡，主要決定於下列經濟主體或部門：

### 1. 中央銀行 (central bank)

一般而言，中央銀行係兼具發行銀行、政府銀行、調度外匯銀行、一般銀行之融資銀行等功能的特種金融機構，除監督管理各類金融機構經營銀行業務，亦負責執行貨幣政策，以助實現經濟成長與安定的最終目標。中央銀行印製鈔票，控制存款準備率，影響整體貨幣環境之鬆緊情勢。

### 2. 存款貨幣銀行 (deposit money institutions)

存款貨幣銀行係指：凡向社會大眾收受各類存款（尤其是具有貨幣功能的活期存款），並同時承作放款的金融中介機構 (financial intermediary)，通常以商業銀行 (commercial bank) 為其代表。存款貨幣機構的活期存款為貨幣供給之一部分，在貨幣創造過程中扮演極其重要的角色。

### 3. 存款者 (depositor)

存款者是在存款貨幣銀行中開立各種存款帳的個人或機構。存款數量多寡往往取決於存款者之意願，故存款者對貨幣供給量有影響。

### 4. 借款者 (borrower)

借款者是指以各種借款憑證持向存款貨幣銀行借入資金的個人或機構。在借款過程中，銀行資金釋出，這些資金可能回存銀行體系，造成下一波的資金釋出來源。

就決定或控制貨幣供給量的觀點而言，上述各類經濟主體中的中央銀行最為重要。本章將先行扼要簡介中央銀行的資產負債表，以瞭解貨幣供給量的決定過程，在以後章節中再行介紹中央銀行控制貨幣供給量的政策工具以及執行貨幣政策的基本原理。

## 10.2 中央銀行之資產負債表

### ㈠央行資產負債表

中央銀行 2017 年 12 月底之資產負債表可簡示如表 10–1。

表 10–1 中央銀行資產負債表（2017 年 12 月底）

單位：新臺幣百萬元

| | | | | | |
|---|---|---|---|---|---|
| | | | 國外負債 | | |
| 國外資產 | 13,629,397 | (86.4686%) | 通貨發行額 | 2,042,185 | (12.9562%) |
| 對政府放款及墊款 | – | | 政府存款 | 176,637 | (1.1206%) |
| 公開市場操作買入有價證券 | – | | 金融機構存款 | | |
| 對金融機構債權 | 1,123,992 | (7.1309%) | 準備性存款 | 1,743,026 | (11.0582%) |
| 庫存現金 | 144 | (0.0009%) | 其他存款 | 2,161,256 | (13.7116%) |
| 其他資產 | 1,008,709 | (6.3995%) | 央行發行單券 | 7,880,140 | (49.9938%) |
| | | | 其他負債 | 740,905 | (4.7005%) |
| | | | 權益 | 1,018,093 | (6.4591%) |
| 合計 | 15,762,242 | 100.00% | 合計 | 15,762,242 | 100.00% |

說明： 1.國外負債係與國外金融機構承作附買回交易產生之餘額。
2.政府存款包括經理國庫存款、機關存款。
3.金融機構存款中其他存款包括國庫存款轉存款、定期存款轉存款、郵政儲金轉存款、其他等。
4.央行發行單券包括國庫券、定期存單、儲蓄券。
資料來源：2018 年 1 月，《中華民國金融統計月報》，中央銀行經濟研究處。

中央銀行各項業務操作或執行貨幣政策的結果，均將反映於該行資產負債表上。為簡化分析，假設國外資產、其他金融機構轉存款等項目均暫時不考慮，將該行主要資產負債表取其他有價證券、對貨幣機構債權、通貨發行額及存款貨幣機構準備性存款等四個項目列示於表 10–2，以觀察貨幣供給量

的決定過程。

<table>
<tr><td colspan="2" align="center">表 10-2　中央銀行 T 字帳</td></tr>
<tr><td>有價證券（其他有價證券）<br>對銀行融通（對貨幣機構債權）</td><td>通貨流通額（通貨發行額）<br>存款準備金（其他金融機構轉存款）</td></tr>
</table>

## ㈡央行負債

在中央銀行資產負債表上，最重要的兩項負債分別為通貨流通額與存款準備金，表示中央銀行對社會大眾及銀行體系的貨幣性負債，其增減變動對貨幣供給量的決定極為重要，因為兩者中任何一項增加，在其他情況不變的假定之下，將使貨幣供給量擴充。因此，在一般金融分析中，常將中央銀行的貨幣性負債稱為準備貨幣 (reserve money)，或貨幣基數 (monetary base)。由於在現行部分準備制度之下，準備貨幣增加常使貨幣供給量做倍數擴充，因而準備貨幣亦稱為強力貨幣 (high-powered money)。

### 1.通貨流通額

中央銀行獨享發行權，所發行的鈔券與硬幣對國境內一切支付具有法償效力。 通貨流通額係指該行通貨發行額扣除其庫存現金而在社會流通的部分，若為個人或企業所持有，即構成整個社會流通中貨幣供給量的通貨保有額。

通常，中央銀行發行的鈔券與硬幣，猶如該行簽發交付其持有人的借據，雖屬該行的負債，但異於一般經濟主體簽發的借據，中央銀行並無到期兌償的義務，其持有人只能向該行兌換其他面額不同的鈔券或硬幣。至於一般經濟主體樂於接受此種無實質價值作為後盾的通貨之理由，主要原因為通貨具有法償地位，成為一般公認的交易媒介或支付工具，可用以解決隨同交易發生的價款收付問題。

### 2.存款準備金

根據《中央銀行法》、《銀行法》等規定，存款貨幣銀行經營銀行業務，

必須依法提存款準備金 (reserve)，而符合存款準備金規定的資產包括置於各銀行庫內存放現金與中央銀行存款。存款準備金為存款貨幣銀行的資產，但為中央銀行的負債，因為中央銀行有履行隨時要求即付的義務。一般而言，各銀行必須隨存款總額增加而增提存款準備金。

　　各銀行實際持有符合存款準備金規定的資產稱為實際準備 (actual reserve)，通常可劃分為兩部分，⑴中央銀行要求各銀行依其存款總額按其規定比率（法定準備率，應提準備率，required reserve ratio）計算應提存的存款準備金（法定準備，應提準備，required reserve）；⑵各銀行願意持有額外的存款準備金（超額準備，excess reserve）。如中央銀行規定存款貨幣銀行，須就其存款總額提存 10% 的存款準備金，則此 10% 稱為法定準備率。通常中央銀行對收存各銀行的存款準備金並不付利息，因而存款準備金為各銀行的非生利資產，或視為經營銀行業務必須繳付的租稅。

## ㈢央行資產

　　前述中央銀行資產負債表上列示的兩類資產頗為重要，首先因為此類資產數額的變動，銀行可貸放之金額變動，貸放後回存銀行，將使存款發生增減變動，進而影響貨幣供給量擴充或縮減。

### 1.有價證券

　　此類資產將包括各經濟主體發行的各種債務憑證，例如中央銀行發行的公債與國庫券，公民營企業發行的公司股份，公司債或短期票券。若中央銀行自公開市場買進有價證券而增加其證券保有額，同時釋出貨幣，將使存款貨幣銀行或銀行體系的存款準備金隨之增加，終將使貨幣供給量擴充。

### 2.對銀行融通

　　中央銀行為資產的最後貸款者 (lender of last resort)，對存款貨幣銀行資金不足時，將以重貼現、短期融通等方式予以資金融通，以避免銀行流動性不足而遭致擠兌的厄運。因此，中央銀行對銀行融通增加，將使存款準備金

立即增加，成為貨幣供給量擴充的重要來源之一。至於中央銀行對銀行融通，若採取重貼現 (rediscount) 方式，即以預扣利息方式買進銀行持有未到期票據，此時預扣利息的利率稱為重貼現率 (rediscount rate)，構成存款貨幣銀行向中央銀行借款的資金成本，亦為金融界常採用的重要金融指標之一。

# 10.3 倍數創造存款之簡單模型

瞭解中央銀行的基本功能以及存款貨幣銀行如何經營銀行業務之後，我們即能掌握瞭解銀行創造存款的分析工具。當中央銀行增加供應銀行體系一單位的存款準備金，銀行存款將做倍數增加，我們稱此過程為倍數創造存款 (multiple deposit creation)。本節首先以中央銀行資產負債的變化為討論的起點，並探討該行如何增加存款準備金。

央行透過金融體系創造存款貨幣的過程，本節分成三層次討論之：㈠央行如何創造貨幣基數。㈡貨幣基數增加後，第一家銀行透過存放過程以增加存款貨幣。㈢重複存放過程，整個銀行體系便創造出倍數存款貨幣。每一層次均分成兩大情況：(A)央行增加存款準備金：包括央行向銀行買進有價證券，央行對銀行疏通。(B)央行增加流通通貨。

## ㈠中央銀行增加貨幣基數

中央銀行增加貨幣基數有兩種方式，增加銀行之存款準備金，或增加大眾流通之通貨。

### (A)中央銀行增加存款準備金

貨幣基數 （monetary base，簡寫成 $B$） 又稱為強力貨幣 (high-powered money)；也稱為準備貨幣：$B = C + R$，式中 $C$ 為流通之通貨，$R$ 為銀行體系之準備金。

中央銀行有兩種方法，增加供應銀行體系存款準備金，即 1.買進有價證

券； 2.增加對銀行融通。

## 1.央行向銀行買進有價證券

中央銀行實施公開市場操作 (open market operation)，通常係指中央銀行在公開市場買進或賣出有價證券，以期銀行體系準備部位或市場利率發生預期的變化，為瞭解中央銀行在公開市場買進有價證券將發生的效果，假定中央銀行向第一銀行買進有價證券 100 元，並簽發一張面額 100 元的支票，交付第一銀行作為買進價款；同時第一銀行將此張支票存入其在中央銀行的銀行業存款帳戶。此項公開市場操作對第一銀行資產負債表的影響，將使該行持有有價證券減少 100 元，同時該行在中央銀行存款即存款準備金增加 100 元。至於此項公開操作中央銀行資產負債表的影響，將為中央銀行負債存款準備金增加 100 元，同時其資產有價證券將增加 100 元。上述情形見表 10–3。

表 10–3　事件：央行向一銀買有價證券

第一銀行

| | | | |
|---|---|---|---|
| 存款準備金 | +$100 | | |
| 有價證券 | –$100 | | |

中央銀行

| | | | |
|---|---|---|---|
| 有價證券 | +$100 | 存款準備金 | +$100 |

就上述交易觀察，中央銀行將可運用公開市場操作，透過有價證券保有額，控制銀行體系存款準備金。

## 2.央行對銀行融通

若中央銀行對第一銀行融通增加，亦將產生與前述公開市場操作買進有價證券相同效果，第一銀行獲得中央銀行信用，以致該行在中央銀行的存款將隨之增加 100 元，同時該行對中央銀行的負債借入款亦將增加 100 元。至於中央銀行的資產負債表上，將發生與存款貨幣銀行相反變動的現象，即其負債存款準備金增加 100 元，同時其資產對銀行融通增加 100 元。上述情形見表 10–4。

表 10–4　事件：央行對銀行融通

### 第一銀行

| 存款準備金 | +$100 | 對央行負債 | +$100 |
|---|---|---|---|

### 中央銀行

| 對銀行融通 | +$100 | 存款準備金 | +$100 |
|---|---|---|---|

根據以上分析，除公開市場操作買進有價證券外，中央銀行尚可透過對銀行融通的方式，供應銀行體系存款準備金。

### (B)中央銀行增加流通通貨

此外，中央銀行若向大眾購買有價證券，則是增加流通之通貨。大眾將手中之通貨存入銀行體系，同時也會增加銀行的存款準備金，可供銀行進一步放款並創造存款貨幣。

央行向大眾買有價證券後，若以資金負債表來表示，如表 10–5 所示，通貨項目將有變化，央行負債中增通貨項，大眾資產中增通貨項。

表 10–5　事件：央行向大眾購買有價證券

### 中央銀行

| 有價證券 | +$100 | 通貨 | +$100 |
|---|---|---|---|

### 大眾

| 有價證券 | −$100 | | |
|---|---|---|---|
| 通貨 | +$100 | | |

無論中央銀行透過向大眾購買有價證券來增加通貨的方式，或透過向銀行購買有價證券或向銀行融通之方式，均是在增加貨幣基數，可倍數創造出銀行體系的存款貨幣。

## ㈡個別銀行之存款創造

通常銀行的存款增加之後，首先要提一定比率的法定準備金，接著將剩

餘的存款（即所謂的超額準備金）貸放出去，而借貸者又將其貸放的金額回存至銀行體系，此一動作又會使某一家銀行的存款增加，於是，再提法定準備金，貸放出去……如此循環不已（見圖 10-1）。下文將進一步討論存款準備金增加後，存款貨幣如何創造存款。

存款 ⟶ 提存法定準備金 ⟶ 將超額準備金貸放 ⟶ 貸放額回存銀行體系（即某家銀行存款增加）

圖 10-1　存款創造過程

## (A)存款準備金增加後之存款創造

當中央銀行對第一銀行融通增加後，第一銀行存款準備金隨之增加 100 元。為簡化分析第一銀行將如何運用此項新增存款準備金，假定在此之前該行超額準備為零。僅將第一銀行資產負債表再行列示如表 10-6A。

由於中央銀行對第一銀行融通增加時，第一銀行支票存款並未發生任何增減變動，因而其法定準備仍然維持不變。因此，該行存款準備金增加，將完全反映於超額準備增加 100 元。假定該行為提高收益增進資金收益率，決定將超額準備轉換為放款，其金額相當於超額準備 100 元。結果，該行准其借款客戶開立支票存款帳，並將貸放金額撥入該帳戶內，於是該行資產放款與負債支票將同時增加 100 元，該行資產負債表將變為如表 10-6B 所示。

換言之，該行遂能透過授信業務創造存款，由於支票存款構成貨幣供給量的重要部分，因而存款貨幣銀行經營授信業務，事實上等於在創造貨幣。根據前述資產負債表，顯示第一銀行仍然持有可供繼續貸放的超額準備，因為該行借款客戶並不可能將此借款獲得的資金，長期呆置在銀行存款帳上，很可能因買進商品或勞務而以該項存款支付貨款。當此支票經交換與清算後，第一銀行的存款準備金將做同額的減少。因此，任何一家銀行承作放款金額，不能超過承作放款前該行持有的超額準備。

　　僅將第一銀行最後的資產負債表列示如表 10–6C。即該行原先增加的存款準備金 100 元，最後轉換為該行放款 100 元。

### 表 10–6 央行融通商銀後商銀貸款之資產負債變化

表 10–6A　事件：央行對商銀融通

**第一銀行**

| 存款準備金 | +$100 | 對中央銀行負債 | +$100 |
|---|---|---|---|

表 10–6B　事件：商銀將融通額貸放出去

**第一銀行**

| 存款準備金 | +$100 | 對中央銀行負債 | +$100 |
|---|---|---|---|
| 放款 | +$100 | 支票存款 | +$100 |

表 10–6C　事件：貸放金被提走

**第一銀行**

| 放款 | +$100 | 對中央銀行負債 | +$100 |
|---|---|---|---|

　　至於承作放款所創造的存款則因借款客戶簽發支票交付受貨人，受貨人再轉換為其他銀行的存款，則會進入㈢階段之銀行體系存款創造過程。

### ⒝通貨增加後之存款創造

　　央行向大眾買進有價證券後，大眾手上的通貨可存入銀行，銀行提了存款準備金後，將超額準備貸款出去，並被領走。其過程如表 10–7A、表 10–7B、表 10–7C 所示。

### 表 10–7 央行買進有價證券後之資產負債變化

表 10–7A　事件：民眾將通貨存入銀行

**第一銀行**

| 存款準備金 | +$100 | 存款 | +$100 |
|---|---|---|---|

**民眾**

| 有價證券 | −$100 | | |
|---|---|---|---|
| 存款 | +$100 | | |

表 10–7B　事件：銀行提存款準備金，將超額準備貸款出去

第一銀行

| 存款準備金 | +$100 | 存款 | +$100 |
| 放款 | +$90 | 放款 | +$90 |

表 10–7C　事件：貸款金被提走

第一銀行

| 存款準備金 | +$10 | 存款 | +$100 |
| 放款 | +$90 | | |

## ㈢銀行體系之存款創造

銀行體系之存款創造的過程可分成幾個步驟說明：⑷第一銀行放款回存至甲銀行；⑻甲銀行提存準備金並放款；⑼甲銀行放款被提走；⑽甲銀行放款回存至乙銀行；⑾乙銀行提存準備金並放款。

為簡化分析，假定第一銀行承作放款所創造的存款 100 元，現在已移轉至甲銀行；同時無論甲銀行或其他銀行均不願持有超額準備。僅將甲銀行資產負債表列示如表 10–8A。

若此時支票存款法定準備率為 10%，甲銀行將發現存款準備金 100 元，其中 10 元為法定準備，其餘 90 元將為超額準備。由於甲銀行與第一銀行相同，為銀行收益與資金運用效率，亦不願持有超額準備，於是甲銀行將超額準備 90 元悉數貸放，甲銀行的資產負債表列示如表 10–8B。

此筆放款一旦被客戶取走現金，則甲銀行存款準備金與支票存款將同時減少 90 元，示於表 10–8C。

若甲銀行承作放款創造的貨幣，因其借款客戶動用而流入乙銀行時，乙銀行資產負債表將發生如表 10–8D 所示之變動。

就整個銀行體系而言，此時支票存款餘額將再增加 90 元而為 190 元，即甲銀行 100 元再加上乙銀行 90 元。若為求得整個銀行體系存款的擴充過程，我們並不需要明確地劃分甲銀行或乙銀行 ，因為甲銀行存款客戶簽發的支

票，可能交付甲銀行的其他客戶而存入該行，於是甲銀行可能再度發生與乙銀行相同的存款創造過程，因此甲銀行支票存款增加額將為 190 元。

若進一步檢討乙銀行資產負債表，其存款準備金 90 元中，只需保留 10% 即 9 元作為法定準備即可，其餘 90% 即 81 元將形成超額準備，因此該行可進一步承作放款 81 元。若假定其借款客戶亦完全提領此項借款，其資產負債表將如表 10–8E 所示。

### 表 10–8　存款創造過程中各銀行資產負債變化

表 10–8A　事件：放款額回存甲銀行

**甲銀行**

| 存款準備金 | +$100 | 支票存款（A 公司） | +$100 |
|---|---|---|---|

表 10–8B　事件：甲銀行提法定準備金，並放款

**甲銀行**

| 存款準備金 | +$100 | 支票存款（A 公司） | +$100 |
|---|---|---|---|
| 放款 | +$90 | 支票存款（B 公司） | +$90 |

表 10–8C　事件：甲銀行提存法定準備金，並進行放款，已被提走

**甲銀行**

| 存款準備金 | +$10 | 支票存款（A 公司） | +$100 |
|---|---|---|---|
| 放款 | +$90 | | |

表 10–8D　事件：甲銀行放款並被提走，存至乙銀行

**甲銀行**

| 存款準備金 | +$10 | 支票存款（A 公司） | +$100 |
|---|---|---|---|
| 放款 | +$90 | | |

**乙銀行**

| 存款準備金 | +$90 | 支票存款（B 公司） | +$90 |
|---|---|---|---|

表 10–8E　事件：乙銀行提存準備金，並進行放款

**乙銀行**

| 存款準備金 | +$9 | 支票存款（B 公司） | +$90 |
|---|---|---|---|
| 放款 | +$81 | | |

截至目前為止，銀行體系存款準備金增加 100 元後，支票存款總額增加為 190 元（即甲銀行 100 元 + 乙銀行 90 元）。

根據前述相同的原理，所有銀行均不願持有超額準備而將其悉數貸放，銀行體系支票存款餘額將進一步擴充，其過程將列示如表 10–9。最後結果，銀行體系存款總額將為存款準備金增加額 100 元的 10 倍，即 1,000 元。

表 10–9　銀行體系倍數創造存款過程

| 銀行別 | 存款變動額 | 放款變動額 | 存款準備金變動額 |
|---|---|---|---|
| 甲銀行 | +$100.00 | +$90.00 | +$10.00 |
| 乙銀行 | +$90.00 | +$81.00 | +$9.00 |
| 丙銀行 | +$81.00 | +$72.90 | +$8.10 |
| 丁銀行 | +$72.90 | +$65.61 | +$7.29 |
| 戊銀行 | +$65.61 | +$59.05 | +$6.56 |
| 己銀行 | +$59.05 | +$53.04 | +$5.91 |
| ⋮ | ⋮ | ⋮ | ⋮ |
| 全體銀行 | +$1,000.00 | +$900.00 | +$100.00 |

若所有銀行均選擇以買進有價證券方式運用其超額準備，其最後結果亦與前述相同。例如甲銀行利用超額準備買進有價證券，其資產負債表將如表 10–10 所示。

表 10–10　事件：甲銀行買進證券

| 甲銀行 | | | |
|---|---|---|---|
| 存款準備金 | +$10 | 支票存款 | +$100 |
| 有價證券 | +$90 | | |

當甲銀行買進有價證券 90 元時，將簽發一張面額 90 元的支票交付賣出證券者，並由賣方將此張支票存入往來銀行如乙銀行。此時，乙銀行支票存款將增加 90 元，該行創造存款過程如前所述。因此，為有效運用超額準備增加銀行收益，各銀行選擇承作放款或買進有價證券，對存款擴充過程將發生相同效果。

　　根據以上分析，在存款創造過程中，我們將可清楚顯示一家銀行或全體銀行之間的差別，因為一家銀行所能創造的存款金額只能等於該行所持有的超額準備，因而不能使存款呈現倍數增加。當一家銀行貸放金額若超過其超額準備時，雖然該行存款準備金將因存款減少而流失。但在民間通貨保有額維持不變的假定之下，全體銀行存款準備金並未因而減少。換言之，每一家銀行均能透過放款創造存款，其存款準備金將隨存款流向而移轉至其他銀行，其他銀行創造存款的能力增強，可進一步經由放款創造存款，此種過程將持續發生，直至存款增加額為原先存款準備額的某一倍數為止。

　　總而言之，銀行賴以創造的第一筆存款稱為原始存款 (primary deposits)，銀行體系所創造出來的存款稱為引申存款 (derivative deposits)。

　　銀行體系存款準備金增加導致存款增加的倍數稱為存款乘數 (deposit multiplier)。在前述舉例中，假定存款準備率為 10%，則存款乘數為 10，亦即存款乘數為法定準備率的倒數，因此存款變動額、存款準備金變動額及存款法定準備額之間的關係為

$$\Delta DD = \frac{1}{r_d} \times \Delta R \qquad\qquad (10\text{–}1)$$

式中，

$\Delta DD$ 為銀行體系存款變動額

$r_d$ 為存款法定準備率（例如前述舉例為 10%）

$\Delta R$ 為銀行體系存款準備金增加額（例如前述舉例為 100 元）

　　值得一提的，央行增加貨幣基數的方式，包括增加存款準備金（央行向商銀買證券、央行對商銀融通），以及增加流通通貨（央行向民眾買證券），兩種方式對社會所增加的總存款額與存款準備金額相同，但是前者多了一筆 $100 之放款，因為其存款準備金之增加乃來自於央行直接現金撥放，不需提法定準備金。後者之商銀準備金之增加乃來自於民眾存款，必須先提法定準備，第一筆放款只能超額準備額度 $90。

## 10.4 存款乘數之求法

雖然利用代數方法可直接求得存款乘數的公式，但若利用存款乘數變動額與存款準備金變動額之間的關係，可能得到更為簡便的相同答案。由於假定存款準備貨幣銀行均不願持有超額準備，顯示銀行體系法定準備 ($RR$) 將等於其實際持有的存款準備金 ($R$)，即

$$RR = R \qquad (10\text{--}2)$$

另一方面，法定準備為法定準備率 ($r_d$) 與支票存款額 ($DD$) 兩者乘積，即

$$RR = r_d \times DD \qquad (10\text{--}3)$$

若將 (10–3) 式代入 (10–2) 式可得

$$r_d \times DD = R \qquad (10\text{--}4)$$

若將 (10–4) 式兩邊同除以法定準備率 $r_d$，則可得

$$DD = \frac{1}{r_d} \times R \qquad (10\text{--}5)$$

若以 Δ 表示變動額，則 (10–5) 式可改寫為

$$\Delta DD = \frac{1}{r_d} \times \Delta R \qquad (10\text{--}6)$$

另有一種算法，存款變動額 $\Delta DD$，例如表 10–9 所示，甲銀行之存款增加 100，乙銀行增加 $100 \times 0.9$，丙銀行增加 $100 \times 0.9^2$，整個銀行體系存款總增加額若以公式表示，則應如下所示：

$$\Delta DD = \Delta R + \Delta R(1 - r_d) + \Delta R(1 - r_d)^2 + \cdots$$
$$= \Delta R \times [1 + (1 - r_d) + (1 - r_d)^2 + \cdots]$$

上式括號中為一無窮等比級數，首項為 1，公比為 $1 - r_d$，即

$$\frac{1}{[1 - (1 - r_d)]} = \frac{1}{r_d}$$

$$\Delta DD = \frac{1}{r_d} \times \Delta R$$

另外，存款準備金的變動額，例如表 10–9 所示，甲銀行之存款準備金變動額增加 $100 \times 0.1$，乙銀行存款準備金增加 $100 \times (1 - 0.1) \times 0.1$，丙銀行的存款準備金則增加 $100 \times (1 - 0.1)^2 \times 0.1$，整個銀行體系存款準備金總變動額若以公式表示，可由下列算式導出：

$$= \Delta R \times r_d + \Delta R \times (1 - r_d) \times r_d + \Delta R \times (1 - r_d)^2 \times r_d + \cdots$$

$$= \Delta R \times r_d [1 + (1 - r_d) + (1 - r_d)^2 + \cdots]$$

$$= \Delta R \times \frac{r_d}{[1 - (1 - r_d)]}$$

$$= \Delta R$$

# 繽紛貨銀 10A

## 鈔票細菌傳幾次？[1]

　　2003 年香港城市大學有項調查，比較七個地區（香港、中國大陸、印度、巴基斯坦、柬埔寨、菲律賓、南韓）的紙幣細菌，發覺各地鈔票細菌數目相差懸殊，其中有些貨幣一張沾染十八萬隻細菌，至於從未用過的鈔票，一隻細菌都沒有。

　　鈔票可以多次使用，例如你自銀行領出來的 500 元鈔票，交給了餐廳老闆，餐廳老闆交給運海鮮的卡車司機，司機交給加油站小弟，加油站小弟在你去加油找錢時交給你，最後這一張鈔票又回到你手上。過程中雖然鈔票轉手數次，但仍是同一張鈔票。

　　由此可見，只要一張鈔票，就可以支應社會上多項交易，政府並不需要為每一次的交易加印鈔票。一張鈔票轉手十次，與十張鈔票轉手一次，效果相同。

　　一般而言，愈先進的國家，鈔票轉手次數愈低。因為先進國家的交易工

　　　　註

1. 參考：楊雅惠，〈一張鈔票十八萬細菌〉，《聯合報》，2003 年 11 月 11 日。

具不只限於鈔票，還可以透過信用卡付款、銀行匯款或寄送支票簽收等，交易方式甚多，而這些交易不需要用到現金。因此，同樣的一筆交易，先進國家使用鈔票的機會大幅降低，而落後國家則不是如此。

鈔票用久了要換新，換新要經費，先進國家付得起，落後國家往往無法負擔。

到落後國家，尤其在路邊攤消費，接到爛鈔票的機會大增，一張爛兮兮的鈔票，細菌之多不在話下，也顯示轉手次數甚高。當然，民眾生活習慣也很重要，日本有些自動提款機的鈔票還會消毒殺菌。

政府在控制貨幣供給量時，除了掌握中央銀行發行出來的鈔票數量之外，也須把鈔票的總轉手次數計算進去，才能真正反映貨幣流通的程度。

近年來，社會交易習慣漸漸改變，新臺幣轉手次數慢慢降低，爛鈔票的比例也在減少，相信細菌數目也會下降。

如果你接到一張爛鈔票，怎麼辦？只要把這張鈔票存入銀行，交給銀行回收，領出來時請銀行換你一張乾淨的鈔票即可！

## 繽紛貨銀 10B

### 金融市場的羊群效應[2]

據說土耳其東部某村莊曾發生一千五百隻羊集體自殺的故事，羊隻一頭接一頭地從山崖上跳下，其中有四百五十隻死亡。當第一隻羊不明原因跳下時，其他羊隻並未弄清楚前一隻羊的行為意義，只是仿其行為，隨其步伐跳下。

這種行為，稱為羊群效應，類似行為也發生在松毛蟲。某法國科學家作一實驗，將松毛蟲頭尾相連放在花盆上後，毛蟲會繞著花盆邊緣一圈又一圈地爬行，7天7夜，直到飢勞而死；即使附近有著它們喜歡的松汁，竟沒有一隻改變路徑尋求解脫。

群聚動物的習性，喜好跟隨大夥兒，模仿他人的行動。這樣的反應模式之原因，一方面是資訊不全，無從研判，使當事人面臨不明的情境；另方面是即使市場上有資訊，當事人並未搜集相關資訊，亦未冷靜地分析評估，而

---

🈡

2.參考：楊雅惠，〈金融市場的羊群效應〉，《經濟日報》，2009 年 4 月 19 日。

是以其他個體作為效尤的對象。這樣的行為模式，常出現在金融市場，也常是造成金融風暴的緣由之一。

銀行的擠兌，便是典型的羊群從眾行為。一旦某銀行瀕危消息傳出，有人衝到銀行櫃檯抱走大把鈔票，便有另個人也帶了皮包前來搬錢。大排長龍的人群從銀行大廳擠到馬路旁，更多更多的存款戶聞風而至，摩肩接踵。這樣下來，則無論如何健全的銀行，不倒也要倒了。

股票市場上，亦常呈現這種羊群效應下的活動。只要某股票傳出下跌訊息，股票炒手有意製造假象，其他的散戶若不明就裡，只是盲目跟進，過度反應地追漲追跌，便誇大了股市波動的幅度。

1997 年發生亞洲金融風暴，東南亞各國的股市全部崩盤，匯市也淪陷了，從泰國、馬來西亞、印尼、菲律賓，到新加坡，無一倖免，接著日本、韓國、臺灣、香港的金融市場也隨之巨幅動盪，民眾急著把本國貨幣換成美元，各國匯價紛紛大跌；即使政府喊話要大眾鎮靜，仍難平撫市場的狂亂情勢。這充分暴露出羊群效應的影響之大。不但亞洲金融風暴如此，各種金融風暴均有類似效應，爾近之全球金融海嘯亦然，風暴從華爾街漫延到全球，投資人驚惶慌張，爭相走告，人聲鼎沸地在瀕危的金融機構前抗議。

如何降低羊群效應的影響，並思考對策的重要方向，確是重要課題。為減少落入羊群的陷阱，平時須讓眾人瞭解事實真相，認識公司經營財務情況。各界咸認將資訊揭露，乃是政府監理的重點之一。舉凡公司重要的財務、經營、管理階層資訊，皆應攤開接受檢驗。至若內線交易，讓一般投資人在訊息不全下進行不公平的交易，則為資本市場之大忌。

即使提供了訊息，各個公司的資訊揭露在網站上，群眾也未必個個仔細分析，仍常仰賴他人之指引。這便坐大了若干不合法不合理之股市炒手，呼喚大批股民跟進，炒手其中獲利，小額投資人在不知情下則被犧牲了。因此，金融發展程度較高的國家，其證券市場中的主力乃是有專業素養的法人機構，並不以散戶為重，乃是減少羊群效應下的受害者。

即使是法人機構，也不保證個個獨立研判，也可能彼此相互參考，而產生相近的分析結果，被稱為「類羊群現象」。專業法人機構應留意這種情形，培養深入的分析能力，作出客觀正確的研判。

從眾而行，原是圖個安全，但也可能危機四伏。宜認清市場的本質，瞭解自己是否為市場上從眾的羔羊，不要盲從。市場上有更多專業法人機構加入，乃是金融市場發展的趨勢。而政府要求資訊作適度地揭露，為國際上監理的潮流，也是各國政府應持續努力的方向。

## ｜ 重要詞彙 ｜

倍數創造存款 (multiple deposit creation)　　準備貨幣 (reserve money)

重貼現 (rediscount)　　　　　　　　　　強力貨幣 (high-powered money)

貨幣基數 (monetary base)　　　　　　　　存款乘數 (deposit multiplier)

## ｜ 練習題 ｜

1. 簡介中央銀行之資產負債表。

2. 說明存款貨幣銀行倍數創造存款貨幣的過程，並簡述其間存在的假定。

3. 何謂存款乘數？其值為何？其假設為何？

4. 若法定準備率為 20%，中央銀行向華南銀行購買票券 $200，

　⑴用 T 字帳說明其對中央銀行與華南銀行資產負債表之影響。

　⑵若超額準備全被貸放出去，然後全部回存，則對全體銀行體系的貨幣供給、
　　強力貨幣有何影響？

5. 中央銀行增加貨幣基數有哪些方式？對於整體金融體系之總存款、總放款、總
　貨幣基數有何影響？

# 第 11 章
# 貨幣供給模型

　　影響貨幣供給的兩大要素為貨幣基數與貨幣乘數,這些要素受到央行、存款者、銀行、借款者之影響。本章旨在建立完整的貨幣供給模型,以便說明貨幣供給量的決定,並瞭解影響其變動的因素。本章共分 5 節,第 1 節在考慮存款者行為的情況下,利用貨幣乘數的概念,討論準備貨幣和貨幣供給量之間的關係;第 2 節則討論影響通貨比率及定期存款比率的因素;第 3 節討論加入銀行行為這項變數後,對整個模型的影響;第 4 節推導出較為完整的貨幣供給模型;第 5 節的分析中,將分別顯示國外部門、政府部門、企業及個人部門等經濟主體行為,如何影響貨幣供給的決定。

## 架構圖 11　貨幣供給模型

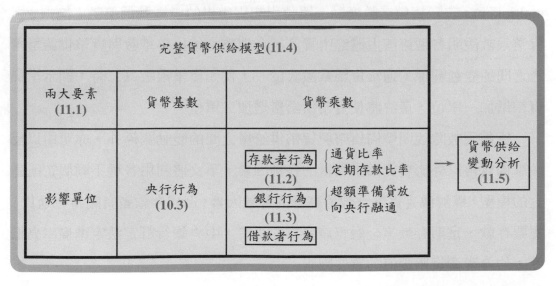

#  11.1 影響貨幣供給之兩大要素

## (一)貨幣乘數之意義

為簡化分析,在本節討論的貨幣供給量決定過程中,除將貨幣供給量定義為通貨與存款貨幣外,暫不考慮存款貨幣銀行有關決策對貨幣供給量的影響,亦即假定存款貨幣銀行並未向中央銀行融通資金,同時,各銀行亦不願持有超額準備。在此種情況下,貨幣基數將完全控制於中央銀行,此時貨幣基數與貨幣供給量兩者之間的關係將為

$$貨幣供給量 = 貨幣乘數 \times 貨幣基數$$

$$M = m \times B \tag{11--1}$$

(11–1) 式中貨幣供給量為 $M$,貨幣基數為 $B$,$m$ 為貨幣乘數 (money multiplier),表示貨幣基數變動一單位引起貨幣供給量變動的倍數。換言之,貨幣乘數說明各個經濟主體經由資產組合調整之後貨幣基數與貨幣供給量兩者之間的變動關係。通常貨幣乘數大於一,例如貨幣乘數為二時,顯示準備貨幣增加一單位,最終將使貨幣供給量增加二單位。

貨幣乘數除說明準備貨幣與貨幣供給量之間的變動關係外,亦可用以反映準備貨幣以外影響貨幣供給量的各種因素,下文將利用各種不同假定所建立的模型,探討決定貨幣乘數值高低的各種因素,例如存款者有關持有通貨、支票存款、定期存款等金融資產多寡的決策,中央銀行訂定法定準備率高低等,均為影響貨幣數值的重要因素。

## (二)貨幣乘數之求法

在本節要討論如何求得貨幣乘數,可由 $M = m \times B$ 和 $M = C + DD$ 兩條方程式,將 $M$ 化成 $B$ 的函數而求得 $m$。(本節對貨幣定義暫採狹義範圍,即貨

幣數量等於流通通貨加支票存款，未加定期存款）

在前一章討論倍數創造存款模型中，我們為簡化分析曾有意忽略社會大眾通貨與支票存款保有額的變動，對於創造存款增加額的影響，本節將此類變動納入貨幣供給模型中，並假定社會大眾通貨保有額 (C) 及定期存款 (TD) 與支票存款 (DD) 之間維持一定的比例關係，並分別以通貨比率 ($\frac{C}{DD}$) 及定期存款比率 ($\frac{TD}{DD}$) 稱之。

我們將利用上述有關存款者持有金融資產中各個項目所占比率，即通貨比率與定期存款比率，以及中央銀行訂定各類存款的法定準備率，嘗試建立計算貨幣乘數的公式。在本書討論倍數創造存款模型時，曾假定銀行體系並不願持有非生利資產使超額準備為零；換言之，當銀行體系持有的實際準備 (R) 等於法定準備 (RR) 時，銀行體系方處於均衡情況，無法進一步經由放款創造存款，即

$$R = RR \qquad (11\text{--}2)$$

由於此時銀行體系收受兩類存款，即活期存款與定期存款，並假定中央銀行訂定的活期存款與定期存款法定準備率分別為 $r_d$ 及 $r_t$，則兩類存款應提存的存款準備金（法定準備），分別為其存款餘額與法定準備率兩者的乘積，即 $r_d \times DD$ 及 $r_t \times TD$，因此上式中法定準備將為

$$RR = r_d \times DD + r_t \times TD \qquad (11\text{--}3)$$

若將 (11–3) 式代入 (11–2) 式，即可得

$$R = r_d \times DD + r_t \times TD \qquad (11\text{--}4)$$

(11–4) 式說明銀行體系實際準備可能支持兩類存款金額多寡之間的關係。由於中央銀行訂定的支票存款與定期存款法定準備率 $r_d$ 與 $r_t$，其值均小於一，因而存款準備金一單位能夠支持的存款額必然超過一單位，銀行體系才能產生倍數創造存款的現象。

由於準備貨幣為民間通貨保有額 (C) 與銀行體系存款準備金 (R) 兩者之

和，即 $C+R$，因此 (11–4) 式左右兩邊若同時加上民間通貨保有額，可得下式：

$$B = R + C = r_d \times DD + r_t \times TD + C \tag{11-5}$$

(11–5) 式亦可用以支應一定金額的通貨、支票存款與定期存款所需的準備貨幣金額。再者，該式顯示準備貨幣若因通貨增加而增加時，無論支票存款或定期存款均不可能隨之增加，即 (11–5) 式左右兩邊若 $C$ 同時增減而使準備貨幣發生變動，將對支票存款與定期存款，均無影響。換言之，若因通貨增加而使準備貨幣增加時，將無任何乘數效果，只有存款準備金的方式使準備貨幣增加時，方能使銀行體系產生倍數創造存款效果。以下將分為三個步驟來求出 $m$。

⑴把 $B$ 化成 $DD$ 的函數

若將通貨比率與定期存款比率代入 (11–5) 式，將可得：

$$B = r_d \times DD + r_t \times (\frac{TD}{DD}) \times DD + (\frac{C}{DD}) \times DD$$

$$= (r_d + r_t \times \frac{TD}{DD}) \times DD + (\frac{C}{DD}) \times DD$$

$$= (r_d + r_t \times \frac{TD}{DD} + \frac{C}{DD}) \times DD \tag{11-6}$$

利用 (11–6) 式可求得支票存款與準備貨幣之間的關係，即：

$$DD = \frac{1}{r_d + r_t \times \frac{TD}{DD} + \frac{C}{DD}} \times B \tag{11-7}$$

⑵把 $C+DD$ 化成 $DD$ 的函數

若將貨幣供給量定義為民間通貨保有額與支票存款（存款貨幣）兩者之和，即 $M = C + DD$，亦即 $M = (1 + \frac{C}{DD}) \times DD$。

⑶將前兩個步驟所得結果代入 $M = m \times B$，可得下式：

$$M = \frac{1 + \frac{C}{DD}}{r_d + r_t \times \frac{TD}{DD} + \frac{C}{DD}} \times B \tag{11-8}$$

(4)求出 m

若比較 (11–1) 式與 (11–8) 式，可知準備貨幣或強力貨幣變動導致貨幣供給量變動的倍數即貨幣乘數 m，將為

$$m = \frac{1 + \dfrac{C}{DD}}{r_d + r_t \times \dfrac{TD}{DD} + \dfrac{C}{DD}} \tag{11–9}$$

換言之，貨幣乘數值的高低，將受通貨比率 $\dfrac{C}{DD}$、定期存款比率 $\dfrac{TD}{DD}$ 以及中央銀行訂定的支票存款與定期存款法定準備率 $r_d$ 與 $r_t$ 等因素的影響。

# 11.2 考量存款者行為：影響通貨比率與定期存款比率之因素

## (一)影響通貨比率之因素

通貨比率為通貨占活期存款之比率。根據前一節的討論，顯示存款者的行為將影響貨幣供給量的擴充或收縮，例如通貨比率或定期存款比率提高，在其他情況不變的假定下，將使貨幣供給量減少[1]。至於何種因素將導致存款者行為發生變化，進而影響通貨比率與定期存款比率，將為本節討論重點。

一般而言，通貨比率與定期存款比率顯示存款者金融資產中，持有通貨、支票存款與定期存款金額之間的關係。本書之前討論的資產需求理論中，說明經濟主體持有特定資產數額的多寡，將受下列四類因素的影響，即

(1)可供經濟主體使用的資源總額，即財富總額或所得額。

(2)特定資產或其替代資產的預期收益。

註

1.通貨比率上升會使貨幣乘數降低，因為 $r_d \times DD + r_t \times TD < DD$（準備金少於存款額），故 $r_d + r_t \times \dfrac{TD}{DD} < 1$，此關係式代入 m，可證得之。

⑶特定資產或其替代資產預期收益的不確定性或風險程度。

⑷特定資產或其替代資產的流動性。

僅就上列因素，討論影響通貨比率變動的各種原因：

### 1.財富總額或所得額

個別經濟主體可用資源總額將反映其持有各種金融資產的能力，或作為持有金融資產的限制條件，通常以其持有財富總額或所得表示。當經濟主體財富總額或所得額不斷增加時，其持有資產多樣化的程度隨之提高。一般而言，通貨與支票存款雖同具交易媒介功能，但通貨用於小額零售交易場合者居多，因此高所得者或富人隨同財富總額成長時，持有金融資產將趨於多樣化，支票存款的增加將相對高於通貨，因而通貨比率將降低；反之，當所得成長有降低現象時，將使通貨增加額高於支票存款，進而使通貨比率提高。因此，通貨比率與財富或所得總額之間，將有相反方向的變動關係。

進一步推導，可得知當經濟蕭條時，平均所得降低，金融資產多樣配置之情形減少，因此通貨比率有提高之傾向。

### 2.各類資產的預期收益

第二個影響通貨比率的重要因素為支票存款與其替代資產之間預期收益的相對變化。

就各種金融資產的性質而言，通貨無法產生任何貨幣形式的孳息，表面上支票存款依規定亦不記息，但支票存款在作為支付工具時享有的便利，無形中隱含有對支票存款支付利息的現象，所以當支票存款隱含利息收入提高時，將增加持有支票存款而減少持有通貨，以致通貨比率降低。反之，當支票存款隱含利息收入降低時，則將使通貨比率提高。

另一方面，支票存款替代資產的預期收益，通常可視為持有通貨或支票存款的機會成本，但替代資產收益的變動對通貨比率的影響可能十分不確定，因為此項變動對通貨或支票存款將產生不同的效果。例如，通貨對支票存款以外其他資產收益的變動並不十分敏感，但替代資產收益與支票存款隱

含利率之間差距的變化，將影響持有支票存款的機會成本。因此，支票存款與其他資產之間收益的差距擴大時，可能使存款者對支票存款需求量減少，而對通貨需求量毫無影響或影響不大，因而使通貨比例提高；反之，當支票存款與其他資產之間收益的差距縮小時，可能使通貨比率降低。換言之，通貨比率與支票存款與其替代資產之間的收益差距，將有相同方向的變動關係。

### 3.各類資產的流動性

　　雖然通貨與支票存款兩者均具有貨幣功能，但支票存款的貨幣性略遜於通貨，因為法律明文規定通貨具有法償地位，社會大眾樂於接受通貨作為支付工具，以解決隨同交易發生的價款收付問題，因此當交易之一方拒絕收受對方簽發的支票作為付款而要求對方支付現金時，支票存款的流動性將低於通貨，經濟主體願意持有通貨與支票存款的金額將發生變化，因而兩者之間流動性的相對變動，將使通貨比率發生變動。例如觀光旅遊異地時，存款者簽發支票的被接受性將大為降低，進而影響支票存款的流動性，因此通貨比率與觀光旅遊的次數兩者之間，將有相同方向的變動關係。再者，社會大眾持有金融資產多樣化時，支票將成為主要的支付工具，其被接受性與流動性將大為增高，使用支票的場合將較通貨顯著增加，因此，通貨比率與社會大眾持有金融資產多樣化的程度之間，將有相反方向的變動關係。

### 4.各類資產的風險性

　　由於經濟主體持有通貨的收益經常為零，因而其收益的確定性為百分之百，在正常情況之下，社會大眾持有通貨毫無風險可言。至於支票存款，其收益與其他金融資產比較而相對偏低，持有支票存款收益的風險或其不確定性亦相對較低。然而，當銀行經營發生困境無法履行對其存款者要求即付義務時，將導致金融危機而使存款者競相擠兌，存款者能否就支票存款兌領十足的通貨則不無問題，因此，支票存款風險性增高時，經濟主體將減少支票存款轉向持有較多通貨，於是通貨比率可能隨之提高。

### 5.非法活動

地下經濟與犯罪走私等非法活動，亦為影響通貨比率的重要因素，因為司法人員在進行調查犯罪或違法案件時，徵得主管機關同意後調閱銀行帳冊與記錄，但以通貨作為支付工具解決價款收付問題，非常容易規避交易記錄而無法追蹤交易過程，所以在非法活動增加時，通貨需求量將隨之增加，進而使通貨比率提高。因此，當政府提高稅率時，民眾為逃稅亦常以通貨作為價款收付的工具，因而通貨比率與稅率之間，亦有相同方向的變動關係。

## ㈡影響定期存款比率之因素

定期存款比率係指存款者持有定期存款餘額對支票存款餘額的比率。若定期存款比率發生變動，其效果與通貨比率變動相同，除影響貨幣乘數外，亦將使貨幣供給量發生變動。至於，何種因素導致定期存款比率發生變動，我們亦可利用前述資產需求理論解釋，惟各種影響因素中，以存款者財富總額或所得變動以及各類資產預期收益變動較為重要。

### 1.財富總額或所得額

就財富所有者的觀點而言，定期存款作為奢侈品的程度，將高於通貨或支票存款，所以定期存款需求的財富彈性或所得彈性亦較高。當經濟主體財富總額或所得額增加時，定期存款需求量的增加幅度，將較支票存款需求量為多，因此，定期存款比率與財富總額或所得額之間，將有相同方向的變動關係。

### 2.各類資產的預期收益

在一般正常情況，無論定期存款、支票存款或其他資產的預期收益，均可分別以其利率或收益率表示，因此預期收益變動對定期存款比率的影響，只須探討定期存款、支票存款或其他資產利率的相對變動即可。

若定期存款利率提高，將使定期存款的預期收益相對高於通貨或支票存款，於是定期存款需求量將增加進而使定期存款比率提高。再者，若定期存

款利率降低，將使定期存款比率降低。

另一方面，由於定期存款並不能作為支付工具，而通貨或支票存款則具有完全的讓渡性，因而定期存款需求量對其他資產利率變動的反應，將較通貨或支票存款更為敏感。設若定期存款利率有上限規定，而其他資產利率無限制並超過定期存款上限利率時，定期存款預期收益將相對低於其他資產，於是定期存款需求量的成長將較通貨或支票存款為緩和。因此，其他資產利率提高後，將使定期存款比率降低。

## 11.3 考慮銀行行為後之貨幣乘數

當銀行經營當局願意持有超額準備，各銀行準備部位中，實際準備將超過法定準備，此項超額準備並未貸放因而無法創造存款。因此，中央銀行藉公開市場買進操作、對銀行融通增加等各種方式，注入銀行體系準備貨幣而淪為超額準備時，將對銀行存款與貨幣供給量的擴充毫無作用。

在考慮銀行超額準備之後，銀行之準備金包括法定準備金與超額準備金：

$$R = RR + ER$$

完整的貨幣供給模型可作如下修正：

$$M = m \times (C + R)$$
$$= m \times (C + RR + ER)$$

貨幣乘數的內容則需修正為：

$$m = \frac{1 + \frac{C}{DD}}{r_d + r_t \times \frac{TD}{DD} + \frac{ER}{DD} + \frac{C}{DD}} \tag{11-10}$$

其次，存款貨幣銀行向中央銀行融通的意願與能力，亦將影響貨幣供給量的擴充，所以我們將準備貨幣中存款準備金再分為自有準備 （non-borrowed reserve，簡寫成 *NR*）與借入準備（borrowed reserve，即中央銀行融通，簡寫成 *DL*），即：

$$R = NR + DL \tag{11-11}$$

因而前述貨幣供給模型可改為：

$$M = m \times (C + NR + DL) \tag{11-12}$$

經前述兩項處理之處，將更能明確顯示中央銀行可運用公開市場操作控制準備貨幣中的自有準備與社會大眾通貨保有額；而中央銀行對銀行融通的自主權，並不全然操之於中央銀行，銀行經營當局的融通意願將左右準備貨幣，進而影響貨幣供給量的變動。

## ㈠影響銀行持有超額準備的因素

為瞭解影響存款貨幣銀行持有超額準備的各種因素，首先須探討其持有超額準備而發生的效益與成本，當持有超額準備的成本增高時，其保有額自然將隨之減少；然而持有超額準備所發生的效益提高時，其保有額將隨之增加。至於，影響各銀行持有超額準備所發生效益與成本的因素，較為重要者有市場利率、存款成長情況、存款外流的不確定程度以及社會對銀行資金需求程度。

### 1.市場利率

在分析銀行經營管理時，以說明各銀行持有超額準備的成本為其機會成本，即該行承作放款或買進有價證券所能獲得的利息收入，然後扣除超額準備所能產生外露或隱含利息收入後的淨額。為簡化分析，假定放款利息收入與證券投資收益相同，並以市場利率表示。若市場利率上升，放款與證券投資的預期收益將相對高於預期收益為零或幾乎為零的超額準備，持有超額準備的機會成本將提高，存款貨幣銀行持有超額準備的意願將減低；反之，若市場利率下降，放款與證券投資的預期收益將隨之減少，持有超額準備的機會成本將降低。因而存款貨幣銀行持有超額準備將增加。換言之，銀行體系

持有超額準備的多寡與市場利率之間，將有相反方向的變動關係。

### 2. 存款成長情況

　　在討論銀行經營管理時，說明存款貨幣銀行持有超額準備的主要效益，乃在避免銀行存款減少時，因流動性不足被迫處分銀行資產可能遭致的損失。因為銀行存款減少時，存款貨幣銀行為應付存款者提款，可能 (1) 要求借款客戶提前還款；(2) 向中央銀行或其他金融機構借入資金，否則該行很可能因流動性不足遭擠兌而陷入倒閉的窘境。

　　因此各銀行為防範存款外流導致經營上的危機，必須持有較多的超額準備作為安全瓣，其數額將隨存款可能外流金額的大小而增減，所以存款貨幣銀行持有超額準備的多寡與存款外流金額間，將有相同方向的變動關係。

### 3. 存款外流的不確定程度

　　影響存款貨幣銀行持有超額準備所產生效益的另一個原因為銀行存款外流的不確定程度，若銀行經營當局無法確定存款外流可能性，勢必基於安全理由而持有較多的超額準備。換言之，當銀行存款外流的不確定程度增高時，一旦存款外流所遭致的後果必將較為嚴重，存款貨幣銀行將持有較多超額準備，以降低其風險並使其極小化。若存款外流的不確定性程度減低時，超額準備防範的迫切性將隨之減低，所以銀行持有超額準備的多寡與存款外流的不確定程度之間，將有相同方向的變動關係。

### 4. 社會對銀行資金需求程度

　　社會上對銀行資金需求程度愈高，則銀行所保留之超額準備會愈少。當經濟景氣階段，企業之投資意願提高，會增加向銀行的借款來進行機器設備、廠房等購置，因銀行所保留的超額準備並不生息，銀行便會將多餘的超額準備貸放出去，賺取利息收入。此外，當社會上消費意願增加，消費性貸款需求增加，銀行之閒置超額準備亦會貸放出去，使銀行超額準備減少。

## ㈡影響向中央銀行融通的因素

與前文分析影響銀行持有超額準備的因素相同，存款貨幣銀行向中央銀行融通的多寡，亦須分析向中央銀行融通所能發生的效益與成本。影響向中央銀行融通的效益與成本，進而影響其融通多寡的因素，較為重要者有市場利率與重貼現率以及兩者之間的差距。

### 1.市場利率

存款貨幣銀行向中央銀行融通的主要效益乃在簡便，各銀行利用此項資金的最後來源，可承作放款或買進有價證券，獲得相當於市場利率的預期收益。當市場利率提高時，經由貼現窗口向中央銀行融通的效益將隨之增高，因而其融通額將增加；反之，當市場利率降低時，各銀行向中央銀行融通額將減少，亦即各銀行向中央銀行融通的多寡與市場利率之間，將有相同方向的變動關係。

### 2.重貼現率

存款貨幣銀行向中央銀行借入資金的主要成本為重貼現率。當重貼現率提高時，各銀行向中央銀行借入資金成本隨之增加，其借入金額將減少；反之，當銀行向中央銀行融通資金成本隨重貼現率降低而減少時，其融通額可能增加。因此，銀行向中央銀行融通與重貼現率之間，將有相反方向的變動關係。

### 3.市場利率與重貼現率之差距

追求利潤極大化的銀行以向中央銀行融通所獲資金加以運用所能得到的收益（市場利率），若超過其融通的資金成本（重貼現率），且兩者的差距有擴大現象時，向中央銀行融通額將隨之增加；反之，市場利率與重貼現率之差距縮小時，將使各銀行向中央銀行融通額減少。

## 11.4 完整貨幣供給模型

　　為瞭解貨幣供給量的決定過程，本節首先討論存款貨幣銀行如何倍數創造存款。然後分別討論存款者與存款貨幣銀行的決策行為，如何影響貨幣供給量的變動，於是可求得較為完整的貨幣供給模型，即

$$M = m \times B$$
$$= m \times (C + R)$$
$$= m \times (C + RR + ER)$$
$$= m \times (C + NR + DL)$$

上式中各項符號定義如次：

$M$ 為貨幣供給量，包括社會大眾持有通貨 ($C$) 與支票存款 ($DD$)。

$B$ 為準備貨幣或強力貨幣，包括社會大眾持有的通貨 ($C$) 與銀行體系存款準備金 ($R$)。

$m$ 為貨幣乘數，即 $\dfrac{1 + \dfrac{C}{DD}}{r_d + r_t \times \dfrac{TD}{DD} + \dfrac{ER}{DD} + \dfrac{C}{DD}}$。

$NR$ 為自有準備，即準備貨幣中的存款準備金，屬各銀行自行持有的部分。

$DL$ 為存款貨幣銀行向中央銀行融通額，即準備貨幣中的存款準備金，屬各銀行借入部分。

$ER$ 為存款貨幣銀行持有的超額準備，即其實際持有存款準備金扣除依法應提存款準備金後的淨額。

　　換言之，貨幣供給量的決定因素，為貨幣乘數與準備貨幣或強力貨幣；前者將受支票存款法定準備率、定期存款法定準備率、通貨比率與定期存款比率的影響；後者則受到社會大眾持有的通貨以及存款貨幣銀行持有自有準

備、借入準備或向中央銀行融通與超額準備的影響。謹將本章討論影響貨幣供給量變動的因素列表如表 11–1。

表 11–1　影響貨幣供給量變動的因素

| 經濟主體 | 影響的因素 | 影響因素變動方向 | 貨幣供給量之反應 | 說　明 |
|---|---|---|---|---|
| 中央銀行 | 支票存款法定準備率 ($r_d$) | 提高 | 減少 | 使貨幣乘數降低。 |
| | 定期存款法定準備率 ($r_t$) | 提高 | 減少 | 除貨幣乘數降低外，定期存款法定準備率增加，支應支票存款的存款準備金減少。 |
| | 自有準備 ($NR$) | 增加 | 增加 | 準備貨幣增加，能夠支應較多的通貨與支票存款。 |
| | 重貼現率 | 提高 | 減少 | 因向中央銀行融通減少而使準備貨幣收縮。 |
| 存款者 | 通貨比率 ($\frac{C}{DD}$) | 提高 | 減少 | 使貨幣乘數降低。 |
| | 定期存款比率 ($\frac{TD}{DD}$) | 提高 | 減少 | 除貨幣乘數降低外，能夠支應支票存款的存款準備金隨之減少。 |
| 存款者與存款貨幣銀行 | 預期存款減少程度 | 提高 | 減少 | 銀行因須持有較多的超額準備，支應支票與定期存款的存款準備金減少。 |
| | 存款減少的不確定程度 | 提高 | 減少 | 同上。 |
| 借款者與其他 | 市場利率 | 提高 | 增加 | 銀行持有超額準備減少，各銀行向中央銀行融通增加，準備貨幣增加，有較多的存款準備金支應較多的存款，或支應社會大眾持有通貨的增加。 |

資料來源：梁發進、徐義雄 (1994)，《貨幣銀行學》，表 10–1，空大。

　　值得一提的是，本節至此之貨幣，採狹義定義，M＝C＋DD；若貨幣採廣義定義，M＝C＋DD＋TD，則貨幣乘數與相關分析，須作對應修改，讀者可嘗試推導之。

## 11.5 影響臺灣貨幣供給量變動的因素

本節將以臺灣的實際資料來分析臺灣的貨幣供給量變動之因素。

表 11-2  歷年貨幣數量與準備貨幣總計數

| 年　份 | M2 | B | $m = M2 / B$ |
|---|---|---|---|
| 2008 | 266,793 | 20,841 | 12.80135 |
| 2009 | 286,671 | 22,984 | 12.47263 |
| 2010 | 299,661 | 24,217 | 12.37399 |
| 2011 | 317,139 | 26,323 | 12.04798 |
| 2012 | 330,376 | 27,616 | 11.96321 |
| 2013 | 346,167 | 29,599 | 11.69523 |
| 2014 | 365,767 | 31,654 | 11.55516 |
| 2015 | 388,941 | 33,488 | 11.61434 |
| 2016 | 406,469 | 35,472 | 11.45887 |
| 2017 | 421,708 | 37,259 | 11.31829 |

說明：M2 為廣義貨幣供給量，B 為準備貨幣，m 為以 M2 設算之貨幣乘數。M2 = m × B。
資料來源：2018 年 1 月，《中華民國金融統計月報》，中央銀行經濟研究處。

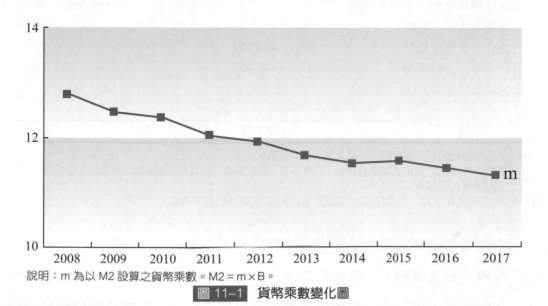

說明：m 為以 M2 設算之貨幣乘數。M2 = m × B。

圖 11-1  貨幣乘數變化圖

表 11-2 與圖 11-1 分別說明了貨幣數量、貨幣基數及貨幣乘數從 2008

年至 2017 年的變化情形。從表可知，貨幣數量、貨幣基數及貨幣乘數均呈現逐年上升的現象，尤其是貨幣數量與貨幣乘數的上升幅度更是十分顯著。可見，臺灣貨幣數量增加的主因乃是來自於貨幣乘數之增加。

貨幣數量之變動，會受到國內外各部門活動之影響，包括國外部門、政府部門、企業及個人部門等等。請參見表 11–3。

**表 11–3** 2017 年貨幣供給量 M2 之變動與其因素分析（2017 年 12 月底）

| I.貨幣供給量之變動 | 2017 年 12 月底 | 2016 年 12 月底 | 增或減 |
|---|---|---|---|
| 1.全體貨幣機構以外各部門持有通貨 | 1,791,318 | 1,680,388 | +110,930 |
| 2.存款貨幣 | 14,949,853 | 14,497,288 | +452,565 |
| 3.準貨幣 | 26,028,242 | 25,124,156 | +904,086 |
| 4.貨幣供給量 (1 + 2 + 3) | 42,769,413 | 41,301,832 | +1,467,581 |

| II.貨幣供給額變動因素 | 使貨幣供給額增加 | 使貨幣供給額減少 |
|---|---|---|
| 1.有關國外部門 | | |
| 　國外資產淨額增加 | +506,288 | |
| 2.有關政府部門 | | |
| 　對政府債權增加 | | −49,511 |
| 　對政府存款增加 | | −19,562 |
| 3.有關企業及個人部門 | | |
| 　對公營事業債權增加 | +54,509 | |
| 　對民間部門債權增加 | +1,460,701 | |
| 4.其他項目（淨額） | | −484,844 |
| 合計 | | |
| 貨幣供給額增加 | +1,467,581 | |

說明：1.存款貨幣包括支票存款、活期存款、活期儲蓄存款。
　　　2.準貨幣包括定期及定期儲蓄存款、外匯存款、郵政儲金、附買回交易餘額、外國人新臺幣存款、貨幣市場共同基金。
資料來源：2018 年 1 月，《中華民國金融統計月報》，中央銀行經濟研究處。

影響某一期間貨幣供給量變動的因素，主要為貨幣機構經營存款業務、放款業務、投資業務、外匯業務等主要銀行業務，與各經濟部門之間發生的各種金融交易，若以其交易對象所屬的經濟部門劃分，影響貨幣供給量的變動因素如次：

## ㈠有關國外部門交易

貨幣機構國外資產淨額的變動，將反映某一期間國際收支情況是否發生盈餘或虧絀，因為國內經濟部門與國外經濟部門之間的經濟交易，無論為有形貿易、無形貿易或長短期資本流出入，通常最後必須透過國際間通用的支付工具（如黃金與外匯準備）清算，所以當國際收支發生盈餘時，貨幣機構保有國外資產淨額將增加；反之，當國際收支發生虧絀時，貨幣機構國外資產淨額將減少。

何以貨幣機構持有國外資產淨額變動將影響貨幣供給量？因為本國居住民的外匯收入得存入指定銀行，並得透過指定銀行在顧客與銀行間外匯市場出售，或直接售予中央銀行或其指定銀行；其外匯支出得自存入外匯銀行提用，或透過指定銀行在外匯市場購入，或向中央銀行或其指定銀行結匯，於是國外資產淨額增加不但可能將使等額的新臺幣資金流出銀行體系而構成貨幣供給量增加，同時亦可能透過銀行體系準備部位的變動，因銀行信用擴充而進一步使貨幣供給量增加。

## ㈡有關政府部門交易

貨幣機構對政府債權與政府存款的變動，大體反映各級政府財政收支綜合情況。當財政收支發生盈餘時，不是減少貨幣機構政府債權（清償債務），就是增加政府存款，結果均將使貨幣供給量收縮；反之，財政收支發生短絀時將使貨幣供給量擴充。貨幣機構對政府債權包括持有政府債券、公庫透支、短期墊款及對政府機構放款；至於政府存款則包括各級公庫收入總存款、政府機關專戶存款、政府機關普通存款等項。

## ㈢有關企業及個人部門交易

貨幣機構對企業及個人部門債權變動，大體反映該部門進行的投資與負

投資,包括固定資本形成與存貨變動的實物投資及金融性投資。當企業及個人投資大於其儲蓄而發生資金不足時,通常將以發行債券、股票或借款方式籌措資金。若此類有價證券為貨幣機構保有或向貨幣機構借款,即構成貨幣機構的主要生利資產,亦即成為貨幣機構的放款與投資。當企業及個人的儲蓄大於投資而發生資金剩餘時,部分資金除償還其既有債務外,部分即將流入貨幣機構而為各種存款負債。

因此,貨幣機構與企業及個人部門之間債權債務的變動,將為影響貨幣供給量變動的因素,並將其劃分為對公營事業債權、對民營事業等債權、企業及個人準貨幣性存款。當貨幣機構對公、民營事業等債權增加或準貨幣性存款減少時,將使貨幣供給量擴充。反之,當貨幣機構對公、民營事業等機構債權減少或準貨幣性存款增加時,將使貨幣供給量收縮。

表 11–3 顯示,2017 年造成 M2 增加之原因,主要為企業及個人部門,次則為政府部門,最後為國外部門。

## 繽紛貨銀 11A

### 景氣變動與貨幣供給

中華民國國家發展委員會所編製之「景氣對策信號」與「景氣指標」,均有考慮貨幣供給變動,顯示經濟景氣與貨幣供給息息相關。簡介此二指標於下:

㈠景氣對策信號

景氣對策信號亦稱「景氣燈號」,係參考交通號誌方式,以五種不同信號燈代表景氣狀況的一種指標,目前由貨幣總計數 M1B 變動率等九項指標構成。每月依各構成項目之年變動率變化,與其檢查值做比較後,視其落於何種燈號區間給予分數及燈號,並予以加總後即為綜合判斷分數及對應之景氣對策信號。景氣對策信號各燈號之解讀意義如下:「綠燈」表示當前景氣穩定;「紅燈」表示景氣熱絡;「藍燈」表示景氣低迷;「黃紅燈」及「黃藍燈」

二者均為注意性燈號，宜密切觀察後續景氣是否轉向。目前景氣對策信號各構成項目檢查值與編製說明如下：

表 11-4 景氣對策信號各構成項目檢查值與編製說明

| | 紅燈<br>red | 黃紅燈<br>yellow-red | 綠燈<br>green | 黃藍燈<br>yellow-blue | 藍燈<br>blue |
|---|---|---|---|---|---|
| | 熱絡<br>booming | 轉向<br>transitional | 穩定<br>stable | 轉向<br>transitional | 低迷<br>sluggish |
| 綜合判斷（分）total score | 45–38 分 | 37–32 分 | 31–23 分 | 22–17 分 | 16–9 分 |
| 個別項目分數<br>scores of component indicators | 5 分 | 4 分 | 3 分 | 2 分 | 1 分 |
| 貨幣總計數 M1B<br>monetary aggregates M1B | ← 17 | (%yoy)<br>— 10.5 | — 6 | 2 | → |
| 股價指數<br>stock price index | ← 22.5 | — 11.5 | — −2 | −22 | → |
| 工業生產指數<br>industrial production index | ← 11 | — 8 | — 3.5 | −1 | → |
| 非農業部門就業人數<br>nonagricultural employment | ← 2.4 | — 2.1 | — 1.4 | 0.4 | › |
| 海關出口值<br>customs-cleared exports | ← 16 | — 13 | — 5.5 | 0 | → |
| 機械及電機設備進口值<br>imports of machinery and electrical equipment | ← 23.5 | — 9.5 | — −2.5 | −11.5 | → |
| 製造業銷售量指數<br>manufacturing sales index | ← 11 | — 8.5 | — 3 | −1 | → |
| 批發零售及餐飲業營業額<br>sales of trade and food service | ← 9 | — 7 | — 4.5 | 0 | → |
| 製造業營業氣候測驗點<br>The TIER manufacturing sector composite indicator | ← 104.5 | 點 (2006 = 100)<br>— 101 | — 96.5 | 91.5 | → |

註：1.除製造業營業氣候測驗點檢查值為點 (2006＝100) 之外，其餘項目皆為年變動率。
2.各個項目除股價指數外均經季節調整。
資料來源：中華民國國家發展委員會網站。

(二)景氣指標

景氣指標包含「領先指標」、「同時指標」及「落後指標」，由經建會經濟研究處編製，並每月發布。其構成項目為：

1.領先指標：由外銷訂單指數、實質貨幣總計數、股價指數、工業及服務業受僱員工淨進入率、核發建照面積（住宅、商辦、工業倉儲）、實質半導

體設備進口值,及製造業營業氣候測驗點等 7 項構成項目組成,具領先景氣波動性質,可用以預測未來景氣之變動。

2.同時指標:由工業生產指數、電力(企業)總用電量、製造業銷售量指數、批發、零售及餐飲業營業額、非農業部門就業人數、實質海關出口值、實質機械及電機設備進口值 7 項構成項目組成,代表當前景氣狀況,可以衡量當時景氣之波動。

3.落後指標:由失業率、工業及服務業經常性受僱員工人數、製造業單位產出勞動成本指數、金融業隔夜拆款利率、全體貨幣機構放款與投資、製造業存貨率 6 項構成項目組成,用以驗證過去之景氣波動。

# 繽紛貨銀 11B

## 特定行為與現金交易

銀行存放的過程中有倍數創造存款之乘數效果,如果民眾持有現金比例增加,將使乘數降低,讓貨幣供給之擴張效果減少。一般非法行為,為避免留下證據,常傾向於以現金交易,盡量不透過金融機構居中交易,也間接地減少存款乘數。

舉例而言,根據《華爾街日報》,美國在伊朗 2017 年 1 月 16 日釋放五名美國人的同一天,向伊朗空運總值 4 億美元(31.2 億港元)的現金。伊朗當天釋放華盛頓郵報德黑蘭分社前主管雷宰安 (Jason Rezaian) 及另外四名被伊朗囚禁的美國人,換取美國特赦或撤銷起訴七名伊朗人。美國當天用無標記的飛機將一批現金運往伊朗,那批現金包括歐元、瑞士法郎及其他貨幣。

對此現象,有兩種解釋,第一種說法:美國解釋,由於美國法律禁止用美元與伊朗交易,加上國際對伊朗實施制裁,所以美國需要從荷蘭及瑞士央行取得那些現鈔,以現金付款。這筆現金是美國根據當時達成的伊朗核協議,向伊朗償還 40 年前的一筆債。

第二種說法:8 月 18 日,美國國務院首次證實,因為伊朗仍未釋放被關押的美國囚犯,美國扣留了原定飛往伊朗的一架裝滿 4 億美元贖金的飛機。國務院在 18 日的表態引來了共和黨的嚴厲批評。眾議院議長保羅・瑞安 (Paul Ryan) 就發表聲明,指國務院終於承認了共和黨一直以來所懷疑的,歐巴馬政府一直欺瞞贖金的事,而此舉會帶來危險後果。

無論是第一種或第二種解釋,都指出不透過銀行機構的現金交易,是美

國與伊朗之間的交易方式，由於美國對伊朗實施經濟制裁，兩國之間沒有正常經貿金融管道，遂只能持現金交易。

即使在同一個國家內，若非正常經濟活動，黑市或地下交易者，為避免留下記錄，往往不透過銀行機構來往管道，用現金進行交易。

## | 重要詞彙 |

貨幣乘數 (money multiplier)　　　　　自有準備 (non-borrowed reserve)
通貨比率　　　　　　　　　　　　　借入準備 (borrowed reserve)
定期存款比率

## | 練習題 |

1. 影響銀行持有超額準備的因素有哪些？
2. 影響通貨比率的因素有哪些？
3. 影響定期存款比率的因素有哪些？
4. 何謂貨幣乘數？假設已知：
   $r_d$ = 法定存款準備率 = 0.10
   C = 通貨發行額 = 6,000 億
   D = 活期存款 = 5,000 億
   ER = 超額準備 = 100 億
   試由上述資料計算基礎貨幣 (B)、貨幣乘數 (m) 與貨幣供給 (M1)。
5. 試就下述兩種情形，計算貨幣供給額的可能變動。假設活期存款的存款準備率為 10%。
   ⑴公眾存入現金 500 萬元為活期存款。
   ⑵商業銀行向中央銀行借款 500 萬元。
6. 哪些因素會使貨幣乘數變動？
7. 在狹義定義與廣義定義之貨幣供給下，其貨幣乘數有何差異？

# 第 6 篇

貨幣需求

# 第 12 章
# 資產需求理論

　　每個人（或團體）在選擇資產時，必須考慮若干因素，包括財富總額、預期報酬率、風險與流動性。本章所要介紹的資產需求理論是剖析資產的基本原則。它提出選擇各種資產的重要基準，也說明何以資產需求者需要分散持有資產。

　　本章共分 2 節，第 1 節中探討決定資產需求的因素，主要分成四大類來加以說明：財富總額、預期報酬率、風險，以及流動性，並由此四項變數導出資產需求函數；第 2 節則探討在何種情況下分散持有資產才得以降低風險，並用報酬率的標準差或變異數之變化程度來衡量分散持有以降低風險之效果。

## 架構圖 12　資產需求理論

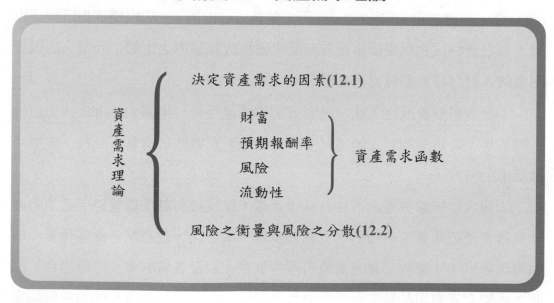

##  12.1 決定資產需求的因素

### ㈠影響資產需求的因素

　　人們持有資產，以作為價值儲藏的工具。可作為價值儲藏的工具很多，包括債券、股票、存款、土地、房屋、消費性耐久財、生產財以及藝術品等等。

　　人們在考慮是否購買某種資產或如何在多種資產中決定要持有哪一種或哪幾種資產時，所面臨的是一個選擇的問題。與消費者選擇理論相似地，根據選擇理論，個人在所得限制下，按各商品價格之不同，選擇能使效用臻於最高境界的商品組合，以決定他對各商品的需求量；資產的需求情況亦復如此。一般而言，在選擇理論中，用於決定個人均衡需求量的因素有四：規模變數 (scale variables)、相對價格 (relative prices) 或相對報酬率 (relative returns)、風險態度 (risk attitude) 與流動性 (liquidity)。規模變數指所得或財富，相對價格或相對報酬率指各商品間價格或報酬率之比較；而個人的偏好則為個人對每種商品或資產的好惡。

　　⑴就規模變數而言，由於持有或需求資產是持有財富 (wealth) 或保值的一種方法，所以限制個人能持有多少資產的重要變數是財富，而非一般需求理論中的所得。

　　⑵個人在考慮究竟是否持有某種資產，以及持有若干數量時，必須考慮持有各資產所能獲得的報酬率究竟有多高。換言之，他必須考慮各種資產的相對報酬率，才能決定究竟要持有哪些資產，以及各持有多少才最適合。因此，影響資產需求的第二組重要變數是各資產相對於其他資產的預期報酬率 (the expected rate of return)。

　　⑶持有一種資產，其報酬率是否相當穩定，亦是資產需求者所需考慮的

重要因素。因為若報酬率變動很大，且非常不確定，則持有該資產的風險 (risk) 較高；反之，則風險較低。資產需求者究竟喜歡較高風險或較低風險的資產，端視個人的偏好而定。在其他情況不變下，喜歡較高風險的資產需求者，為風險愛好者 (risk lover)；反之，則為風險趨避者 (risk averter)。一般認為大多數的資產需求者屬於風險趨避者，因此我們在此亦如此假設。

(4)資產需求者尚需考慮資產是否能在無太大損失的情況下迅速地變成現金。任何資產若能在無太大損失的條件下迅速變成現金，則該資產的流動性 (liquidity) 很高。反之，若不易變現，或即使能變現，但需蒙受很大損失，則該項資產缺乏流動性 (illiquidity)。貨幣因本身即為現金毋需變現，亦無變現消失，故係具有完全流動性 (perfect liquidity) 的資產。反之，如房地產等固定資產，雖可變現，但若欲迅速變現則必須折價求售，蒙受損失，因而固定資產屬於缺乏流動性之資產。

以下我們擬詳細討論財富、預期報酬率、風險及流動性等四個變數對資產需求的影響。

## 1.財 富

如上所述，資產持有者通常將其財富以多種不同資產持有。因此財富總額成為決定持有資產的一項重要限制因素。如果所有資產皆屬於正常資產 (normal assets) 而非劣等資產 (inferior assets)，則個人財富增加時，他持有資產的能力提高，他對各種資產需求的數量隨之增加；反之，若個人的財富減少，則他對各種資產需求的數量，將隨之減少。因此資產需求與財富朝同方向變動，資產需求為財富的增函數。

商品有必需品 (necessity) 與奢侈品 (luxury)，資產亦然。必需品指財富增加時該資產的增加彈性 [1] 小於 1；奢侈品指財富增加時，該資產的增加彈性大於 1。人們對必需性資產的需求有其一定的限度，財富增加所致必需性資

---

1.彈性是用來衡量 X 變動引起 Y 變動的敏感度，其公式為：

產需求量的增加有限，其資產需求的財富彈性小於 1。由於必需性資產需求量增加的百分比小於財富增加的百分比，所以當財富持續增加時，人們所持有的必需性資產占財富的比例隨之降低；反之，由於奢侈性資產需求的財富彈性大於 1，當財富不斷增加，奢侈性資產需求量增加得比財富快。因此，隨著財富增加奢侈性資產持有量占財富量的比例將不斷提高。

在個人理財經驗中，人們通常將部分財富用於持有通貨、活期存款、定期及儲蓄存款、股票及債券等金融性資產。其中通貨與活期存款因係日常交易所必需持有的資產，其需求量有一定的限度，因此當財富增加時，通貨與活期存款的需求量並不致大幅增加。這兩種資產屬於必需性資產，其占財富之比例，將隨財富之增加而降低；反之，定期及儲蓄存款、股票以及債券，則係財富增加到某一程度之後，才會持有的資產，其需求的財富彈性大於 1，屬於奢侈性資產。因此隨著財富增加，定期及儲蓄存款、股票以及債券等奢侈性資產占財富的比例將提高。

綜上所述，財富為資產需求的一個決定因素，其增減會使一般資產的需求量隨之增減。而且，奢侈性資產占總財富的比例，隨財富增加而提高，而必需性資產占財富的比例，將隨財富之增加而降低。

## 2. 預期報酬率

任何資產之報酬率，乃該資產的利率與資本利得率（或資本損失率）之和。報酬率愈高對資產持有人愈有利，因而個人在決定是否投資某項資產之前，必然要盤算一下，該資產究竟將帶給他多高的預期報酬率，以便決定是否持有該資產，以及該持有多少。若其預期報酬率相對地高於其他資產的預期報酬率，則個人將增加持有該項資產；反之，若其預期報酬率低於其他資

---

註

$$彈性 = \left| \frac{Y \text{ 的變動率}}{X \text{ 的變動率}} \right| = \left| \frac{\dfrac{dY}{Y}}{\dfrac{dX}{X}} \right| \text{ 或 } \left| \frac{\dfrac{\Delta Y}{Y_1 + Y_2}}{\dfrac{\Delta X}{(X_1 + X_2)}} \right|$$

產的預期報酬率,則他將減少持有該項資產而改持有其他資產。因此預期報酬率對資產需求有正的影響效果。

然而,由於預期報酬率在個人做決策時尚未實現,在市場上無法觀察,所以必須靠個人的經驗與觀察始能判斷。一般而言,我們可以利用以往報酬率的高低,及其出現的機率,估計將來可能發生的預期報酬率。

換言之,預期報酬率可視為過去實際報酬率,以各報酬率可能出現之機率為權數,而求出的一種加權平均數:

$$R_e = \sum_{i=1}^{n} P_i \times R_i \qquad (12-1)$$

式中,

$R_e$ = 預期報酬率

$P_i$ = 第 $i$ 種實際報酬率出現之機率

$R_i$ = 第 $i$ 種實際報酬率

我們試將以上的公式舉一實例說明之:假設某甲擁有一種股票,依照過去的經驗有五種實際報酬率,各為 2%、4%、6%、8%、10%,依照兩種不同的機率組合而呈現如表 12-1 的結果。其中,I、II 的組合不同,其預期報酬率均為 6%。

表 12-1　股票預期報酬率變化表

| 實際報酬率 $(R_i)(\%)$ | 機率組合 I $(P_i)$ | 機率組合 II $(P_i)$ |
|---|---|---|
| 2 | 0.20 | 0.15 |
| 4 | 0.20 | 0.20 |
| 6 | 0.20 | 0.30 |
| 8 | 0.20 | 0.20 |
| 10 | 0.20 | 0.15 |
| 預期報酬率 | 6% | 6% |

## 3. 風　險

我們假設資產需求者是趨避風險的,而風險的高低則以報酬率機率分配

的分散程度表示。如上所述，資產之預期報酬率涉及機率，其機率分配愈集中代表預期報酬率變異程度愈小；反之，預期報酬率機率分配分散時，表示其預期報酬率的變異程度愈大。若以橫軸代表報酬率 $R$，以縱軸代表報酬率出現之次數 $f_R$，並假設報酬率的機率分配屬於常態分配，則報酬率與其機率分配可用圖 12–1 表示。

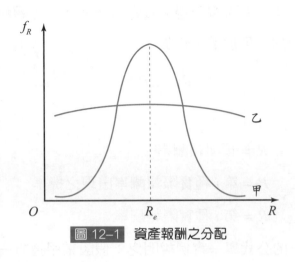

**圖 12–1　資產報酬之分配**

　　圖中我們假設甲、乙兩種證券的平均預期報酬率皆為 $R_e$，然而甲證券報酬率的次數分配較集中，而乙證券報酬率則較分散。這兩種證券報酬率分散的程度以其變異數 (variance) 或標準差 (standard deviation) 表示。變異數或標準差小者，分散程度小，預期報酬率的實現較確定，因而風險較低；反之，變異數或標準差較大的證券，其風險則較高。以圖 12–1 的甲與乙兩種證券而言，甲證券報酬率的標準差較乙證券低。

　　人們對風險的態度因個人的偏好而異，一般而言可分為三種，第一種人稱為風險愛好者，例如有嗜賭如命的喜愛風險者；第二種人稱作風險中立者 (risk neutrality)；第三種人則是對風險退避三舍的風險趨避者；一般而言，大多數人屬於後者，故我們假設人們對風險皆抱著敬鬼神而遠之的心態。如此，當風險增加，該項資產的需求量將減少；反之則增加。因此在大多數人皆傾向於趨避風險的假設下，資產需求量將與該資產風險的高低朝反方向變動。

### 4.流動性

資產之流動性係指資產能在短時間內不蒙受重大損失而變換成現金的性質。因此像現金、活期存款、定期及儲蓄存款及國庫券等變現速度快而且變現損失少的資產，屬於流動性高的資產。反之，如房地產等變現速度慢，而且若要快速變現需要蒙受鉅額損失者，屬於流動性低的資產。資產流動性高低與資產是否有發達的次級市場，以及資產要變現時是否需要很高的交易成本有密切的關係。次級市場發達且交易成本低的資產，其流動性高，反之則低。例如國庫券因有發達的次級市場，而且轉手之交易成本很低，所以其流動性高。反之，房地產雖亦有次級市場，但其交易效率不如證券市場，而且房地產交易通常要由經紀人與代書經手，交易成本頗高，以致其流動性偏低。

資產的流動性愈高時，資產持有者愈能在無太大損失的情況下，迅速將該資產變換成現金，因此人們較樂意持有；反之，若資產的流動性愈低時，萬一資產持有者急需現金必須將之變現，則可能發現不易變現或只有大幅降低始能求現，所以流動性愈低的資產，人們愈不願意持有。因此某資產流動性相對地高於其他資產時，人們對某資產的需求量將增加。反之，若某資產的流動性相對地低於其他資產之流動，則人們對它的需求量將減少。

## ㈡資產需求函數

資產需求函數代表某項資產需求量與其決定因素之間的函數關係，它是資產需求理論中的一個重要函數式。綜上所述，我們知道決定資產需求量的主要因素有：財富、相對預期報酬率、相對風險以及相對流動性等四個因素。財富因係限制持有資產的規模變數，所以假設資產皆屬正常資產，則財富增加，資產需求將隨之增加。預期報酬率乃人們持有資產所將獲得的預期報酬率，因此若某資產預期報酬率相對於其他資產提高，則人們將提高前者的需求，並相對地降低對後者的需求。

一般而言，任何資產的風險相對於其他資產的風險提高時，人們將減少

對風險提高的資產之需求量。反之，若為資產的風險相對於其他資產降低，則人們將增加對前者的需求量。

流動性高的資產，因其變現能力高，變現成本低，所以人們較願意持有。因此，若某資產流動性相對於其他資產提高，則人們對該資產的需要量將相對於其他資產增加。反之，若某資產之流動性相對於其他資產低，則人們對該資產之需要量將減少。

根據以上的分析，我們可得資產需求函數為：

$$D = f(W, R_e, \delta, L) \tag{12-2}$$

式中，

$D$ = 資產需求量

$f$ = 函數關係

$W$ = 財富總量

$R_e$ = 相對預期報酬率

$\delta$ = 標準差，代表資產之相對風險

$L$ = 資產之相對流動性

(12–2) 式表示資產需求量為個人財富總量、資產相對預期報酬率、相對風險以及相對流動性之函數。(12–2) 式等號右邊函數內各決定因素對資產需求量的影響方向，則以表 12–2 表示之。

表 12-2 資產需求量與影響因素之關係

| 影響因素 | | 資產需求量 |
|---|:---:|:---:|
| 一、財富總量 | ↑ | ↑ |
| 二、相對預期報酬率 | ↑ | ↑ |
| 三、相對風險 | ↑ | ↓ |
| 四、相對流動性 | ↑ | ↑ |

## 12.2 風險之衡量與風險之分散

在風險度之衡量上，吾人可用標準差來測度。根據統計分析，我們知道標準差的公式為：

$$\delta = \sqrt{\delta^2} \tag{12-3}$$

式中，

$$\delta = 標準差$$

$$\delta^2 = 變異數$$

而且變異數的公式為：

$$\delta^2 = \sum_{i=1}^{N} P_i (R_i - \bar{R}_e)^2 \tag{12-4}$$

式中，

$P_i =$ 第 $i$ 種報酬率出現之機率

$R_i =$ 第 $i$ 種報酬率

$R_e =$ 預期報酬率，其計算方式如上述 (12-1) 式所示

以表 12-3 甲公司實際報酬率，出現機率及預期報酬率的假設數據為例，我們可以利用 (12-3) 式與 (12-4) 式計算出股票報酬率的變異數與標準差，其結果如表 12-3 所示。

表 12-3　甲公司股票報酬率之變異數與標準差

| (1)<br>$R_i$<br>實際報酬率 (%) | (2)<br>$P_i$<br>機率 | (3)<br>$R_e$<br>預期報酬率 (%) | (4)<br>$(R_i - R_e)$ | (5)<br>$(R_i - R_e)^2$ | (6)<br>$P_i(R_i - R_e)^2$ |
|---|---|---|---|---|---|
| 6 | 0.15 | | −5.5 | 30.25 | 4.5375 |
| 9 | 0.20 | | −2.5 | 6.25 | 1.2500 |
| 12 | 0.30 | 11.50 | 0.5 | 0.25 | 0.0750 |
| 13 | 0.25 | | 1.5 | 2.25 | 0.3750 |
| 19 | 0.10 | | 7.5 | 56.25 | 5.6250 |

變異數 $= \delta^2 = 11.8625$。

標準差 $= \delta = \sqrt{\delta^2} = 3.4442$。

表 12–3 的結果顯示，根據表 12–1 所假設的資料，甲公司報酬率的變異數 $\delta^2 = 11.8625$，其標準差則為 3.4442。任何其他證券報酬率的變異數或標準差若高於甲公司，則表示公司證券的風險比甲公司高；反之則較低。

如上所述，人們大多為風險趨避者，希望所持資產的風險能夠降至最低程度，分散持有資產是一種可行的辦法。然而，並非分散持有資產皆必然能使風險降低，蓋因資產預期報酬率，不但因各資產而別，而且其高低可能尚因景氣循環階段的不同而異。透過適當的分散能否有助於降低所持資產的風險，視情況而定。

(1)若兩種資產的預期報酬率具有完全相同的正相關，則分散持有資產並無法降低資產組合的風險程度。如表 12–4 的 A 情況，甲、乙兩資產報酬率完全相同，結果無論是 1、2、3、4 哪種狀況下，其預期報酬率均相同，變異數也沒改變。

(2)若甲乙兩資產的預期報酬率具有完全的負相關，在不同景氣循環期間，甲資產的預期報酬率上升時，乙資產的預期報酬率下降；反之甲資產預期報酬率下降時乙資產預期報酬率上升。如表 12–4 的 B 情況所示。若兩種資產的預期報酬率有這種完全負相關關係，則資產持有者分散持有這兩種資產，雖其資產組合之報酬率在不同情況下均相同，但其分散持有之風險相較只持有一種資產而言，可由報酬率的變異數及標準差為零中得知，已明顯下降。因此，當報酬率具完全負相關時，分散持有可使總資產的預期報酬率的波動程度降低，使持有程度的風險下降。

(3)兩種資產的預期報酬率亦可能並無一定的相關關係可循，如表 12–5 所示。即使各種證券之報酬率並無明顯的負相關，但透過分散之原則，由報酬率之變異數和標準差的變化來看，可知分散仍可使總資產持有額的風險較完全持有某一種資產時降低。

表 12-4  甲乙兩證券報酬率相關情況不同下分散持有之結果

A.兩證券具有相同的報酬率

| (1)<br>狀況 | (2)<br>機率 | (3)<br>甲之報酬率 (%) | (4)<br>乙之報酬率 (%) | (5) = 0.6×(3) + 0.4×(4)<br>資產組合之報酬率 (%) |
|---|---|---|---|---|
| 1 | 0.1 | 5.0 | 5.0 | 5.0 |
| 2 | 0.4 | 7.0 | 7.0 | 7.0 |
| 3 | 0.3 | 6.0 | 6.0 | 6.0 |
| 4 | 0.2 | -2.0 | -2.0 | -2.0 |
| 預期報酬率 | | 4.7 | 4.7 | 4.7 |
| 報酬率之變異數 | | 11.61 | 11.61 | 11.61 |
| 報酬率之標準差 | | 3.4073 | 3.4073 | 3.4073 |

B.兩證券具有完全負相關的報酬率

| (1)<br>狀況 | (2)<br>機率 | (3)<br>甲之報酬率 (%) | (4)<br>乙之報酬率 (%) | (5) = 0.6×(3) + 0.4×(4)<br>資產組合之報酬率 (%) |
|---|---|---|---|---|
| 1 | 0.1 | 5.0 | 2.5 | 4.0 |
| 2 | 0.4 | 7.0 | -0.5 | 4.0 |
| 3 | 0.3 | 6.0 | 1.0 | 4.0 |
| 4 | 0.2 | -2.0 | 13.0 | 4.0 |
| 預期報酬率 | | 4.7 | 2.95 | 4.0 |
| 報酬率之變異數 | | 11.61 | 26.1225 | 0 |
| 報酬率之標準差 | | 3.4073 | 5.1110 | 0 |

資料來源：William F. Sharpe (1981), Investments, Prentice-Hall, p. 124.

表 12-5  報酬率無明確相關時，分散持有之結果

| (1)<br>狀況 | (2)<br>機率 | (3)<br>甲之報酬率 (%) | (4)<br>乙之報酬率 (%) | (5) = 0.6×(3) + 0.4×(4)<br>資產組合之報酬率 (%) |
|---|---|---|---|---|
| 1 | 0.1 | 5.0 | -1.0 | 2.6 |
| 2 | 0.4 | 7.0 | 6.0 | 6.6 |
| 3 | 0.3 | -4.0 | 2.0 | -1.6 |
| 4 | 0.2 | 15.0 | 20.0 | 17.0 |
| 預期報酬率 | | 5.10 | 6.9 | 5.82 |
| 報酬率之變異數 | | 45.89 | 48.09 | 42.7956 |
| 報酬率之標準差 | | 6.7742 | 6.9347 | 6.5418 |

資料來源：William F. Sharpe (1981), Investments, Prentice-Hall, p. 124.

綜上所述，除非兩種資產的預期報酬率完全亦步亦趨地變動，否則分散持有不同資產，將有助於降低整個資產組合的風險程度。同時，根據上述分析，若兩種資產預期報酬率的變化完全具有負相關關係，則分散持有資產將使資產之總風險降至最小的程度。

# 繽紛貨銀 12A

## 一千四百萬分之一的中獎機率[2]

臺灣的公益彩券，相當熱門，下注者甚多。以大樂透為例，從 49 個號碼中選六個號碼，有多少中獎機率呢？中獎機率是用數學可以算出來的，用數學公式可算出得頭獎的機率大約只有一千四百萬分之一[3]。換言之，一張彩券 50 元，一共要花上將近 7 億元，才能把所有組合的彩券買齊，也才能保證中得頭獎。這樣看來，買彩券想中頭獎，合算嗎？從平均機率來看，當然是不合算的！

儘管不合算，彩券行仍然買氣鼎盛，到處都是明牌妙算、電腦程式、求神卜卦，討論得沸沸揚揚。這到底是怎麼回事？難道大家都不知道購買大樂透的平均報酬率是負值而會虧損嗎？

雖然大家都知道中獎率低，但是許多人心中想的，並不是平均報酬率，而是：「萬一」中獎的話，不就發了嗎？對他們而言，買的是一個夢想。

所謂的「機率」，乃是大數法則，買的彩券愈多就愈接近平均報酬率。換言之，每一張中頭獎彩券的存在，便意味著社會上另有未中頭獎的一千三百多萬張彩券，分在不同人手中。但對個人而言，其心中只有中與不中的差別，即零與壹的差別，把機率視為二分之一。

有些人生性好賭，愛好在風險下追逐希望；另有些人打死不沾，絕不踏進彩券行一步。根據一項調查報告顯示，臺灣大約有 52% 的人曾經買過彩券[4]。只要任何活動有不確定性，在風險下面臨抉擇，不管平均值合算不合算，必有「風險愛好者」趨前爭購，愈是有高額的獎金，愈吸引他們的垂青。

這麼說來，賭博可能在這個社會上消失嗎？答案已是昭然若揭，對於賭博，政府絕難全面圍堵，只能盡量開道疏通，如同大禹治水一般。政府對公益彩券的盈餘，訂有分配比率辦法，將盈餘依比例分為國民年金、全民健康保險、各直轄市、縣（市）政府分配等用途。透過愛好風險者的好賭心態，

---

 註

2. 參考：楊雅惠，〈風險下賭希望〉，《聯合報》，2003 年 7 月 15 日。

3. 依照組合數學，從個元素中取出個元素，這個元素可能出現的組合方式為

$$C_k^n = \begin{bmatrix} n \\ k \end{bmatrix} = \frac{n!}{k!(n-k)!}$$，將 $n = 49$，$k = 6$ 代入可得 $C_6^{49} = \frac{49!}{6!43!} = 13{,}983{,}816$

由上式可知，大樂透彩券從 49 個號碼中選 6 個號碼進行組合的可能性一共有 13,983,816 種，四捨五入後約等於 14,000,000 種。

4. 資料來源：2002 年 2 月 17 日，聯合報民調中心。

將社會儲蓄引導至公益用途上，這是個人的資產配置，也是社會資金的重新分配組合。

# 繽紛貨銀 12B

## 住宅價格指數

住宅是民眾生活重要需求，乃是資產配置中的一個選項，其價格變動是民眾資產配置重要考量。根據內政部營建署委託中華民國住宅學會於 2017 年 10 月公布的住宅價格指數，可觀察近數年之全國房價變動以及各地區房價改變差異。

**表 12－C** 全國及八直轄市住宅價格指數相對上季變動率表

單位：%

| | 全 國 | 新北市 | 臺北市 | 桃園市 | 臺中市 | 臺南市 | 高雄市 |
|---|---|---|---|---|---|---|---|
| 2013 年第 3 季 | 2.56 | 2.36 | 2.79 | 5.65 | 5.00 | 3.79 | 3.90 |
| 2013 年第 4 季 | 2.07 | 3.58 | 2.19 | 0.15 | 1.39 | 1.68 | 4.57 |
| 2014 年第 1 季 | 3.59 | 2.72 | 3.11 | 4.98 | 6.80 | 4.83 | 3.04 |
| 2014 年第 2 季 | 1.73 | 2.22 | 0.81 | 0.80 | 4.02 | 2.61 | 1.61 |
| 2014 年第 3 季 | 2.11 | −0.56 | 0.59 | 2.60 | 0.15 | 2.66 | 0.91 |
| 2014 年第 4 季 | 1.43 | 0.77 | −1.66 | 4.09 | 2.71 | 1.33 | 5.43 |
| 2015 年第 1 季 | 1.71 | −0.76 | −0.99 | −1.90 | 5.77 | 5.13 | 1.39 |
| 2015 年第 2 季 | −0.62 | 0.14 | 0.53 | 1.19 | −0.17 | −1.26 | 0.84 |
| 2015 年第 3 季 | −0.07 | −0.27 | −1.25 | −0.84 | −2.83 | −0.84 | −0.12 |
| 2015 年第 4 季 | −0.48 | −1.86 | −3.51 | −0.91 | −1.58 | −0.55 | −1.07 |
| 2016 年第 1 季 | −0.15 | −0.18 | −1.31 | −0.81 | −0.40 | −0.04 | −1.27 |
| 2016 年第 2 季 | 1.17 | −0.52 | 0.20 | −2.16 | 2.01 | 1.64 | 1.80 |
| 2016 年第 3 季 | 0.13 | −0.13 | −0.07 | 2.19 | 0.69 | 0.16 | 1.02 |
| 2016 年第 4 季 | −1.55 | −0.34 | −1.07 | 0.09 | −1.87 | −0.61 | −1.15 |
| 2017 年第 1 季 | 0.09 | −0.33 | −1.04 | −1.65 | 1.20 | 0.43 | 1.03 |
| 2017 年第 2 季 | 0.44 | −0.53 | 0.66 | −1.20 | 0.16 | 0.84 | 1.09 |

依該報告分析，2017 年第 2 季之房市受到經濟成長相對疲弱（經濟成長僅逾 2%）、政策面支持（推動前瞻基礎建設及制度強化）、趨勢面持穩（房價

趨勢為微跌格局）、市場面萎縮（交易量偏低）、資金成本偏低（房貸利率維持歷史低點）等因素影響，市場仍有觀望的態勢，購買力不足、經濟疲弱及市場缺乏真正的利多仍是影響市場的主因。

　　2013 年第 3 季至 2017 年第 2 季期間，全國在 2013 年至 2014 年間價格上漲最多，至 2015 年之後價格趨跌。進一步比較六直轄市，其趨勢大致相近，而北部一直維持下跌趨勢，中南部則在 2017 年後有上漲傾向。

## 重要詞彙

規模變數 (scale variables)　　　　　　財富 (wealth)

相對價格 (relative prices)　　　　　　預期報酬率 (expected rate of return)

相對報酬率 (relative returns)　　　　　風險愛好者 (risk lover)

風險態度 (risk attitude)　　　　　　　風險趨避者 (risk averter)

流動性 (liquidity)　　　　　　　　　　風險中立者 (risk neutrality)

## 練習題

1. 影響資產需求的因素有哪些？
2. 衡量預期報酬率之風險，可用何指數來衡量？
3. 為何分散資產需求可降低風險？
4. 股票市場中，設某電子股 A 與某電子股 B 的報酬率完全相同，那麼分散持有對風險有何影響？某電子股 A 與某金融股 C 的報酬率完全負相關，則分散持有對風險有何影響？

# 第 13 章
# 貨幣需求理論

　　貨幣是眾多資產中的一種。而家戶與廠商所保有的貨幣數量的多寡，是在衡量其間的優劣後，做出對其資產組合最有利的決定。影響其決定的因素主要有交易媒介、流動性、報酬率及風險等四種，這些將在第 1 節中說明。

　　經濟學界發展出幾種學說來解釋貨幣需求理論，本章以古典學派、凱因斯學派以及貨幣學派三家的學說為主。古典學派又分別介紹費雪的交易方程式和由其衍生的劍橋學派之現金餘額學說，均在第 2 節中詳述。凱因斯則以交易動機、預防動機及投機動機為出發點提出流動性偏好理論，接在第 3 節中討論。第 4 節則是貨幣學派弗利德曼所提出的貨幣數量學說，此派的重點在於認為人們關心的是實質的貨幣數量，而此學說所要探討的就是這些需求量是由何種因素所決定，並分別由最終財富擁有者和生產企業家的觀點來說明其貨幣需求函數的不同。第 5 節則將古典學派、凱因斯學派與貨幣學派各學派的差別作一比較。

## 架構圖 13　貨幣需求理論

　　　貨幣需求理論 ⎰
- 通論(13.1)
- 古典學派：交易方程式與劍橋學派(13.2)
- 凱因斯：流動性偏好理論(13.3)
- 貨幣學派：弗利德曼(M. Friedman)貨幣需求理論(13.4)
- 學派間貨幣需求理論之比較(13.5)

# 13.1 貨幣需求通論

## 一般貨幣需求

貨幣的需求量，可從比較保有貨幣與保有其他資產之成本效益中決定。保有貨幣的效益有它作為交易媒介的功能與最高度的流動性，且沒有被倒帳等風險；而其成本則是犧牲其他資產型態的報酬與可能因通貨膨脹而貶值等。以下分項概述。

### 1. 交易媒介

貨幣具有此等功能，而其他資產則不能作為交易的支付工具。

### 2. 流動性

貨幣具有（或近乎具有）完全流動性，而其他資產要變換為現金需多花點時間與成本。

### 3. 報酬率

貨幣以外其他資產各有其報酬率：定期與儲蓄存款、短期票券、長期債券以及民間借貸之債權等，都有利息收益；購買股票有紅利與增值收益；房地產有增值收益與租金收入；黃金與外匯等也有增值之可能。相對地，保有通貨與支票存款的報酬率一般為零，活期存款的利率亦甚低。故其他資產之報酬率為保有貨幣之機會成本，亦即保有貨幣必須犧牲其他資產之報酬率。

### 4. 風　險

風險指的是資產的報酬率，或資產價值因不可預見的因素而下跌之可能性。保有貨幣的報酬率為零，而且除了可能因物價上漲而導致實質購買力下跌之外，通常並無其他因素可造成其在價值上的損失（政局突變或銀行倒閉等罕見之場合暫不討論）。存款、票券與民間債權等所謂金融性資產，其實質購買力也同樣會因物價上漲而下跌；票券、債券與民間借貸之債權可能因倒

帳而遭受損失；股票之價格起伏不定，且可能因公司經營不善，得不到紅利，甚或一文不值。相形之下，房地產等實質資產之實質價值可免於物價上漲之影響（因這類資產之價格一般會隨其他物價而上漲），且價格下跌之可能性相對較低，故風險較小。

依據以上四方面之比較，交易媒介與流動性是有利貨幣保有的因素；報酬率之考慮不利於貨幣；而在風險方面，貨幣優於其他金融性資產，但略遜於實物資產。因此，以下五項因素將導致人們增加對貨幣之保有：(1)預期的交易量增加；(2)其他資產的報酬率降低；(3)其他資產之風險提高；(4)預期物價上漲率（代表保有貨幣之風險）降低；與(5)資產總量增加。其中第(1)項預期交易量與國民所得通常有相當高的正相關，故可以用國民所得代表之。在探討貨幣需求方程式時，有些學者認為應以名目貨幣需求為被解釋變數，有些學者則認為應納入物價之考量，以實質貨幣需求為被解釋變數。因而，貨幣需求方程式一般可寫成：

$$M^d = f(y, i, \pi^e, A, \alpha) \tag{13–1a}$$

或

$$\frac{M^d}{P} = m(y, i, \pi^e, A, \alpha) \tag{13–1b}$$

式中左方 $M^d$ 為名目貨幣需求量，$P$ 為物價水準；右方之影響因素中，$y$ 為實質國民所得，$i$ 為其他資產的報酬率（一般以利率代表之），$\pi^e$ 為預期物價上漲率，$A$ 為實質資產總量，$\alpha$ 為其他影響貨幣需求的變數（其中包括其他資產之風險，以及一些制度性因素）。

關於此項貨幣需求方程式，有兩點需加說明：

(1)不管是基於交易媒介或是價值儲藏之考慮，我們在保有貨幣時所應重視的是貨幣的實質價值，亦即以物價平減之後的實質購買力。因此，式中的貨幣需求，以實質貨幣量 $\frac{M^d}{P}$ 來代表。

(2)所謂其他因素，包括信用卡與簽帳卡的交易習慣。使用信用卡與簽帳

卡有減少貨幣需求的作用。其道理可舉一例說明之：設有一消費者，在每月月初領得月薪 10,000 元。他習慣將薪水擺在口袋裡，並在一個月中平均花用完畢。如此，他在 1 個月內的平均貨幣保有量為 5,000 元。假設他現在有了簽帳卡，而且整個月之簽帳在下個月初才付款。那麼他平常就可以少帶現金，而將大部分的薪水存入 1 個月期的儲蓄存款帳戶，直到付簽帳卡帳單時才將之提出。如此，他在整個月中平均保有的貨幣量便大為減少了。諸如信用卡或簽帳卡這類制度性的影響，在貨幣需求方程式中由 $\alpha$ 來反映。

# 13.2 古典學派：交易方程式與劍橋學派

古典貨幣數量學說可以用費雪的交易性的數量學說及劍橋學派之現金餘額數量學說 (cash-balance approach) 為代表。

## ㈠費雪交易方程式

費雪強調的是貨幣之交易媒介功能與貨幣之交易流通速度 (the transaction velocity of circulation of money)。

如果 A 向 B 購買某物品，B 向 C 購買另一物品，C 再向 A 購買另一物品，其價值均為 1 元。社會上的商品交易總值為 3 元，但真正流通的貨幣量為 1 元，其貨幣轉手次數為 3。此即古典學派所謂之貨幣之交易流通速度。

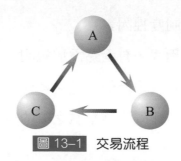

圖 13-1　交易流程

所謂交易流通速度係指單位貨幣在一段交易期間內（例如 1 年）轉手之次數。費雪 (1991) 認為由於每次或每種交易均有買賣雙方，因此，就整個經濟而言，銷售總值恆等於購置總值。銷售總值為交易數量與交易發生之平均的價格之乘積，而購買總值又等於收入總值。後者係整個經濟流通的貨幣與單位貨幣轉手的次數（即流通速度）。如以 $M$ 代表貨幣數量，$V_T$ 代表流通速度，$P$ 代表物價水準，$T$ 代表交易量，則因物價水準係所有交易價格之加權平均，因此 $P$ 可視為平均價格。而上述觀念便可以 (13–2a) 式之恆等式表示：

$$M \times V_T \equiv P \times T \tag{13–2a}$$

上式即著名的費雪交易方程式 (Fisher's equation of exchange)。

由於交易量 $T$ 不易量化衡量，故可以所得 $y$ 來替代，如下式所示：

$$M \times V_y = P \times y \tag{13–2b}$$

式中 $V_y$ 為交易方程式代入 $y$ 之後求算出來的所得流通速度 (velocity of income)。

費雪之數量學說乃以此方程式出發。古典學派做了若干假設，認為交易量 $T$ 因社會交易習慣屬固定而可假定為固定值。費雪及其他古典學者均假定充分就業為經濟社會的常態。若令交易量與所得均維持某一個固定比率，則因所得為充分就業所得，因此，交易量為固定值。費雪並未假定流通速度固定不變，然而為了分析方便，他認為均衡時流通速度會趨向一個均衡值，而他乃取 $V_T$ 為均衡值。因此，在 $V_T(V_y)$ 與 $T(y)$ 均固定下，均衡的物價水準 $P$ 乃決定於 $M$ 變數。令均衡的交易量為 $\overline{T}$，均衡的流通速度為 $\overline{V_T}$，則 (13–2a) 式可寫成：

$$M \times \overline{V_T} = P \times \overline{T}$$

上式為費雪之貨幣數量學說，即物價水準與貨幣數量成同比例變動。

古典學派認為當實質產出 $y$ 維持在充分就業產出水準及 $V$ 為固定之假設下，貨幣供給量的增加會造成物價作同方向、同比例的變動。此一論點由貨幣數量方程式取 "log" 再全微分，可得：

$$\frac{\mathrm{d}M}{M} = \frac{\mathrm{d}P}{P} \quad {}^{1}$$

在 $V$ 與 $Y$ 維持不變的前提下，物價會與貨幣供給量作同方向、同比例的變動。

在此推理下，古典學派主張物價上漲率等於貨幣供給增加率，則貨幣供給變動的影響全部反映在物價上，不會造成所得之變動，貨幣面如同經濟體中的一層面紗，物價只是隨貨幣量而變動而已，在實際經濟的變動中扮演著中立的角色，故稱為貨幣中立性 (neutrality of money)。

在貨幣中立性之假說下，即使政府增加貨幣供給，也不會影響實質所得，徒然促升物價而已，因此古典學派認為政府促進有效需求之公共政策無效。

盡管費雪並未將貨幣數量學說解釋成貨幣市場的均衡，然而上式可以解釋成貨幣市場之均衡式。若令總貨幣需求為總交易量之固定比例，並令 $M^d$ 表示貨幣需求，則

$$M^d = k_T \times \overline{P} \times T$$

其中 $k_T$ 為固定值。貨幣市場的均衡條件為貨幣需求等於貨幣供給，即

$$M^d = M^s = M$$

或

$$M = k_T \times \overline{P} \times T \qquad\qquad (13\text{--}3)$$

費雪之貨幣數量學說若解釋成貨幣需求理論時，則著重於瞭解在既定之總交易量 $T$ 下，全體經濟之貨幣需求量係由何因素決定（即 $M^d = k_T \overline{P} T$）。因此，費雪之貨幣需求理論實為總體理論，而劍橋學派之貨幣需求理論則與之相異，後者為個體理論，因為劍橋學派強調個體經濟單位之選擇行為。他著重於瞭解在個人交易意願固定下其所欲保有的貨幣需求量。

---

1. MV = Py，取 log 形式，ln M + ln V = ln P + ln y

取微分，d ln M + d ln V = d ln P + d ln y，即 $\dfrac{dM}{M} + \dfrac{dV}{V} = \dfrac{dP}{P} + \dfrac{dy}{y}$

令 dV = 0, dy = 0，則 $\dfrac{dM}{M} = \dfrac{dP}{P}$。

## ㈡劍橋學派

劍橋學派之貨幣數量學說可以舉庇古 (A. C. Pigou) 理論為代表。 庇古 (1917) 認為人們持有貨幣乃因其具有效用，它能提供人們交易的便利，同時也使人們享有安全感，即當人們急需用錢時能獲得滿足，因此人們會將資源或財富的一部分以貨幣形式持有。庇古更進一步假定短期而言，財富、所得及交易量間均維持固定比例的關係。令 $k$ 為小於 1 的常數，$y$ 為實質所得，$P$ 為物價水準；則

$$M^d = \frac{1}{V} \times P \times y = k \times P \times y$$

其中 $k$ 即稱為劍橋 $k$ (Cambridge k)。劍橋學派經濟學者因此認為貨幣不但為交易媒介且具有價值儲藏功能。令貨幣供給 $M^s$ 由政府控制，因此可視為外生變數，則貨幣市場之均衡條件為

$$M^d = M^s - M$$

或

$$M = \frac{1}{V} \times P \times y = k \times P \times y \tag{13-4}$$

(13–4) 式即是著名的「劍橋方程式」(Cambridge equation)。

# 📊 13.3 凱因斯的貨幣需求理論

## ㈠流動性偏好理論

凱因斯的貨幣需求理論認為人們係基於下述交易動機 (transactions motive)、預防動機 (precautionary motive) 與投機動機 (speculative motive) 等三種動機，而保有最富流動性的貨幣，故其貨幣需求理論文獻稱之為流動性偏好理論 (liquidity preference theory)。

### 1. 交易動機

為了應付日常生活或是業務經營上的正常開支，人們有必要保有相當數量之貨幣；這就是因交易動機產生的貨幣需求。影響因素主要為國民所得以及一些制度性的因素。國民所得提高、交易量增加，因交易動機而保有的貨幣量就必須增加。在制度性因素方面，薪資支付之頻率、貨幣普遍使用之程度，以及迂迴生產之程度等，都會影響貨幣需求。

就薪資所得者而言，將其薪水全部以貨幣形式保有，而且不從事任何儲蓄，在兩個發薪日之間，平均地把錢用光，則他平均保有的貨幣量大約為其月薪的一半。因此，當薪資的分放由每月一次改為每週一次時，此薪資所得者在不改變行為模式下，平均保有的貨幣量，將為週薪的一半。此意即薪資支付的頻率愈高，貨幣需求量愈小。

又生產供自己使用之比率愈小（相對地為市場生產比率就愈高），例如農夫收割之稻蔬，少留為己用而多到市場上銷售，或是以實物作為生產要素報酬之現象愈少，貨幣的使用就愈普遍（此謂之貨幣化，monetization），對貨幣之需求也愈多。此外，一項最終產品在由初級原料生產為最終成品之過程中，以中間產品之型態轉手，供進一步加工之次數愈多，用到貨幣的機會就愈多，貨幣需求也愈多。

### 2. 預防動機

預防動機的貨幣需求，是指為了應付突發事件，例如生病或是親友來訪需在外宴客等，而保有的貨幣。當面臨突發事件需要用到貨幣時，臨時將其他資產變現，可能緩不濟急，固有未雨綢繆的必要。就所得較高的家庭而言，一方面較有能力保有此種貨幣，另一方面交際較頻繁，故較有此需要。因而基於此種動機而保有的貨幣量，一般將隨所得而增加。

### 3. 投機動機

投機動機係就貨幣之「價值儲藏」功能而言。凱因斯認為貨幣在報酬率方面不及其他資產，而人們還是寧捨其他資產，而保有貨幣，實有投機心理

的成分。凱因斯進一步觀察到債券的價格與利率呈反方向變動的關係；亦即利率上升時，債券價格下跌；反之，利率下跌，債券價格上升。

凱因斯因此推論：在利率低時，債券之價格雖高，但利率可望回升，那時保有債券者將因利率上升導致債券價格下跌而遭致損失；反之，若在利率高時購進債券，則可能因為利率下跌而收到債券價格上漲的好處。因而，在利率低時，債券的風險較高，資產保有者會多保有貨幣，以備利率上升而債券價格下跌時，購進債券；相反地，在利率較高時，資產保有者會多保有債券，以備日後利率降低，債券價格回升之際，拋售出去，賺取債券價格的差額。根據這種說法，人們乃因貨幣具有最高的流動性而保有之，以便伺機而動，固有投機意味，也因而稱為投機動機。如上所述，由此等動機而保有的貨幣數量，在利率較高時較少，利率低時較多，故與利率呈反方向變動。

凱因斯的貨幣需求函數可寫成下式：

$$\frac{M^d}{P} = f(y, i) \tag{13-5}$$

凱因斯所提出的流動性偏好理論，可視為第一節通論之簡化後之一例。依據凱因斯之說法，貨幣需求同樣亦為國民所得的增函數，利率的減函數。不過，由於凱因斯理論假設物價固定不變，故他所提出之貨幣需求理論，忽略了預期物價上漲對貨幣需求之負影響。

## ㈡流動性陷阱

流動性陷阱 (liquidity trap) 是凱因斯理論的一項特色。它是指當利率跌至最低狀態時，整個經濟社會的貨幣需求會趨近於無限大的現象。這是由於此時的利率相當低，所以大眾預期利率不會再下降，皆預期利率將上升，社會大眾因而拋售債券，而對貨幣產生無限的需求，導致利率對貨幣市場超額供給的反應會非常微小，以至於不論貨幣供給怎麼增加，幾乎都不會使利率再下跌，因而使貨幣需求趨於水平線，所以此時的貨幣政策無效，只有財政政

策有效。圖 13-2 所顯示的即是在流動性陷阱下的貨幣需求線。

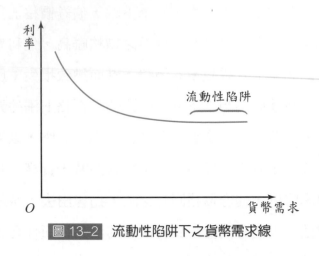

圖 13-2　流動性陷阱下之貨幣需求線

# 13.4 貨幣學派之貨幣需求理論

### ㈠弗利德曼之貨幣需求理論

　　弗利德曼是貨幣學派 (Monetarism) 的代表性學者。他的貨幣需求理論的顯著特點是：大眾所關心的是實質貨幣數量，而不是名目貨幣數量，而且大眾也確實知道他們需要若干實質貨幣數量。但是，這些實質貨幣需求量究竟由哪些因素所決定？這便是貨幣學派貨幣需求理論的主題。

　　貨幣學派認為：貨幣之重要在於它能將購買行為與銷售行為分開，它是購買力的暫時寄託所。如同現代其他學派一樣，貨幣學派將貨幣需求視同為資本理論或財富理論的一部分來處理，進行資產選擇的分析。從整個社會來說，就好像劍橋方程式 $M = k \times P \times y$ 一樣，大眾所保有的貨幣量得以其實質所得的百分之幾來表示。但是，從理論的觀點來看，貨幣對經濟社會之各個不同部門會產生不同的效用，故他們首先分別討論最終財富擁有者與生產企業家的貨幣需求。前者把貨幣需求當作他們保有其財富的一種方式，為其總資產結構之資產的一部分；後者將貨幣視為存貨或機器之類的生產財。

**1.最終財富擁有者的貨幣需求**

先就最終財富擁有者來說，實質貨幣需求決定於四種主要因素：(1)總財富；(2)人力財富與非人力財富的分配；(3)貨幣及其他資產的預期收益；(4)決定貨幣之相對效用的其他因素。

在總財富方面，就好像消費者選擇理論上的預算限制線一樣，個人所保有的貨幣數量以其總財富為上限。個人固可不保有貨幣，但通常的情形是財富愈多，貨幣保有量愈多，貨幣保有量絕不能超過其上限。在上限與零之間，究竟有若干比例的財富以貨幣形式而保有，則決定於總財富外其他三類因素。同時，在實證研究上，畢竟不易獲得其總財富的估計數，而足以表示財富狀況的測量所得 (measurable income) 又會有年年增減波動，故弗利德曼以恆常所得 (permanent income) 來代表總財富。

在人力財富與非人力財富的分配方面眾所週知，個人最主要的資產在於其賺錢能力，但現代社會已是非奴隸社會，賺錢能力的無形財富要轉成有形財富則有制度上的不完全性。由於這種不完全變現性的存在，假若個人財富以無形財富居多，為應付緊急需要，當然要保有較多的現金或流動資產。同時，有形財富既有較完全的市場，其收益率自然較低，故兩者互有利弊。如就貨幣需求而言，總財富中究竟有多少比例係以有形財富形式持有會有很重要的影響。如此項比例較高，個人之總財富的流動性較高，就可以降低其貨幣持有比例。反之，貨幣持有比例較高。就個人一生來觀察，有形財富占總財富之比例有上升趨勢，就會反映於個人貨幣需要的變化。

在貨幣及其他資產的預期收益方面，類似於消費理論中的商品及其替代品或補充品的價格間的關係。貨幣的名目收益可為零（通貨）、為正（活期及定期存款之利息）或為負（活期存款的淨服務費）。而其他資產（如公債、股權資產等）的名目收益則由兩部分所構成：(1)當期收益或成本，如公債利息、股息、實質資產的收益或效用；(2)其名目價格變動的損益，及實質資產的折舊費用、保管成本等。在平常情況下，其他資產收益的相對提高，會使貨幣

需求降低；反之，貨幣需求會增加。同時，其他資產損益不確定性或費用提高，會使貨幣需求增加；反之，則貨幣需求就會減少。

根據以上分析，我們可用下式來表示個人的貨幣需求函數：

$$\frac{M}{P} = f(y; w; r_m, r_b, r_e; \frac{1}{P} \times \frac{\mathrm{d}P}{\mathrm{d}t}; u) \tag{13-6}$$

其中 $w$ 表示有形財富占總財富的比例；$r_m$ 表示貨幣之預期名目收益率；$r_b$ 表示固定面值證券之預期名目收益率；$r_e$ 表示股票之預期名目收益率；$\frac{1}{P} \times \frac{\mathrm{d}P}{\mathrm{d}t}$ 表示預期物價變動率及實質資產的預期名目收益率；$u$ 表示偏好或制度因素。

(13-6) 式係個人的貨幣需求函數，若要將之應用於全部最終財富擁有者，必須考慮這種分配不平均的現象，對 (13-6) 式中的 $M$ 及 $y$ 分別是視為平均每人貨幣量及平均每人實質所得，則可應用於全部最終財富擁有者。

### 2. 生產企業家的貨幣需要

就生產企業家來說，雖然他們視貨幣為一種生產資源，但他們因能從資本市場取得若干資本，故乍看之下，他們對貨幣的需要似不受總財富的限制，而係受與銷售有關之因素，如總交易額、附加價值淨額、所得淨額、非貨幣形式之資本總額、淨值等的限制。惟在實證研究上，由於資料來源的限制，我們不妨也認為總財富仍為其限制因素之一。其次，由於生產企業家為無形財富及有形財富的購買者，故 $w$ 對生產企業家的貨幣需求並無影響。第三，貨幣及其他資產的預期收益率對生產企業家的貨幣需求當然有極大的影響，但與最終財富擁有者最大的差異是：生產企業家特別重視銀行放款利率的變動。第四，在其他因素方面，生產企業家特別重視對經濟安定的預期。由此可知，除 $w$ 之外，(13-6) 式仍能適切地表達生產企業家的貨幣需求。

根據以上所述，整個社會的貨幣需求可以說決定於：(1)各種資產的利率或收益率；(2)實質所得；(3)價格變動率；(4)無形財富與有形財富的比率等項。

若與劍橋方程式相較，劍橋方程式除假定貨幣需求的所得彈性等於一外，尚忽略 (13-6) 式中除 $y$ 以外的因素。若與凱因斯的三種貨幣需求動機相較，貨幣學派的主要優點在於將資產的種類加以擴大。實際上，這種進展反映金融機構逐漸多樣化的必然結果，這一點是現代貨幣需求理論的共同特色。

### ㈡貨幣流通速度的安定性

在貨幣實證研究上，大多數學者都認為貨幣需求的所得彈性大於 1，弗利德曼所算出的所得彈性甚至高達 1.8，而將貨幣視為奢侈品。為了簡化分析，我們暫時假定貨幣需求所得彈性等於 1，則 (13-6) 式便可改寫如下：

$$\frac{M}{P} = y \times f(w; r_m, r_b, r_e; \frac{1}{P} \times \frac{dP}{dt}; u) \tag{13-6a}$$

或

$$\frac{Py}{M} = v(w; r_m, r_b, r_e; \frac{1}{P} \times \frac{dP}{dt}; u) \tag{13-6b}$$

由此可知，貨幣存量與名目所得間的安定關係，須以 (13-6a) 式右方的安定，即貨幣流通速度的安定為前提。因為只有流通速度安定，才能使貨幣需求與名目所得做同方向的變動。甚至才能以貨幣存量的變動，預測名目所得的變動。

## 13.5 學派間貨幣需求理論之比較

### 古典學派、凱因斯學派與貨幣學派之貨幣需求理論的比較

在此小節中，我們將本章所討論的三個學派：古典學派、凱因斯學派以及貨幣學派，其貨幣理論間的差異彙總成表 13-1，以供參考比較。

我們可從三個角度來觀察。

### 1. 貨幣需求動機

古典學派較注重交易動機，凱因斯則是交易動機、預防動機、投機動機三者並重，貨幣學派除了重視貨幣的交易功能外，也強調價值儲藏功能。

### 2. 貨幣需求函數

古典學派為 $M = kPT$；凱因斯學派則認為受所得、利率之影響，因此方程式為 $M = P \times f(y, i)$；貨幣學派則除了 $y$ 以外，還加進許多影響因素，包括其他替代資產之相對報酬率，使得貨幣需求函數變成 $M = f(y, w, r_m, r_b, r_e; u; \frac{1}{P} \times \frac{dP}{dt})$。

### 3. 貨幣流通速度

古典學派認為貨幣之所得流通速度 $V$ 是外生所決定的；凱因斯學派則認為受所得與利率的雙重影響；貨幣學派則認為雖受多項因素影響，但函數關係仍相當穩定。

表 13-1　學派間貨幣需求理論之比較

| | 古典學派 | 凱因斯學派 | 貨幣學派 |
|---|---|---|---|
| 貨幣需求動機 | 交易動機 | 交易動機<br>預防動機<br>投機動機 | 交易動機<br>價值儲藏動機 |
| 貨幣需求函數 | $M \times V_T = P \times T$ | $M = P \times f(y, i)$ | $M = f(y, w, r_m, r_b, r_e; u; \frac{1}{P} \times \frac{dP}{dt})$ |
| 對貨幣流通速度($V$)之看法 | 外生決定的固定值 | 受所得與利率之影響 | 雖受多項因素影響，仍相當穩定 |

# 繽紛貨銀 13A

## 凱因斯觀念之復活

自 2008 年金融海嘯以後，包括美國新任總統歐巴馬 (Obama)、新興經濟體，以及許多歐洲國家都強調政府干預，並運用財政手段刺激經濟，使得曾經沉寂一時的凱因斯主義，又告復活。巧的是，2008 年的諾貝爾經濟學獎頒給凱因斯的信徒、美國普林斯頓大學教授及《紐約時報》專欄作家保羅·克魯曼 (Paul Krugman)，而有人說他「比凱因斯還凱因斯」。凱因斯理論是否是當前全球金融大海嘯的救命方舟，還需時代驗證。

1929 年起的大蕭條、美國股市大崩盤，使得美國失業率高達 25%。當時凱因斯出版了《就業、利息與貨幣的一般理論》，否定了古典學派認為市場會自動達到均衡而政府不要干預市場之看法。凱因斯主張國家應該干預並調節經濟，積極扮演振興經濟的角色，意即國家應採取財政政策，提高需求，以達充分就業水準。

美國總統羅斯福 (Roosevelt) 實施的「新政」(New Deal)，即是採用凱因斯的理論，凱因斯的理論儼然蔚為經濟學上一大革命。凱因斯的理論加上後來發生的第二次世界大戰，美國的存貨消化、就業提高，使經濟走出陰霾。之後，凱因斯的理論，也陸續修正與補充。但到了 1970 年代的石油危機，不論是融合古典學派與凱因斯理論的新古典綜合凱因斯學派，或是號稱正宗凱因斯傳人的新劍橋凱因斯學派，全都無法提出有效的解決對策，而由貨幣學派等興起，「貨幣至上」理論盛行，全面反擊凱因斯的學說。

1990 年代日本泡沫經濟破滅後，也曾試圖以財政手段解決經濟困境，但並未成功，一時之間，凱因斯理論的日本經驗似乎未能奏效。但到了 21 世紀，金融海嘯發生經濟大蕭條的陰影再起，市場運作無力，凱因斯理論再度受到重視，各國政府採取積極干預作為，紛紛投入資金，施行緊急措施，力挽經濟蕭條之狂瀾。於是乎，凱因斯理論在經濟蕭條成為經濟學上之顯學。

# 繽紛貨銀 13B

## 社會保險制度

為保障國民生活，國民在職場及退休後，仍有貨幣需求。政府若能提供保障保險，有助社會生活穩定。1994 年依世界銀行所定義三層年金，第一層係強制性社會安全制度 (mandatory publicly managed pillar)，包括社會保險、社會救助或社會津貼等方式辦理；第二層係強制性員工退休金制度 (mandatory privately managed pillar)，以及第三層為自願性商業保險儲蓄制度 (voluntary saving pillar)。世界銀行於 2005 年修正退休金結構，由三層增加至五層，加入了第零層的社會福利以及第四層的家人以及隔代親屬的金錢支持。

社會保險制度，追溯至 19 世紀德國。德意志帝國第一任首相俾斯麥，1871 年建國；為穩定社會，1889 年設置了世界第一個社會保險制度。美國羅斯福總統 1933 年就職，正值美國經濟癱瘓，多數銀行倒閉，失業者無助流落街頭；1935 年國會通過《社會安全法》，乃首度立法執行社福的國家。至今，美國已經逾 80 年，德國更逾百年。其社福制度依舊執行，包括年金制度。

臺灣討論社會保險制度及年金制度時，一般將年金視為退休後每年所領取之金額，可謂是狹義定義。而各界年金改革議題所述之內容，討論各職業別之保險給付與退休給付，乃採廣義定義，包括一次領取額與逐年領取額，不只限於狹義的範圍。因此比較各業之所得時，宜在此廣義定義下，加總保險與退休所得作為相互比較基礎。

臺灣各類社會保險制包括公務人員保險、教育人員保險、勞工保險及農保等。公保於 1958 年開辦，接著不同年度開放退休人員及眷屬參保，2014 年開辦養老年金。教職人員中公立學校於 2000 年併入公保體系，1999 年私校保險併入公保。勞工保險更早於 1950 年開辦，由雇主與勞工分擔保費，1995 年政府加入分攤。農民保險自 1985 年啟動以來，曾數度與農民年金併離。

另外，臺灣的退休制度則包含公務人員退休制度、教育人員退休制度以及勞退新制。公務人員優惠存款制度，1996 年推出新制，新進人員不享有優存利率，接著陸續推出舊制下優存本金調降方案。教育人員自加入公保之後，大致隨著公務人員進行改革，但未隨著公務員實施 85 制，仍為 75 制。私校則於 2013 年開放教職員自主投資。至於勞退新制則於 2005 年推出，2009 年更推出勞退年金制度。

由於各界對各制度相互衡平性有諸多批評，並考量日益加重的財政負擔壓力，2016 年上臺的執政黨政府更進一步推動年金改革，於 2017 年立法通過修改了公務人員與教育人員之退休撫卹制度，包括降低所得替代率、削減優惠存款利率，延後退休年齡等。新制於 2018 年 7 月 1 日開始實施。

## ｜ 重要詞彙 ｜

| | |
|---|---|
| 交易性的數量學說 | 流動性偏好理論 (liquidity preference theory) |
| 現金餘額數量學說 (cash-balance approach) | 交易動機 (transactions motive) |
| 交易流通速度 (the transaction velocity of circulation of money) | 預防動機 (precautionary motive) |
| 費雪交易方程式 (Fisher's equation of exchange) | 投機動機 (speculative motive) |
| 劍橋方程式 (Cambridge equation) | 流動性陷阱 (liquidity trap) |
| | 弗利德曼之貨幣需求理論 |
| | 恆常所得 (permanent income) |

## ｜ 練習題 ｜

1. 請比較古典學派、凱因斯學派與貨幣學派間貨幣需求理論之異同。

2. 何謂交易方程式？

3. 何謂流動性陷阱？

4. 凱因斯對「貨幣需求」的定義為何？凱因斯根據流動性偏好的三種動機，將貨幣需求分為哪兩類？並分別指出兩類貨幣需求數額的多少各取決於什麼水準？

5. 何謂貨幣數量說？

6. 試分別說明凱因斯與弗利德曼對貨幣的所得流通速度之看法及其政策涵義。

7. 何謂現金交易式貨幣數量學說？何謂現金餘額式貨幣數量學說？試就下列各點，予以比較。

　(1)兩說方程式之異同。

　(2)兩說之共同優點及缺點。

8. 試述弗利德曼的貨幣需求理論，並找出其與古典貨幣數量學說相關聯之處。

9. 為何經濟蕭條時，政府偏愛以凱因斯理論觀點來振興經濟？

# 第 7 篇

利率理論

第 7 篇

利率理論

# 第 14 章
# 利率決定理論

利率到底是如何決定的？利率水準為何會起伏波動？經濟學理上討論利率的決定，主要有可貸資金理論與流動性偏好理論兩種理論。前者認為利率係由可貸資金供需決定，而後者則認為利率係由貨幣供需所決定。

本章共分 3 節，第 1 節說明可貸資金理論與流動性偏好理論之關係；第 2 節闡述可貸資金理論，說明在此理論架構下利率如何決定，以及為何變動；第 3 節則介紹流動性偏好理論，以及其所提出的決定利率水準之原理和影響利率變動之因素。

## 架構圖 14　利率決定理論

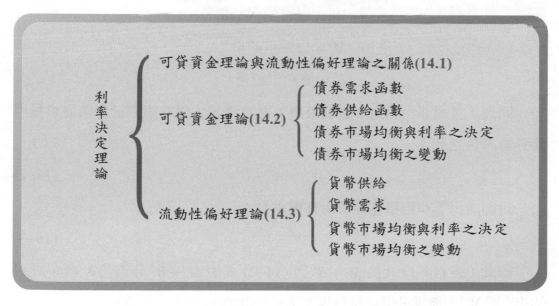

# 14.1 可貸資金理論與流動性偏好理論之關係

可貸資金理論 (loanable funds theory) 是古典學派分析資金市場之理論架構，流動性偏好理論 (liquidity preference theory) 是凱因斯學派分析貨幣需求之理論背景，可貸資金理論與流動性偏好理論間有相互驗證的性質。茲可先將經濟與金融體系簡化來說明之。

基本上，凱因斯假設人們只有貨幣與債券兩種金融資產可作為財富持有。因此就供給面而言，整個經濟的財富總額等於貨幣供給與債券供給之和：

$$W^s = M^s + B^s \tag{14-1}$$

式中，

$$W^s = 財富總供給量$$

$$M^s = 貨幣供給量$$

$$B^s = 債券供給量$$

同理，就需求面觀之，整個經濟的財富總需求量亦應等於貨幣需求量與債券需求量之和：

$$W^d = M^d + B^d \tag{14-2}$$

均衡時財富供給量應等於財富需求量：

$$W^s = W^d \tag{14-3}$$

因此，將 (14–1) 式的 $M^s + B^s$ 與 (14–2) 式的 $M^d + B^d$ 分別代入 (14–3) 式的 $W^s$ 與 $W^d$，將可求得以貨幣供需與債券供需表示的均衡條件為

$$M^s + B^s = M^d + B^d \tag{14-4}$$

換言之，均衡時貨幣供給量與債券供給量之和必須等於貨幣需求量與債券需求量之和。若將 (14–4) 式中 $M^s$ 與 $B^d$ 移項，則均衡條件可以寫成：

$$B^s - B^d = M^d - M^s \qquad\qquad (14\text{–}5)$$

(14–5) 式等號左邊 $B^s - B^d$ 代表超額債券供給，而等號右邊的 $M^d - M^s$ 則代表超額貨幣需求。我們在討論可貸資金理論時，曾經指出債券市場均衡必須其超額供給 $B^s - B^d$ 等於零。這表示 (14–5) 式等號右邊的貨幣市場超額需求 $M^d - M^s$ 亦必須等於零；亦即，債券市場均衡表示貨幣市場亦均衡。這也就表示，當社會上只有兩種資產，則甲資產市場的超額供給會等於乙資產市場的超額需求[1]。

就此而言，以可貸資金理論與以流動性偏好理論討論利率之決定並無二致。不過，宜注意者，只有假設經濟社會只有貨幣與債券兩種資產可供持有，上述結論始可成立。然而，在現實經濟社會中，尚有其他資產可作為財富持有，上述結論並不成立。

雖然流動性偏好理論並未考慮資產預期報酬率對利率之影響。然而，這兩種理論各具特色。因為可貸資金理論假設資金供給與需求均隨利率變動，所得變動時會影響供需雙方；流動性偏好理論假設貨幣供給不隨利率與所得而變動，所得變動時只影響貨幣需求。

# 14.2 可貸資金理論

可貸資金理論認為利率係由可貸資金的供給與需求決定的。資金需求者可以發行債券或其他金融市場工具向資金供給者借用其剩餘資金。換句話說，我們通常用家計部門來代表會對債券產生需求的部門，同時也是可貸資金的供給者。同樣的，以廠商來說明那些會發行債券者，對可貸資金有需求的部門。綜上所述，以利率為縱軸，以可貸資金數量為橫軸繪成如圖 14–1。

----

註

1.在此所提及的這個觀念即是著名的華拉士法則 (Walras' Law)：當社會上有 n 個市場時，其中有 n－1 個市場總合後達到均衡，則其餘的一個市場亦會總需求等於總供給，達到均衡。

債券供給需求曲線和可貸資金曲線觀念實是一體的兩面。茲將二圖並列如下，以供比較。因此金融市場工具的發行代表對可貸資金之需求，而購買金融市場工具則係對可貸資金的供給，是以可貸資金理論乃由金融市場工具的供給與需求來探討利率究竟如何決定的。在此我們將以債券代表金融市場工具，以引申其需求與供給函數，俾探討利率水準的決定，及其可能變動的因素。

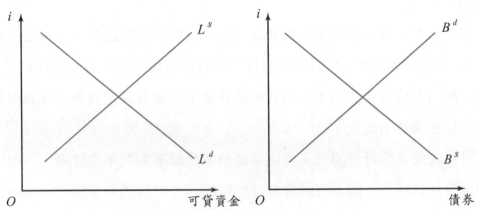

說明：左圖表示可貸資金市場均衡，右圖表示債券市場均衡。
$L^d$ = 可貸資金需求曲線，$L^s$ = 可貸資金供給曲線
$B^d$ = 債券需求曲線，$B^s$ = 債券供給曲線
$L^d \approx B^s$；$L^s \approx B^d$

圖 14-1　可貸資金市場與債券市場

## ㈠債券需求函數

債券的市價與債券利率朝反方向變動，所以當債券票面價值既定，而其市價愈高時，表示購買此等債券所能獲致的報酬率愈低。人們愈不願持有債券，債券的需求量隨之減少。反之，若債券市價愈低，債券報酬率愈高，人們對債券的需求將愈殷切。故可知，債券市價與債券需求量之間，將有相反方向變動之關係：

$$B^d = B^d(P_B) \tag{14-6}$$

式中，

$$B^d = 債券需求量$$

$$P_B = 債券市價$$

根據 (14–6) 式，我們若以縱軸代表債券市價，以橫軸代表債券需求量，則債券需求函數將可繪成如圖 14–3，$B^d(P_B)$ 線所示其斜率是負的。

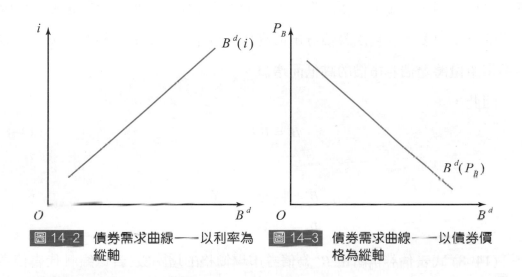

圖 14–2　債券需求曲線——以利率為縱軸

圖 14–3　債券需求曲線——以債券價格為縱軸

## ㈡債券供給函數

政府或廠商部門需求資金時，可在債券市場發行公債或公司債，這就形成債券的供給。當債券的利率或報酬率愈高時，政府部門與廠商部門發行債券其所負擔的資金成本愈高。因此，當債券利率上升之際，債券供給量將隨之減少。反之，在債券利率降低時，由於舉債所需負擔之資金成本相對下降，政府部門或廠商部門勢將增加債券之供給。因此，債券供給量將隨債券利率的上升而下降。是以債券供給函數可書為：

$$B^s = B^s(i) \tag{14–7}$$

式中，

$$B^s = 債券供給量$$

$$i = 債券利率或預期報酬率$$

若以縱軸代表利率 $i$，橫軸代表債券數量 $B$，則 (14–7) 式所示債券供給

函數,可用圖 14–4 的 $B^s(i)$ 曲線表示,該線之斜率之所以為負的,係因債券供給量與債券利率朝反方向變動之故。

此外,債券供給函數亦可用債券的市場價格作為其解釋變數。一般而言,當債券的票面價值與發行量既定時,債券發行機構利用發行債券所能募集的資金多少,端視資金的市價高低而定。債券市價愈高,債券發行定額所能吸收到的資金愈多,而且因為債券市價高代表募集資金的成本相對較低,所以債券供給量將隨債券市價的高低而增減。

因此,

$$B^s = B^s(P_B) \qquad\qquad (14\text{–}8)$$

式中,

$$B^s = 債券供給量$$

$$P_B = 債券市價$$

(14–8) 式表債券供給量 $B^s$ 為債券市場價格的增函數。若以縱軸代表債券之市價,橫軸代表債券之供給量,則 (14–8) 式的債券供給曲線可以繪如圖 14–5 的 $B^s(P_B)$ 曲線。

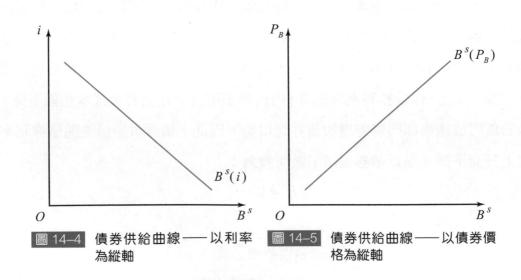

圖 14–4 債券供給曲線——以利率為縱軸

圖 14–5 債券供給曲線——以債券價格為縱軸

## ㈢債券市場均衡與利率之決定

分析了債券需求函數與債券供給函數之後，我們現在可進而討論債券市場之均衡。並由之決定均衡利率水準。債券市場均衡係指願意購買債券的債券需求量正好等於願意供給債券需求量的情況。若以上述兩組債券供需函數表示，則債券市場均衡時，(14–9) 式與 (14–10) 式皆必須成立：

$$B^d(i) = B^s(i) \qquad\qquad (14\text{–}9)$$

$$B^d(P_B) = B^s(P_B) \qquad\qquad (14\text{–}10)$$

若根據 (14–9) 式，予以圖解分析，我們可將上述圖 14–2 的債券需求曲線 $B^d(i)$ 與圖 14–4 的債券供給曲線 $B^s(i)$ 繪於圖 14–6，並由圖中 $B^d(i)$ 曲線與 $B^s(i)$ 曲線的交點決定均衡利率 $i_0$ 與均衡債券量 $B_0$。

利用 (14–10) 式的均衡條件予以圖解分析，則可將圖 14–3 的債券需求曲線 $B^d(P_B)$ 與圖 14–5 的債券供給曲線 $B^s(P_B)$，置於圖 14–7，即可決定均衡的債券市場價值 $P_B^0$ 與債券數量 $B_0$。

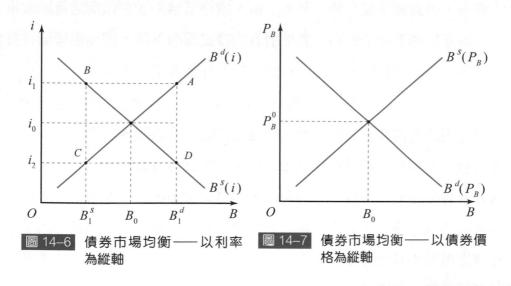

圖 14–6 債券市場均衡——以利率為縱軸

圖 14–7 債券市場均衡——以債券價格為縱軸

圖 14–6 債券市場均衡所決定的為均衡利率與債券數量，而圖 14–7 所決定的卻為均衡債券市場價格與債券數量。因為債券市場與債券利率具有反方

向變動之關係，所以兩種均衡分析法所代表的實係一體之兩面。然因本章旨在探討均衡利率水準的決定，所以我們以下選擇以圖 14-6 對債券市場均衡進行分析。

## (四)債券市場均衡之變動

### 1.影響債券需求之因素

影響債券的因素主要有四個原因：財富、預期報酬率、風險及流動性等，這些因素的變動對債券需求、價格及利率的影響整理於表 14-1 中。

(1)財富。當人們擁有的財富愈多時，對債券的需求也會隨之增加，而使得債券需求線右移，使得債券價格也跟著水漲船高，利率往下變動。

(2)預期報酬率。涉及預期利率、其他資產預期報酬率和預期通貨膨脹率三項。①當預期未來利率上升時，需求線因此朝左移動，價格因此下降，利率也隨之上升；②當其他資產預期報酬率增加時，代表債券的報酬率相對於其他資產降低，如此人們會減少對債券的需求，轉向投資其他資產以謀求較高的報酬，因此需求線左移，利率上揚，價格低落；③在預期通貨膨脹率方面，預期通貨膨脹率的提高，將使債券的實質報酬下降，因而影響到持有債券的意願，需求曲線因此減少，造成利率上升債券價格下降。

(3)風險。當一項資產的風險愈高時，表示持有此項資產的報酬愈不穩定，隨時可能因外在因素而有所改變。所以在假設人們為風險厭惡者的情況下，當風險愈高，則愈不願意持有此項資產。風險又可分為以下兩方面來說明：①債券本身的風險：根據上述的假設，則可以知道如果持有債券風險提高，人民持有的意願降低，需求曲線因此左移，利率上漲，債券價格下跌；②其他資產之風險：其他資產風險提高的同時，代表了債券風險相對的降低，則持有意願提高，影響需求曲線的右移，進而使利率下降、價格上升。

(4)流動性。流動性高的資產變現力高，對持有者而言，持有成本較低。所以當債券本身之流動性提高時，持有成本相對降低，需求量增加，需求線

右移，使得價格上漲，利率下跌。而其他資產流動性變高的話，則使債券的相對流動性變弱，影響持有意願，需求線會左移，影響利率上升，價格跌落。

表 14-1　影響債券需求之因素及其與利率之關係

| 影響因素 | | 受影響因素 | | |
| --- | --- | --- | --- | --- |
| | | 債券需求 | 債券價格 | 利　率 |
| 一、財富 | ↑ | ↑ | ↑ | ↓ |
| 二、債券預期報酬率 | ↑ | ↑ | ↑ | ↓ |
| (1)預期利率 | ↑ | ↓ | ↓ | ↑ |
| (2)其他資產預期報酬率 | ↑ | ↓ | ↓ | ↑ |
| (3)預期通貨膨脹率 | ↑ | ↓ | ↓ | ↑ |
| 三、風險 | | | | |
| (1)債券本身之風險 | ↑ | ↓ | ↓ | ↑ |
| (2)其他資產之風險 | ↑ | ↑ | ↑ | ↓ |
| 四、流動性 | | | | |
| (1)債券本身之流動性 | ↑ | ↑ | ↑ | ↓ |
| (2)其他資產之流動性 | ↑ | ↓ | ↓ | ↑ |

## 2.影響債券供給的因素

影響債券供給的因素包括下述項目：投資機會、預期通貨膨脹率、財政赤字，以下將分項說明。

(1)投資機會。投資機會增加，債券供給也跟著提升，利率受其影響會跟著上升，價格則和利率成反向變動，往下調整。

(2)預期通貨膨脹率。通貨膨脹率提高的話，對債務人（發行債券之廠商）有利，因為物價提高，將使得貨幣貶值，就實質面而言，債務人的負擔減輕，所以債券的供給會呈上漲趨勢，利率也因此上漲，價格跌落。

(3)財政赤字。當政府發生預算赤字時，發行債券以融通資金已成為最普遍的方式。所以債券供給會隨之增加，造成利率上升，價格下跌。

表 14-2　影響債券供給之因素及其與利率之關係

| 影響因素 | | 受影響因素 | | |
| --- | --- | --- | --- | --- |
| | | 債券供給 | 債券價格 | 利　率 |
| 一、投資機會 | ↑ | ↑ | ↓ | ↑ |
| 二、預期通貨膨脹率 | ↑ | ↑ | ↓ | ↑ |
| 三、財政赤字 | ↑ | ↑ | ↓ | ↑ |

# 14.3 流動性偏好理論

凱因斯所提出的流動性理論認為，利率係由貨幣供給與貨幣需求決定。因為本書討論貨幣需求理論時，已闡述了流動性偏好理論，所以本節僅說明它與上述可貸資金理論的關係，在流動性偏好理論架構下，均衡利率水準如何決定，以及貨幣供需變動如何導致利率隨之變動等問題。

## (一)貨幣供給

凱因斯的流動性偏好理論假設貨幣供給量係由中央銀行決定；央行的貨幣供給量即政府決定。政府可藉著貨幣供給的控制，達到增加有效需求或減少有效需求的目的，以影響所得與失業水準。在流動性偏好理論中，貨幣供給量一向被視為外生決定的變數，對於其決定的過程並未詳盡解釋之。

## (二)貨幣需求

貨幣的報酬率為零，債券的預期報酬率則等於利率。利率上升使債券的預期報酬率隨之上升，使貨幣的預期報酬率降低。根據本書資產需求理論的推論，貨幣的報酬率低時，人們對貨幣的需求將隨之降低。因此，貨幣需求與債券利率具有反方向變動的關係。除了利用資產需求理論推論出貨幣需求與利率的上述關係外，我們尚可由持有貨幣而不持有債券的機會成本之角度，來探討貨幣需求與利率反方向變動關係。持有貨幣而不持有債券的機會

成本等於債券報酬率，因此，利率上升，持有貨幣的機會成本提高，貨幣需求因之減少。

### ㈢貨幣市場均衡與利率之決定

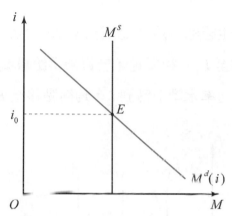

說明：流動性偏好理論之利率水準由貨幣市場供需決定。
圖 14–8　貨幣市場均衡利率之決定

　　因為貨幣需求量為利率之減函數，所以若用縱軸代表 $i$，橫軸代表貨幣數量 $M$，則貨幣需求函數將如圖 14–8 所示，為一條斜率為負的曲線 $M^d(i)$。假設貨幣供給為外生變數，所以貨幣供給曲線如圖 14–8 垂直線 $M^s$ 所示。如此，流動性偏好理論認為在貨幣需求曲線 $M^d(i)$ 與貨幣供給曲線 $M^s$ 相交的一點 $E$，可以決定均衡利率 $i_0$。蓋因，利率高於 $i_0$，貨幣市場將發生貨幣供給量大於貨幣需求量的超額貨幣供給，以致利率一直要降到 $i_0$ 時超額貨幣供給才消失，市場才會又恢復均衡。反之，若利率低於 $i_0$ 則貨幣市場將有超額貨幣需求發生，以致利率要上升至 $i_0$ 而後才又達成均衡。

　　因此，均衡利率將決定貨幣供給等於貨幣需求的一點。當貨幣需求或貨幣供給變動時均衡利率便會變動。什麼因素會使貨幣需求、貨幣供給發生變動，以致引起均衡利率的變動呢？這是以下我們所要探討的課題。

## ㈣貨幣市場均衡之變動

　　貨幣市場均衡的變動，可能是起因於貨幣供給的變動，亦可能是起因於貨幣需求的變動，造成利率水準之變動。

　　貨幣供給的變動，例如貨幣量增加，會使貨幣供給曲線由 $M_0^s$ 右移至 $M_1^s$，使得貨幣市場產生超額供給，造成利率水準下跌（由原本的 $i_0$ 下降至 $i_1$），均衡點也從 $E_0$ 移至 $E_1$。相反地，若貨幣供給量減少，則會使貨幣供給線左移至 $M_2^s$，而造成利率水準上漲到 $i_2$，均衡點移至 $E_2$（見圖 14–9）。

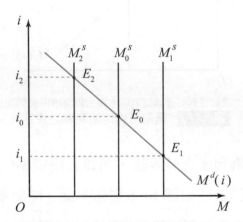

說明：當貨幣供給由 $M_0^S$ 增加至 $M_1^S$，均衡點由 $E_1$ 移至 $E_1$；
　　　當貨幣供給由 $M_0^S$ 減少至 $M_2^S$，均衡點由 $E_0$ 移至 $E_2$。

圖 14–9　均衡之變動──貨幣供給變動

　　若所得水準改變，會造成貨幣需求曲線的移動而使利率水準變動。如果經濟景氣轉好，所得增加，使貨幣需求增加（見圖 14–10），貨幣需求曲線向上移動至 $M_1^d(Y_1)$，資金市場將改變，利率水準因此會增加為 $i_1$，貨幣市場之均衡也隨之改變，由 $E_0$ 至 $E_1$。反之，在景氣蕭條而所得減少時，貨幣需求曲線下移至 $M_2^d(Y_2)$，會使利率降低，由 $i_0$ 移至 $i_2$，均衡點也隨之變動為 $E_2$。

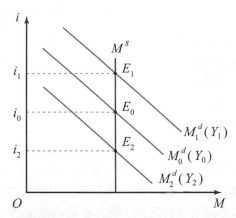

說明：當貨幣需求由 $M_0^d$ 增至 $M_1^d$，均衡點由 $E_0$ 移至 $E_1$；
　　　當貨幣需求移至 $M_2^d$，均衡點則移至 $E_2$。

圖 14-10　均衡之變動——貨幣需求變動

# 繽紛貨銀 14A

## 臺灣債券市場發展之課題

　　債券市場是資本市場重要的一環，債券市場的健全發展，不僅可以加深資本市場的深度，並可提供政府或企業長期穩定的資金來源，為經濟發展所需所用。債券市場包括發行市場與交易市場，均須建立適切的發展機制。臺灣大多為社會儲蓄大於投資的情形，社會資金充沛，可支持金融市場之發展。公債與公司債市場均應達相當規模，方能發揮市場交易能量。然而，政府所發行之公債，多被銀行業購買以作為第二準備金，並未在市場上廣泛流動，故而公債市場活絡度不高，產生公債市場殖利率低、籌碼不足、成交量減少及造市商難以雙向報價的情況。此外，公司債市場亦未見大幅成長，金融債券亦難有大幅擴增。因此，臺灣債券市場如何克服當前困境，促進債市發展，乃是重要課題。

　　楊雅惠、王湘衡 (2009)〈我國債券市場發展現況及課題〉一文指出：以 2009 年 3 月資料為例，經比較亞洲各國債券發行總規模，其中以日本的發行量最高，達 8.711 兆美元，臺灣僅達 1,440 億美元；而日本公債發行規模達到 7.82 兆美元，居亞洲第一，其次依序是中國大陸、南韓、泰國及臺灣，就臺灣公債發行量僅達 1,120 億美元來說，在亞洲各國中並不算高。

　　至若比較各國公債與公司債之發行規模，大多數國家之公債發行量大於

公司債（日本、中國大陸、馬來西亞、泰國、臺灣、新加坡、印尼、菲律賓、越南），少數國家之公司債發行量則高於公債（南韓、香港）。

進一步比較各國公債與公司債各占 *GDP* 比率。日本與南韓之比例已超過100%，尤以日本達170%；至於越南與印尼之比例只各占 15% 與 16%。公司債之發行在大多國家均不高，最低者為越南 (1%)、印尼 (2%)、菲律賓 (3%)、中國大陸 (6%)，臺灣則占了 46%。

臺灣債券市場之發展，歷經草創、萌芽、成長三個階段。政府也推動不少措施，如債券市場制度改革、債券新金融商品、債市國際化等。公債市場之發展到近年來漸趨冷淡，而公司債市場籌碼也相對欠缺。為解決當前瓶頸，涉及公債發行制度、公司債發行環境、債券交易稅制度等，均有待研商改革。

臺灣仍有若干課題待努力，包括：深化國內債券市場、解決公債籌碼恢復公債交易的高流通性、公債利率的指標性、制訂相關監理機制、杜絕寡占市場的形成等。此外，還需強化公債期貨避險功能、規劃公債指數期貨、提供誘因以擴大債券型基金規模。另一個重點議題是推動債券市場的國際化、改善國際債券的發行與投資環境（發行流程、條件、稅負等）、參與區域債券市場發展與經驗交流。

## 繽紛貨銀 14B

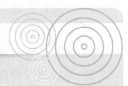

### 世界重要貨幣組織[2]

#### 一、國際貨幣基金

第二次世界大戰即將結束之際，同盟國即著手規劃戰後的經濟重建計畫，希望藉此能夠避免 1919 年至 1940 年兩次世界大戰之間混亂經濟局面的重現。1944 年 7 月，四十四個同盟國家的三百多位代表齊集於美國新罕布什爾州 (New Hampshire) 的布里敦森林 (Bretton Woods) 商討重建國際貨幣制度。第二次世界大戰之後所建立的國際貨幣制度，因此被稱為布里敦森林制度 (Bretton Woods System)，而根據此次會議之協議條款所成立的國際貨幣基金 (IMF)，則是布里敦森林制度賴以維持的主要運行機構[3]。

---

**註**

2.參考：楊雅惠 (2012)，《貨幣銀行學》，三民，第 25 章。

3.參考：郭國興 (1995)，《貨幣銀行學：理論與應用》，三民，第 24 章。

　　與金本位制度或浮動匯率制度相比較，布里敦森林制度具有以下幾個特點：1.匯率固定但可調整。2.美元扮演特殊的角色，在透過美元與黃金之間固定的平價關係，而間接與黃金取得聯繫，進而決定各會員國彼此之間的匯率乃建立在美元基礎上的一種金匯兌本位制度。3.配額與提款權的安排，布里敦森林制度下，各國為維持其通貨對美元的匯率於上下各 1% 的升降範圍內，必須備有足夠的國際準備以進行外匯市場干預。但第二次世界大戰結束後，大部分國家的國際準備存量均很薄弱。IMF 於是設計出配額與提款權的一套設施來補充傳統之國際準備的不足。每一會員國根據其經濟實力（如國民所得、貿易額）分派得一配額，經濟力量愈大配額也就愈大。IMF 正式成立於 1945 年底，布里敦森林制度從 1947 年開始營運，直到 1973 年完全崩潰為止，前後共歷時約 26 年。布里敦森林制度雖然崩潰，但國際貨幣基金仍然存在，並負起重建國際貨幣制度的任務。

二、世界銀行

　　世界銀行與 IMF 成立於 1945 年底，世銀並不是一家常規意義上的銀行，其擁有 186 個成員國，由兩個獨特機構構成：國際復興開發銀行 (International Bank for Reconstruction and Development, IBRD) 和國際開發協會 (International Development Association, IDA)。兩個機構發揮著不同作用，但相互協作。IBRD 旨在減少中等收入國家和信譽良好的較貧困國家的貧困人口，而 IDA 則注重支持世界最貧困國家。兩個機構向發展中國家提供低息貸款、無息貸款和贈款，用於包括教育、衛生、公共管理、基礎設施、金融和私營部門發展、農業以及環境和自然資源管理投資在內的多重目的。

　　上述兩個機構的工作由國際金融公司 (International Finance Corporation, IFC)、多邊投資擔保機構 (Multilateral Investment Guarantee Agency, MIGA) 和國際投資爭端解決中心 (International Centre for Settlement of Investment Disputes, ICSID) 的工作予以補充。這五個機構共同組成「世界銀行集團」，以 IBRD 作為主體機構，因此有時候將 IBRD 視為世界銀行。

三、亞洲開發銀行

　　亞洲開發銀行（Asian Development Bank, ADB，以下簡稱亞銀）係經長期間之籌劃始行設立。從 1960 年 2 月聯合國亞洲暨遠東經濟委員會（以下簡稱亞遠經委會）在曼谷召開第十六次大會開始，數度會議討論，就促進亞洲地區經濟合作事項達成決議，乃為亞銀籌設之肇始，惟有關設立亞銀之議，係在 1963 年 9 月亞遠經委會秉承第十九次大會之決議而成立之七人委員會，於曼谷召開之會議中提出設立亞銀之提案後，始見具體化，而同年 12 月於馬尼拉舉行之亞洲經濟合作部長級會議，乃決定設立專家委員會，以草擬有關設立亞銀之具體計畫。翌 (1964) 年 10 月，專家委員會集會於曼谷，就設立亞銀事宜進行協商。達成設立亞銀之基本構想如下：(1)亞銀不僅限亞洲地區，

且亦將自亞洲以外地區籌措新資金；⑵亞銀將致力於專事亞洲地區之經濟開發，期以避免與世界銀行及國際開發協會之業務發生競爭；⑶亞銀為謀求資金之最有效利用，將特別著重於促進亞洲地區經濟合作之農、工業開發計畫；⑷亞銀之已認資本 (authorized capital) 為核定資本之半數，其中，亞洲地區會員國之出資額以 6 億美元為目標。其後，經過數度會議，1966 年 8 月 22 日亞銀協定正式生效，亞銀於同年 12 月 24 日至 26 日在東京召開創立大會，並於 1966 年 12 月 19 日於其總行所在地菲律賓首都馬尼拉開辦其業務[4]。

四、金融穩定委員會

為促進全球金融體系穩定，加強國際金融監理資訊交流與合作，1999 年 4 月 7 日，七大工業國 (G7) 在瑞士巴賽爾會議上決議成立「金融穩定論壇 (Financial Stability Forum)」。到了 2009 年 4 月，鑑於金融風暴重創全球經濟，二十國集團 (G20) 於倫敦高峰會上決議，將原金融穩定論壇改為「金融穩定委員會 (Financial Stability Board)」，於該年 6 月 27 日正式開始運作，承擔全球金融監管體系改革的重任。金融穩定委員會成員機構包括二十四國中央銀行、財政部等政府機關及主要國際金融機構和委員會。委員會之權責包括評估全球金融系統脆弱性、監督各國金融體系進行改革、促進各國監管機構合作與信息交換，對各國監管政策和監管標準提出建議、協調國際標準制訂機構的工作、及為跨境風險管理制訂解決方案等。為履行上述職能，金融穩定委員會下又分為風險評估委員會、監管合作委員會及標準執行委員會等三大常設委員會。金融穩定委員會另成立一個工作小組以推動跨境風險管理的落實。

五、臺灣在國際金融組織所扮演角色

臺灣是亞銀的一員，以「臺澎金馬關稅同盟」名義於 2002 年 1 月 1 日正式加入 WTO。至於臺灣能否加入 IMF 及 IBRD，因有政治方面之問題，故尚有其困難存在。

至於經常性金融外交，則涉及臺灣已成為其會員之亞銀、以及臺灣為其區域外會員國之中美洲經濟整合銀行 (CABEI)、美洲開發銀行 (IDB)、以及歐洲復興開發銀行 (EBRD)。以上各多邊區域金融機構歷年來與臺灣援外暨國際經濟合作執行單位海合會（於 1996 年 7 月改制為國合基金會）皆有融資合作關係。ADB 為了供應亞洲開發中國家的低利貸款，成立了「亞洲開發基金 (ADF)」，臺灣有出資支援部分基金。臺灣曾於 1991 年簽署參加「中美洲開發銀行經社開發基金」，派人進駐 CABEI，以執行擔任其中一名董事之職務。此外，中國輸出入銀行與 CABEI 已簽約，承諾美元貸款，以作為協助中美洲企業進口臺灣資本財或工業產品之融資用途；或當地臺資企業。在 IDB 方面，臺灣已參加 IDB 對其中美洲之一個會員國所作之合作融資。IDB 之總

註

4.參考：郭國興 (1995)，《貨幣銀行學：理論與應用》，三民，第 2 章。

部設在美國首府華盛頓特區，至 2005 年共有四十七個會員國。臺灣可藉著與 IDB 之合作關係，與此四十七個國家進行經貿、金融合作計畫。另外，EBRD 成立之目的是為了協助東歐經濟的復興。在 EBRD 中，臺灣可以與其六十個會員國加強金融與經貿關係。

1931 年發生金融恐慌，國際清算銀行 (BIS) 亦曾援助若干受到影響之中央銀行。不過，BIS 成立之原始宗旨在於分配一次大戰後德國政府每年繳付給各戰勝國之賠款，並發揮各國中央銀行的清算功能。後來因德國不再履行賠償，且二次大戰後，國際上對於該行在戰時與德國合作頗多責備，故要求加以解散。之後，BIS 逐漸演變為 OECD 所屬機構歐洲支付聯盟 (EPU)、歐洲貨幣制度 (EMS) 的貨幣清算代理機構。之外，BIS 並與世銀簽訂協定，處理長期金融問題。此外，各國中央銀行高層人士的定期聚會所在 BIS，自 1988 年起就曾邀請臺灣中央銀行參加年會。

## ｜重要詞彙｜

可貸資金理論 (loanable funds theory)　　可貸資金市場 (loanable funds markets)
流動性偏好理論 (liquidity preference theory)　　債券市場 (bonds markets)

## ｜練習題｜

1. 家計部門在資金市場與債券市場分別扮演何角色？廠商部門在此二市場分別扮演何角色？
2. 何以可貸資金市場分析法與債券市場分析法可以互通？
3. 政府減少貨幣供給時，對利率有何影響？
4. 景氣好轉時，對利率有何影響？請用可貸資金理論與流動性偏好理論說明之。（請分別分析景氣好轉對資金需求與供給影響。）

# 第 15 章
# 利率結構理論

　　在市場上的利率並非只有單一水準，會隨著到期期限、倒帳風險、流動性、是否免繳所得稅等因素而有所不同。經濟學家對這些變動因素與利率高低之關係發展出各種理論來加以解釋。在第 1 節中所介紹的利率風險結構理論是用風險貼水與流動性貼水來說明利率差異之原因。而第 2 節利率期限結構理論則認為債券期限會影響利率結構。由此理論發展出三種論點：預期理論、市場區隔理論、期限偏好理論。至於如何利用收益率曲線預測未來短期利率的走向，則接在第 3 節中說明。最後第 4 節則引述臺灣的利率結構和實證研究。

## 架構圖 15　利率結構理論

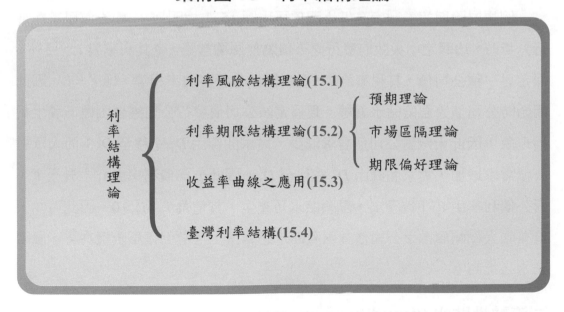

利率結構理論
{
　利率風險結構理論(15.1)
　利率期限結構理論(15.2) { 預期理論　市場區隔理論　期限偏好理論
　收益率曲線之應用(15.3)
　臺灣利率結構(15.4)
}

# 15.1 利率風險結構理論

市場中由於各債券風險不同而造成利率的差異與組合,稱為利率風險結構 (risk structure of interest rates)。

## ㈠風險貼水

由於債券發行者之收入會隨其經營狀況改變,其是否能隨時履行債務利息及本金之支付,就顯得不確定。因此各種債券之倒帳風險不同。一般說來,政府公債因有賦稅融通,其倒帳風險較低。尤其是中央政府發行的公債,其風險又低於地方政府發行之債券。而風險低之債券其利率也較低,風險高者其利率也較高。債券利率與無風險證券利率之差即為風險貼水 (risk premium)。

倒帳風險與證券利率高低之關係可用圖 15–1 說明。一般經濟學家在進行分析時,均假定中央政府發行之公債為無風險證券,令其利率為 $i^f$。另外,假定另一種公司債,其利率為 $i^c$,並令開始分析時利率相等,即 $i^f = i^c$,因此開始時公司債之風險貼水為零。現假定該公司債發行公司經營困難,發生虧損現象,因此大眾對公司債需求減少,需求曲線由 $D_1^c$ 左移至 $D_2^c$;而大眾對公債需求增加,需求曲線由 $D_1^f$ 右移至 $D_2^f$。因此公司債利率由 $i_1^c$ 上升至 $i_2^c$,而公債利率由 $i_1^f$ 下降至 $i_2^f$,風險貼水乃產生,其值為 $i_2^c - i_2^f > 0$。因此可知,具有較大倒帳風險之公司債其風險貼水必為正,且當倒帳風險提高時,風險貼水必提高。

## ㈡流動性貼水 (liquidity premium)

流動性亦會影響不同債券利率之高低。如前所述,所謂流動性須考慮資產變現之速度及可能遭到的損失（即交易成本）。若其變現速度快,且損失

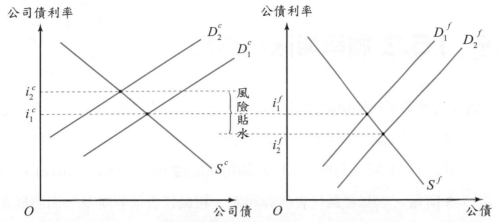

說明：公司債之風險提高時，使公司債需求減少、公債需求增加，致使公司債利率提高，公債利率降低。

圖 15-1　風險度不同的債券

小，則其流動性高；反之，則該資產流動性低。流動性與利率的關係可用圖 15-2 說明。假定 A 公司債與 B 公司債開始之利率相等，即 $i_1^A = i_1^B$。若 A 公司因經營虧損，因而其公司債不易變賣，流動性降低，需求下降，需求曲線由 $D_1^A$ 左移至 $D_2^A$。另外，B 公司債則流動性相對提高，需求曲線由 $D_1^B$ 右移至 $D_2^B$。兩種公司債利率之差距為 $i_2^A - i_2^B$。由上述分析可知，兩種同期限之債券利率之差距一方面是因倒帳風險不同；另一方面則是因流動性差異所致。

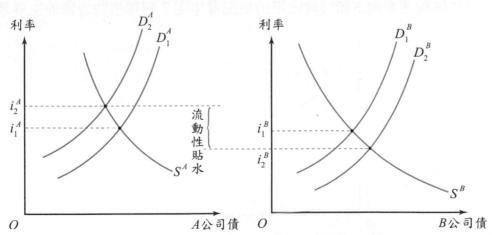

說明：A 公司債的流動性降低，會使 A 公司債利率提高而 B 公司債利率降低。

圖 15-2　流動性不同的公司債

## 15.2 利率期限結構理論

　　債券利率除了因風險結構不同而異外，尚因期限不同而異[1]。換言之，即使債券的倒帳風險、流動性，以及所得稅待遇皆相同，其利率仍會因為債券期限結構而有不同。利率之期限結構可用收益率曲線 (yield curve) 表示。如圖 15–3 所示，若以縱軸代表債券利率，橫軸代表債券期限，而將無倒帳風險的公債利率按期限之不同繪出一條曲線即為公債之收益率曲線。一般而言，收益率曲線可能如圖 15–3 甲、乙、丙三條曲線所示，有三種不同形狀。甲收益率曲線的斜率為負的，表示短期利率高於長期利率。乙收益率曲線的斜率等於零，它為一水平直線，表示短期利率等於長期利率。而丙收益率曲線的斜率則為正值，表示短期利率低於長期利率。一般而言，長期利率高於短期利率，所以典型的收益率曲線應如丙收益率曲線所示，斜率為正的曲線。但偶爾也會有如甲曲線所示斜率為負的收益率曲線，或如乙曲線所示斜率等於零的水平直線收益率曲線出現。收益率曲線為何大多是向右上方伸展的曲線，只有偶爾才會向下傾斜或水平的情況發生呢？解釋這些現象的主要理論

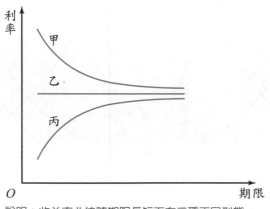

說明：收益率曲線隨期限長短而有三種不同型態。

圖 15–3　收益率曲線

------

1.本節參考：梁發進、徐義雄 (1994) 與 Mishkin (2015)。

有預期理論 (expectations theory)、市場區隔理論 (segmented markets theory)，以及期限偏好理論 (preferred habitat theory) 等三種。由於期限不同而造成各種利率的差異與組合，稱為利率期限結構 (term structure of interest rates)。

## ㈠預期理論

預期理論的基本構想認為：長期債券利率乃人們預期自現在起，至該債券到期為止這段期間的短期利率之平均值。因此，不同期限之債券，其利率之所以不同，係因人們預期不同期間的短期利率不同所致。預期理論假設不同期限債券為完全替代品 (perfect substitutes)，因此均衡時各種不同期限的債券之預期報酬率應相等。因為如果不相等，則人們將增加持有預期報酬率較高的債券，而減少持有預期報酬率較低且期限不同的其他債券，以致前者利率下跌，後者利率上升，直到報酬率相等為止。

人們在選擇購買不同期限債券時，可以採用不同的投資策略，以使預期報酬率臻於最大。譬如他有一筆資金，預計可投資 n 年，則第一個極端情況是他只購買 1 年期的短期債券，並於每年到期時再購買相同期限的短期債券，直至第 n 年為止。另一極端情況是，他一開始就將全部資金用於購買 n 年期之債券。他究竟會採取何種投資方式，端視他對未來短期利率的預期而定。為便於說明，我們假設投資人運用其資金的期限為 2 年，則他有下面兩種方法可循：

A.購買一年期債券，並於 1 年到期時，將本利和用於再購買一張 1 年期債券。
B.一開始就購買 2 年期債券，並持有該債券至到期為止。

我們依據預期理論的假設，1 年期與 2 年期債券為完全替代品，則唯有兩者的預期報酬率相等，他才會同時持有 1 年期與 2 年期債券。換言之，2 年期債券的利率必須等於兩張 1 年期債券利率的平均值。譬如，目前 1 年期債券利率為 7%，同時他預期下一年的 1 年期債券利率將為 13%。如果他採

用上述方法 A，每年各購買一張 1 年期債券，則在這 2 年間債券的年預期報酬為 $\frac{(7\% + 13\%)}{2} = 10\%$。在此情況下，唯有 2 年期債券之利率等於 10% 時，他才可能同時持有 1 年期與 2 年期債券。因此，兩年期債券的利率為今年與明年兩張 1 年期債券的利率之平均值。

茲以符號來代表之。假設：

$$i_t = 目前 1 年期債券之利率$$

$$i_{t+1}^e = 下期 1 年期債券之預期利率$$

$$i_{2t} = 目前 2 年期債券之利率$$

$$R_{2t}^e = 2 年期債券之預期報酬率$$

採 A 策略下，報酬率為 $R_A$；採 B 策略下，報酬率為 $R_B$。

若採 B 策略，購買 2 年期債券並持有至到期日為止的預期報酬率為：

$$R_B = R_{2t}^e = (1 + i_{2t})(1 + i_{2t}) - 1$$

$$= 1 + 2i_{2t} + i_{2t}^2 - 1 \tag{15-1}$$

由於 $i_{2t}^2$ 是極為微小值，可以忽略，因此，其預期報酬率為：

$$R_B = R_{2t}^e = 2i_{2t} \tag{15-2}$$

若採 A 策略，他購買今年與明年兩張 1 年期債券，則他在這 2 年的預期報酬率為：

$$R_A = (1 + i_t)(1 + i_{t+1}^e) - 1$$

$$= 1 + i_t + i_{t+1}^e + i_t(i_{t+1}^e) - 1 \tag{15-3}$$

因此，若將 (15-3) 式的 $i_t(i_{t+1}^e)$ 一項略去，則他購買今年與明年兩張 1 年期債券的預期報酬率為：

$$R_A = i_t + i_{t+1}^e \tag{15-4}$$

因為在長短期債券為完全替代品的假設下，兩者的預期報酬率應該相等：

$$R_B = R_A$$

即 $R_{2t}^e = i_t + i_{t+1}^e$ \hfill (15–5)

結合 (15–2) (15–4) (15–5) 式，得：

$$2i_{2t} = i_t + i_{t+1}^e$$ \hfill (15–6)

由 (15–6) 式求解長期債券利率 $i_{2t}$，得：

$$i_{2t} = (i_t + i_{t+1}^e) / 2$$ \hfill (15–7)

　　上式顯示 2 年期債券之利率等於今年 1 年期債券利率與明年 1 年期債券之預期利率之平均值。仿照上述推演過程，我們可以一步步求得期限較長之債券利率，而獲得完整的利率期限結構。利用上述方法，我們可以求得任一 $n$ 年期債券利率應等於：

$$i_{nt} = (i_t + i_{t+1}^e + i_{t+2}^e + \cdots + i_{t+n-1}^e) / n$$ \hfill (15–8)

　　(15–8) 式表示，$n$ 年期債券之利率應等於現在 1 年期利率，與以後 $n-1$ 年的 1 年期債券其每年預期利率之平均值。因此，(15–8) 式乃預期理論用於解釋利率期限結構之一般式。

　　預期理論可以解釋何以在不同時期利率的期限結構會有所變遷。譬如，以圖 15–3 的例子來講，預期理論認為圖中丙收益率曲線的斜率之所以上升，主要係因人們預期未來的短期利率將上升，以致本期短期利率與未來預期短期利率的平均值高於本期短期利率。以我們上面所舉的例子來看，2 年期債券利率為 10%，而本年 1 年期債券短期利率等於 7% 的實例，可以證明這點。因為，在此情況下明年 1 年期債券的預期利率應為 13%。因此，當長期利率 (10%) 高於短期利率 (7%)，以致收益率曲線如圖 15–3 丙線所示時，預期的未來短期利率 (13%)，必然高於當期的短期利率 (7%)。

　　預期理論認為若收益率曲線如圖 15–3 的甲曲線所示向下傾斜，則表示人們預期未來的短期利率的平均值趨於降低。反之，若收益率曲線如圖 15–3 的乙曲線所示為一水平直線，則預期理論認為人們預期未來短期利率的平均值趨於不變，以致短期利率等於本期與未來各期短期利率之平均值，亦等

於長期利率。

根據過去資料顯示，長期債券的平均利率，中期債券的平均利率，以及短期票據利率之變動趨勢，亦步亦趨。這三類債券的到期日各有不同，但其利率的變動趨勢卻如此密切。預期理論認為，如果現在的短期利率上升，則未來的短期利率將更高。因此，短期利率上升，人們預期未來短期利率將上升，所以短期利率上升將透過未來預期短期利率的提高，而使長期利率隨之上升。是以，隨著時間之經過，長短期利率的變動步調趨近。

預期理論對於利率之期限結構有個簡易的解釋，其缺點是預期理論無法解釋收益率曲線的斜率何以常是正值。人們往往預期未來短期利率有時候會上升，有時候會下降。既然如此，預期理論就很難合理地解釋為何收益率的曲線的斜率通常是正的這一事實。由於預期理論有此缺點，所以經濟學家才將預期理論加以修正。

## (二)市場區隔理論

前述預期理論認為不同期限債券具有完全的替代關係。然而，市場區隔理論卻認為不同期限債券，屬於不同性質之資產，各有其供需市場，彼此分割，各種期限債券之間無任何替代關係。因而各種期限的債券之利率，係由各市場區隔的供需條件決定的，與其他期限債券之預期利率無關。

市場區隔理論認為不同期限債券彼此無替代關係的理由，因為每位投資人之資金，其可運用的時間長短互不相同。譬如若為運用短期資金，則投資人只會購買並持有短期債券。反之，若為子女教育經費或退休後之所得而儲蓄之資金，則會購買並持有長期債券。因此，每位投資人對各種期限債券之偏好互不相同。

根據市場區隔理論之看法，圖 15–3 所示甲、乙、丙三種收益率曲線之形狀之所以不同，主要係因各種期限債券所形成的各債券市場供需情況互異所致。譬如甲線所示收益率曲線的斜率向下傾斜，表示長期債券的需求相對

地高於短期債券的需求，以致前者的價格較高，報酬率較低，而後者的價格較低，報酬率較高。反之，丙線所示收益率曲線之斜率為正，表示供需情況正好相反。至於乙線所示水平的收益率曲線，係由於各種期限債券的相對需求大體相等所致。至於實際收益率曲線的斜率之所以通常為正的，主要係因人們一般比較喜歡持有短期債券之故。

市場區隔所強調的是，各期限的債券，各自形成一個完全分割的市場，彼此無替代可能。在此假設下，某一期限的債券，其利率如果變動，並不會影響其他期限債券之利率，因此不同期限債券的利率並無同步變動的可能。所以，市場區隔理論無法說明何以不同期限債券利率可以亦步亦趨。

### ㈢期限偏好理論

期限偏好理論綜合了預期理論與市場區隔理論之看法。期限偏好理論認為，長期債券利率等於該期間內預期短期利率之平均值，加上顯示不同期限債券供需狀況的風險貼水之和。此一理論一方面認為，不同期限債券彼此有替代關係，所以任一債券的預期報酬率會影響到其他期限債券之預期報酬率（預期理論）；另一方面也認為投資者對某一期限債券有特別之偏好（市場區隔理論）。

一般而言，投資者偏好的是短期債券而非長期債券，則縱使短期債券預期報酬率較低，他們仍樂於持有短期債券。因此，在此情況下，只有給他們正的風險貼水，他們才會持有長期債券。根據上述，我們只要在 (15-8) 式代表預期理論的長短期債券利率關係式中，加上期限之風險貼水一項，即可將預期理論修改為期限偏好理論的長短期債券利率關係式如下：

$$i_{nt} = k_{nt} + (i_t + i_{t+1}^e + i_{t+2}^e + \cdots + i_{t+n-1}^e)/n \qquad (15-9)$$

式中，

$i_{nt}$ = 目前 ($t$) 的 $n$ 年期債券之利率

$k_{nt}$ = 目前 $(t)$ 的 $n$ 年期債券之期限風險貼水

$i_t$ = 目前之 1 年期債券利率

$i_{t+n}^e$ = 目前預期 $n$ 年以後 1 年期債券之預期利率

$n$ = 期限

由 (15–9) 式可知，

(1)當預期短期利率上揚時，$i_{nt} > i_t$。

(2)當預期利率不變時，則 $i_{nt} > i_t$。

(3)當預期利率下跌時，則兩者變動方向不確定。

利用預期理論與市場區隔理論而形成的期限偏好理論，可以同時解釋上述兩現象：(1)長期利率高於短期利率；(2)長短期利率趨勢亦步亦趨。

(1)由於期限偏好理論認為，人們因較喜歡持有短期債券，以至於長期債券利率的風險貼水為正的。所以即使短期利率不變，長期利率亦高於短期利率。單憑這一點，期限偏好理論就能夠解釋為何長期利率通常高於短期利率，以致收益率曲線的斜率一般為正的。

(2)就第二點而言，期限偏好理論能夠解釋為什麼長短期利率亦步亦趨的變動趨勢。因為短期利率上升表示未來的平均短期利率將更高，所以長期利率將隨之提高。因此長短期利率的變動方向一致。

期限偏好理論又將如何解釋收益率曲線的斜率有時候是負的情況呢？期限偏好理論認為，如果人們預期未來的短期利率將下跌，以致未來預期短期利率平均值所代表的長期利率低得很厲害，則即使加一項正的風險貼水，長期利率仍可能低於短期利率。所以收益率曲線也會有向下傾斜的情況。此即圖 15–3 的甲收益率曲線。

## 15.3 收益率曲線之應用

吾人可運用期限偏好理論來觀察收益率曲線的形狀，預測未來短期利率的走向。

若收益率曲線的斜率如圖 15–4(a) 所示為正的，而且很陡，則表示人們預期未來的短期利率上升之可能性甚高。

若收益率曲線的斜率如圖 15–4(b) 所示為正的，但並不很陡，則難以清楚顯示人們對未來短期利率之預測為上升或下降或不變。

若收益率曲線的形狀如圖 15–4(c) 所示為一水平直線，則表示人們預期未來的短期利率只會稍微下跌而已。

若收益率曲線的斜率如圖 15–4(d) 所示為負的，則表示人們預期未來的短期利率將會大幅降低。

期限偏好理論綜合預期理論與市場區隔理論的優點，認為長期利率乃未來預期短期利率平均值與決定於不同期限債券供需的風險貼水之和。因為它包容預期理論與市場區隔理論的優點，所以對利率期限結構的一些重要事實，多能予以圓滿的解答。

## 15.4 臺灣利率結構

### 臺灣之實證研究

圖 15–5 為根據臺灣的實際資料所做的臺灣利率結構圖。臺灣的利率結構包括銀行、貨幣市場、資本市場及民間借貸市場四大類：其中銀行分為存款和放款兩種，存款的利率分成活存、活儲存、定存、定儲存四種，而放款則須依客戶信用程度而訂定不同的利率；貨幣市場則有國庫券、商業本票、

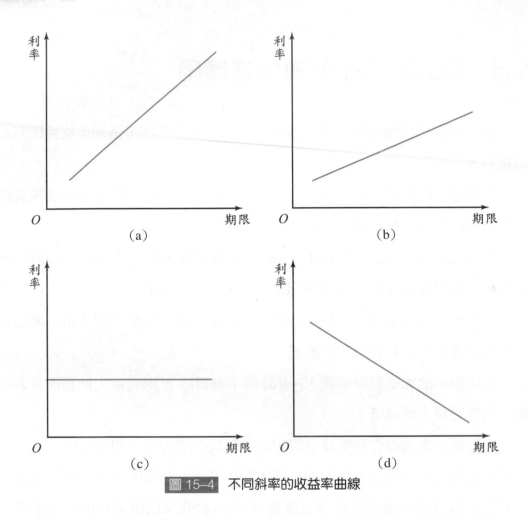

圖 15–4　不同斜率的收益率曲線

承兌匯票、可轉讓定期存單四種，而每種均分成初級與次級兩種，不論初級或次級又均因不同的期限而不同；資本市場分為政府公債、公司債及金融債券三種，每種也都有不同期限的差別；民間借貸市場則包括遠期支票借款、信用拆借、存放廠商……。

對於臺灣利率期限結構理論之檢定，莊武仁 (1991) 曾做檢討，他將臺灣貨幣市場之利率期限結構作為檢定之對象，臺灣貨幣市場流通的工具主要包含國庫券、商業本票、承兌匯票和銀行可轉讓定期存單等四種。其中國庫券利率一般均以其作為市場利率指標，然國庫券常有暫停發行之記錄，次級市場交易亦不熱絡，利率資料不完整。而商業本票在貨幣市場工具發行額度中，所占比率甚大，次級市場交易亦極為活絡，其品質上具齊一性，利率資料亦

較完整。因此該文乃以商業本票之次級市場收益率作為實證資料，並以 1 天至 90 天之平均收益率為短期利率，91 天期至 180 天期之平均收益率為長期利率，樣本區間自民國 69 年 11 月至 80 年 6 月，共計 128 筆月資料。上述研究認為：如果臺灣貨幣市場的利率期限結構，能符合預期理論之論點，投資者則可透過收益曲線的形狀，較準確地掌握未來短期利率之走勢，以減少投資所承擔之風險。由實證結果得知，臺灣貨幣市場自利率逐步走向自由化後，有充分的證據顯示預期理論適用於臺灣貨幣市場的商業本票利率期限結構。

其實，上述研究僅探討臺灣利率結構之部分現象，其他尚待研究之課題依然甚多，國外也有許多文獻探討，例如 Arshadi, etc. (1997), Beenstock, etc. (1981), Cox, etc. (1985), Marsh (1980), Mishkin (1995), Thomas (1997) 等等，均值得參考。

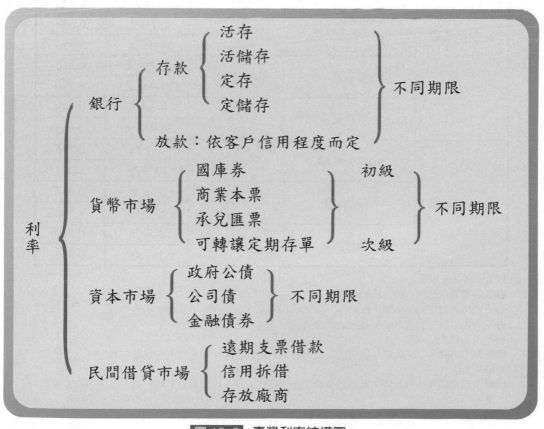

圖 15–5 　臺灣利率結構圖

# 繽紛貨銀 15A

## 臺灣利率結構

臺灣金融體系之不同金融商品，利率不同，反映了金融市場上各種不同性質金融工具的期限、風險及流動性。由表 15–1 臺灣利率結構，可反映出若干現象：期限較長者、風險較高者、流動性較低者，其利率水準乃相對較高。

表 15–1　臺灣利率結構（2017 年 12 月）

單位：%

| 類　　別 | | 初／次級市場 | 期　　限 | 年利率 |
|---|---|---|---|---|
| 銀行業 | 定期儲蓄存款❶ | – | 1 年 | 1.090 |
| | | | 3 年 | 1.165 |
| 貨幣市場❺ | 商業本票❷ | 次級市場 | 1–30 天 | 0.380 |
| | | | 31–90 天 | 0.440 |
| | 可轉讓定期存單 | 次級市場 | 1–90 天 | 0.370 |
| | | | 91–180 天 | 0.420 |
| | 銀行承兌匯票 | 次級市場 | 1–30 天 | 0.350 |
| | | | 31–90 天 | 0.450 |
| | 國庫券 | 次級市場 | 1–30 天 | 0.310 |
| | | | 31–90 天 | 0.280 |
| | 公債附條件交易利率 | 次級市場 | 1–30 天 | 0.338 |
| | | | 31–90 天 | 0.363 |
| 資本市場❻ | 政府公債❸ | – | 5 年期 | 0.766 |
| | | | 10 年期 | 1.051 |
| | 公司債❹ | – | 3 年期 | 0.976 |
| | | | 5 年期 | 1.108 |
| | 金融債券 | – | 2 年期 | 0.740 |
| | | | 3 年期 | 0.865 |

說明：
❶係依臺灣銀行所公告之機動利率。
❷僅包括融資性商業本票，即 CP2。
❸不含各級政府發行之公共建設土地債券及平均地權土地債券。
❹不含可轉換公司債。
❺貨幣市場除金融業拆款年資料係以交易總額為權數加權平均而得外，其他工具則為各月的簡單平均。
❻資本市場係指該月（年）新發行債券之加權平均利率，採浮動利率發行者，以發行時利率為準。
資料來源：2018 年 1 月，《中華民國金融統計月報》，中央銀行經濟研究處。

# 繽紛貨銀 15B

## 2016 年主要經濟體之政策利率變動

　　各國因政策考慮所制定的利率有所不同，歐美國家利率水準較低，東南亞國家利率水準較高。比較 2015 年與 2016 年水準，2016 年之利率水準一般低於 2015 年，或維持原有水準，而美國與香港則在 2016 年調升利率。大多國家會參考美國利率政策，美國在 2016 年經濟指標轉佳之後，率先提高利率，也會帶動其他國家之利率走向。

表 15-2 2016 年主要經濟體之政策利率變動

| 經濟體 | 2015 年 12 月 31 日政策利率水準值 (%) | 2016 年 12 月 31 日政策利率水準值 (%) | 升／降幅（百分點） |
|---|---|---|---|
| 美　　國 | 0.25～0.50 | 0.50～0.75 | +0.25 |
| 加拿大 | 0.50 | 0.50 | 0.00 |
| 歐元區 | 0.05 | 0.00 | −0.05 |
| 日　　本 | 0～0.10 | −0.10 | － |
| 英　　國 | 0.50 | 0.25 | −0.25 |
| 澳　　洲 | 2.00 | 1.50 | −0.50 |
| 紐西蘭 | 2.50 | 1.75 | −0.75 |
| 中國大陸 | 1.50（存款） | 1.50（存款） | 0.00 |
|  | 4.35（放款） | 4.35（放款） | 0.00 |
| 南　　韓 | 1.50 | 1.25 | −0.25 |
| 香　　港 | 0.75 | 1.00 | +0.25 |
| 泰　　國 | 1.50 | 1.50 | 0.00 |
| 馬來西亞 | 3.25 | 3.00 | −0.25 |
| 菲律賓 | 6.00 | 6.00(2016 / 6 / 2) | 0.00 |
|  | 3.00(2016 / 6 / 3) | 3.00 | 0.00 |
| 印　　尼 | 7.50 | 6.50(2016 / 8 / 18) | −1.00 |
|  | 5.25(2016 / 8 / 19) | 4.75 | −0.50 |
| 印　　度 | 6.75 | 6.25 | −0.50 |

註：1.日本 2015 年 12 月 31 日及 2016 年 12 月 31 日政策利率分別為無擔保隔夜拆款目標利率及銀行存放央行之新增超額準備適用利率，致未計算升降幅。

　　2.菲律賓於 2016 年 6 月 3 日將政策利率由隔夜附買回利率改為隔夜附賣回利率；印尼於 2016 年 8 月 19 日將政策利率由基準利率 (BI rate) 改為 7 天期附賣回利率。

資料來源：2017 年 6 月，《中央銀行年報》，中央銀行。

## 重要詞彙

利率風險結構 (risk structure of interest rates)

風險貼水 (risk premium)

流動性貼水 (liquidity premium)

收益率曲線 (yield curve)

預期理論 (expectations theory)

市場區隔理論 (segmented markets theory)

期限偏好理論 (preferred habitat theory)

利率期限結構 (term structure of interest rates)

## 練習題

1. 有哪些理論可以解釋利率期限？內容為何？
2. 為何一般長期利率高於短期利率？
3. 為何長短期利率走勢大致相同？
4. 當某公司出現意外火災時，該公司之公司債與政府公債的利率會受何影響？

第 8 篇

總體貨幣理論

# 第 16 章
# 國民所得決定之簡單模型

　　本章將介紹國民所得的決定模型，所應用的模型是最簡單的總體經濟模型，即此模型有下列幾項假設：(1)不考慮政府部門活動的影響；(2)假設無進出口問題，即整個經濟社會處在一個「封閉體系」；(3)支出部門只有消費和投資兩項活動，且投資為外生決定，這在第 1 節中會有說明。循此假設，在第 2 節中依序用所得支出決定法和儲蓄投資決定法來說明國民所得決定模型。而在第 3 節中，將引進所謂的「比較靜態分析法」，即將原本投資水準固定的假設排除，觀察它對所得的影響。並介紹「乘數」的概念。最後則說明加入政府部門、貿易部門甚至稅制的考量之後，討論對原本模型將產生何種影響。

## 架構圖 16　國民所得決定之簡單模型

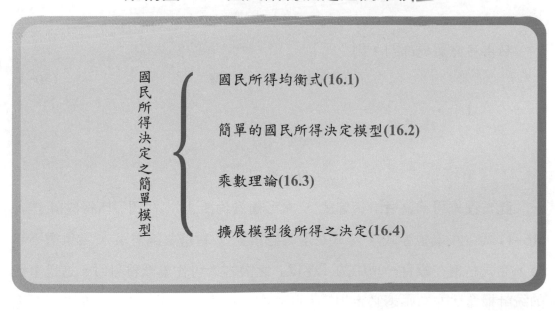

國民所得決定之簡單模型
{
國民所得均衡式(16.1)

簡單的國民所得決定模型(16.2)

乘數理論(16.3)

擴展模型後所得之決定(16.4)
}

# 16.1 國民所得均衡式

一國之國民所得的組成，可用國民所得均衡式來表示。若暫不考慮政府部門與貿易部門，則總所得只包括消費與投資兩項。

$$Y = C + I$$

其中，

$$Y = 總所得$$
$$C = 消費$$
$$I = 投資$$

若加入政府部門，則均衡式變成

$$Y = C + I + G$$

其中，

$$G = 政府支出$$

若再考慮貿易部門，則

$$Y = C + I + G + X - M \qquad (16\text{--}1)$$

其中，

$$X = 出口$$
$$M = 進口$$

此方程式可稱為會計恆等式，亦可稱為均衡式。在國民所得統計上，(16–1) 式可視為恆等式，等式左邊為總供給，右邊為總需求，當供需不等時，等式右邊在投資一項中的「存貨」之內容，可作為調整科目。這是事後的統計概念，左右兩邊必定相等。此式亦可視為均衡式，即等號左邊與右邊均為事前的水準，只有在均衡情況下才會維持等號。即事先規劃的總供給等於事先規劃的總需求，達到均衡。

## 📊 16.2 簡單的國民所得決定模型

假設在簡單的總體模型下，支出面只包括消費與投資兩項活動，至於消費則設為所得 $(Y)$ 的函數，如 (16–2) 式所示：

$$C = C(Y), 0 < C_Y < 1 \qquad (16–2)$$

其中，

$$C_Y = \Delta C / \Delta Y \qquad (16–3)$$

(16–2) 式稱為消費函數 (consumption function)，其函數型態受 $0 < C_Y < 1$ 的限制。$C_Y$ 稱為「邊際消費傾向」(marginal propensity to consume, *MPC*)，指所得增加 1 元時，消費增加之數額。凱因斯引「基本心理法則」(fundamental psychological law)：「當所得增加時，消費也增加；但消費增加之數不及所得增加之數」。前一段話表示消費與所得的關係為正，即邊際消費傾向大於零；後一段話乃確定此一消費函數的特性，即邊際消費傾向小於一。

有了以上的投資及消費函數，我們可以建立一個簡單的國民所得決定模型如下：

$$C = C(Y)$$
$$I = \bar{I}$$
$$Y = C + I \qquad (16–4)$$

### ㈠所得──支出決定法

利用簡單代數方程式求解的方法，上面的方程式體系有三個變數（即未知數）即 $C$、$I$ 及 $Y$，而有三個方程式，變數數目等於方程式數目，因此體系有解。舉例來說，假設投資 $I$ 為 100，$C = 200 + 0.5Y$，則可將所提供的資訊代入 (16–4) 式中，如此可得下式：

$$Y = C + I = 100 + 200 + 0.5Y$$

化簡可得 $0.5Y = 300$，最後得出 $Y = 600$

判定所得水準之決定，有兩種方法，一為所得支出決定法 (income-expenditure)，另一為儲蓄投資決定法。我們尚可用兩種圖解的方式來表示求解的方法。先說明第一種方法，如圖 16–1 所示。

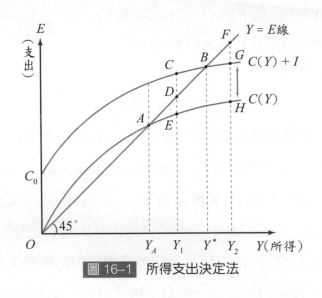

圖 16–1　所得支出決定法

圖 16–1 的橫軸表示所得 ($Y$)，縱軸表示支出 ($E$)。圖中由原點出發的一條 45° 線，表示所得等於支出線，此表示體系達到均衡時的必要條件，也就是均衡點必落在此條線上的任一點上，因為在此條線上的任何一點均表示所得等於支出，即用以表示 (16–4) 式方程式體系的最後一方程式：$Y = C + I$。

## (二)儲蓄——投資決定法

圖中的 $C(Y)$ 表示消費函數，其在縱軸的截距項示為正，如 $C_0$ 所示，反映所得即使為零仍有 $C_0$ 的消費，此一消費為維生的最低水準。消費曲線與 45° 線相交於 $A$ 點，表示以 $A$ 點所示的所得水準 $Y_A$ 為準，凡所得小於 $Y_A$ 者，均發生消費大於所得，其大小由消費曲線與 45° 線在各個所得水準下的垂直距離來表示，此可稱為「反儲蓄」(dissaving)。在所得大於 $Y_A$ 者均衡所得大於消費，此時有正的儲蓄，其大小亦由消費曲線與 45° 線在各個所得水

準下的垂直距離來表示。因此，相對於此一消費曲線，我們可以有一儲蓄曲線，此表示每一所得水準下，儲蓄的水準，因之儲蓄曲線的形狀，正好與消費曲線的形狀相反。消費曲線在前面所設的條件下，乃為一條向下的凹入的曲線，而儲蓄曲線為向下凸出的曲線。此如圖 16–2 的 $S(Y)$ 曲線所示。圖 16–2 的橫軸仍表示所得，縱軸乃表示儲蓄（或投資）。儲蓄等於零時，即為儲蓄曲線與橫軸相交之點，即 A 點所示，此與圖 16–1 之 A 點相同。所得在 A 點以下者有反儲蓄，在 A 點以上有正的儲蓄。

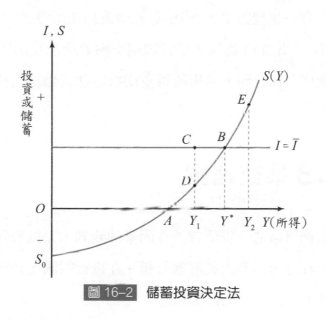

圖 16–2 儲蓄投資決定法

讓我們再回到圖 16–1。$C(Y)$ 線與 $C(Y) + I$ 之間的垂直距離表示投資。由於我們假設投資為固定 $(\bar{I})$，因之此兩條線乃為平行。至於均衡所得乃決定於 $C(Y) + I$ 與 45° 線相交點 B 點所示的所得 $Y^*$。就代數的意義而言，此兩條曲線相交實是將 (16–4) 式方程式體系之第一式及第二式代入第三式之意，即得如 (16–5) 式，此可稱為均衡條件：

$$Y = E = C(Y) + \bar{I} \tag{16–5}$$

(16–5) 式只有一個變數 $Y$，解出後，即為均衡國民所得 $Y^*$。

至於就儲蓄投資決定法而言，我們可以用圖 16–2 表示。由於儲蓄曲線

乃利用圖 16–1 的 45° 線與 $C(Y)$ 加以轉換而得。因此就求均衡所得以代數意義而言，乃就 $Y = E$ 等式中，等式兩邊均去掉 $C(Y)$，可得 (16–6) 式。

$$Y - C(Y) = E - C(Y) \qquad (16–6)$$

(16–6) 式的左邊表示所得減去消費，由處分面而言，乃為儲蓄 $S(Y)$，而等式右邊表示支出減去消費，即為投資，而投資設為固定，因此 (16–6) 式可以簡化成 (16–7) 式的均衡條件：

$$S(Y) = \bar{I} \qquad (16–7)$$

(16–7) 式只有一個變數 $Y$，解出後，即為均衡所得 $Y^*$。就幾何意義而言，如圖 16–2 所示為 $S(Y)$ 線與 $\bar{I}$ 平行線相交點 $B$ 所決定的所得 $Y^*$，即為均衡所得。因此我們可以看到不論用所得支出決定法或儲蓄投資決定法得出結果均為相同。

## 16.3 乘數理論

本節中，我們可以進一步研究外在因素的變動，尤以投資水準的變動對所得的影響，此種分析稱為比較靜態分析。在進行討論比較靜態分析時，我們要先介紹「乘數」(multiplier) 的概念。

### (一)比較靜態模型

假設有一筆新增投資 $\Delta I$，此筆新增投資對所得的影響，不止是只有 $\Delta I$ 而已，而是 $\Delta I$ 的倍數，此種倍數即稱為乘數，而由於此在簡化的假設下因新增投資所引起新增所得的倍數增加，故可稱為「簡化的投資乘數 (simple investment multiplier)」。舉例說明之，假設 $Y = a + bY + I$，對其做全微分，則可得 $\Delta Y = \Delta a + Y\Delta b + b\Delta Y + \Delta I$，若 $\Delta a$、$\Delta b$ 為 $0$，可得出 $(1 - b)\Delta Y = \Delta I$，繼而得到

$$\frac{\Delta Y}{\Delta I} = \frac{1}{(1-b)}$$

此即投資乘數，而通常 $b$ 是介於 0 與 1 間，所以可清楚發現 $I$ 上升將對所得造成倍數的影響。

## ㈡所得增加過程

若投資者增加了 $\Delta I$ 的投資，將會增加等數額的購買，接到此筆錢的人將會留下一部分，而消費一部分，設增加一元的所得額會使他以 $MPC$ 的數額支出，則該人的總支出將為 $\Delta I \times MPC$，進一步收到此筆錢的人假設也有同樣的支出傾向，則將有 $(\Delta I \times MPC) \times MPC$ 的支出，以此類推，如此對所得增加的影響，乃為各階段新增支出的總和，即如 (16–8) 式所示：

$$\Delta Y = \Delta I + \Delta I \times MPC + \Delta I \times MPC^2 + \cdots + \Delta I \times MPC^n + \cdots$$
$$= \Delta I(1 + MPC + MPC^2 + \cdots + MPC^n + \cdots) \tag{16–8}$$

(16–8) 式括弧中的式子，為等比級數，其和等於 $\frac{1}{(1-MPC)}$，因此上式可以簡化為

$$\Delta Y = \Delta I \times \frac{1}{(1-MPC)} \tag{16–9}$$

## ㈢自發性支出乘數

$\frac{1}{(1-MPC)}$ 即為簡單的投資乘數，稱其為 $k$。設 $MPC = 0.8$，則 $k = 5$；$MPC = 0.75$，則 $k = 4$。也就是消費傾向愈大，則乘數愈大。就幾何圖形而言，$MPC$ 為圖 16–1 消費曲線上任何一點的斜率。由於增加一元所得不是充作消費，即充作儲蓄，也就是說邊際消費傾向加上邊際儲蓄傾向 (marginal propensity to save, $MPS$) 等於一，如此 $1 - MPC = MPS$，所以簡單投資乘數可以說是邊際儲蓄傾向的倒數。上面導出的方法是用一步一步的影響加以總和

而得,也就是觀察其動態過程。我們尚可用終極結果的比較來求得。就儲蓄投資恆等式而言,此不但總量要相等,而有新增投資 ($\Delta I$) 時,則終究要提高相等數額的新增儲蓄 ($\Delta S$) 方能滿足均衡的必要條件。而在此必要條件中,加入行為方程式,則構成均衡條件如 (16-10) 式所示,即新增儲蓄等於新增所得乘以邊際儲蓄傾向必等於新增投資,由此可以解得 (16-11) 式,其與 (16-9) 式同。

$$\Delta S(Y) = (1 - MPC)\Delta Y = \Delta I \qquad (16\text{--}10)$$

$$\Delta Y = \frac{1}{(1 - MPC)}\Delta I \qquad (16\text{--}11)$$

有了投資乘數的概念,我們可以從事比較靜態分析,由於投資由外在決定,茲設投資由 $I_0$ 增加到 $I_1$,則將使 $C + I_0$ 線上移至 $C + I_1$,所得將增加,此可示於圖 16-3。均衡所得由 $Y_1^*$ 增至 $Y_2^*$,而由圖上觀察可以看到 $\Delta Y$ 的距離大於 $\Delta I$ 的距離,此兩者之比即為乘數。至於經濟體系如何由原均衡點 $A$ 移向新均衡點 $G$,我們亦可由圖 16-3 窺知,設原來均衡所得為 $Y_1^*$,現設新增投資為 $\Delta I$,將使支出線由 $C + I_0$ 移至 $C + I_1$ 線,因之在新的支出線上看時,一開始在 $Y_1^*$ 所得下,增加了 $AB$ 的支出,此正等於 $\Delta I$ 之數,因之第二期的所得為 $Y_1^* + \Delta I$ 之數,即圖上的 $C$ 點所示。但在新增 $BC$ 的所得下,在同該支出所示的邊際消費傾向下,仍有 $DC$ 的新增消費支出,此又構成第三期的所得如 $E$ 點所示即 $Y_1^* + \Delta I + \Delta I \times MPC$,如此一波一波的增加,直至 $G$ 點為止,此時 $G$ 點的所得水準乃由 (16-12) 式所示:

$$\begin{aligned}
Y_2^* &= Y_1^* + \Delta I + \Delta I \times MPC + \Delta I \times MPC^2 + \cdots + \Delta I \times MPC^n \cdots \\
&= Y_1^* + \frac{1}{(1 - MPC)}\Delta I \\
&= Y_1^* + \Delta Y \qquad (16\text{--}12)
\end{aligned}$$

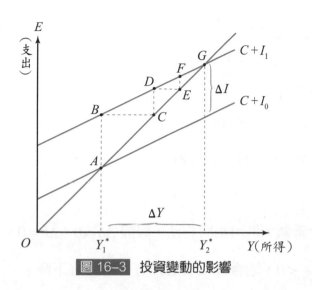

$$E$$
（支出）

$$C+I_1$$

$$\Delta I$$

$$C+I_0$$

$$\Delta Y$$

$$O \qquad Y_1^* \qquad\qquad Y_2^* \qquad Y(所得)$$

圖 16-3 投資變動的影響

(16-12) 式表示新所得水準 $Y_2^*$ 為原所得水準 $Y_1^*$ 加上新增投資的影響，即新增投資額乘以投資乘數之額。

# 16.4 擴展模型後所得之決定

本節將進一步探討政府或貿易部門加入之後，對所得的影響，決定方式仍和前述方式相同。

## ㈠加入政府部門之模型

考慮政府部門後，則須加入政府支出與稅收兩個變數，於是消費函數須改變：在消費函數中，將影響消費的因素改成稅後所得。換言之，加入了所得稅這項變數，我們利用下列方程式來表示這項變化對所得之影響，換句話說，就是要比較投資乘數、稅收乘數和先前有何不同：

$$C = a + b(Y - T)$$

$$T = T_0$$

$$T = 人民所要繳付的所得稅額$$

國民所得均衡式亦須改變，其式將變成 $Y = C + I + G$；再將上述改變後

的消費函數代入此式中，則變成

$$Y = a + b(Y - T) + I + G$$

再對其做全微分，

$$\Delta Y = \Delta a + b(\Delta Y - \Delta T) + \Delta I + \Delta b(Y - T) + \Delta G$$

設 $\Delta a = 0$、$\Delta b = 0$、$\Delta T = 0$、$\Delta G = 0$ 則可求得投資乘數為 $\dfrac{\Delta Y}{\Delta I} = \dfrac{1}{(1-b)}$，仍和先前相同。

再看看稅收乘數，仍用相同方法，假設 $\Delta a = 0$、$\Delta b = 0$、$\Delta I = 0$、$\Delta G = 0$，則 $\dfrac{\Delta Y}{\Delta T} = -\dfrac{b}{(1-b)} < 0$，隱含當稅收上升時，所得將下降。

最後討論政府支出乘數，假設 $\Delta a = 0$、$\Delta b = 0$、$\Delta I = 0$、$\Delta T = 0$，則求得政府支出乘數為 $\dfrac{\Delta Y}{\Delta G} = \dfrac{1}{(1-b)}$，與投資乘數相同。

依照上述方式，讀者可自行演練當稅收改成所得的函數（$T = T_0 + t_y$，$T_0$ 為定額稅，$t$ 為所得稅率）時，乘數如何變化。

## ㈡加入貿易部門之模型

倘若再加入貿易部門，則國民所得均衡式將變成

$$Y = C + I + G + X - M$$

我們再將消費函數 $C = a + b(Y - T)$ 代入新的國民所得均衡式中，

$$Y = a + b(Y - T) + I + G + X - M$$

對其做全微分，

$$\Delta Y = \Delta a + b(\Delta Y - \Delta T) + \Delta b(Y - T) + \Delta I + \Delta G + \Delta X - \Delta M$$

先假設 $\Delta a = 0$、$\Delta b = 0$、$\Delta T = 0$、$\Delta G = 0$、$\Delta X = 0$、$\Delta M = 0$，求得投資乘數為 $\dfrac{1}{(1-b)}$，仍與先前相同。

設 $\Delta a = 0$、$\Delta b = 0$、$\Delta T = 0$、$\Delta I = 0$、$\Delta G = 0$、$\Delta M = 0$，則可求得出口乘數

為 $\dfrac{\Delta Y}{\Delta X} = \dfrac{1}{(1-b)}$ 。

再假設 $\Delta a = 0$、$\Delta b = 0$、$\Delta T = 0$、$\Delta I = 0$、$\Delta G = 0$、$\Delta X = 0$，則可求得進口乘數為 $\dfrac{\Delta Y}{\Delta M} = -\dfrac{1}{(1-b)}$，表示當進口增加時，所得將下降。

## 繽紛貨銀 16A

### 以消費券刺激景氣政策

臺灣鑑於經濟蕭條，為刺激景氣，提振消費傾向，2008 年 11 月 18 日政府決定編列預算，舉債新臺幣 857 億元發放 3,600 元消費券給每位國民。2009 年 1 月 18 日消費券順利發放，兌付期限於 2009 年 10 月底截止。經建會原預估，發放消費券將可提高民間消費，預估短期刺激的加乘效果有 1 到 1.5 倍，經由乘數作用，初估可望提升實質經濟成長率 0.66%。十個月後，經建會評估消費券對 2009 年經濟成長率之貢獻僅 0.28% 至 0.43%，替代率 6 成多，促進經濟成長的乘數效果不到 1 倍，未顯著呈現加碼消費效果，與官方原先的樂觀預期有所差距。

關於發放消費券的功效，各方看法不一。諾貝爾經濟學獎得主，被喻為「歐元之父」的羅伯特·孟岱爾 (Robert Mundell)，2008 年 12 月 19 日在廣州「全球浙商高峰論壇」也建議中國大陸政府撥出人民幣 1 兆元發放消費券，他認為 1 兆元消費券可拉動有效需求增長 3.5%，而如果把消費券控制在三個月內花完，則可拉動有效需求上升 14%。

發放消費券為因應經濟衰退的短期救急措施，最主要的目的是在短時間內挽救消費信心。從政策方向來看，發放消費券有提振信心、協助弱勢族群等無法量化之效益，對臺灣經濟具正面影響，惟消費券替代效果偏高，因此，對經濟成長貢獻不如預期，但仍具短期經濟強心劑作用。

# 繽紛貨銀 16B

## 金融挺產業之多方路徑[1]

經濟發展是否順暢，有賴金融與產業相輔相成，企業經營順利才可能帶給金融界獲利績效，金融界支援產業活水才可能支撐產業與經濟發展。金融界與產業界是不同的兩大經濟體，其經營方式與規範環境差異頗大。因此，當產業界需要資金時，必須瞭解金融界所在乎的角度以及不同金融業的特質。金融界也必須瞭解產業界之資金需求，乃至於其應有的社會責任。彼此多元溝通，尋求適切的管道。

以中小企業融資而言，在 1980 年代之前的公營銀行當道時期，中小企業甚為不易取得銀行資金，融貸優先順序往往排在公營企業與大企業之後。這情形在政府開放民營銀行設立而銀行競爭程度提高之後，銀行大門對中小企業拓寬了，增加其融貸的機會。根據中小企業白皮書資料，2011 年中小企業負債比率約為 55%，比大企業負債比率 73% 為低，其負債情形不差。數年來，金融主管機關獎勵銀行承作中小企業融資，也多少發揮了激勵效果。

大企業一向是金融機構寵兒，籌資管道多元，無論銀行貸款、股票市場、債券市場，都向大企業招手。甚至曾在金融風暴與經濟蕭條時，大企業資金調度僵化。當時，政府甚至啟動紓困措施，讓企業在還款期限已屆時得以展期，熬過低潮。唯此方式只宜偶一短期為之，不宜作為常態，此措施後來也在經濟轉佳時漸予淡出。

傳統產業在經濟發展中最早展現頭角，奠立根基，也獲得銀行核貸時青睞。在早期銀行只講究企業抵押品與經營績效的年代，成功的傳統產業自然合理地取得銀行融資。唯傳統產業逐漸失去比較優勢而被科技產業蓋過光芒時，便要看企業是否能端出經營成果來贏獲銀行點頭了。

科技產業 30 年前尚在銀行門前猶豫，剛萌芽的科技，提不出抵押品，獲利率不穩定。當時，銀行業仍維持關愛傳統產業的習慣而未正眼看待科技產業，直到科技產業的高獲利成為常態之後，銀行業終於改變產業傾向，把科技產業作為重點搶邀對象。至於股票市場的反應便相對快速，投資股民的眼光具有前瞻性，閃亮的科技產業在股票市場永不寂寞。根據筆者一項研究顯示：2011 年科技產業產值比重約為總製造業中 59.2%，銀行貸款給科技產業之比例大約 58.7%，可謂銀行業大致考量了企業之產值來決定核貸去向；而上市公司市值中科技產業者高達 74.5%，上櫃公司市值中科技產業占 98.2%，

---

註

1.參考：楊雅惠，〈金融挺產業之多方路徑〉，《工商時報》，2014 年 7 月 4 日。

可見資本市場對於科技產業特別垂青，垂青程度大大超越了科技產業對經濟產值的貢獻比率。

　　文創產業以清秀姿態出線，其範圍甚為廣闊，各類文創所需資金規模大小幅度相差甚廣。開辦一個創意咖啡廳或許數十萬到數百萬，完成一部歷史劇電影則至少要花上數千萬乃至於數億元以上。由於文創業風險不低，金融業面對文創產業，除了從金融專業予以評估之外，多多少少需從社會責任角度考量。

　　金融業包括不同業種，各有經營特質。銀行資金吸收大眾存款，取自於社會資金，較不適合大規模風險性投資貸款，唯銀行業規模大，近年來獲利佳而逾放低，目前可在文創事業上有所投入與發揮。保險業之可用資金規模不小，正在尋求適切的投資管道，而其資金來自於社會儲蓄，在資金運用上必須審慎，在尋求具市場潛力案件時須作好風險評估。

　　創意產業的活動方式常有新意，資金挹注型態不見得要限於傳統的銀行放款或保險業投資。國外有智財權債券、計畫型融資、完工保險保證、融資轉股權等等方式，未來能否引進國內，可進一步研商。至於原來已存在的創投之角色，尚有相當拓展的空間。

　　金融體系是社會儲蓄與投資之橋樑，應把資金配置在具有生產力的用途上。因此，金融挺產業，產業也必須具備生產力與發展潛力，而不是經營欠佳而靠金融業來救急。社會責任由各界共同承擔，在已鋪陳好的多方路徑下，希望看到金融與產業共同締造經濟佳績。

## ｜ 重要詞彙 ｜

國民所得均衡式
消費函數 (consumption function)
邊際消費傾向 (marginal propensity to consume, *MPC*)
所得支出決定法
儲蓄投資決定法

乘數理論
比較靜態分析
自發性支出乘數
邊際儲蓄傾向 (marginal propensity to save, *MPS*)

## 練習題

1. 請說明投資乘數是如何推導出來的？

2. 依凱因斯模型，均衡所得水準如何推導出來？

3. 假設 $I = 200$, $C = 250 + 0.8Y$，$I$為投資，$Y$為所得，$C$為消費。請求導均衡所得。

4. 假設消費函數 $C = 250 + 0.8(Y - T)$，$Y$為所得，稅收 $T = 50$，政府支出 $G = 50$，而投資 $I = 200$。請求導均衡所得。

# 第 17 章
# 貨幣對所得、利率之影響（*IS-LM* 模型）

分析貨幣政策對所得與利率之影響時，須透過商品市場供需與貨幣市場供需來剖析。商品市場均衡可求得 *IS* 曲線，由貨幣市場均衡可求得 *LM* 曲線，這兩個市場共同達到均衡時便可求得均衡所得與均衡利率，而貨幣政策與貨幣需求的影響亦可透過這種 *IS-LM* 分析法來研究。在本章中，首先探討 *IS*、*LM* 曲線的構成及所代表之經濟意義，並探討其均衡達成之意義，來說明當貨幣市場供需發生變動時，對均衡所得、利率之影響。

### 架構圖 17　貨幣對所得、利率之影響（*IS-LM* 模型）

貨幣對所得、利率之影響
{
　*IS - LM* 模型之意義(17.1)

　*IS* 曲線之構成(17.2)

　*LM* 曲線之構成(17.3)

　*IS - LM* 模型之均衡(17.4)

　貨幣供需變動之影響(17.5)
}

# 17.1 *IS-LM* 模型之意義

在分析貨幣政策對所得、利率之影響時，可採用 *IS-LM* 模型來分析，這是一般總體經濟學的分析工具。

一個社會上的各種經濟活動，可分成幾個部門，最重要的部門包括商品市場、貨幣市場與勞動市場。在這個總體均衡的架構下，來探討政府政策對總體經濟變數（利率、所得、價格）之影響。

根據商品市場的均衡，可推導出所得與利率的各種組合，稱為 *IS* 曲線；根據貨幣市場的均衡，可推導出另一套所得與利率的組合，稱為 *LM* 曲線；當商品市場與貨幣市場達均衡時，即 *IS* 曲線與 *LM* 曲線的交點，即可決定出均衡的所得與利率的水準。由此均衡點，再進一步推導出總需求曲線（aggregate demand curve，*AD* 曲線）。另一方面，由勞動市場的均衡，可推導出總供給曲線（aggregate supply curve，*AS* 曲線）。最後，由總供給與總需求曲線的交點，決定出均衡的物價與所得水準。

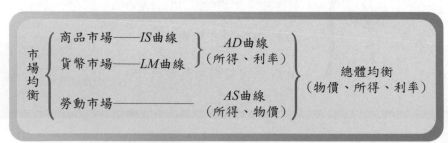

圖 17-1　*IS-LM* 與 *AS-AD* 架構

# 17.2 *IS* 曲線之構成

假設商品市場內的最終需求只包含兩個項目：消費與投資。消費函數示如下式：

$$C = a + bY$$

式中 $C$ 為消費，$Y$ 為所得，$a$ 為生存所需要最低消費水準，$b$ 為邊際消費傾向。

投資函數亦如下式：

$$I = v_0 - v_1 i \qquad\qquad v_0, v_1 > 0$$

$I$ 為投資量，$i$ 為利率。投資與利率之間為負向關係。當利率水準提高時，廠商生產成本提高，除非廠商的投資邊際效益能夠高於此利率水準，否則廠商不會進行此投資決定，於是乎，利率水準上升會使投資減少。$v_0$ 為不受利率影響的固定投資額，$v_1$ 為受利率影響之邊際投資傾向。

商品市場內的行為與關係，可由下列三個方程式表示：

$$C = a + bY \tag{17-1}$$

$$I = v_0 - v_1 i \tag{17-2}$$

$$Y = C + I \tag{17-3}$$

(17–1) 式為消費函數，表示消費者對消費之計畫支出隨所得之增加而增加。(17–2) 式為投資函數，表示投資者對投資之計畫支出隨利率之降低而增加。(17–3) 式為所得定義方程式，表示所得由消費與投資所構成（消費函數與投資函數並非一定為線性函數，此地只為簡化起見，作此假設。又因儲蓄為所得中所消費之剩餘，故 (17–1) 式消費方程式實際上已可自動化成儲蓄函數）。

依這商品市場的三個方程式，將 (17–1) 式與 (17–2) 式分別代入 (17–3)式，可得下式：

$$Y = (a + v_0 - v_1 i) / (1 - b) \tag{17-4}$$

(17–4) 式為 *IS* 曲線的方程式，它表示使儲蓄等於投資而使貨物市場達到均衡的 $Y$ 與 $i$ 的各種組合。換言之，$Y$ 與 $i$ 之間需維持 (17–4) 式的關係，才能達到儲蓄等於投資的均衡條件，從而才可使商品市場達到均衡。

*IS* 曲線：使商品市場均衡的所得與利率之組合軌道。

由此可知，貨物市場的均衡必產生在 IS 曲線上。在這 IS 曲線上有無數的點都表示儲蓄等於投資。

## ㈠ *IS* 曲線之推導──四圖方式

　　其次就 IS 曲線，圖示如下。茲將用四個圖的方式，說明如何由商品市場的行為與均衡條件構成 IS 曲線。圖 17–2 乃由四個圖，ABCD 所構成。A 圖表示投資為利率的遞減函數，$I = I(i)$。B 圖表示為達到貨物市場的均衡，儲蓄須等於投資，$S = I$。C 圖表示儲蓄為所得之遞增函數，$S = S(Y)$。就 A 圖上任何一個特定的 $i$ 而言，即有一個相對應的特定的 $I$，蓋 $I = I(i)$。就此特定的 $I$ 而言，在 B 圖上，即有一個相對應的特定的 $S$，蓋 $S = I$。就此特定的 $S$ 而言，在 C 圖上有一個相對應的 $Y$，蓋 $S = S(Y)$。如此，就一個特定的利率水準而言，即有一個特定的 $Y$。舉例言之，與 $i_1$ 相對應的 $I$ 為 $I_1$；與 $I_1$ 相對應的 $S$ 為 $S_1$；與 $S_1$ 相對應的 $Y$ 為 $Y_1$。如此，與 $i_1$ 相對應的 $Y$ 為 $Y_1$。於 D 圖，以 $i_1$ 與 $Y_1$ 為座標可得一點 $E_1$。$E_1$ 乃為根據特定函數 $I = I(i), S = S(Y)$ 所獲之 IS 曲線上之一點，我們可由任何其他利率水準 $i_2$，依相同道理獲得相對應之 $Y_2$，而得 $E_2$ 點。如此，可獲各種水準之 $i$ 與其相對應之 $Y$，而由此可獲無數之點於 D 圖上。將 D 圖上之這些點連結起來，即成 IS 曲線。申言之，特定的投資函數與儲蓄函數，表示該社會之特定的行為型態，而依這些特定的型態，為滿足貨物市場均衡條件，需要利率與所得之間密切的配合，以使儲蓄等於投資。IS 曲線所表示的是依這種行為型態，為達到均衡，利率與所得之間必須配合的情況。因此，IS 曲線也是在既定情況下，使儲蓄等於投資的利率與所得之組合的軌跡。

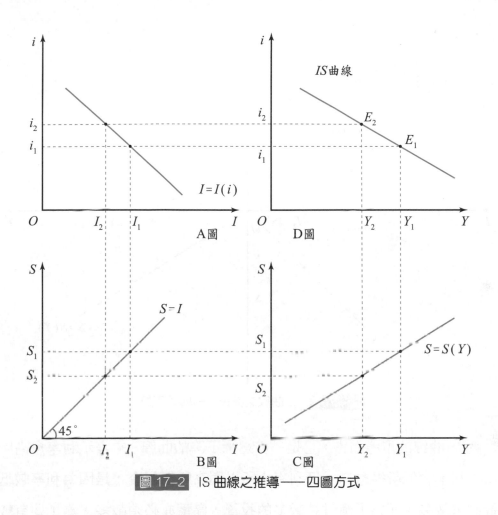

圖 17-2　IS 曲線之推導——四圖方式

## ㈡ **IS** 曲線之推導——四象限圖方式

　　構成 *IS* 曲線的圖示，有幾種不同的方式，但其意均相同。除了本書所採用的方式外，一種同樣普遍的方式，採用將零點置於中間的方式，如圖 17–3。圖 17–3 中，第二象限為投資函數（利率與投資的關係），第四象限為儲蓄函數（儲蓄與所得的關係），第三象限為商品市場均衡式（儲蓄與投資相等）；第二、三、四象限結合之後，就成為第一象限，其利率與所得之軌跡，即稱為 *IS* 曲線。

　　圖 17–2 與圖 17–3 的比較可知，兩種構成的方式，除了座標的方向以外，完全沒有相異之處。

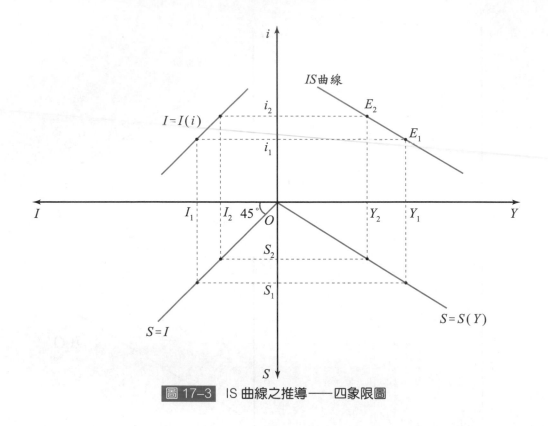

圖 17-3　IS 曲線之推導——四象限圖

　　就 *IS* 曲線的型態而言，它是一條逐漸下降的曲線。它表示利率愈高所得愈低；利率愈低所得愈高。低利率之所以與高所得配合，是因為利率較低時投資需求較多，而為了應付這較多的投資，儲蓄亦必須較多，為了要有較多的儲蓄，所得亦必須較多的緣故。反過來講，所以有高所得與低利率相配合，乃是因為當所得較多時儲蓄較多，而與儲蓄相等的投資亦較多，而這較多的投資必須與較低的利率水準配合在一起。如此，不論由哪一方面觀之，在 *IS* 曲線上，低利率與高所得，高利率與低所得通常配合在一起。因此 *IS* 曲線乃為一條向右下方逐漸下降的曲線。

# 17.3 *LM* 曲線之構成

　　貨幣市場包括貨幣需求與貨幣供給。貨幣市場可由下列兩個方程式表示：

$$M^d = L(i, Y) \tag{17--5}$$

$$M^s = M_0 \tag{17--6}$$

(17–5) 式為貨幣需求函數。貨幣需求由交易動機加上預防動機的 $L_t$ 與投機動機的 $L_s$ 所產生，故視貨幣需求為所得與利率的函數。(17–6) 式為貨幣供給函數，此視貨幣供給為固定數量 $M_0$。

因貨幣市場須以貨幣需求函數與貨幣供給的相等為均衡條件，故得 (17–7) 式如下：

$$L(i, Y) = M_0 \tag{17--7}$$

(17–7) 式為 *LM* 曲線的方程式，它表示使貨幣需求等於貨幣供給之 $Y$ 與 $I$ 的關係。換言之，$Y$ 與 $I$ 之間須維持 (17–7) 式關係，才能使貨幣需求等於貨幣供給，從而可使貨幣市場達到均衡。(17–7) 式所表示的是一條曲線，而非單獨的一個點。

*LM* 曲線：使貨幣市場均衡的所得與利率之組合軌道。

其次就 *LM* 曲線圖示如下。

## ㈠ *LM* 曲線之推導──四圖方式

茲仍採用四個圖的方式，說明如何由貨幣市場的行為與均衡條件構成 *LM* 曲線。圖 17–4 乃由四個圖，ABCD 所構成。A 圖表示投機動機貨幣需求 $L_s$ 為利率的遞減函數，$L_s = L(i)$。B 圖表示均衡條件，貨幣供給等於貨幣需求，即 $M_0 = L_s + L_t$；在圖中，$L_t$ 為固定的 $M_0$ 減去 $L_s$ 的剩餘。C 圖表示交易動機貨幣需求 $L_t$ 為所得的遞增函數，$L_t = kY$。就 A 圖上任何一個特定的 $i$ 而言，即有一個相對應的特定的 $L_s$，蓋 $L_s = L(i)$。就這特定的 $L_s$ 而言，在 B 圖上，即有一個相對應的特定的 $L_t$，蓋 $L_s + L_t = M_0$。就這特定的 $L_t$ 而言，在 C 圖上即有一個相對應的 $Y$，蓋 $L_t = kY$。舉例言之，與 $i_1$ 相對應的 $L_s$ 為 $L_s^1$；與 $L_s^1$ 相對應的 $Y$ 為 $Y_1$。如此，與 $i_1$ 相對應的 $Y$ 為 $Y_1$。於 D 圖，以 $i_1$ 與 $Y_1$ 為

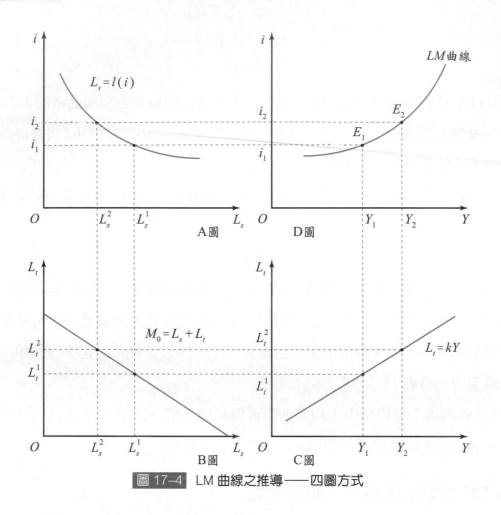

圖 17–4　LM 曲線之推導——四圖方式

座標可得一點 $E_1$。$E_1$ 乃為根據特定函數 $L_s = L(i)$, $L_t = kY$，及 $L_s + L_t = M_0$ 所獲得之 LM 曲線之一點。我們可由任何其他利率水準 $i_2$，依相同道理獲得相對應之 $Y_2$，而得 $E_2$ 點。如此，可獲各種水準之 $i$ 與其相對應之 $Y$，而由此可獲無數之點於 D 圖上。將 D 圖上這些點連結起來，即成 LM 曲線。申言之，特定的貨幣需求的偏好表示該社會之特定的行為的型態，而依這些特定的型態，為滿足貨幣市場的均衡條件需要利率與所得之間密切的配合，以使貨幣需求等於貨幣供給。LM 曲線所表示的是依這種行為型態，為達到均衡，利率與所得之間必須配合的情況。因此，LM 曲線也是在既定的情況下，使貨幣供給等於貨幣需求的利率與所得之組合的軌跡。

## ㈡ *LM* 曲線之推導──四象限圖方式

　　構成 *LM* 曲線方式，也有幾種不同的圖解。但不論以何種方式構成，其意義無任何差別。與圖 17–3 相對應的構成方式，可圖示如圖 17–5。

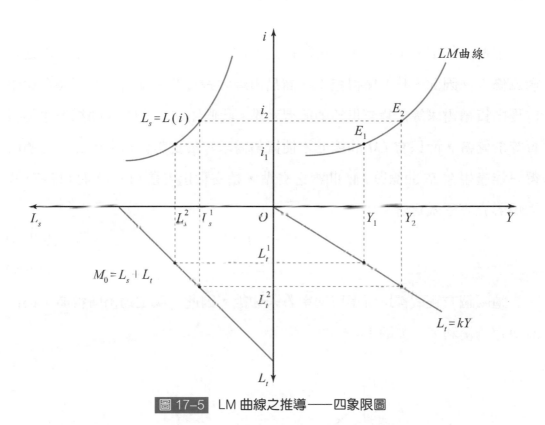

圖 17–5　LM 曲線之推導──四象限圖

　　就 *LM* 曲線的型態而言，它是一種逐漸上升的曲線，它表示利率愈高所得愈高；利率愈低所得愈低。高利率之所以與高所得相配合，是因為當利率較高時，投機動機的貨幣需求較少，致有更多資金可利用於生產用途，可生產更多產量的緣故。反過來講，所以有高所得與高利率相配合，是因為當所得提高時，交易動機的貨幣需求較多，把貨幣用於生產方面的程度增加，致所剩的投機貨幣較少，因此，使利率必然較高。如此，不論從哪一方面觀之，*LM* 曲線乃是一條向右上方逐漸上升的曲線。同時，因為投機動機的貨幣需求函數，在利率很低時彈性很大，使 $L_s$ 曲線在低利率範圍內呈水平線，所以

*LM* 曲線受這影響,也在利率很低時,彈性很大,而在低利率範圍內呈水平
線狀態。

## 17.4 *IS-LM* 模型之均衡

　　依修正的凱因斯模型,均衡所得之形成,須以商品市場與貨幣市場之均
衡為條件。因此,均衡所得指:在商品市場內投資等於儲蓄,而同時在貨幣
市場內貨幣需求等於貨幣供給的所得水準。我們知道,只有 *IS* 曲線上才使投
資等於儲蓄,而只有 *LM* 曲線上才使貨幣需求等於貨幣供給。因此,均衡所
得只能產生在 *IS* 曲線與 *LM* 曲線之交點,這交點也就是 (17–4) 與 (17–7) 式
兩個聯立方程式之解。

$$Y = (a + v_0 - v_1 i) / (1 - b) \qquad\qquad (17\text{–}8)$$

$$L(i, Y) = M_0 \qquad\qquad (17\text{–}9)$$

　　這兩個方程式都以所得與利率為未知數,因此,決定均衡所得時,必同
時決定均衡利率,如圖 17–6。

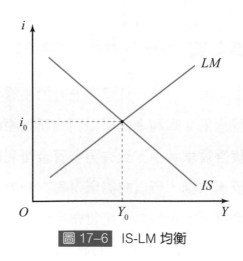

圖 17–6　IS-LM 均衡

# 17.5 貨幣供需變動之影響

當貨幣市場產生變動時，直接影響到 *LM* 曲線的移動。這又可分貨幣需求及貨幣供給兩方面來說明。

## ㈠貨幣供需變動對 *LM* 曲線之影響

### 1.貨幣需求面變動

當實質貨幣需求產生變動時，主要可分成交易動機和投機動機兩方面來探討：⑴當投機動機的實質貨幣需求上升時，表示大眾想保有更多的貨幣以購買債券，因此造成 $L_s$ 曲線右移，*IM* 曲線上移（見圖 17–7）；⑵當交易動機的實質貨幣需求上升時，表示大眾想保有多餘的貨幣來交易，因此造成 $L_t$ 曲線上移，*LM* 曲線上移，達到新均衡（見圖 17–8）。

### 2.貨幣供給面變動

貨幣供給增加後，會使代表貨幣市場均衡的 $M_0 = L_s + L_t$ 曲線往外移動，因此，*LM* 曲線向右移動（見圖 17–9）。

*LM* 曲線移動後，*IS-LM* 之均衡點會改變。貨幣供給增加後，*LM* 曲線右移，均衡點由 $E_0$ 點移至 $E_1$，會使利率下跌而所得增加。這便顯示出一個結果：政府採行寬鬆的貨幣政策而增加貨幣供給時，會使利率下跌而所得增加；若政府採用緊縮性的貨幣政策而減少貨幣供給，會使利率上揚而所得減少。

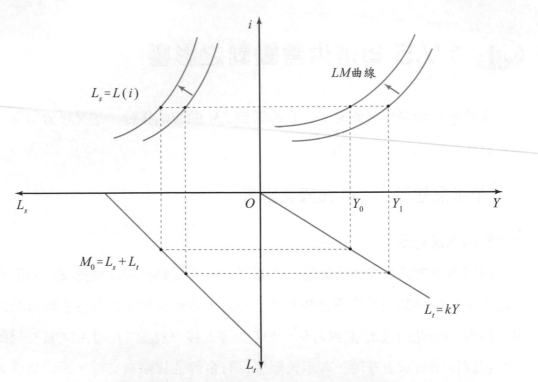

圖 17–7 投機性貨幣需求增加對 LM 曲線之影響

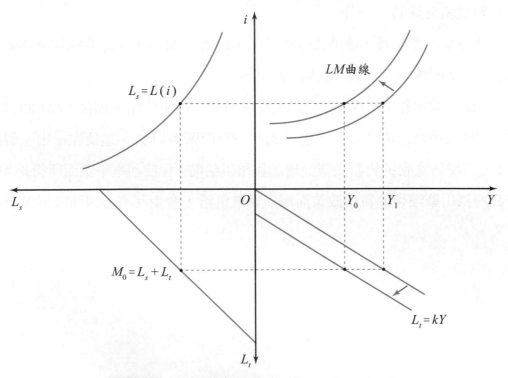

圖 17–8 交易性貨幣需求增加對 LM 曲線之影響

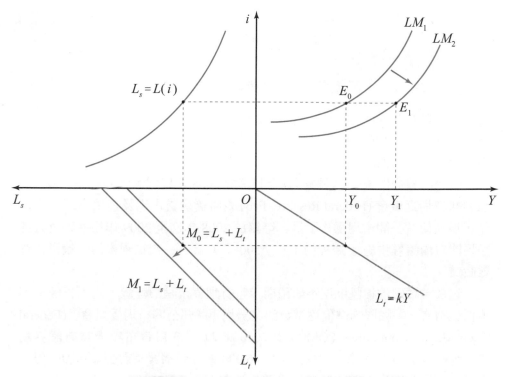

圖 17-9 　貨幣供給增加對 LM 曲線之影響

## ㈡ *LM* 曲線變動對所得、利率之影響

　　*LM* 曲線移動之後，使得 *IS-LM* 均衡點改變，進而影響所得與利率水準。如圖 17–10 所示，原來均衡點為 $E_0$，當 *LM* 右移至 $LM_1$，均衡點右移至 $E_1$，利率下跌而所得增加。如果 *LM* 左移至 $LM_2$，均衡點左移至 $E_2$，則利率上漲而所得減少。由此可見，貨幣需求增加時，利率上漲而所得減少；貨幣供給增加時，利率下跌而所得增加。

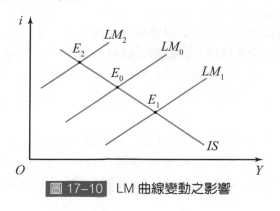

圖 17–10 　LM 曲線變動之影響

305

# 繽紛貨銀 17A

## 美國實施量化寬鬆 (QE) 政策

量化寬鬆 (quantitative easing, QE) 是一種貨幣政策,在基準利率接近零,沒有降息空間時,央行動用發行貨幣的權力,以印製貨幣,買入國債等資產,為市場注入流動性。

金融海嘯發生後,美國聯邦基金利率於 2008 年底已調降到近乎於零,美國聯邦準備理事會 (Federal Reserve, Fed) 為維護房貸市場及信用市場正常運作,擴大傳統公開市場操作工具,陸續於 2008 年底至 2009 年初採取買入各類長期有價證券措施,規模約 1 兆 7,500 億美元,一般被稱為第一輪量化寬鬆政策。

鑑於美國經濟復甦狀況不如預期,且有通貨緊縮的疑慮,為提振經濟,降低失業率,美國聯邦準備理事會決策機構「聯邦公開市場委員會」(Federal Open Market Committee, FOMC) 於 2010 年 11 月 3 日宣布擴大持有證券規模,進一步於 2011 年第 2 季前,投入 6,000 億美元購買長期公債。即一般所謂第二輪量化寬鬆 (QE2) 政策,主要作法有以下三點:

一、擴大「公開市場帳戶」(system open market account, SOMA) 持有的資產組合規模,由 FOMC 授權紐約聯邦準備銀行「公開市場交易檯」(open market trading desk, OMTA),在未來 8 個月購入 6,000 億美元美國長期國債,平均每月收購 750 億美元。

二、FOMC 並將委派公開市場交易檯,把到期抵押債券的本金再加碼投資,收購 2,500 至 3,000 億的美元國債。

三、QE2 的操作總金額將達 8,500 至 9,000 億美元。

一般認為:量化寬鬆政策將造成全球游資炒作各種商品,助長資產泡沫與油、金、大宗物資價格上漲。另外,市場預期量化寬鬆將使美元走弱,資金勢將湧入新興市場國家求利,更加重新興市場國家升值壓力。

當時主要國家對美國量化寬鬆政策之看法不一。德國及中國大陸認為,美國實行量化寬鬆政策,是在間接操縱美元匯率,並未承擔穩定國際資本市場的義務,且只會給全球經濟與國際金融界帶來更多的問題;日本銀行(即日本央行)總裁白川方明則認為,當日本經濟及物價狀況出現顯著惡化時,擴大新資產購買計畫規模是日銀的首要選擇項目,意即將跟進採行量化寬鬆政策。

學者專家對於美國量化寬鬆政策是否能發揮預期效果的看法有正反兩極,持正面意見者 (例如,聯邦準備銀行總裁威廉‧杜德利 (William Dudley)、《紐約時報》專欄作家大衛‧萊昂哈特 (David Leonhardt)、摩根大通

首席證券分析師湯瑪斯・李 (Thomas Lee)) 認為，QE2 有助於刺激投資需求，並促使美元維持弱勢以增加美國出口；持反對意見者（例如，白宮經濟復甦顧問委員會主席沃爾克、諾貝爾經濟學獎得主孟岱爾、諾貝爾經濟學獎得主史提格里茲 (Joseph Stiglitz)、PIMCO 共同投資長葛洛斯 (Bill Gross)、高盛經濟學家歐尼爾 (Jim O'Neill))，認為量化寬鬆只會造成資產泡沫與通膨，不會馬上改善美國經濟，反而造成國際金融動盪。

雖然各界對 QE 政策效果有所討論，正反辯論，畢竟 QE 也在金融海嘯之後的經濟蕭條期間，在美國大力推出，陪伴著美國逐步景氣復甦。

## 繽紛貨銀 17B

### QE 流行潮[1]

量化寬鬆 QE (Quantitative Easing) 在金融海嘯後成為國際間的貨幣政策顯學。在經濟陷入困頓而無計可施時，QE 政策便會祭出。先是位於日本東京的央行在 2000 年初期推動 QE；至 2008 年 11 月美國華盛頓的聯準會開始啟動 QE，好不容易 2014 年底美國才擺脫 QE。接著，位於德國法蘭克福的歐元央行也相繼接下 QE 政策的實施旗幟。QE 政策短期內不會在這世界消逝，被奉為圭臬般地在檯面上揮旗。

2006 年擔任美國聯準會主席的柏南克 (Bernanke)，早在 2000 年初尚在大學任教時便建議當時經濟蕭條困境中的日本央行實施 QE。政策利率已為零的日本央行坐困愁城，遂而於 2001 年 3 月啟動 QE，而後於 2006 年宣告結束；但是金融海嘯而景氣衰退，遂於 2010 年 10 月再度啟動 QE。2012 年安倍晉三首相上任後更擴大其規模；2014 年安倍首相解散國會後贏得大選，第三度組閣時只換國防部長，大致延續經濟政策。看來陷入流動性陷阱且喪失亞洲第一大國寶座的日本，仍是靠著 QE 取暖。

美國實施了三波 QE，費了 6 年才決心放下這定心劑。柏南克不但推動日本 QE，在他就任美國聯準會主席後更大規模操作。第一波從 2008 年 11 月開始，規模為 1.75 兆美元，2010 年 11 月開始第二波 6,000 億美元，2012 年 9 月開始第 3 波 1.63 兆美元，直到 2014 年 10 月才由接任的聯準會主席葉倫

---
註

1.參考：楊雅惠，〈QE 流行潮：從東京、華盛頓到法蘭克福〉，《工商時報》，2015 年 1 月 9 日。

(Yellen) 宣布於年底結束。這 6 年的量化寬鬆貨幣政策，對抗金融海嘯所帶來的全球蕭條風暴，代價不貲。

眼見歐元區經濟不佳，位於德國法蘭克福的歐洲央行總裁德拉吉 (Draghi) 在 2015 年購買主權債券，釋出貨幣，使資產負債表大幅擴大，期能讓歐元貶值，以改善經濟。此卻在德國碰了釘子，德國擔心這會讓貨幣政策成為非法財政移轉的方式。為說服德國，歐洲央行準備縮減 QE 規模。雖然尚有異見，而無論如何，實施此政策仍具必要性與迫切性。

雖然 QE 貨幣政策不同於傳統貨幣政策工具，傳統常用的貨幣政策工具包括法定存款準備率、重貼現率、公開市場操作等，今日在運用模式與強度上已有差異。原本最為強勁的工具是法定存款準備率，歐美不少國家已不採用此項管制而轉為規範流動準備率，目的在使銀行業增加資金運用彈性，但也剝削了央行調整貨幣供給的有效工具。至於重貼現率，對市場影響管道首先是牽動短期利率，再帶動長期利率，但美日之短期利率已近乎零，陷入流動性陷阱，傳統貨幣政策工具徒呼負負難顯效果。

QE 屬於公開市場操作的措施，傳統貨幣政策作法上是央行影響短期利率，小幅調整短期資金的增減，並不作為改變經濟基本盤勢的主力。而今，新的公開市場操作模式一躍成為貨幣政策主力工具，央行購買中長期資產，直接壓低中長期利率以刺激投資，並引發通膨預期以促升物價，且讓貨幣貶值而助益出口。為加強效果，其操作規模相當龐大，並發行長期公債來配合操作，「直升機上灑錢」是對此政策的描繪。

一般貨幣政策效果往往需要若干時日後方會呈現，且在政策利率已經趨零之際再拉低的空間有限。到底 QE 是否有效，為近來重要研討議題。已有不少研究認為此政策有正向效果，經濟回春，出口暢旺。然而批評之議亦不遑多讓，肥了美國，卻瘦了與美國密切交易來往的其他國家，美元貶值使持有美元資產的貿易對手國之財富縮水，承受損失。原 QE 的創始者柏南克則在卸任時留下一句話：「功過留待後人評量」。

留下的幾個議題：QE 效果如何？貨幣政策運作是否尚有其他更有效工具？甚至退一步的議題：靠著貨幣政策工具來拯救蕭條經濟的權衡策略是否適切？這都需要全球經濟與貨幣政策決策者與研究者好好思考。否則，若有下一波金融風暴或經濟蕭條來逼，如何因應，屆時可勿手忙腳亂。

## ｜ 重要詞彙 ｜

| | |
|---|---|
| *IS-LM* 模型 | 總供給曲線 （aggregate supply curve， |
| 貨幣政策 | *AS* 曲線） |
| 總需求曲線（aggregate demand curve， | 投機動機貨幣需求 |
| *AD* 曲線） | 交易動機貨幣需求 |

## ｜ 練習題 ｜

1. 請說明：如果維持生存的起碼消費水準提高，對 IS 曲線會有何影響？

2. 如果貨幣供給增加，對均衡利率與所得有何影響？

3. 請簡述 IS 曲線如何推導。

4. 請簡述 LM 曲線如何推導。

5. IS 曲線與 LM 曲線之交點，代表何市場達到均衡？

6. 假設 LM 曲線為 $r = \dfrac{500}{(200 - 0.2y)}$ ，IS 曲線則介於 $r = \dfrac{150}{(0.2y - 20)}$ 與

$r = \dfrac{210}{(0.2y - 20)}$ 之間，請計算：

(1) 均衡所得介於多少之間？

(2) 均衡利率介於多少之間？

# 第 18 章
# 貨幣政策對物價之影響（*AS-AD* 模型）

　　用 *IS-LM* 模型分析之後，需進一步運用總供給與總需求的均衡分析，方能探討物價、所得、利率如何同時達到均衡。本章將借助 *AS-AD* 模型來探討貨幣政策對於物價之影響。第 1 節先推導出總需求曲線；第 2 節再推導出總供給曲線；第 3 節將總需求曲線及總供給曲線結合，推導出完整的 *AS-AD* 模型，分析其供需均衡與變動；第 4 節就以此完整的 *AS-AD* 模型來討論貨幣政策對總供需之影響。

## 架構圖 18　貨幣政策對物價之影響（*AS-AD* 模型）

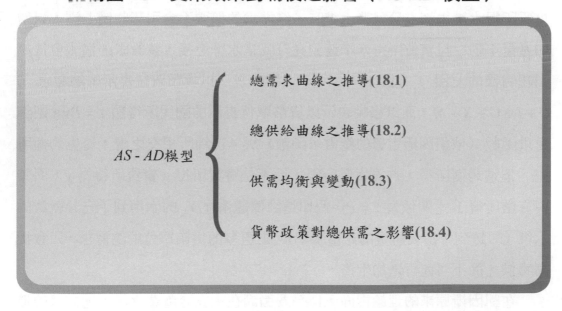

$AS$ - $AD$模型
- 總需求曲線之推導(18.1)
- 總供給曲線之推導(18.2)
- 供需均衡與變動(18.3)
- 貨幣政策對總供需之影響(18.4)

# 18.1 總需求曲線之推導

　　究竟全社會的產量為多少，而可使所得為多少，須同時考慮總供給 (aggregate supply, *AS*) 與總需求 (aggregate demand, *AD*)。全社會的總需求乃由 $C + I + G + X - M$ 所構成，即消費加投資加政府支出加輸出減輸入。換言之，這些正項的任何一項的增加，都會使總需求增加，而輸入的增加則會使國內總需求減少。

　　在簡單凱因斯模型中，我們曾看到當總需求超過充分就業水準的所得水準（生產水準）時，會引起物價的上漲。但實際上當考慮邊際生產力遞減的現象時，物價上漲的內容與程度較為複雜。依照簡單凱因斯模型的構想，當實質所得水準未達充分就業水準時，總需求的擴張不會引起物價上漲，只增加產量；但一旦實質所得水準達到充分就業水準之後，總需求的擴張會徒然引起物價的上漲。在圖 18–1 中，以縱軸表示以貨幣單位表示的總需求，$C + I + G + X - M$，而以橫軸表示以貨幣單位表示的國民所得額 $Y = Py$。則總需求函數（依凱因斯定義的總需求函數）與 45° 線所相交之處，產生均衡所得。但這均衡所得，均為貨幣所得，而不是實質所得。實質所得為 $y$，而其與貨幣所得 $Y$ 之關係為 $Y = Py$。假如這經濟體系在 $Y_3$ 的水準到了充分就業的水準（即達到了最大能量的產量水準），則更多的貨幣單位的總需求，只會提高物價，而不可能再增加生產。

　　在凱因斯原來的理論裡面，似乎要強調在未充分就業之前，總需求的擴張對物價不發生影響。但事實上，當主要生產因素有邊際生產力遞減的情況時，因總供給曲線 $S = f(P)$ 會成為逐漸上升的曲線，成本隨產量之增加而提高，致總需求之增加，在還沒達到充分就業水準以前，即開始引起物價上漲。

　　這情形可由圖 18–2 看出。在圖中，縱軸為物價 $P$，橫軸為產量 $y$，因總需求 $Y$ 等於 $Py$，故在圖中，特定的總需求的水準，成為一雙曲線。每一雙曲

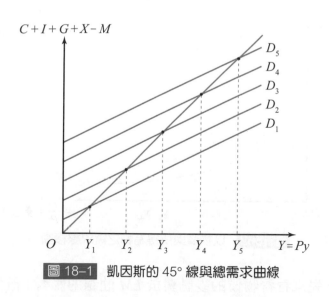

**圖 18-1** 凱因斯的 45° 線與總需求曲線

線與總供給曲線 $S$ 相交之處，決定物價水準與總產量。圖中 $AS$ 線可分為三段：有一個水平階段如 $E_1E_2$，正斜率階段如 $E_2E_4$，垂直階段如 $E_4E_5$。例如當總需求為 $Y_1$ 時，價格為 $P_1$，產量為 $y_1$；當總需求為 $Y_3$ 時，價格為 $P_3$，產量為 $y_3$。同額總需求的增加對物價上漲的影響，完全視總供給函數之斜率來決定。在產量較少總供給函數上為一條水平線時，總需求的增加只增加產量，而不會提高價格，如由 $Y_1$ 至 $Y_2$ 的變動所示。在產量增多，總供給曲線已逐漸上升時，總需求的增加一方面會增加產量，但一方面也會使物價上漲，如由 $Y_3$ 至 $Y_4$ 的變動所示。當總供給曲線到達其充分就業或最大能量產量以後，總需求的增加已無法增加產量，任何總需求的增加只會引起物價上漲而已。例如在圖 18-2 中，$y_4$ 為最大能量的產量，超過這產量以後的總需求的增加，已不能增加產量而只會引起物價的上漲，如由 $Y_4$ 變動至 $Y_5$。因此，當經濟已到達這水準之後，假如有繼續的擴張，則不論是經由民間消費的增加，或民間投資的增加，或由政府投資的增加，抑或輸出的增加，必會成為通貨膨脹的重大原因，蓋這時不論需求方面如何殷切，生產方面已無法配合需求而擴大產量，過多的需求徒然引起物價的上漲。

　　在本章中，我們將利用上一章所推導出的 IS-LM 模型來導出總需求曲

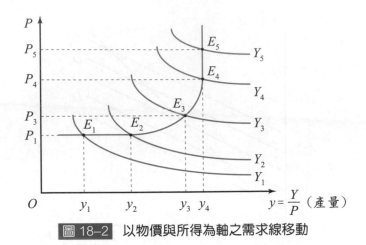

圖 18-2　以物價與所得為軸之需求線移動

線。推導之前，先來看看物價的變動對於 *LM* 曲線的影響：首先需說明的是，前面在分析貨幣市場均衡時並未考慮物價，若考慮物價，令 $m$ 代表實質貨幣餘額，即 $m = \dfrac{M}{P}$，則貨幣市場均衡式成為

$$m = \frac{M}{P} = L_s + L_t$$

若 $P = 1$，則上式便成為 $M = L_s + L_t$，若 $P$ 上漲，則使 $m$ 下跌；若 $P$ 下跌，則使 $m$ 上漲。因此，當物價下降時，實質貨幣數量會由 $m_0$ 上升至 $m_1$，則表示 $m_0 = L_s + L_t$ 曲線會往外移動至 $m_1 = L_s + L_t$，因而使得 $LM_0$ 曲線向右移動至 $LM_1$，均衡點從 $E_0$ 移至 $E_1$；另外，當物價上升時，則產生相反的效果，實質貨幣數量會由 $m_0$ 下降到 $m_2$，使 $LM_0$ 曲線左移至 $LM_2$，均衡點則移至 $E_2$。上述情形圖示於圖 18-3。

　　瞭解了物價變動對於 *LM* 曲線的影響，我們可經由 *LM* 曲線的變動軌跡推導出總需求曲線。從圖 18-3 可知，物價的變動會導致 *LM* 曲線移動，物價下跌至 $P_1$ 時，*LM* 右移至 $LM_1$；若物價上漲至 $P_2$ 時，*LM* 左移至 $LM_2$。因而使 *IS-LM* 模型的均衡點產生變動，我們將這些均衡點的變動軌跡連起來並改以 $P$ 和 $y$ 作為兩軸，就是總需求曲線，而總需求曲線的定義即是商品市場和貨幣市場達到均衡的物價與所得組合之軌跡。總需求曲線的導出圖示於圖 18-4。

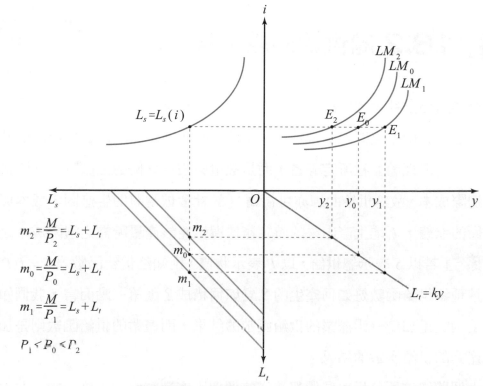

圖 18-3 物價變動對 LM 曲線之影響

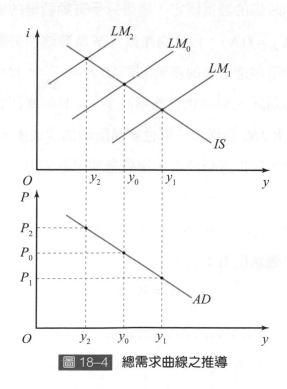

圖 18-4 總需求曲線之推導

# 18.2 總供給曲線之推導

　　總供給指全社會的供給總量。總供給函數指全社會所願意而且能夠生產的產品數量與價格之間的函數關係。由此可知，此地所談的總供給函數非凱因斯在「一般理論」裡所定義者，而是數量與價格之間的函數關係。因價格等於邊際成本，故總供給曲線亦可視為：「該社會依當時的生產因素成本與生產技術的狀態，所能生產出來的特定產量與生產該產量所需之邊際成本之間的關係。」若以 $S$ 表示總供給，以 $P$ 表示物價，則知總供給函數為 $S = f(P)$。

　　這種總供給函數是如何產生的？它如何構成？就第一點而言，我們知道總供給函數是加總一切產業的供給函數的結果，而產業的供給函數則是加總個別產業的供給函數的結果。

　　由個體經濟學分析，我們都知道每個個別廠商有它的生產函數。在短期函數中，假定資本設備的數量固定，產量只受勞動數量的變動而變，則個別廠商的生產函數為 $y = f(N)$，但 $y$ 為產量，$N$ 為勞動。勞動邊際生產力是指每增加一單位勞動所創造出來的產量，即 $MPP_L = \dfrac{\Delta y}{\Delta N}$，我們熟知生產函數因邊際生產力遞減的關係，斜率也會逐漸減少[1]，其斜率即為勞動的邊際生產力 $MPP_L$。邊際成本 $MC$ 是增加一單位產品所增加的成本，即 $MC = \dfrac{\Delta C}{\Delta y}$。此因為資本設備不變，所以邊際成本，視勞動使用量的大小來決定。

$$C = W \cdot N + 其他成本$$

　　式中 $C$ 為生產總成本，$W$ 為工資，$N$ 為勞動量。假設工資不變，其他成本不考慮，其成本變動量為：

$$\Delta C = W \cdot \Delta N$$

 註

1. 邊際生產力遞減是指每增加一單位投入時，其所增加的產出會產生隨著投入的增加而有愈來愈少的現象。

$$故 \; MC = \frac{\Delta C}{\Delta y} = \frac{W \Delta N}{\Delta y} = \frac{W}{MPP_L} \qquad (18-1)$$

　　舉例言之，假定在蘋果的生產過程中，多僱用一個工人的工資為 60 元，而由於這工人之多僱用，可多生產十二個蘋果，所多生產之十二個蘋果是勞動邊際生產力 $MPP_L$（多僱用一個工人而多生產之產品），則這時的邊際成本為 $\frac{60}{12} = 5$ 元。

　　由於勞動邊際生產力 $MPP_L$ 之遞減，不論工資是否會隨勞動需求之增加而上升，$MC$ 必隨勞動使用量之增加而上升，亦即 $MC$ 會隨著產品產量之增加而上升。到了資本設備已充分利用時，則勞動數量的進一步增加，已不能增加產量，而徒然增加成本，因此，$MC$ 線乃成圖 18–5 所示的型態。

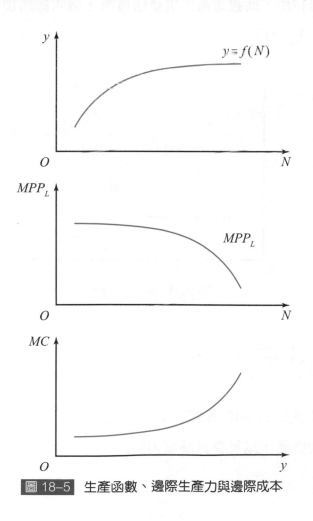

圖 18–5　生產函數、邊際生產力與邊際成本

個別廠商之邊際成本曲線，實際上就是其供給曲線，蓋依個體經濟學的理論可知，個別廠商追求最大利潤所需之均衡條件為邊際收益等於邊際成本，$MR = MC$。在產品市場為完全競爭時，每單位售價即等於每單位邊際收益，$MR \equiv P$，故均衡條件為

$$P = MC \qquad\qquad (18\text{--}2)$$

因此，個別廠商的邊際成本曲線，便是個別廠商的供給曲線。

前面所述為個別廠商之供給函數，倘若推廣到整個產業的供給函數，則可以加總之，得到類似的形狀，如圖 18–6。若該產業生產設備之利用度甚低，即使物價不增加也會增加生產，如圖中 $E_0E_1$ 階段，當該產業對生產設備有了相當程度的利用，而接近最大生產能量時，需求的增加相當容易引起物價的上漲，如 $E_3E_4$ 階段。

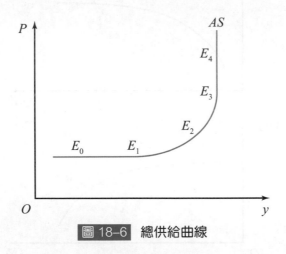

圖 18–6 總供給曲線

## 18.3 供需均衡與變動

本節將以完整的 *AS-AD* 模型來分別分析需求面與供給面的變動會對均衡點造成怎樣的變動，以及會對整個模型造成何種影響。

## ㈠需求面的變動

圖 18-7 所示即總供給曲線與不同的總需求曲線相交圖，由於勞力邊際生產力遞減的關係，使總供給曲線有如下的特性。即：在成本逐漸增加而產業達到最大生產能量以後，則無論如何增加成本亦無法再增加產量。 如 *AS* 曲線所示，圖中 *AD* 表示總需求曲線。當需求由 $AD_1$ 增為 $AD_2$ 時，因這時產量水準較低，邊際成本尚未上升，故這項需求的增加只增加產量而未引起物價的上漲，使均衡點由 $E_0$ 移至 $E_1$。但若同額需求的增加係發生在由 $AD_3$ 至 $AD_4$，則這時的產量增加，會發生邊際成本的上升，致使物價會由 $P_3$ 上漲至 $P_4$，使均衡點由 $E_2$ 移至 $E_3$。如果這項需求之增加是發生在最大生產能量 $AD_4$ 以後，則這時產量已無法增加，而需求的增加僅徒然引起物價上漲，由 $P_4$ 漲至 $P_5$，只使均衡點由 $E_3$ 移至 $E_4$。

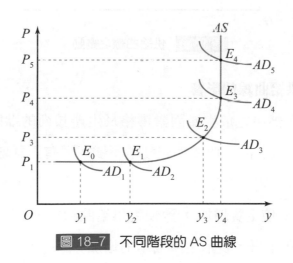

**圖 18-7** 不同階段的 AS 曲線

根據以上的總合供需模型，在勞動市場未達充分就業之前，總合需求增加有助於提升產出水準。因此，許多國家經常運用財政政策與貨幣政策，來擴張總合需求以提高所得。

## (二)供給面的變動

根據凱因斯總合供需模型的分析，若勞動市場尚未達到充分就業，則任何有助於提升總合需求的措施，如增加貨幣供給量、擴大政府支出、採行獎勵投資等，皆能夠擴大總產出水準。一旦勞動市場達到充分就業，則只有供給面政策才能使總產出提高，因為商品的供給決定於勞動市場與生產函數。

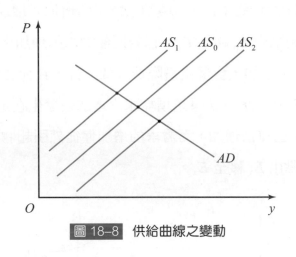

圖 18-8　供給曲線之變動

### 1. 工資上漲對總供給曲線的影響

總供給曲線既然決定於生產因素價格及生產技術的狀態，這兩項的變動，都會影響總供給曲線。假如生產技術不變，只有工資增加，則總供給曲線受其影響而上升，表示在工資增加以後，成本會上漲，故須以更高的價格出售。工資上漲，使工資增加，致使總供給曲線往上移動；由 $AS_0$ 左移至 $AS_1$。總供給曲線的上升，表示生產成本的增加。因此，當工資上漲，必引起成本的增加以導致物價的上漲。

### 2. 生產技術的進步對總供給曲線的影響

如果生產技術或管理方法有所改進，勞動的邊際產量上升；在其他條件不變下，勞動僱用量及產出都將增加，使 AS 曲線右移，均衡物價下跌。除了資本技術外，資本的累積也有促進產出的效果。就中長期來考慮，資本的

累積和生產技術進步一樣，也會提高勞動邊際產量。

# 📊 18.4 貨幣政策對總供需均衡之影響

本節將探討貨幣政策對供需均衡會造成何種影響。當政府採取寬鬆的貨幣政策時，表示貨幣供給增加，實質貨幣數量 $m$ ($m = \frac{M}{P}$) 也會隨著增加，則 *LM* 曲線不但右移，*AD* 曲線也因而右移至 $AD_1$，但是政策的效果將隨著 *AS* 曲線的型態不同而有不同的效果。如果此時的 *AS* 曲線為正斜率的曲線，則其結果為物價與產出均上升，如圖 18–9 所示，物價由 $P_0$ 增至 $P_1$，所得由 $y_0$ 增至 $y_1$。如果此時的 *AS* 曲線為垂直線時，則只會產生物價上漲的效果，產出不變，如圖 18–10 所示，物價由 $P_0$ 增至 $P_1$，所得維持不變。

相反地，若政府採取緊縮的貨幣政策，減少貨幣供給，將透過 *LM* 曲線、*AD* 曲線之左移，而使物價下跌。讀者可自行推導之。

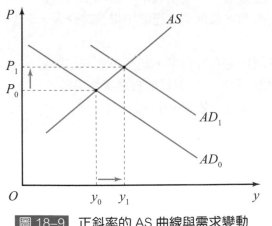

圖 18–9 正斜率的 AS 曲線與需求變動

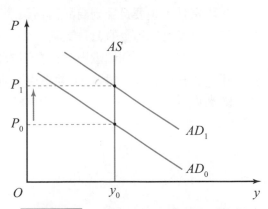

圖 18–10 垂直的 AS 曲線與需求變動

## 繽紛貨銀 18A

### 對抗通貨膨脹的貨幣政策措施

各國政府為對抗通貨膨脹，中央銀行（以下簡稱央行）多會採取緊縮性貨幣政策。在 2011 年初，報端披露新加坡與歐洲央行均有類似措施。以此二例可說明政府在面對通貨膨脹壓力下之貨幣政策方向。

一、新加坡對抗通貨膨脹採取緊縮貨幣政策

受到交通與居住成本增加，新加坡 2011 年 1 月消費者物價指數 (consumer price index, CPI) 年增幅創下 2 年多最高。1 月 CPI 較 1 年前增加 5.5%，增幅創下 2008 年 10 月以來最高。若與上月相比，經季節因素調整後，1 月 CPI 增長 1.3%，締造 1981 年 4 月以來最高紀錄。

新加坡就如同亞洲多數國家，受到經濟快速復甦、流動性充裕與能源及商品價格飆升等多項因素影響，面臨物價高漲壓力。新加坡金融管理局認為：新元匯率升值有助於舒緩通貨膨脹之壓力，故採取調高新元名目有效匯率的貨幣政策立場，藉由管理新元兌一籃子貨幣匯率，來執行緊縮貨幣政策。

二、歐洲央行高度警戒應付通貨膨脹

歐洲央行 2011 年 2 月底召開貨幣政策會議後，雖然維持基準利率於 1% 不變，不過歐洲央行總裁特里榭 (Jean-Claude Trichet) 在會後記者會上強調，物價上升風險正在升高，歐洲央行將高度警戒。特里榭表示，歐洲 2 月通貨膨脹攀升，主要是受到商品價格飆漲所帶動。歐洲央行已經準備適時介入，降低危及物價穩定的上升風險。

他還澄清，假如歐洲央行在下次會議決定調升利率，這並不意味這將是新一波升息循環的開始。他強調央行將透過利率工具與其他方式讓物價穩定。歐洲央行的責任，是避免高油價帶動第二輪衰退效應發生。

## 繽紛貨銀 18B

### 不患寡而患不均[2]

孔子有曰：「有國有家者，不患寡而患不均，不患貧而患不安。蓋均無貧，和無寡，安無傾。」強調不均造成不安，不安造成動盪，治國之道應致

力於追求貧富差距之縮小，乃是為政鐵律。

唐朝詩聖杜甫之詩句「朱門酒肉臭，野有凍死骨」，傳神地道出貧富差距的懸殊，短短數句便對照出人間不平。這位一代詩聖，留下無數千古名句，記述安史之亂民眾苦難心境。

2015 年諾貝爾經濟學獎得主迪頓 (Angus Deaton) 研究消費、貧窮及財富，討論經濟成長的不平等現象。他指出，研究經濟須自微觀的個人經濟行為觀察之，分析家計個人的所得與消費現象，強調人們所追求的並不是唯一的經濟成長，而是追求幸福，脫離貧窮環境，避免貧富不均。

古今中外名士皆有共識，貧富差距過大，會造成社會之不安不寧。然而，當今社會上貧富差距明顯的現象，處處可見，日日可聞。超級跑車富豪雲集，高檔餐廳玉液瓊漿，名牌皮包羅綺珠翠。五彩繽紛的光鮮亮影，在這個金穴銅山世界裏穿梭。

不同於財富頂端的另一個晦暗角落，則看不見揮灑的彩帶。年輕人薪資低落，抬頭呆望高高房價，而無力購屋置產，前景茫然不知何往。走到窄小巷弄，舊凳殘燭，年老孤寂者踽踽而行，家徒四壁，寸縷無存。

到底臺灣的所得分配之趨勢如何？一般衡量所得分配的數據，採用吉尼係數，該係數愈高代表所得分配愈不平均。1970 年代至 1980 年代約為 0.30，1990 年代提高，至 2001 年達高峰 0.35，接下來逐漸下降而趨平穩，2014 年降至 0.336。若觀察另一指標：第五分位組為第一分位組之倍數，在 1970 年為 4.58 倍，至 2001 年達高峰 6.39 倍，2014 年則降至 6.05 倍。

數據顯示：臺灣曾在 1970 年與 1980 年代度過所得分配較為平均的理想期，1990 年之後轉為惡化，2010 年後改善而趨平穩。雖然仍不如 1970 年代，難以回到經濟發展早期的所得分配平均景象，但在近十年來則稍有改善。

上述數據反映所得分配近年來未呈惡化，但是社會對於貧富差距常有不滿情緒，批判日升，原由何在？此可由多種角度來思索之，本文無法一一羅列，且舉一二面向陳述之。其中之一乃所得不等於財富，所得只是當年收入，所得偏低者不代表其累積財富額也低。前述吉尼係數用以衡量所得分配，但未反映財富分配，財富包括擁有房數與房價漲幅，便未計入所得數據。

房價高漲讓人望塵莫及，房屋移轉過程的資本利得讓財富集中在少數人手上，財富分配不均惡化，民眾不服不平，激化社會反財團意識。杜甫曾作詩：「安得廣廈千萬間，大庇天下寒士俱歡顏，風雨不動安如山。嗚呼！何時眼前突兀現此屋，吾廬獨破受凍死亦足。」他居住於草廬，在秋風料峭入骨的感觸中，為天下寒士請命，希望社會上能有千萬間可供寒士安居之處，那

---

註

2. 參考：楊雅惠，〈孔子、杜甫與諾貝爾經濟學獎得主的交集〉，《工商時報》，2015 年 11 月 6 日。

麼他即使蟄居草廬，也可死而無憾。可惜最終因貧病交加，殞命於湘江小船上。

社會上的不公不義不平之感，有待化解。有些是制度使然，有些是傳媒擴散，有些是風氣感染。為解決問題，必須仰賴制度規劃與實踐，提供財富底端的人有破繭的機會。兩千多年前的孔子，一千多年前的杜甫，當今的諾貝爾獎得主迪頓，都不約而同地呼籲降低貧富差距，消弭不平氣氛，營造安居樂業的世代。

## | 重要詞彙 |

總供給 (aggregate supply, *AS*)　　　　　　*AS-AD* 模型

總需求 (aggregate demand, *AD*)　　　　　勞動邊際生產力 ($MPP_L$)

邊際生產力遞減

## | 練習題 |

1. 總需求曲線是如何推導出來的？
2. 何謂總供給曲線？其可能型態為何？
3. 請說明貨幣政策的有效性，試從 AS-AD 模型分析之。
4. 貨幣供給增加時，對物價與所得有何影響？試以不同斜率的 AS 曲線分別說明之。
5. 如何運用政府政策，促成經濟成長與物價下跌？

# 第 19 章
# 通貨膨脹

　　通貨膨脹是大家耳熟能詳的名詞，也是評估經濟發展的重要指標之一，通貨膨脹之正式意義為何？如何衡量之？本章將對其作一嚴格的定義。再依多種不同的影響標準來分類，而通貨膨脹依其成因有不同型態：比較常見的有需求拉動型和成本推動型以及內生因素與外來因素等。接著探討政府如何面對通貨膨脹，其所採行的政策以及政策執行效果為何。最後則介紹停滯性通貨膨脹的原因及特性。

## 架構圖 19　通貨膨脹

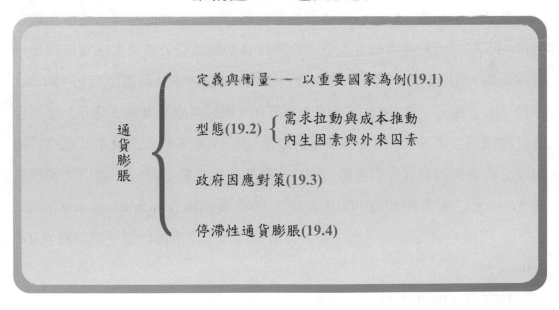

通貨膨脹
- 定義與衡量—— 以重要國家為例(19.1)
- 型態(19.2)
  - 需求拉動與成本推動
  - 內生因素與外來因素
- 政府因應對策(19.3)
- 停滯性通貨膨脹(19.4)

## 19.1 通貨膨脹的定義與衡量——以重要國家為例[1]

通貨膨脹（亦可稱物價膨脹，inflation）是指稱在一定時期物價水準持續上漲的現象。第一，它並不是指稱個別物品或勞務價格的上漲，而是指稱全部物品及勞務的加權平均價格的上漲。例如若石油價格上漲被其他物品價格下跌所抵銷，致加權平均價格並未改變，則物價水準並未上漲。第二，它不是指稱漲一次即停的物價水準上漲，而是指稱在某一期間的連續上漲的現象。例如若石油價格上漲引致物價水準上漲，但因沒有發生各種連鎖反應，致物價水準立即穩定在上升後的新水準，則也不是通貨膨脹的現象。

為了衡量物價，須有一套物價指數編製方式。臺灣的消費者物價指數創編於 1959 年，由原臺灣省各重要市鎮零售物價指數暨公務員生活費指數合併改編而來，初以 1954 年至 1955 年家計調查資料為權數，計選取商品 150 項，採拉氏公式編算；自 1966 年起確立每五年（民國年度逢 0 或 5 之年）更新權數及查價項目乙次，以因應消費型態變遷。迨 1990 年代行政院主計處按月編製及公布臺灣消費者物價指數 (*CPI*)、躉售物價指數 (*WPI*)、進口物價指數 (*IPI*)、出口物價指數 (*EPI*) 及營造工程物價指數 (construction cost index, *CCI*)。根據相關資料，可進一步計算而得國內生產毛額物價平減指數 (*GDP* deflator)。

1975 年、1980 年，以及 1985 年至 2011 年間各年之各種物價上漲率示於表 19–1。以消費者物價而言，在 1980 年之前物價上漲率較高，其餘年份之物價大致平穩。2000 年代甚至有幾年之物價下跌。至於各種物價之走勢則各

ⓘ 註

1. 本書舊版全以「物價膨脹」指稱一定期間物價水準持續上漲現象，而一般乃以「通貨膨脹」稱之。為求通用，本版改以通貨膨脹稱之，定義相同。

有不同，顯示經濟體系中各部門之結構差異與物價決定因素不同。

表 19-1 臺灣的各種物價指數之年增率

單位：%

| 年　份 | 薑售物價 | 消費者物價 | 進口物價 | 出口物價 | *GDP* deflator |
|---|---|---|---|---|---|
| 2000 | 1.81 | 1.26 | 4.61 | −0.87 | −0.90 |
| 2001 | −1.34 | −0.01 | −1.25 | 0.32 | −0.61 |
| 2002 | 0.04 | −0.20 | 0.41 | −1.49 | −0.41 |
| 2003 | 2.48 | −0.28 | 5.14 | −1.50 | −1.40 |
| 2004 | 7.04 | 1.61 | 8.56 | 1.62 | −0.25 |
| 2005 | 0.61 | 2.31 | 2.44 | −2.46 | −1.53 |
| 2006 | 5.64 | 0.60 | 8.81 | 2.50 | −1.03 |
| 2007 | 6.46 | 1.80 | 8.95 | 3.55 | −0.43 |
| 2008 | 5.15 | 3.52 | 8.83 | −2.14 | −2.60 |
| 2009 | −8.73 | −0.87 | −9.59 | −6.60 | 0.13 |
| 2010 | 5.46 | 0.97 | 7.04 | 2.02 | −1.54 |
| 2011 | 4.32 | 1.42 | 7.65 | 0.09 | −2.34 |
| 2012 | −1.16 | 1.93 | −1.28 | −1.62 | 0.54 |
| 2013 | −2.43 | 0.79 | −4.45 | −2.06 | 1.47 |
| 2014 | −0.56 | 1.20 | −2.09 | 0.10 | 1.70 |
| 2015 | −8.85 | −0.30 | −12.94 | −4.67 | 3.26 |
| 2016 | −2.98 | 1.39 | −3.08 | −2.70 | 0.85 |
| 2017 | 0.90 | 0.62 | 1.36 | −1.46 | −1.06 |

資料來源： 1. 2018 年 1 月，《物價統計月報》，行政院主計處。
　　　　　 2. GDP deflator 出自：歷年資料，〈國民所得及經濟成長統計〉，行政院主計處。

　　此外，表 19-2 為臺灣及其他幾個國家的物價指數年增率的比較表，從表中的資料可知，無論是臺灣或其他國家的物價指數均有波動的現象，尤其在經濟金融環境鉅幅變動時，以 2009 年而言，即金融海嘯次年，全球經濟蕭條，各國物價水準上漲率全盤下跌，2010 年經濟開始回春，物價方逐漸回漲。

表 19-2　各國消費者物價指數年增率比較表

單位：%

| 年　份 | 臺　灣 | 美　國 | 英　國 | 德　國 | 南　韓 | 日　本 |
|---|---|---|---|---|---|---|
| 2000 | 1.3 | 3.4 | 2.9 | 1.5 | 2.3 | −0.7 |
| 2001 | 0.0 | 2.8 | 1.2 | 2.0 | 4.1 | −0.8 |
| 2002 | −0.2 | 1.6 | 1.3 | 1.4 | 2.8 | −0.9 |
| 2003 | −0.3 | 2.3 | 1.4 | 1.0 | 3.5 | −0.2 |
| 2004 | 1.6 | 2.7 | 1.3 | 1.7 | 3.6 | 0.0 |
| 2005 | 2.3 | 3.4 | 2.1 | 1.6 | 2.8 | −0.3 |
| 2006 | 0.6 | 3.2 | 2.3 | 1.6 | 2.2 | 0.2 |
| 2007 | 1.8 | 2.9 | 2.3 | 2.3 | 2.5 | 0.1 |
| 2008 | 3.5 | 3.8 | 3.6 | 2.6 | 4.7 | 1.4 |
| 2009 | −0.9 | −0.4 | 2.2 | 0.3 | 2.8 | −1.3 |
| 2010 | 1.0 | 1.6 | 3.3 | 1.1 | 3.0 | −0.7 |
| 2011 | 1.4 | 3.2 | 4.5 | 2.1 | 4.0 | −0.3 |
| 2012 | 1.9 | 2.1 | 2.8 | 2.0 | 2.2 | 0.0 |
| 2013 | 0.8 | 1.5 | 2.6 | 1.5 | 1.3 | 0.4 |
| 2014 | 1.2 | 1.6 | 1.5 | 0.9 | 1.3 | 2.7 |
| 2015 | −0.3 | 0.1 | 0.1 | 0.2 | 0.7 | 0.8 |
| 2016 | 1.4 | 1.3 | 0.6 | 0.5 | 1.0 | −0.1 |
| 2017 | 0.6 | 2.1 | 2.7 | 1.8 | 1.9 | 0.5 |

資料來源：2018 年 1 月，《物價統計月報》，行政院主計處。

# 19.2 通貨膨脹的型態

　　通貨膨脹的型態可用不同的分類法來區分，本節介紹兩種型態，第一種分類可分為需求拉動型與成本推動型的通貨膨脹；第二種分類可分為內生的與外來的通貨膨脹，其中外來的通貨膨脹又可分為進口型與出口型的通貨膨脹兩種。以下將這些分類詳細說明之。

## ㈠需求拉動型通貨膨脹與成本推動型通貨膨脹

### 1.需求拉動型通貨膨脹

　　需求拉動型通貨膨脹 (demand-pull inflation) 認為物價水準的變動原因是

總需求的變動。如圖 19-1 所示，AD 及 AS 分別表示原來的總需求曲線與總供給曲線，其交點 E_0，決定了 OP_0 的均衡物價水準及 OY_0 的均衡所得水準。若 OY_0 已超過凱因斯範圍，當總需求增加時，例如自 AD_0 增加至 AD_1，均衡點右移至 E_1，則會使物價水準上升至 OP_1，這種現象稱需求拉動型通貨膨脹現象。值得注意的是，在總供給曲線尚處於生產瓶頸階段時，需求拉動型的通貨膨脹在物價水準上升之際，通常會伴隨發生總生產的增加。

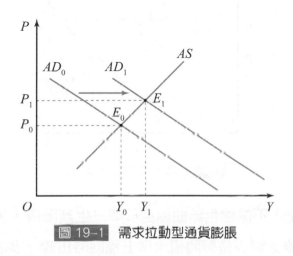

圖 19-1　需求拉動型通貨膨脹

經濟學家對總需求因何會增加，至少有兩種說法，一種是貨幣學派的看法，他們認為貨幣供給量增加為總需求增加的原因，亦即將總需求視同為貨幣數量與貨幣流通速度的乘積 $(AD = M \times V)$，在貨幣流通速度相對安定的假設下，貨幣數量的增加就會導致總需求的增加；同時，由於貨幣學派通常假定充分就業為恆常現象，故貨幣供給增加所產生的總需求增加必然形成需求拉動型的通貨膨脹。另一種是凱因斯學派的看法，他們認為，總需求之任一構成分的增加均是使總需求增加的原因。亦即，由於 $AD = C + I + G$，在生產瓶頸階段或已處於充分就業狀況之後，消費支出、投資支出或政府支出的增加，都會帶來需求拉動型的通貨膨脹。

**2. 成本推動型的通貨膨脹**

成本推動型通貨膨脹 （cost-push inflation，亦有譯為成本上推型通貨膨

脹）是以總供給曲線的移動來解釋物價水準上漲的原因，又被稱為「供給面通貨膨脹理論」(supply-side theories of inflation)。例如石油危機、罷工、福利增加、勞保、健保的實施等，均是供給面的影響因素。以圖 19-2 來說明，當總供給曲線由 $AS_0$ 向左移動至 $AS_1$ 時，物價水準就會由 $OP_0$ 上漲至 $OP_1$。

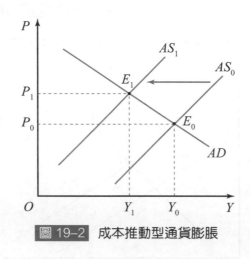

圖 19-2　成本推動型通貨膨脹

值得注意的是，不論總供給曲線處於哪一生產階段，發生成本推動型通貨膨脹時，總生產之減少是與物價水準上漲同時出現，如圖 19-2 所示，當物價水準由 $OP_0$ 上漲至 $OP_1$ 時，總生產則由 $OY_0$ 減至 $OY_1$。

## (二)內生的通貨膨脹與外來的通貨膨脹

在開放經濟體系下，國外因素及國內因素的變動都能誘生經濟變動，尤以小型開放經濟體系為然，故我們首先得將因國外因素而產生的通貨膨脹稱為外來的通貨膨脹 (external-oriental inflation)，而將因國內因素而產生的通貨膨脹稱為內生的通貨膨脹 (internal-oriental inflation)。

內生的通貨膨脹指稱單純因國內因素發生變動，導致物價水準持續上漲的現象。

外來的通貨膨脹又可分為進口型通貨膨脹 (imported inflation) 與出口型通貨膨脹 (exported inflation) 兩種。

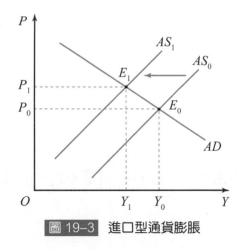

圖 19-3 進口型通貨膨脹

## 1. 進口型通貨膨脹

　　進口型通貨膨脹指稱因一國進口之物品價格上漲而產生的通貨膨脹現象。包括需求拉動型與成本推動型等不同類型。以成本推動型而言，最顯著的例子就是石油危機。各國因其進口占國內生產毛額比例高低不同，會感受不同程度的進口型通貨膨脹。發生的反饋作用，在進口占國內生產毛額之比例為 10% 的場合，若進口物價指數上漲 10%，只使其國內物價指數上升 1%（即 $10\% \times 10\% = 1\%$）；在進口占其國內生產毛額比例為 50% 的場合，則進口品物價上漲 10% 會造成國內物價指數上漲 5%，進口依賴度愈高的國家愈容易感受到進口型通貨膨脹。以圖 19-3 來說，$AS_0$ 及 $AD$ 分別表示原來的總供給曲線及總需求曲線，$E_0$ 為均衡位置。進口型通貨膨脹乃是總供給曲線自 $AS_0$ 左移至 $AS_1$ 的現象。其結果是物價水準自 $OP_0$ 上漲至 $OP_1$，而總生產則自 $OY_0$ 減為 $OY_1$，故這種通貨膨脹可視為前面所提及的成本推動型通貨膨脹之一種。

　　至於進口品若為需求面商品，會影響消費者物價指數，使國內物價上揚，可視為需求拉動型通貨膨脹的一種。

## 2. 出口型通貨膨脹

　　出口型通貨膨脹指稱因一國出口額外增長而產生的通貨膨脹現象。一國的主要出口地區產生相對物價水準上升、經濟成長率提高或解除進口管制措

施等等現象，都可能使該國的出口額外增長，因出口為總需求的一部分，故
形成通貨膨脹的一項原因。更重要的是，因出口額外增長而產生的國內所得
增加及出超性的貨幣數量增加，都可能進一步促使國內投資支出及消費支出
的增加，因而使其總需求增加更快。如圖 19-4 所示，因出口額外增長而產
生的通貨膨脹現象表現於總需求曲線自 $AD_0$ 右移至 $AD_1$，其結果是物價水準
自 $OP_0$ 上漲至 $OP_1$，而總生產則自 $OY_0$ 增至 $OY_1$，也就是類似於需求拉動型
通貨膨脹。

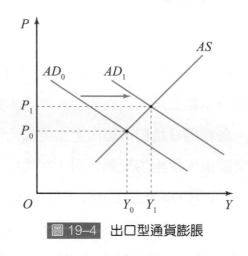

圖 19-4　出口型通貨膨脹

# 📊 19.3 政府因應對策

## ㈠通貨膨脹之影響

通貨膨脹是否對經濟必然不利，學者有不同說法，分別討論如下。

### 1.通貨膨脹之壞處

⑴引發物價預期

通貨膨脹造成貨幣購買力下跌，幣制紊亂。社會上的貨幣具有購買力，
一旦通貨膨脹，則貨幣對商品的購買力下跌，人民失去對貨幣的信心，輕微
者只是物價波動不穩定，嚴重者引發連續的通貨膨脹預期，大家拋售貨幣，

使物價持續上漲，形成惡性通貨膨脹。

(2)所得重分配

借貸關係發生時，通貨膨脹會使借方實質利息負擔降低，貸方之實質利息收入減少，造成所得重分配。

(3)資源分配扭曲

在通貨膨脹期間，生產要素、物品及勞務的相對價格產生變動，因而資源分配乃遭扭曲，未作最有效率的運用。

(4)惡化國際收支

通貨膨脹削弱本國產品的競爭能力，導致貿易逆差、資金外流，國際收支因而惡化。

(5)金融體系崩潰

嚴重的通貨膨脹，長期而言將使得人民對本國貨幣及政府政策喪失信心，金融體制將面臨崩潰。

(6)不利資本累積

通貨膨脹使人民的儲蓄意願下降，無法累積資本，創新活動因而無法進行，阻礙經濟成長。

## 2.溫和通貨膨脹之好處

溫和的物價上漲，商品售價上升，如果勞工成本未等價上漲，即廠商利潤增加，這對於刺激廠商生產意願有其正面助益。換言之，溫和的通貨膨脹有助於經濟成長。

## (二)政府對通貨膨脹之因應對策

面臨通貨膨脹問題時，政府需提出對策，對策的處理層面，可分別從需要面與供給面來面對。

若經濟發展程度不足，政府可能刺激總合支出以透過溫和物價上漲來促進經濟成長，若物價上漲程度過高，政府可透過壓抑總合支出來平穩物價。

總合支出包括消費、投資與政府支出等項目（暫不考慮貿易部門），這稱為「需求管理政策」。另一種方法是從供給面著手，透過生產因素價格的控制與產品價格的監管，杜絕物價上漲的空間，這稱為「所得政策」。

**1.需求管理政策**

需求管理政策可分從改變消費、投資、政府支出流量以及貨幣供給等變數著手。

(1)改變消費支出流量

影響消費支出的最主要原因是可支配所得 (disposable income) 及利率水準。所謂可支配所得，乃是個人所得扣除直接稅負支出後的餘額。在可支配所得增加時，消費支出隨之增加；在可支配所得減少時，消費支出則隨之減少。由於可支配所得主要由個人所得減去直接稅負擔後的餘額，故政府乃能藉調整直接稅之稅率，增減個人及家庭的可支配所得，以達成改變消費支出流量的目的。同時，利率水準的高低也會影響消費支出的決心，在利率水準上升時，一般大眾的儲蓄意願提高，其消費支出減少；在利率水準下降時，儲蓄意願趨於降低，消費支出增加。尤其是，現代家庭消費支出中，耐久消費財支出的重要性已大為提高，利率升降對以分期付款為基礎的耐久消費財支出意願有相當敏感的影響。因此，政府也能透過對貨幣政策的操作，使利率水準產生升降，以達成改變消費支出流量的目的。

(2)改變投資支出流量

影響投資支出的最主要因素是資本邊際效率與利率水準。若利率水準不變，資本邊際效率提高，投資支出隨之增加；資本邊際效率降低，投資支出則隨之減少。由於資本邊際效率之高低係由資本財價格及其預期稅後收益決定，政府乃藉投資之租稅減免及加速折舊等獎勵措施，使企業之預期稅後收益得以提高，進而提高資本邊際效率，以達成促進投資支出流量增加的目的。同時，在資本邊際效率不變之假定下，利率水準降低，投資支出隨之增加；利率水準提高，投資支出則減少。因此，政府也能藉貨幣政策的操作，改變

利率水準,以達成其改變投資流量的目的。

⑶改變政府支出流量

政府支出是總需要的主要成分之一,且是能由政府自主增減者,故政府能藉調節其支出而調節總支出流量的大小。

⑷改變貨幣供給量

貨幣供給量增加可產生總需要增加的效果,貨幣供給量減少則會使總需要減少,而貨幣供給量則是中央銀行所能控制者,故中央銀行亦可運用其貨幣政策,執行需要管理政策,以調節經濟活動。

**2.所得政策**

所謂所得政策乃是:用人為力量控制物價、壓低物價,使其維持政府心目中的物價水準,消除通貨膨脹現象。主張採用所得政策者的理由不外下列兩項:⑴自由市場制度不曾獲致令人滿意的結果。它不但不曾使資源分派合適,而且對物品及勞務的分配也不令人滿意;⑵藉緊縮性貨幣政策抑制通貨膨脹所需支付的代價太高。因為採用緊縮政策之後,通貨膨脹雖能加以控制,但必須伴同發生經濟衰退並使失業率提高,成為很嚴重的社會負擔。因而,部分經濟學家乃希望藉政府管制物價政策以壓抑預期物價上漲心理,以收控制通貨膨脹之效。一旦政府已有效控制通貨膨脹之後,就應立即回歸自由市場制度。

另有很多經濟學家反對所得政策,理由如下:通貨膨脹屬需求拉動型。一旦總需要超過總供給並形成通貨膨脹缺口之後,藉人為力量壓抑物價只能暫時抑制其上漲率,一旦取消價格管制,就會立即反彈,物價立刻上漲。只要造成通貨膨脹的根本原因不曾消除,管制價格、工資及利潤是否能抑制預期物價上漲心理是非常值得懷疑的。最重要的是採用所得政策需支付代價,此代價高於所得政策所能獲致的利益。這些代價得分為兩部分:⑴為執行所得政策,政府需增設機構,從而增加了一些行政費用,此項費用甚至是需求拉動型通貨膨脹的原因之一;⑵在管制價格與工資時,市場機能不能產生作

用,生產資源分派被扭曲,降低了生產效率,如因生產效率降低而使總供給減少,將使通貨膨脹缺口擴大,通貨膨脹問題將變得更為嚴重。

# 19.4 停滯性通貨膨脹

所謂停滯性通貨膨脹 (stagflation),是指物價不停上漲,而所得無法再增加的現象。

以圖 19–5 為例說明之。如果所得已達充分就業,$AS$ 曲線為垂直線,政府已無力影響總合供給。至於總合需求管理政策,不論由 $AD_0$ 移動至 $AD_1$ 或 $AD_2$,均衡點由 $E_0$ 移動至 $E_1$ 或 $E_2$,只造成物價波動,對所得並不影響。

即使 $AS$ 曲線不是垂直線,政府亦未必能有效提升所得水準,如圖 19–6 所示,$AS_0$ 與 $AD_0$ 之交點 $E_0$ 為均衡點。若政府運用需求管理政策來調整 $AD$,意圖刺激有效需求以提升所得水準,使 $AD$ 由 $AD_0$ 右移至 $AD_1$,同時物價也上漲了。此時,若勞工意識抬頭,要求工資亦隨著物價上升而調整,遂使廠商生產成本提高,$AS$ 曲線也上移,由 $AS_0$ 調整為 $AS_1$,均衡點移至 $E_1$,於是乎所得回到原來水準,而物價水準又再大幅上升。

由此可見,當政府採用需求管理政策來控制所得時,其目的未必能達到,但反而會造成物價上漲,此現象稱為停滯性通貨膨脹。

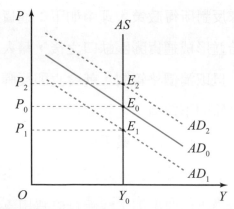

說明:AS 垂直時,AD 的變動只造成物價波動而不影響所得。

圖 19–5　停滯性通貨膨脹——AS 曲線垂直

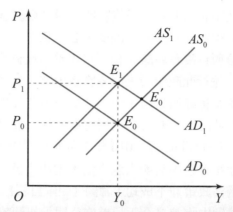

說明：AS 為正斜率時，若政府有意影響 AD，亦可能透過市場上 AS 變動而抵銷其促進所得之效果，徒然只造成物價上漲。

圖 19-6　停滯性通貨膨脹——AS 曲線非垂直

# 繽紛貨銀 19A

## 北韓幣制改革的失敗

　　北韓於 2009 年 11 月 30 日宣布進行幣制改革，自 12 月 1 日開始，要求人民將舊朝鮮圓兌換成新朝鮮圓，兌換比率為每 100 元舊朝鮮圓折算 1 元新朝鮮圓。每個人最多只能兌換 15 萬元舊朝鮮圓，1 週內須完成兌換，其餘部分強制存至銀行。

　　此制一出，各界譁然。對於北韓民眾之影響，陸續刊載於報導中。不少民眾爭先搶購人民幣與美元，遭到其政府嚴令禁止，致使搶購外幣行為轉入地下，政府亦強制執行。市場上交易混亂，商品價格飆漲。從 12 月 14 日起，政府下令停止市場交易 3 天。政府當局擬在各項物品定好價格之後，再重新開市。然而，市場反應並不如政府預期之平穩。

　　北韓政府宣稱，此舉旨在打擊地下市場經濟，然而，此措施一提出，引發多重反彈，暴動事端頻傳，甚至有因而自戕的事件。由於反彈甚烈，即使政府鐵腕鎮壓，處決十二名暴亂主腦，仍無法全盤擋住其反彈態勢，其政府當局亦作了若干讓步，提高兌換新朝鮮圓限額，並不追查 100 萬元舊朝鮮圓以內的資金來源，然此舉也未能解決問題。

　　此制度對於富人與窮人有不同處理。據報導：若干薪資低層者，其領取新幣之數額與舊制下舊幣數額相同，換言之，其財富如同增加百倍。從經濟

層面來看，此幣制改革起源於對付通貨膨脹。從社會與經濟層面來看，此制度含有人為式地所得重新分配措施。因此，若干低所得者在社會上的相對所得增加，故對此制度暫且沒有異議，但不代表整個社會能夠順利接納這個體制。政府當局解釋，施行此政策乃是因為富者愈富、貧者愈貧的情況日益嚴重，而希望藉此消除這種經濟失衡現象。此制乍看有其理想，但媒體解讀，北韓政府目的並非如此簡單，有其政治與選舉考量，並且扭曲了經濟結構。北韓勞動黨機關報《勞動新聞》於 2010 年 1 月 9 日報導，北韓最高領導人金正日說，人民生活水準存在不盡如人意之處，他決心盡快改善民生。這番話被解讀為承認北韓經濟政策並不成功，韓國《朝鮮日報》中文網 1 月 11 日報導這個消息，並在標題中指這是金正日首度公開承認北韓經濟困難。

　　幣制改革，直接衝擊到整體經濟社會各階層之交易，影響甚鉅，不應率爾為之。各國幣制改革的經驗不同。臺灣曾在戰後初期到 1949 年中，物價漲了 7,000 多倍，並於 1949 年 6 月 15 日進行幣制改革，當時 4 萬舊臺幣換成 1 元新臺幣，成功達成穩定幣值的功能。可見，幣制改革在某些時候或有必要，但需審慎為之。

# 繽紛貨銀 19B

## 難有完美的貨幣制度[2]

　　國際上兩次重大的金融風暴，無論是 2008 年的金融海嘯，或是 1997 年亞洲金融風暴，都引發了世人對金本位時代的懷舊。但是，金本位議題總是短短地便落幕了。雖然金本位無法取代當前貨幣制度，但是此議題的提出，便呈現出當今全球貨幣體制之不足。只要基本的全球貨幣制度問題沒有解決，便可能一而再、再而三地在金融難關下拿出金本位話題來重溫。

　　金本位議題被提出，源於美國在 2010 年 11 月提出第 2 輪量化寬鬆政策 QE2 措施後所造成的全球貨幣恐慌，頓時引發資產泡沫與通貨膨脹的恐慌，各國貨幣匯率大幅動盪。此時，赫然見到世界銀行行長佐立克 (R. Zoellick) 提出重新採納金本位制之建議。只是，事後世界銀行很快地便收回說法。

　　上一波提出金本位之議的金融風暴時點，乃是 1997 年亞洲金融風暴期

註

2. 參考：楊雅惠，〈尋找完美的貨幣制度〉，《工商時報》，2010 年 12 月 10 日。

間。馬來西亞、泰國、印尼、新加坡、韓國等國，均在金融風暴的洗劫下，股市與匯市狂跌，經濟失序。當時金本位被懷舊地提出，而後隨著金融風暴漸漸平息，此議題很快地退出了檯面，世人似乎忽略了此議題的嚴肅性。

金本位要求貨幣發行應與各國黃金蘊藏量緊密連結，認為可讓貨幣價值固若金湯。此制度曾在已往世界金融史上佔了一席之地，然而，世界黃金數量有限，過度拘泥黃金數量，會阻礙快速成長的經濟發展，因此各國紛紛放棄金本位，包括 1931 年英國、1933 年美國、1935 年中國大陸，均為了經濟問題而脫離金本位制。其他各國也陸續放棄金本位制之後，其發行貨幣的外匯準備不限於黃金，尚可包括重要國家的外匯，大多國家多以美元作為主要準備，儼然是美元本位制度。而今若要走金本位回頭路，不但難以支應社會需求，甚至會造成經濟蕭條，此路難矣！

而今提出金本位觀念，無非是對於當今幣制未能穩定幣值信心現象而深感憂心。如果信心崩倒，勢必金融危機再現。當今如何在貨幣發行不與黃金緊密掛鉤的制度下，能夠維持貨幣信心，這是世界必須深深思考的一大難題。夠格作為各國發行貨幣的外匯準備，必須是經過多重考驗的國際化貨幣，此貨幣必須具備穩定的價值。此外，各國在外匯準備的配置上，也要有風險分散的機制。

2008 年美國華爾街爆發金融海嘯後，已經撼動美國的金融老大地位；爾近的 QE2 所引致之國際撻伐，也再度重創美國財經領航能力之尊嚴。美國的經濟疲態，讓世人心生動搖，咸認為到了該檢討美元全球壟斷的時刻了。

只要作為外匯準備貨幣是單一國家貨幣，便難避免該國風吹草動便影響全球。美元一枝獨秀，免不了因為美國因一己考慮而特立獨行。為避免一國獨大，歐洲已發展出 2002 年上路的歐元，由歐盟 17 個國家的貨幣整合而成，挑戰美元地位。歐洲乃是經過數十年的磨合與調整，方完成貨幣統一大業。歐元整合之後，須靠著彼此相互支援來吸收區內問題，減少對區外之衝擊。雖然辛苦，畢竟歐元的出現，已成功地沖淡了美元獨大的局面，另一方面也避免了單一歐洲國家壟斷歐洲貨幣乃至於全球貨幣的態勢。

在亞洲方面，貨幣制度何去何從？亞洲與歐洲的政經環境不同，若要發展出亞洲共同貨幣，想必會比歐洲困難。亞元雖然尚未出爐，此觀念已在國際上數度提及。然而在 2010 年歐債風暴爆發，歐元制度遭受批評後，亞元概念已經寂然無聲。

完美的貨幣制度至今未得。金本位時代，有助於防止泡沫經濟，但無助於解決經濟蕭條問題。而今無法回到金本位，也要維持金本位的穩定貨幣精神，未來建立一個全球分散主力貨幣的機制，從美元本位逐漸邁向多元貨幣本位。由美元、歐元、日圓、以及其他具潛力的貨幣如何搭配出一個同舟共濟的全球穩定貨幣機制，看來，這個大難題，不知還要幾個世代來解決。

## 重要詞彙

消費者物價指數 (*CPI*)

薑售物價指數 (*WPI*)

進口物價指數 (*IPI*)

出口物價指數 (*EPI*)

營造工程物價指數 (construction cost index, *CCI*)

需求拉動型通貨膨脹 (demand-pull inflation)

成本推動型通貨膨脹 (cost-push inflation)

外來的通貨膨脹 (external-oriental inflation)

內生的通貨膨脹 (internal-oriental inflation)

進口型通貨膨脹 (imported inflation)

出口型通貨膨脹 (exported inflation)

需求管理政策

所得政策

可支配所得 (disposable income)

停滯性通貨膨脹 (stagflation)

## 練習題

1. 何謂通貨膨脹？何謂停滯性通貨膨脹？
2. 需求拉動型與成本推動型的通貨膨脹差異何在？
3. 內生的通貨膨脹與外來的通貨膨脹差異何在？
4. 物價指數的意義如何？臺灣表示幣值變動之物價指數有哪些？
5. 通貨膨脹對資金借貸雙方之影響有何不同？

# 第 9 篇

## 央行貨幣政策

央行貨幣政策

# 第 20 章
# 央行與準備貨幣之變動

　　本書第 11 章貨幣供給模型談到，貨幣供給是準備貨幣與貨幣乘數之乘積。其中準備貨幣是央行較能掌握的部分，貨幣乘數則是由社會各部門共同決定的，本章擬分析央行較能掌控的準備貨幣變數。

　　準備貨幣是由社會大眾所持有的通貨與銀行體系存款準備金所構成的，也就是中央銀行的一種貨幣性負債。要瞭解此種關係，本章首先介紹中央銀行的資產負債表，讓讀者能明瞭各組成項目之關係，建立基本觀念。第 2 節，則說明準備貨幣如何決定，最後才推導出準備貨幣之決定過程，以中央銀行資產負債表之項目為基礎，說明影響準備貨幣之因素。

## 架構圖 20　央行與準備貨幣之變動

央行與準備貨幣之變動
{
中央銀行資產負債表(20.1) { 資產項目 / 負債項目

準備貨幣之決定與變動(20.2) { 一般影響因素 / 臺灣經驗
}

# 📊 20.1 中央銀行資產負債表

本節以實際資料說明中央銀行資產負債表內容，以臺灣為例，表 20-1 中顯示 2016 年與 2017 年 12 月的資料；以中央銀行業務特色，將有關的資產與負債項目分別列示，並依照交易對象所屬的經濟部門加以劃分與歸併，簡化得到該行資產負債簡明表，並依先後次序扼要說明重要的資產與負債項目的主要內容。

## ㈠資產項目

### 1.國外資產

由於中央銀行擔負統籌調度外匯，並調節外匯供需的任務，官方持有的國際準備由中央銀行調度與經理。國外資產係中央銀行持有對非居住民 (non-resident) 的債權，包括外國貨幣、外幣有價證券、外幣證券投資，以及可充當國際間債權債務清算工具的資產。除國外資產本身產生的孳息與收入外，中央銀行國外資產保有額的增加，主要反映央行為維持有秩序外匯市場，向指定銀行買進外匯的結果。若是國外資產減少，則是央行賣出外匯的結果。

### 2.對金融機構債權

中央銀行的重要功能之一為資金最後貸款者，當銀行體系準備部位發生準備不足時，銀行向央行申請融通，中央銀行常以重貼現、外銷貸款貼現、短期融通等方式給予資金融通；同時各類金融機構配合政府促進經濟發展政策，或基於經濟金融情勢發展需要，辦理各種政策性貸款所需資金，亦多由中央銀行給予各種轉融資。

### 3.庫存現金

凡中央銀行庫存的本位幣、周轉金、運送中現金均屬之，以應付櫃臺發生的小額零星交易。

表 20-1　中央銀行資產負債表

單位：新臺幣百萬元

| 項　目 | 2017 年 12 月底 | 2016 年 12 月底 | 增減額 |
|---|---|---|---|
| 資產 | | | |
| 　國外資產 | 13,629,397 | 14,137,030 | −507,633 |
| 　對金融機構債權 | 1,123,992 | 1,107,230 | +16,762 |
| 　庫存現金 | 144 | 212 | −68 |
| 　其他資產 | 1,008,709 | 880,981 | +127,728 |
| 合計 | 15,762,242 | 16,125,453 | −363,211 |
| 負債與淨值 | | | |
| 　國外負債 | – | – | |
| 　通貨發行額 | 2,042,185 | 1,938,122 | 104,063 |
| 　政府存款 | 176,637 | 200,691 | −24,054 |
| 　金融機構存款 | | | |
| 　　準備性存款 | 1,743,026 | 1,700,503 | 42,523 |
| 　　其他存款 | 2,161,256 | 2,183,681 | −22,425 |
| 　央行發行單券 | 7,880,140 | 7,587,300 | 292,840 |
| 　其他負債 | 740,905 | 1,542,255 | −801,350 |
| 　淨額 | 1,018,093 | 972,901 | 45,192 |
| 合計 | 15,762,242 | 16,125,453 | −363,211 |

說明：　1.國外負債係與國外金融機構承作附買回交易產生之餘額。
　　　　2.政府存款包括經理國庫存款、機關存款。
　　　　3.金融機構存款中其他存款包括國庫存款轉存款、定期存款轉存款、郵政儲金轉存款、其他等。
　　　　4.央行發行單券包括國庫券、定期存單、儲蓄券。
資料來源：2018 年 1 月，《中華民國金融統計月報》，中央銀行經濟研究處。

### 4.其他資產

未歸類於前述項目者，歸於此類。

## ㈡負債項目

### 1.國外負債

中央銀行與國外之交易時，成為對國外負債之部分，例如向國外借貸。

### 2.通貨發行額

國幣由中央銀行發行，中央銀行獨享鈔券與硬幣發行權，對境內一切支付具有法償效力。因此，中央銀行發行的通貨成為解決各種交易所產生價款

收付問題的最佳支付工具之一。大眾持有通貨者乃是對中央銀行享有債權，通貨發行遂成為中央銀行對其他經濟部門的負債。

### 3.政府存款

中央銀行非貨幣性負債中有相當部分即屬政府存款，如經理國庫存款、政府機關專戶存款、政府機關普通存款以及中美發展基金存款。中央銀行為政府的銀行，經理國庫業務，總管國庫及中央政府各機關現金、票據、證券的出納、保管、移轉及財產契據的保管等事務，並經理中央政府國內外公債與國庫券的發售、償本付息業務。

### 4.金融機構存款

現行《銀行法》與《中央銀行法》規定，存款貨幣銀行依法須就中央銀行存款提存存款準備金，各類存款餘額依照中央銀行核定的比率來提存；其形式包括各銀行庫存現金及存放中央銀行存款。此項目按其性質分為準備金甲戶（即往來戶）與準備金乙戶（即計息戶）；準備金甲戶指憑開戶收受存款貨幣銀行所簽發支票隨時存取不計息的存款，準備金乙戶指為開戶收受存款貨幣銀行憑存摺非於準備金調整時不得存取的存款，此項存款酌予計息。

中央銀行因應業務需要或法令規定，必要時收受金融機構存款轉存款，其中最重要者為郵政匯業局及其所屬郵局辦理儲金業務所吸收的郵政儲金，須轉存中央銀行或其指定銀行。

### 5.央行發行單券

當貨幣環境過度寬鬆，貨幣與信用量快速擴充時，為緩和銀行體系準備部位過度寬鬆形成業務營運上的壓力，中央銀行遂進行沖銷，以擴大發行國庫券、銀行業定期存單與儲蓄券等方式進行沖銷操作，此類工具遂成為中央銀行控制銀行體系準備部位的重要工具。

### 6.其他項目

在中央銀行資產負債表上，除前述資產與負債項目以外所有其他資產、其他負債與淨值統計後的淨額。

# 20.2 準備貨幣之決定與變動

## ㈠一般影響因素

準備貨幣的定義為中央銀行對社會大眾與存款貨幣銀行的貨幣性負債，即由社會大眾持有的通貨與銀行體系存款準備金所構成。

根據中央銀行資產負債表上，資產合計等於負債與淨值合計的關係，吾人可由前述通貨發行、庫存現金與存款貨幣銀行準備性存款等以外的資產與負債項目，計算某一時點準備貨幣的數額。

中央銀行的通貨發行扣除該行庫存現金後的淨額，恰為整個社會流通中的通貨，分別為社會大眾與存款貨幣銀行所持有。再者，依現行《銀行法》與《存款準備金調整及查核辦法》規定，銀行體系存款準備金除包括存款貨幣銀行庫存現金外，尚包括存款貨幣銀行存放於中央銀行的準備性存款。因此，某一時點準備貨幣的多寡，可直接根據中央銀行資產負債表上，有關通貨發行扣除其庫存現金再加上存款貨幣銀行準備性存款而求得。

根據中央銀行資產負債表，利用前述決定某一時點準備貨幣多寡相同的方法，分析影響某一期間準備變動的各種因素，即利用兩個不同時點的中央銀行資產負債表，分別求出每一資產項目與負債項目的變動額（或第一階差），並以符號 "Δ" 表示，即

$$\Delta \text{準備貨幣} = \Delta \text{社會大眾持有通貨} + \Delta \text{金融機構存款準備金}$$
$$= \Delta \text{國外資產} + \Delta \text{對金融機構債權} + \Delta \text{庫存現金}$$
$$- \Delta \text{國外負債} - \Delta \text{政府存款} - \Delta \text{金融機構其他存款}$$
$$- \Delta \text{央行發行單券} - \Delta \text{淨值} - \Delta \text{其他項目}$$

上式右邊各項即為影響某一期間準備貨幣變動的各種因素。一般而言，中央銀行資產項目增加或負債項目減少，將使資金自中央銀行流入銀行體

系，其實際準備將隨之增加；反之，中央銀行資產項目減少或負債項目增加，將使資金自銀行體系流回中央銀行，銀行體系實際準備將隨之減少。

### (二)臺灣經驗

茲利用前述中央銀行資產負債表，分析影響 2017 年間準備貨幣變動的各種因素。就表 20–2 觀察，造成 2017 年準備貨幣增加之主因，包括金融機構準備金以及流通通貨的變動。將變動因素分成三個部門來觀察：有關國外部門、有關政府部門，以及有關金融機構部門。

表 20–2 2017 年準備貨幣變動因素分析

表 20–2A 準備貨幣之變動 單位：新臺幣百萬元

| | 2017 年 12 月底 | 2016 年 12 月底 | 增加 (+)<br>或減少 (−) |
|---|---|---|---|
| 1.全體金融機構準備金 | 1,985,177 | 1,949,947 | +35,230 |
| 2.全體貨幣機構以外各部門持有通貨 | 1,791,318 | 1,680,388 | +110,930 |
| 3.準備貨幣 | 3,776,495 | 3,630,335 | +146,160 |

說明： 1.全體金融機構準備金包括庫存現金、存放央行之存款。
　　　 2.全體貨幣機構以外各部門持有通貨包括通貨發行額、庫存現金。

表 20–2B 準備貨幣變動因素

| | 使準備<br>貨幣增加 | 使準備<br>貨幣減少 | 小　計 |
|---|---|---|---|
| 1.有關國外部門 | | | 346,386 |
| 　中央銀行國外資產 | 346,386 | − | |
| 2.有關政府部門 | | | 24,054 |
| 　中央銀行對政府放款及墊款 | − | − | |
| 　中央銀行政府存款 | 24,054 | − | |
| 3.有關金融機構部門 | | | −224,280 |
| 　中央銀行對金融機構債權 | 16,762 | − | |
| 　中央銀行公開市場操作買入有價證券 | − | − | |
| 　中央銀行收受國庫存款轉存款 | 2,425 | | |
| 　中央銀行金融機構定期存款轉存款 | 20,000 | − | |
| 　中央銀行發行之國庫券、定期存單及儲蓄券 | | 292,840 | |

| | | |
|---|---|---|
| 其他項目 | 29,373 | – |
| 合計 | | 146,160 |

說明：國外資產已剔除匯率變動因素。
資料來源：2018 年 1 月，《中華民國金融統計月報》，中央銀行經濟研究處。

　　對於這三個部門所造成準備貨幣的增加，蔣碩傑教授曾給予特別的註解，有關國外部門造成準備貨幣增加（減少）的部分，即為國際收支盈餘（赤字），政府部門造成準備貨幣增加（減少）的部分稱為財政赤字（盈餘），金融機構部門造成準備貨幣增加的部分稱為金融赤字。

　　表 20–2 顯示：在 2017 年間，造成準備貨幣變動的因素中，以國外部門部分最多（346,386 百萬元），政府部門部分使央行準備貨幣增加（24,054 百萬元），至於金融機構部門的部分，則使準備貨幣減少（224,280 百萬元）。

## 繽紛貨銀 20A

### 各國外匯存底排名

　　各國中央銀行在貨幣政策與外匯政策操作過程中，每年累積的外匯數量有所增減變動。國人對外輸出所賺得的外匯並不能直接在國內使用，因為國內交易只能使用新臺幣，不能使用他國貨幣，必須前往政府指定辦理外匯業務的銀行（簡稱指定銀行）把外匯換成新臺幣（俗稱押匯或賣匯）。而指定銀行為了保有足夠的新臺幣資金，又把外匯賣給中央銀行，這就是中央銀行外匯存底的來源。相反的，無論個人或團體，如果需要外匯來輸入貨品或接受勞務技術，也可以在法令許可的範圍內，向指定銀行以新臺幣換取外匯（俗稱結匯或買匯）；而指定銀行為了保有足夠的外匯，又向中央銀行買進。在這外匯操作過程中一來一往，中央銀行的外匯存底便不時在增減變動。

　　外匯存底又稱外匯儲備，各國儲存量不同。下表為前三十名之國家地區之外匯儲備額，前兩名依序為中國大陸、日本。至於臺灣則排名在前十名之內，可謂外匯存底維持著充沛的數量。

表 20-3　各國外匯儲備與排名

| 排　名 | 國家或地區 | 外匯儲備（億美元） | 檢視日期 |
|---|---|---|---|
| 1 | 中國大陸 | 31,092.1 | 2017 年 10 月 |
| 2 | 日　本 | 12,362 | 2017 年 2 月 |
| － | 歐元區 | 8,820 | 2013 年 2 月 |
| 3 | 瑞　士 | 6,473 | 2016 年 9 月 |
| 4 | 沙烏地阿拉伯 | 5,007.09 | 2017 年 6 月 |
| 5 | 中華民國 | 4,504.69 | 2017 年 11 月 |
| 6 | 香　港 | 4,192 | 2017 年 9 月 |
| 7 | 俄羅斯 | 3,982 | 2016 年 8 月 |
| 8 | 韓　國 | 3,753 | 2017 年 3 月 |
| 9 | 印　度 | 3,671 | 2016 年 10 月 |
| 10 | 巴　西 | 3,622 | 2016 年 4 月 |
| 11 | 新加坡 | 2,522 | 2016 年 8 月 |
| 12 | 墨西哥 | 1,871 | 2015 年 8 月 |
| 13 | 德　國 | 1,814 | 2015 年 9 月 |
| 14 | 阿爾及利亞 | 1,599 | 2015 年 3 月 |
| 15 | 泰　國 | 1,558 | 2015 年 8 月 |
| 16 | 英　國 | 1,538 | 2015 年 6 月 |
| 17 | 法　國 | 1,416 | 2015 年 6 月 |
| 18 | 義大利 | 1,398 | 2015 年 6 月 |
| 19 | 伊　朗 | 1,250 | 2014 年 12 月 |
| 20 | 美　國 | 1,209 | 2015 年 9 月 25 日 |
| 21 | 印　尼 | 1,115 | 2015 年 3 月 |
| 22 | 波　蘭 | 1,058 | 2012 年 9 月 |
| 23 | 馬來西亞 | 945 | 2015 年 8 月 |
| 24 | 丹　麥 | 899 | 2012 年 9 月 |
| 25 | 菲律賓 | 821 | 2012 年 9 月 |
| 26 | 以色列 | 756 | 2012 年 8 月 |
| 27 | 利比亞 | 720 | 2011 年 12 月 |
| 28 | 加拿大 | 681 | 2012 年 11 月 |
| 29 | 秘　魯 | 612 | 2012 年 10 月 |

資料來源：維基百科，條目：各國外匯儲備列表，搜尋日期：2017 年 12 月 6 日。

# 繽紛貨銀 20B

## 中央銀行之業務

　　中央銀行業務可參考《中央銀行年報》。中央銀行除總裁外，另有理事會與監事會，決定重要政策。中央銀行之組織，業務局負責國內公開市場操作，外匯局執行外匯市場進場買賣，並管理駐外辦事處，發行局發行貨幣，國庫局經理國庫，金融業務檢查處檢查金融機構，經濟研究處進行國內外經濟金融分析。中央銀行組織架構圖如下。

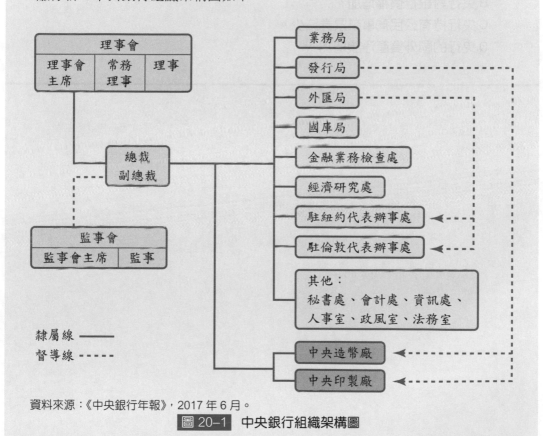

資料來源：《中央銀行年報》，2017 年 6 月。

圖 20-1　中央銀行組織架構圖

## ｜ 重要詞彙 ｜

| | |
|---|---|
| 準備金甲戶（往來戶） | 準備貨幣 |
| 準備金乙戶（計息戶） | |

| 練習題 |

1.中央銀行資產項包括哪些項目？負債項包括哪些項目？

2.使準備貨幣增加的因素有哪些？使準備貨幣減少的因素有哪些？

3.從中央銀行資產負債表項目如何導出影響貨幣基數的項目？

4.(1)何謂準備貨幣？

　(2)準備貨幣與貨幣供給額有何關係？試說明之。

　(3)下列變動對準備貨幣有何影響？

　　A.央行的政府存款增加。

　　B.央行對銀行債權增加。

　　C.央行持有公民營事業票券減少。

　　D.央行的國外資產淨額增加。

# 第 21 章
# 央行貨幣政策工具

　　央行執行貨幣政策透過貨幣供給量之控制來影響總體經濟，尤其是透過準備貨幣來影響貨幣供給，進而影響總體環境。在中央銀行控制貨幣供給的過程中，可運用若干工具，包括準備率政策、重貼現率政策、公開市場操作政策、直接管制與間接管制等。本章中將分節討論之，並對所有貨幣政策工具作一比較，最後以臺灣為例說明貨幣政策運用之經驗。

## 架構圖 21　央行貨幣政策工具

央行貨幣政策工具
- 各類貨幣政策工具之介紹
  - 存款準備率政策(21.1)
  - 重貼現率政策(21.2)
  - 公開市場操作政策(21.3)
  - 直接管制與間接管制(21.4)
- 央行貨幣政策工具之比較(21.5)
- 臺灣貨幣政策工具運用之經驗(21.6)

# 21.1 存款準備率政策

存款準備率政策 (required reserve rate policy) 規定之原始目的，只是因應中央銀行保障各商業銀行存款客戶之安全，完全沒有政策運用之考慮。但自從 1935 年，美國銀行法案中規定，聯邦準備當局可以享有調整存款準備率的權力後，才成為管制貨幣供給額的工具。目前，有若干國家便是以存款準備率作為主要的貨幣政策工具。

## ㈠存款準備率政策的意義

法定存款準備率係指銀行所提列之法定準備金對其存款負債之比率。當景氣熱絡有物價上漲的壓力時，央行採緊縮政策，提高法定準備率以降低銀行創造信用的能力；反之，當景氣衰退有產出減少的壓力時，央行採寬鬆政策，以降低法定準備率以提高銀行創造信用的能力[1]。

簡言之，法定準備率提高，使超額準備率下降，資金貸放減少，貨幣乘數降低，貨幣供給減少；法定準備率降低，使超額準備率提高，貨幣供給會增加。而利率水準將隨著資金環境之寬鬆（緊縮）而降低（提高）。

法定準備率提高（緊縮貨幣政策）→貨幣乘數降低，貨幣供給減少→利率提高
法定準備率降低（寬鬆貨幣政策）→貨幣乘數提高，貨幣供給增加→利率降低

## ㈡存款準備率政策的評估

一般來說，存款準備率是相當強而有力的政策工具，因為法定存款準備率是所有銀行均需遵守的規定，當所有銀行同時提高（或降低）準備金額時，

---

註

1.請參考本書第 11 章。

將產生全面性的緊縮（或寬鬆）效果，影響力甚為龐大。

調整法定準備率，因能同時透過存款貨幣乘數及銀行超額準備的變動或透過貨幣乘數來影響貨幣供給額，其效果非常強烈，故一般看法，通常是在需鉅額調整銀行體系超額準備或貨幣政策做重大宣示時，才有此必要。

此外，調整法定準備率的作法缺乏彈性，使反向操作不易。故在調整法定準備率之前，須頗為慎重。這也使得準備率政策運作費時，緩不濟急。

## 21.2 重貼現率政策

重貼現率政策 (rediscount rate policy) 是貨幣當局最早擁有的管制工具。1884 年以前，英國的英格蘭銀行 (Bank of England) 一向享有發行鈔票的特權，同時還經營各種商業銀行業務。為了解除貨幣市場上因季節性或臨時性交易所引起的銀根緊俏，遂常以貼現的方式給予經紀人以短期的資金融通，這便是貼現政策的濫觴。後來重貼現率正式發展成為政策工具。

### ㈠重貼現率政策的意義

重貼現率在英國又稱銀行率 (bank rate)，在美國則稱貼現率 (discount rate)，係指銀行為了彌補法定準備的不足或獲取擴張信用所需資金，得以所接受顧客貼現之商業票據，向央行請求再貼現。而央行對銀行所持票據予以重貼現，而欲扣之利息占重貼現金額的比率即稱為重貼現率。當景氣熱絡有物價上漲的壓力時，央行採緊縮政策，提高重貼現率以降低銀行創造信用的能力及意願；反之，當景氣衰退有產出減少的壓力時，央行採寬鬆政策，降低重貼現率以提高銀行創造信用的能力及意願。

影響銀行是否向央行請求重貼現的因素，主要有三項：

**1.市場利率與重貼現率之差距**

二者差距愈大（小），則銀行賺取利差愈多（少），銀行增加（減少）向

央行重貼現。

### 2.景氣波動

當經濟成長（衰退）時，廠商借款意願高（低）且放款風險降低（提高），銀行會增加（減少）向央行重貼現。

### 3.季節性現金外流多寡

若季節性因素使銀行現金外流增加愈多（少），為預防（避免）流動性不足（太多），銀行會增加（減少）向央行重貼現。

央行調整重貼現率後，對市場的影響可由下述方面來反映：

⑴當央行提高（降低）重貼現率時，則銀行預期央行貨幣政策趨於緊縮（寬鬆），銀行擬增加（減少）超額準備的持有，透過超額準備率上升（下降）使貨幣乘數下降（上升）。

⑵同時，銀行向央行轉融通資金的成本加重（減輕），銀行會減少（增加）向央行重貼現，使準備貨幣減少（增加）。如此一來，貨幣供給額會減少（增加），並進而透過資金市場間接影響市場利率上升（下降）。

⑶然後，市場利率的上升（下降），使企業資金成本隨之上升（下降），資金借貸減少（增加），信用緊縮（擴張），使貨幣供給進一步減少（增加）。

## ㈡重貼現率政策的評估

央行調整重貼現率雖對商銀缺乏積極強制的影響，但因一來可藉控制銀行資金成本，影響銀行借入款數量，以管制其信用創造能力，二來可透過告示效果，間接影響銀行創造信用的意願。如此一來，仍可控制貨幣供給額，但重貼現率政策並非最積極有效的管制工具，其主要原因在於：⑴是否向中央銀行請求融通資金的主動權操在銀行手中，央行僅屬於被動地位；⑵重貼現率政策的告示效果 (announcement effect) 可能有利，但也可能不利。例如央行提高重貼現率，原意是希望抑制銀行向央行重貼現率，但若銀行預期央行日後會再進一步提高，則銀行可能會加速向央行重貼現，因而出現反效果。

# 21.3 公開市場操作政策

公開市場操作政策 (open market operation policy) 的起源也很早 ， 在 19 世紀初期，英格蘭銀行便以公開市場操作政策來維持其準備金，到了現今，則已成為最被廣為使用的政策工具。

## ㈠公開市場操作政策的意義

公開市場操作政策係指中央銀行在公開市場（包含貨幣市場、資本市場及外匯市場）買賣票券、債券或外匯。以影響銀行準備金及準備貨幣的數量，進而影響貨幣供給額的政策。當景氣熱絡有物價上漲的壓力時，央行採緊縮政策，賣出證券以降低資金市場之資金量，於是對利率造成上漲壓力；反之，當景氣衰退有產出減少的壓力時，央行採寬鬆政策，買進證券以提高資金市場之資金量，對利率造成下跌壓力。

央行賣出證券-→貨幣供給減少-→資金緊縮→利率上漲

央行買進證券→貨幣供給增加→資金寬鬆→利率下跌

中央銀行在公開市場操作的目的 ， 如果是為了主動改變銀行超額準備金，則這種操作稱為動態操作 (dynamic operations)；但如果中央銀行公開市場操作的目的 ， 是為了被動抵銷來自貨幣市場因素對銀行超額準備金的擾亂，則這種操作稱為防衛操作 (defensive operations)。

例如假設目前銀行體系的準備金共有 300 億元，若中央銀行希望 1 個月後此項準備金為 350 億元，且預測未來 1 個月內貨幣市場因素會使銀行準備金減少 10 億元，則在 1 個月內，中央銀行應在公開市場中買進 60 億元的政府債券，其中 50 億元為自主操作，10 億元為防衛操作。再如，若中央銀行預測未來 1 個月內貨幣市場因素會使銀行準備金增加 80 億元，則中央銀行應在公開市場賣出 80 億元為防衛操作以減少多出來的準備金。若央行賣出 100

億元,則其中 20 億屬於動態操作。由此可知,即使是中央銀行在公開市場賣出,並不一定意味它全是減少銀行準備金的緊縮心態。

### ㈡公開市場操作政策的評估

公開市場操作政策的優點,有下列幾項:⑴在操作時機、操作規模及操作方向等方面,央行享有完全自主性,故可立即迅速操作,而無行政延遲的存在;⑵由於可微量操作、持續操作及萬一情勢有變,可隨時反向操作,故在量的管制工具中,其效果最為優良;⑶除了影響貨幣供給額外,尚可透過互換操作來影響利率結構。

公開市場操作政策,雖然有以上幾個優點,但卻也存在下列缺點:⑴對大眾預期的影響及對商銀行為的強制影響方面均甚微弱;⑵債券每期利息支出及到期之還本,會削弱部分的效果。

## 21.4 直接管制與間接管制

### ㈠直接管制

所謂直接管制是指中央銀行基於量或質的信用管制之目的,依據有關法令之授權,對銀行信用創造業務加以直接的干預。其中比較重要的方式有:

#### 1.信用分配

信用分配 (credit rationing) 指中央銀行就當時經濟情勢,衡量客觀需要的緩急,對銀行的信用創造加上合理的分配與限制。在信用分配方面,中央銀行為配合政府的產業發展政策,可運用各種專款針對若干產業給予銀行低利且充裕的再融通。在信用限制方面,中央銀行若認為目前景氣過熱,為免信用過度擴充,對於銀行重貼現之要求,得以各種藉口拒絕。

#### 2.直接干預

直接干預 (direct interference)，又稱直接行動，指中央銀行以「銀行之銀行」的身分，直接對商業銀行的授信業務，予以「合理」的干預。通常中央銀行的直接干預有四種方式：⑴直接限制貸款制度；⑵直接干預銀行對活期存款的吸收；⑶對業務不當的銀行，可拒絕其重貼現的要求；⑷明訂各銀行的放款及投資範圍。

### 3.流動比率

流動比率 (liquidity ratio) 係指銀行流動資產除以銀行各項負債所得之比率。我國《中央銀行法》第 25 條規定：「中央銀行經洽商財政部後，得隨時就銀行流動資產與各項負債之比率，規定其最低標準。」另外，我國《銀行法》第 43 條規定：「為促使銀行對其資產保持適當之流動性，中央銀行經洽商中央主管機關後，得隨時就銀行流動資產與各項負債比率，規定其最低標準。未達最低標準者，中央主管機關應通知限期調整之。」由以上條文內容可知，流動比率係政府用來管制銀行營運的一項工具。

### 4.利率高限

利率高限 (ceiling rate) 是中央銀行依據法令來規定商業銀行的定期及儲蓄存款所能支付的最高利息。其主要作用在於影響利率結構，但是由於這項規定的變動會引起銀行資金的來源的變動，進而影響銀行信用的供給能力與貨幣供給額，因此，有關利率的高限，也是中央銀行管制信用數量的方法之一。例如中央銀行不斷提高利率高限，則各金融機構中定期及儲蓄存款也不斷增加。由於定期及儲蓄存款的準備率較低，所以各銀行等於是擁有較多的超額準備可供貸款，於是貨幣供給額就隨著顯著上升。

美國銀行法案中，規則 Q 即是有關利率高限的規定。自 1957 年以來，美國聯邦準備當局為改善會員銀行與其他利率不受管制的金融機構如相互儲蓄銀行與貸放協會等之間吸收資金的競爭力，曾不斷提高利率高限，甚且商業銀行為爭取更多可用資金，而發行各種不受規則 Q 限制的新種金融工具，如可轉讓定存單、歐洲美元與金融債券等，因此，產生了規則 Q 存廢問題的

爭論。1980 年 4 月,美國制訂《存款機構解除管制及貨幣控制法案》,進行多項金融改革,並於 1986 年 4 月,實施全面利率自由化,廢除規則 Q。

在我國,《中央銀行法》第 22 條規定:「中央銀行得視金融及經濟狀況,隨時訂定銀行各種存款之最高利率⋯⋯。」名目上雖有類似規則 Q 的管制,實際上則中央銀行對銀行存款利率隨時都有支配權。同時我國《銀行法》第 34 條規定:「銀行不得於規定利息外,以津貼、贈與或其他給與方法吸收存款⋯⋯。」1980 年 11 月,中央銀行公布《銀行利率調整要點》,開創利率自由化的先機,並於 1989 年 7 月,全面利率自由化。

## ㈡間接管制

所謂間接管制是指中央銀行基於量或質的信用管制目的,採行量的管制、質的管制及直接管制以外的各種方法,以間接影響銀行信用創造的管制措施,其主要內容有下列幾項:

### 1.道義說服

道義說服 (moral suasion) 指中央銀行對各銀行詳細說明其立場,希望藉道義的影響及說服的力量,以達成管制各銀行業務的目標。道義說服之內容,可以說是一般性的量的管制。如建議增減銀行營利資產;也可以說是選擇性的質的管制,如銀行不動產及證券投資過多時,央行可加以勸阻。我國主要銀行皆為公營的情況下,只需找銀行負責人溝通即可,其效果更是不可忽視。通常若中央銀行與各銀行之關係良好,則中央銀行可經常派人到各銀行去會商,一方面瞭解實際經營情況,一方面把中央銀行政策取向與各銀行負責人溝通,以期得到各銀行的支持。

### 2.公開宣傳

公開宣傳 (publicity) 指中央銀行爭取機會向金融界及全國人民說明其貨幣政策的取向,以期獲得各界的瞭解與支持,達成該行預期的政策目標。

### 3.自動信用控制 (voluntary credit restraint)

是指中央銀行透過銀行業工會等團體的力量，商請各銀行互相約束，自動限制不做有害社會經濟的放款，故也稱為自動合作 (voluntary cooperation)。

# 21.5 央行貨幣政策工具之比較

央行可運用的貨幣政策有存款準備率、重貼現率、公開市場操作、直接與間接管制等，其影響程度與速度不同。除直接與間接管制方式變異甚大外，餘者可進一步比較其差異。

各種貨幣政策工具固然都會影響貨幣供給，但在運作上有不同方式，各有優劣點。比較如下：

## 1. 就影響程度而言

各種貨幣政策工具中，以存款準備率的影響程度最強。政府調整法定存款準備率之後，所有銀行機構均需受其規範，同時一起變動準備金額度之後，形成強力的緊縮或寬鬆效果。

其他政策工具，例如公開市場操作，其影響程度則視公開市場操作之幅度而定。至於重貼現率政策對於市場資金量之影響，則是透過銀行利率的同步調整來產生衝擊效果，一般而言，其效果約介於存款準備率政策與公開市場操作之間。

## 2. 就影響速度而言

影響速度最快的為公開市場操作。公開市場操作可以每天運用，隨時因應貨幣環境來調整操作的方向與額度。如果操作錯誤了，亦可隨時再進場來做反向操作。公開市場操作後，貨幣供給量立即反映出來，立即產生寬鬆或緊縮效果。

法定存款準備率的設定與調整，通常需經過法定的程序，每個國家修改法定存款準備率的程序不同。有些國家是規定存款準備率上下限，有些國家則容許貨幣當局主管隨時決定準備率之水準。

### 3. 工具運用之彈性

以工具運用之彈性而言，公開市場操作之彈性最高，隨時可調整操作方向與幅度；存款準備率政策之彈性最低，每次調整均須甚為審慎。至於重貼現率政策之彈性，則介乎其中，其調整頻率比存款準備率政策調整較為頻繁，但不如公開市場操作之機動。

## 21.6 臺灣貨幣政策工具運用之經驗

本節將以臺灣的實際資料來瞭解臺灣實地運用貨幣政策工具的經驗，臺灣在各種貨幣政策工具的運用上，一般最常使用者為公開市場操作，乃是每日中央銀行進出貨幣市場影響貨幣環境之工具。貼現窗口之使用並不如公開市場之頻繁。至於道義說明等間接管制也會被主管當局用來影響利率水準或資金市場寬鬆程度。

調整存款準備率是央行採用來作為強力貨幣政策工具的方式。茲觀察表 21–1 中法定準備率變動情形，當可發現：法定準備率在 1980 年代初期有降低趨勢，但到了 1989 年其比率又大幅提高，即採取緊縮貨幣政策。隨後，法定準備率又有逐步降低趨勢，這除了有意維持不會太緊的貨幣環境外，順應世界潮流來降低法定準備率也是原由之一。

在直接與間接管制方面，除了政府用了不少相關的工具，最常見的便是專案低利貸款（見圖 21–1）。配合重點產業的發展，政府皆透過金融體系提供優惠措施，主要的方式是：凡是前述重點產業者，一方面較易取得銀行貸款；另一方面貸款利率也比一般貸款利率優惠。過往四十餘年來，臺灣在不同時期有不同的產業發展重點，例如 1960、1970 年代標榜外銷產業，強調「一切為出口，一切為外銷」。1980 年代提出「策略性工業」，以「兩大、兩高、兩低」等準則遴選出百餘項產品，列為重點發展產品。1990 年代，政府復提出「十大新興工業、八大關鍵技術」等，視為明星產業技術。至 2000 年

代之後，生化產業、人工智慧等視為前瞻性產業。

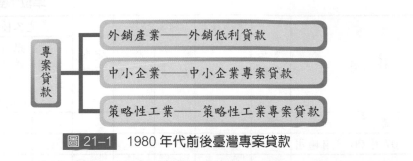

圖 21-1　1980 年代前後臺灣專案貸款

以外銷產業而言，凡取得外銷訂單及相關單據者（如信用狀），均可向銀行申請「外銷低利貸款」。這項低利貸款與一般貸款之年利率差距，在 1970年代曾高達 5% 以上，隨後此項利率差距有縮小跡象，直到 1989 年方取消此項措施。臺灣的外銷產業多為中小企業，中小企業靠著勞力密集生產的方式，以廉價勞力產品打入外銷市場，乃是臺灣經濟發展過程中的百萬雄兵。可惜的是，中小企業往往未能獲得銀行界的青睞；所幸，「外銷貸款」提供了以外銷為主的中小企業一份資金上的協助，直到此項優惠取消。

外銷活動為臺灣產業與經濟發展奠下了根基。長期貿易上的盈餘，使得臺灣累積相當的外匯存底。過去這種多儲蓄少消費，以累積財富的觀念，到1980 年代末期才逐漸有了轉變：消費意識與生活品質普遍受到重視，創造貿易盈餘不再是產業活動的唯一目標。於是，低利外銷貸款的必要性受到質疑，而且加入 WTO 之後，有傾銷傾向之措施皆受規範，這是此項措施到 1989 年被取消之原因。

1980 年代，政府提出「策略性工業」的構想，根據六項準則：「兩大」（市場潛力大、產業關聯度大）、「兩高」（技術密集度高、附加價值高）、「兩低」（能源係數低、污染程度低），選取一百四十五項產品（後來產品內容陸續更動並增加），稱為策略性工業產品，其中多為機械業及電子業產品。在資金協助方面，由行政院開發基金斥資，透過交通銀行與臺灣中小企銀對策略性工業產品提供低利貸款，舉辦了多期的策略性工業專案貸款。

表 21-1　臺灣存款準備率之調整

單位：對存款額百分比

| 種類 | 支票存款 | 活期存款 一般 | 儲蓄存款 活期 | 儲蓄存款 定期 | 定期存款 | 外匯存款 | 銀行承作結構型商品所收本金[1] 新臺幣 | 外幣 | 信託資金 |
|---|---|---|---|---|---|---|---|---|---|
| **I. 法定準備率[2]** | | | | | | | | | |
| 1999 年 07 月 06 日前適用 | | | | | | | | | |
| 最低 | 15.000 | 10.000 | 5.000 | 5.000 | 7.000 | 7.000 | | | 15.000 |
| 最高 | 40.000 | 35.000 | 20.000 | 20.000 | 25.000 | 25.000 | | | 20.000 |
| 1999 年 07 月 07 日後適用 | | | | | | | | | |
| 最低 | – | – | – | – | – | – | | | 15.000 |
| 最高 | 25.000 | 25.000 | 15.000 | 15.000 | 15.000 | 25.000 | | 20.000 |
| **II. 應提準備率調整日期** | | | | | | | | | |
| 1978 年 11 月 21 日 | 30.000 | 28.000 | 17.000 | 11.000 | 13.000 | – | | | 16.500 |
| 1979 年 05 月 16 日 | 25.000 | 23.000 | 17.000 | 11.000 | 13.000 | – | | | 16.500 |
| 08 月 21 日 | 25.000 | 23.000 | 15.000 | 9.000 | 11.000 | – | | | 15.000 |
| 1982 年 06 月 29 日 | 23.000 | 21.000 | 14.000 | 8.000 | 10.000 | – | | | 15.000 |
| 1986 年 07 月 11 日 | 23.000 | 21.000 | 14.000 | 8.000 | 10.000 | 7.000 | | | 15.000 |
| 1988 年 12 月 11 日 | 25.000 | 23.000 | 16.000 | 9.000 | 11.000 | 8.000 | | | 16.000 |
| 1989 年 04 月 01 日 | 29.000 | 27.000 | 20.000 | 11.000 | 13.000 | 10.000 | | | 18.000 |
| 1990 年 08 月 01 日 | 28.500 | 26.500 | 19.000 | 10.000 | 12.000 | 9.000 | | | 17.000 |
| 1991 年 09 月 11 日 | 27.750 | 25.750 | 18.250 | 10.000 | 12.000 | – | | | 16.250 |
| 09 月 21 日 | 27.750 | 25.750 | 18.250 | 9.250 | 11.250 | – | | | 16.250 |
| 11 月 18 日 | 27.250 | 25.250 | 17.750 | 9.250 | 11.250 | – | | | 15.875 |
| 1992 年 01 月 09 日 | 27.250 | 25.250 | 17.750 | 8.875 | 10.875 | – | | | 15.125 |
| 1993 年 09 月 17 日 | 26.250 | 24.250 | 16.750 | 8.125 | 10.125 | – | | | 15.125 |
| 1995 年 08 月 12 日 | 25.250 | 23.250 | 15.750 | 7.625 | 9.625 | – | | | 15.125 |
| 09 月 25 日 | 24.250 | 22.250 | 14.750 | 7.125 | 9.125 | – | | | 15.125 |
| 11 月 07 日 | 23.750 | 21.750 | 14.250 | 6.875 | 8.875 | – | | | 15.125 |
| 1996 年 03 月 08 日 | 22.500 | 20.500 | 13.000 | 6.525 | 8.525 | – | | | 15.125 |
| 08 月 24 日 | 22.000 | 20.000 | 12.500 | 6.400 | 8.400 | – | | | 15.125 |
| 1997 年 09 月 25 日 | 21.250 | 19.250 | 11.750 | 6.250 | 8.250 | – | | | 15.125 |
| 10 月 16 日 | 19.750 | 17.750 | 10.250 | 5.750 | 7.750 | – | | | 15.125 |
| 1998 年 08 月 03 日 | 19.250 | 17.250 | 9.750 | 5.550 | 7.550 | – | | | 15.125 |
| 09 月 29 日 | 18.750 | 16.750 | 9.250 | 5.350 | 7.350 | – | | | 15.125 |
| 1999 年 02 月 20 日 | 15.000 | 13.000 | 5.500 | 5.000 | 7.000 | – | | | 15.125 |

| | | | | | | | | |
|---|---|---|---|---|---|---|---|---|
| 07 月 07 日 | 15.000 | 13.000 | 5.500 | 5.000 | 7.000 | 0.000 | | 15.125 |
| 2000 年 10 月 01 日 | 13.500 | 13.000 | 6.500 | 5.000 | 6.250 | 0.000 | | 15.125 |
| 12 月 08 日 | 13.500 | 13.000 | 6.500 | 5.000 | 6.250 | 5.000 | 0.000 | 0.000 | 15.125 |
| 12 月 29 日 | 13.500 | 13.000 | 6.500 | 5.000 | 6.250 | 10.000 | 0.000 | 0.000 | 15.125 |
| 2001 年 10 月 04 日 | 10.750 | 9.775 | 5.500 | 4.000 | 5.000 | 5.000 | 0.000 | 0.000 | 15.125 |
| 11 月 08 日 | 10.750 | 9.775 | 5.500 | 4.000 | 5.000 | 2.500 | 0.000 | 0.000 | 15.125 |
| 2002 年 06 月 28 日 | 10.750 | 9.775 | 5.500 | 4.000 | 5.000 | 0.125 | 0.000 | 0.000 | 15.125 |
| 2007 年 06 月 22 日 | 10.750 | 9.775 | 5.500 | 4.000 | 5.000 | 0.125 | 0.000 | 0.000 | 15.125 |
| 2008 年 04 月 01 日 | 10.750 | 9.775 | 5.500 | 4.000 | 5.000 | 0.125 | 0.000 | 0.000 | 15.125 |
| 07 月 01 日 | 12.000 | 11.025 | 6.750 | 4.750 | 5.750 | 0.125 | 0.000 | 0.000 | 15.125 |
| 09 月 18 日 | 10.750 | 9.775 | 5.500 | 4.000 | 5.000 | 0.125 | 0.000 | 0.000 | 15.125 |
| 2010 年 01 月 01 日 | 10.750 | 9.775 | 5.500 | 4.000 | 5.000 | 0.125 | 5.000 | 0.125 | 15.125 |
| 2011 年 01 月 01 日 | 10.750 | 9.775 | 5.500 | 4.000 | 5.000 | 0.125 | 5.000 | 0.125 | 15.125 |

說明： 1.自 2010 年 1 月 1 日起，其他各種負債範圍增列銀行承作結構型商品所收本金。
2.自《中央銀行法》修正條文實施之日（1999 年 7 月 7 日）起，不再訂定存款及其他各種負債準備率上限。
資料來源：2012 年 6 月，《中華民國金融統計月報》，中央銀行經濟研究處。

1990 年代，配合「國建六年計畫」與「振興經濟方案」，提出十大新興工業與八大關鍵技術，被視為明日科技主流。這些高科技產業由於投資風險高，所需資金高，回收期限長，故而外部資金取得不易。政府遂提供若干融資優惠措施，如「開發工業新產品辦法」與「主導性新產品開發辦法」等，國內創業投資公司也扮演了國內科技事業種子基金的角色。此外，經濟部科技專案計畫的大部分經費，透過工業技術研究院投入這些明星科技產業之生產行列，尤以資訊電子業為其主流。

中小企業一向是臺灣經濟發展之主體，但是金融體系對中小企業的協助素來多有不足。尤其過去以公營銀行為主體，其貸款過程多偏愛大企業，致使甚多中小企業無法在正式金融機構獲得資金，只好求告於地下金融體系。政府為彌補這項缺失，推動許多中小企業專案貸款，以優惠利率協助中小企業進行升級、自動化、電腦化以及青年創業專案。也規定中小企業銀行需將大多資金貸款給中小企業。此外，由中小企業信保基金對於具有潛力而欠缺擔保品之中小企業提供信用保證，銀行共同承擔風險。

　　政府提供專案貸款之方式，隨著金額自由化與國際化，已逐漸減少。運用公開市場操作與調整重貼現率是央行較為倚重的方式。在 2008 年金融海嘯之後，各國為鼓勵投資遂振興經濟，多採取低利率之寬鬆貨幣政策，逐步降低利率。臺灣亦然，中央銀行自 2008 年以來，在理監事會議後，數度調降利率，到 2016 年 7 月調整後，至 2017 年底，由於全球經濟已趨復甦，遂停止了降息的措施。

表 21–2　臺灣歷年央行利率之調整

單位：%

| 調整日期 | 重貼現率 | 擔保放款融通利率 | 短期融通利率 |
|---|---|---|---|
| 2016 年 07 月 01 日 | 1.375 | 1.750 | 3.625 |
| 2016 年 03 月 25 日 | 1.500 | 1.875 | 3.750 |
| 2015 年 12 月 18 日 | 1.625 | 2.000 | 3.875 |
| 2015 年 09 月 25 日 | 1.750 | 2.125 | 4.000 |
| 2011 年 07 月 01 日 | 1.875 | 2.250 | 4.125 |
| 2011 年 04 月 01 日 | 1.750 | 2.125 | 4.000 |
| 2010 年 12 月 31 日 | 1.625 | 2.000 | 3.875 |
| 2010 年 10 月 01 日 | 1.500 | 1.875 | 3.750 |
| 2010 年 06 月 25 日 | 1.375 | 1.750 | 3.625 |
| 2009 年 02 月 19 日 | 1.250 | 1.625 | 3.500 |
| 2009 年 01 月 08 日 | 1.500 | 1.875 | 3.750 |
| 2008 年 12 月 12 日 | 2.000 | 2.375 | 4.250 |
| 2008 年 11 月 10 日 | 2.750 | 3.125 | 5.000 |
| 2008 年 10 月 30 日 | 3.000 | 3.375 | 5.250 |
| 2008 年 10 月 09 日 | 3.250 | 3.625 | 5.500 |
| 2008 年 09 月 26 日 | 3.500 | 3.875 | 5.750 |
| 2008 年 06 月 27 日 | 3.625 | 4.000 | 5.875 |
| 2008 年 03 月 28 日 | 3.500 | 3.875 | 5.750 |
| 2007 年 12 月 21 日 | 3.375 | 3.750 | 5.625 |
| 2007 年 09 月 21 日 | 3.250 | 3.625 | 5.500 |
| 2007 年 06 月 22 日 | 3.125 | 3.500 | 5.375 |
| 2007 年 03 月 30 日 | 2.875 | 3.250 | 5.125 |
| 2006 年 12 月 29 日 | 2.750 | 3.125 | 5.000 |
| 2006 年 09 月 29 日 | 2.625 | 3.000 | 4.875 |
| 2006 年 06 月 30 日 | 2.500 | 2.875 | 4.750 |
| 2006 年 03 月 31 日 | 2.375 | 2.750 | 4.625 |

資料來源：中央銀行。

# 繽紛貨銀 21A

## 央行理事會之決議內容

我國中央銀行設置理事會，原則上每季召開一次理監事會議，研議重要貨幣政策。由其新聞稿可以窺知其決策之理由。下文為中央銀行於 2017 年 12 月 21 日理監事聯席會議決議新聞稿，說明其決策之影響因素，讀者可從文中推論其貨幣政策策略之內涵。

中央銀行理監事聯席會議決議（2017 年 12 月 21 日）[2]

### 一、國際經濟金融情勢

本年 9 月下旬理事會會議以來，全球經濟同步成長，明年展望亦將持穩；其中，美國經濟溫和擴張，歐元區及日本則景氣略緩，中國大陸及東協成長趨緩。

近期美、英等先進經濟體貨幣政策逐步正常化，日本及多數新興市場經濟體則續持寬鬆貨幣政策。由於主要國家貨幣政策動向不一、美國經貿政策後續影響、貿易保護主義升溫，以及地緣政治風險等因素，增添國際經濟金融前景之不確定性。

### 二、國內經濟金融情勢

㈠近期出口及工業生產持續擴張，民間消費溫和成長，惟民間投資動能尚緩，本行預測本年第 4 季經濟成長率為 2.41%，全年為 2.61%。勞動市場情勢穩定，就業人數續增，失業率續降。預期明年全球景氣穩步復甦，可望維繫我國出口及民間投資動能，益以民間消費持穩，政府支出持續成長，本行預測明年經濟成長率為 2.35%。

㈡近月國際油價續漲，推升國內進口物價，惟新臺幣對美元升值，減輕輸入性通膨壓力，且基本民生費率穩定，加以蔬果價格基期較高，致 CPI 漲幅較小。本行預估本年 CPI 與核心 CPI（即不含蔬果及能源之 CPI）分別為 0.61% 及 1.02%，顯示當前物價相當穩定。

展望明年，基本工資及軍公教薪資調升，可能帶動民間調薪，推升物價；惟預期國際油價漲幅溫和，且國內需求和緩，產出缺口仍然為負，本行預測明年 CPI 及核心 CPI 年增率同為 1.12%，通膨展望溫和。

㈢在通膨穩定之下，為因應景氣復甦，本行持續調節市場資金，維持銀行超額準備於適度水準。銀行授信穩定成長，1 至 11 月放款與投資平均年增率為 4.79%；貨幣總計數 M2 平均年增率為 3.76%，顯示市場資金足以支應經

---

註

2.資料來源：中央銀行理監事聯席會議決議 2017 年 12 月 21 日，新聞發布第 225 號。

濟活動之需。

近月雖然長、短期利率持穩，臺股高檔盤整；惟新臺幣匯率走升，致金融情勢指數 (financial condition index) 趨緊。

三、本日本行理事會一致決議

考量明年全球經濟前景仍存不確定性，國內景氣復甦步調溫和，產出缺口尚為負值，當前通膨壓力及未來通膨預期均溫和；且金融情勢趨緊，實質利率水準在主要經濟體中尚稱允當等前提下，本行理事會認為維持現行政策利率及 M2 貨幣成長目標區不變，持續貨幣適度寬鬆，有助營造穩定的金融環境，協助經濟持續成長。

㈠本行重貼現率、擔保放款融通利率及短期融通利率分別維持年息 1.375%、1.75% 及 3.625%。

㈡考量經濟成長與物價情勢等因素，明年 M2 貨幣成長目標區維持 2.5% 至 6.5%，與本年相同。

未來本行將持續密切關注當前通膨壓力及未來通膨展望、產出缺口變化等國內外經濟金融情勢，適時採行妥適貨幣政策，以達成本行法定職責。

四、新臺幣匯率原則上由外匯市場供需決定，如遇不規則因素（如短期資金大量進出），導致匯率過度波動與失序變動，而有不利於經濟與金融穩定之虞時，本行將本於職責維持外匯市場秩序，俾維持經濟與金融穩定。

# 繽紛貨銀 21B

## 美國利率之調整

美國對於聯邦利率水準目標之釐訂，由表 21-3 可見，在 2007 年次貸風暴之前，2004 年至 2006 年間利率乃逐步上調，2007 年至 2008 年間，利率陸續下調。此低利率維持到 2015 年底，維持了九年之後，方逐步提升利率。

**表 21-3 美國利率之調整**

| FOMC's target federal funds rate or range, change (basis points) and level (%) | | | | |
|---|---|---|---|---|
| Year | Date | Increase (basis points) | Decrease (basis points) | Level (%) |
| 2017 | 14–Dec | 25 | 0 | 1.25–1.50 |
| | 15–Jun | 25 | 0 | 1.00–1.25 |
| | 16–Mar | 25 | 0 | 0.75–1.00 |

| 2016 | 15–Dec | 25 | 0 | 0.50–0.75 |
|------|--------|-----|--------|-----------|
| 2015 | 17–Dec | 25 | 0 | 0.25–0.50 |
| | 16–Dec | … | 75–100 | 0–0.25 |
| | 29–Oct | … | 50 | 1.00 |
| | 8–Oct | … | 50 | 1.50 |
| 2008 | 30–Apr | … | 25 | 2.00 |
| | 18–Mar | … | 75 | 2.25 |
| | 30–Jan | … | 50 | 3.00 |
| | 22–Jan | … | 75 | 3.50 |
| | 11–Dec | … | 25 | 4.25 |
| 2007 | 31–Oct | … | 25 | 4.50 |
| | 18–Sep | … | 50 | 4.75 |
| | 29–Jun | 25 | … | 5.25 |
| 2006 | 10–May | 25 | … | 5.00 |
| | 28–Mar | 25 | … | 4.75 |
| | 31–Jan | 25 | … | 4.50 |
| | 13–Dec | 25 | … | 4.25 |
| | 1–Nov | 25 | … | 4.00 |
| | 20–Sep | 25 | … | 3.75 |
| | 9–Aug | 25 | … | 3.50 |
| 2005 | 30–Jun | 25 | … | 3.25 |
| | 3–May | 25 | … | 3.00 |
| | 22–Mar | 25 | … | 2.75 |
| | 2–Feb | 25 | … | 2.50 |
| | 14–Dec | 25 | … | 2.25 |
| | 10–Nov | 25 | … | 2.00 |
| 2004 | 21–Sep | 25 | … | 1.75 |
| | 10–Aug | 25 | … | 1.50 |
| | 30–Jun | 25 | … | 1.25 |
| 2003 | 25–Jun | … | 25 | 1.00 |

註：Basis points: 1/100 percentage point.
資料來源：December 13, 2017, Board of Governors of the Federal Reserve System (U.S.).

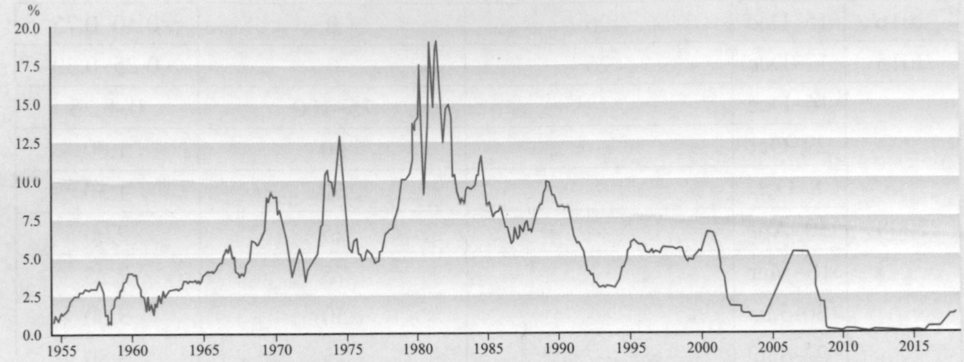


圖 21-2 歷年美國有效聯邦資金利率表

## 重要詞彙

存款準備率政策 (required reserve rate policy)
重貼現率政策 (rediscount rate policy)
公開市場操作政策 (open market operation policy)
動態操作 (dynamic operations)
防衛操作 (defensive operations)
信用分配 (credit rationing)
直接干預 (direct interference)
流動比率 (liquidity ratio)
利率高限 (ceiling rate)
道義說服 (moral suasion)
公開宣傳 (publicity)
自動信用控制 (voluntary credit restraint)
自動合作 (voluntary cooperation)

## 練習題

1. 中央銀行之貨幣有所謂量的管理與質的管理之別，說明其不同之處。
2. 比較動態性與防衛性公開市場操作之異同。
3. 試述公開市場操作對市場利率之影響。
4. 何謂公開市場操作？試就下列情形分別指出何者為緊縮信用？何者為放寬信用？
   (1)中央銀行出售 50 億元長期債券。
   (2)中央銀行提高長期債券利率。
   (3)對「分期償還」形式貸款的償還期限縮短。
5. 假定中央銀行以出售 10 億元債券所收入款項償還商業銀行握存 10 億元到期債券，試說明：施行此項政策時，貨幣數量及流通速度有何種影響？
6. 由歷年來美國利率調整情形與臺灣中央銀行利率調整趨勢可看出何種現象？

# 第 22 章
# 貨幣政策策略

本章將討論中央銀行執行貨幣政策所採用之策略。中央銀行運用各種貨幣政策工具（準備率、公開市場操作、貼現率、直接與間接管制），透過操作目標之調整（貼現率或拆款利率、準備貨幣），影響到中間目標（市場長短期利率、貨幣供給），進而對最終目標造成影響（物價、所得、金融穩定等）。在這些策略的運用過程中，對於中央銀行控制原則有兩種看法，即法則論與權衡論。法則論認為央行只需依最適貨幣成長率來操作即可，權衡論則認為央行宜參考經濟實況來調整操作策略。

首先，在第 1 節探討貨幣政策的最終目標為何，但在完成最終目標之前，須先完成中間目標及操作目標。第 2 節介紹有關中間目標及操作目標的意義與內容。瞭解貨幣政策的目標後，尚須探討如何執行的問題，因此第 3 節將說明央行應以權衡政策或法則來執行貨幣政策的抉擇問題。但是政策的實施與否又會產生時間落後的問題，將在本章最後討論。

## 架構圖 22　貨幣政策策略

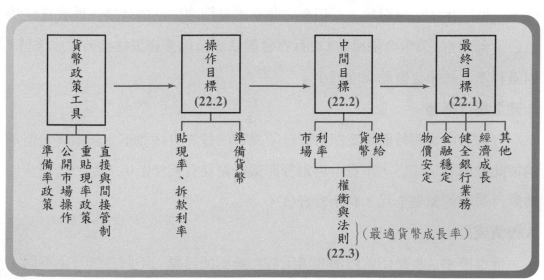

371

# 22.1 貨幣政策與最終目標

## 貨幣政策的最終目標

中央銀行實施各種貨幣政策以達成其所希望的各種最終目標，必須採用各式的貨幣政策工具來完成政策，而央行經常採用的政策工具有準備率政策、公開市場操作、貼現率政策及直接與間接管制等；但最終目標的達成並非立即而直接的，因此央行也必須經過中間目標與操作目標的達成來完成其最終目標，所以貨幣政策的完成就如同架構圖 22 所示的歷程。

貨幣政策的最終目標有下列項目：

### 1.物價安定

這是中央銀行的首要任務，維持物價穩定，避免通貨膨脹，此乃是中央銀行責無旁貸的。

### 2.金融穩定

讓金融環境穩定，不至於有金融恐慌或脫序等情事，也是央行應有之職責。一個穩定的金融環境，才能穩健地發揮其儲蓄與投資的橋樑之角色。否則，一個脫序的金融環境，不但金融體系本身面臨崩潰的危機，連實質經濟也必受到戕害。為求金融穩定，央行亦會設法讓金融資產價格波動幅度降低，如讓利率、匯率之變動幅度減少。

### 3.健全銀行業務

各國的中央銀行與財政部對銀行所職掌的督導責任並不完全相同，但不論彼此隸屬關係如何，畢竟中央銀行與銀行業務有相當關係，對於監管或協助銀行業務經營健全化，有相當責任。

### 4.經濟成長

促進經濟成長是所有經濟政策所努力達到的目標。不同政策乃由不同主

管當局職掌，這些政策若能相互搭配得宜，便能有效地促進經濟成長。中央銀行即經常運用貨幣政策來協助經濟成長。

以上各目標固然均是中央銀行的最終目標，其重要性一般以第一項物價安定為優先目標。至於第四項經濟成長，則是以前三項目標能維持為前提，方協助經濟成長。

廣義而言，中央銀行貨幣政策所要達到的目標有下列數項：(1)物價安定；(2)充分就業；(3)經濟成長；(4)平衡國際收支；(5)促進金融穩定；(6)健全銀行業務。有些人則認為利率穩定與匯價穩定亦應明白地列示為中央銀行貨幣政策目標[1]。

## 22.2 中間目標與操作目標

中央銀行運用政策工具影響經濟活動，實現經濟成長與安定最終目標的傳送過程，並非一蹴可幾，因為各種政策工具並非能夠直接控制最終目標，同時其間作用過程並有相當的時間落後問題存在。因此，在中央銀行執行貨幣政策運用政策工具追求最終目標時，必須仰賴若干經濟變數以觀察各個經濟主體的行為或反應，或用以顯示政策工具是否能發揮預期效果，其作用過程是否發生過與不及的現象，以便中央銀行能夠及時修正或調整各種政策工具運用的方向與程度。此類經濟變數按其性質的不同，除包括前述最終目標外，尚可分為中間目標 (intermediate target) 與操作目標 (operating target)。

### ㈠中間目標

中央銀行執行貨幣政策運用各種政策工具，並不能直接迅速影響經濟政策追求的最終目標，而是透過一般所稱的中間目標，使其達到預期的水準或

----

註

1.參考：Frederic S. Mishkin (2007), The Economics of Money, Banking, and Financial Markets.

發生預期的變化，以期實現經濟成長與安定的最終目標。因此，中間目標一如字義所示，介於中央銀行政策工具與最終目標兩者之間，以顯示中央銀行若能有效控制中間目標就能實現最終目標；換言之，作為中間目標的經濟變數須具備下列三個條件，(1)此類變數必須與最終目標之間維持極為密切的關聯性。當中央銀行運用政策工具使作為中間目標的經濟變數達到預期水準時，即能使作為最終目標的經濟變數亦達到預期的對應水準；(2)此類變數雖受政策工具以外因素的干擾而發生變動，但中央銀行必須對此類變數有相當程度的控制力。當此類變數乖離應有水準時，中央銀行即迅速運用政策工具以為矯正，其所需時間必須較引起最終目標的經濟變數發生變動者短；(3)此類變數必須能夠在短期內即能提供正確並可供觀察的資訊。

因為貨幣供給量的變動將迅速透過社會淨財富、資產負債組合、預期因素等傳送過程，影響整個經濟的產出、所得、貿易、就業、物價等總體變數，同時貨幣供給量的變動，亦可作為顯示貨幣政策趨於寬鬆或緊縮的指標。

## (二)操作目標

基於中間目標存在的相同理由，在中央銀行執行貨幣政策運用政策工具時，可能需要在更短時間即能觀察政策工具的預期效果，以瞭解採行的政策是否適當以及其方向或程度是否需要調整，因此選擇若干經濟變數作為操作目標，用以導引中央銀行逐日的業務操作。作為操作目標的經濟變數必須能與政策工具之間維持密切的關聯性。中央銀行運用政策工具，在短期內即能直接影響並控制此類變數的變化趨勢；同時，隨時有適當而正確的資訊可供觀察此類變數的變化趨勢。

一般而言，作為操作目標或中間目標的經濟變數可歸納分為兩類，即代表價格的各種利率與代表數量的貨幣與信用總量。通常，若中央銀行選擇貨幣與信用總量作為目標變數時，該行即不能再控制利率於特定水準，而須使其隨市場供需情況而調整；另一方面，若中央銀行選定以利率作為目標變數

第 22 章 | 貨幣政策策略 |

時，該行即不能再控制貨幣與信用總量於特定水準，而須使其隨著整個社會的需求而調整。換言之，中央銀行運用政策工具，不能同時達到控制利率及貨幣與信用總量變數的雙重目標。

　　茲以圖 22–1 說明，何以中央銀行控制貨幣與信用總量即不能同時控制利率水準的原因。圖中縱座標代表利率，橫座標代表貨幣存量，並以 $M^d$ 與 $M^s$ 分別表示貨幣需求與貨幣供給曲線。假定中央銀行認為理想或希望的貨幣供給曲線為 $M_0^d$，但由於國內產出或物價水準發生意外的變動，進而使貨幣需求曲線在 $M_1^d$ 與 $M_2^d$ 之間的範圍內移動。再者，假定中央銀行配合其政策目標而設定最適貨幣供給量為 $M^*$，此時利率水準將視貨幣需求曲線而落在 $i_1$ 與 $i_2$ 間的範圍內，顯示中央銀行若以控制貨幣供給量為目標，利率水準將發生波動現象。

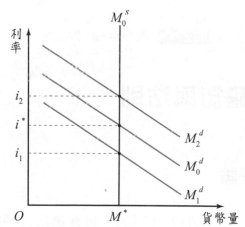

說明：以貨幣供給量作為中間目標時，貨幣需求變動會造成利率波動。
圖 22–1　貨幣供給作為中間目標

　　至於在圖 22–2 中，假定中央銀行設定利率目標為 $i^*$，同時假定國內產出或物價水準發生意外的變動，結果貨幣需求曲線落在 $M_1^d$ 與 $M_2^d$ 之間的範圍內。若貨幣需求曲線為 $M_1^d$ 時，利率水準將低於利率目標而為 $i_1$，此時中央銀行為避免利率降低，於是將利用公開市場操作賣出政府債券，使貨幣供給量減少為 $M_1$，以迫使利率回升為 $i^*$。反之，若貨幣需求曲線為 $M_2^d$ 時，利率

水準將高於利率目標而為 $i_2$，此時中央銀行為避免利率上揚，於是將利用公開市場操作買進政府債券，使貨幣供給量增加為 $M_2$，以迫使利率下降而為 $i^*$。換言之，中央銀行若欲控制利率水準，則將使貨幣供給量或準備貨幣或銀行體系實際準備發生波動現象。

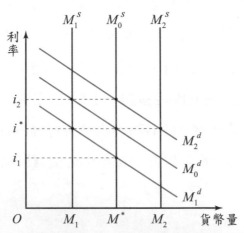

說明：以利率作為中間目標時，貨幣需求變動時，貨幣供給當需作相對應之增減，方能維持利率穩定。

圖 22-2　利率作為中間目標

 # 22.3 權衡與法則

## ㈠權衡與法則之爭論

中央銀行執行貨幣政策的主要目的，旨在運用各種政策工具影響銀行體系準備部位，進而整個社會流通中的貨幣與信用總量或市場利率，然後經由社會淨財富的變動，資產負債組合的調整，以及對未來經濟金融時勢的預期等途徑，使經濟單位或部門改變支出決策，再進而影響經濟活動，以實現經濟成長與安定的最終目標。然而，在中央銀行運用政策工具以致影響經濟活動之間，存在各種不同的時差或時間落後；同時對將來經濟金融情勢的預測，中央銀行亦難免發生失誤的現象；而且中央銀行對整個經濟運作的架構以及貨幣政策的作用過程，並無確切的認識與瞭解。因此，中央銀行運用政策工

具時將發生下列難題，即如何自公開市場操作、重貼現政策、存款準備率政策等政策工具中選擇最適工具，以及政策工具變動的方向與幅度，於是發生中央銀行是否應執行權衡性的貨幣政策 (discretionary monetary policy) 或法則性的貨幣政策 (rule monetary policy) 的問題。

所謂權衡性政策係指中央銀行根據當時經濟金融情況與其預期的政策目標，採取適當的因應措施或運用政策工具。換言之，在不同的經濟金融情況，中央銀行將運用不同的政策工具或因應措施。例如在景氣繁榮期間為避免發生通貨膨脹，中央銀行應採行緊縮性貨幣政策；在景氣衰退期間為促進經濟成長，中央銀行應採行擴張性貨幣政策。至於法則性的貨幣政策係指中央銀行根據事先決定的法則執行貨幣政策，無視於當時經濟金融情況的變化。例如中央銀行運用各種政策工具控制貨幣供給量，使其成長率保持固定水準。維持貨幣環境之穩定與央行決策之獨立性。

中央銀行的獨立性問題，長久以來即為各界爭議不休的問題之一，尤其中央銀行具有異於一般金融機構的特質，更彰顯此 問題的重要性。所謂獨立性（或超然地位）係中央銀行為實現法令賦予的經營目標，能否完全依恃本身對各種資料或數據的研判，不受任何干預或控制以採行適當貨幣政策的程度。換言之，中央銀行運用各種政策工具執行貨幣政策，其決策過程是否受政府行政部門或國會等意見的左右，同時其決策過程能否避免政治壓力的干預，自行遵循審慎穩健原則執行適當的貨幣政策。

贊同中央銀行應有獨立性的人士，認為中央銀行的決策過程，若深受政府行政部門或國會等的影響，基於現代民主社會選舉的重要，將迫使中央銀行採行具有膨脹效果的貨幣政策，以追求短期政治利益而犧牲經濟安定與成長的最終目標。其次，中央銀行的決策當局過度仰賴政府行政部門而淪為其附屬機構，亦將使中央銀行偏向採行擴張性貨幣政策，容忍溫和程度的通貨膨脹現象，使利率維持在較低水準，一方面便於政府部門以低廉的成本發行債券籌措長短期資金，一方面並以透支、墊款或放款等方式向中央銀行借入

鉅額資金，便利調節國庫收支。

　　至於反對中央銀行具有獨立性的人士則認為，中央銀行若獨立於行政體系之外而不受政府當局的監督，根據歐美國家中央銀行的經驗，其政策將以物價安定列為第一優先，並以犧牲與其衝突的其他政策目標作為代價，如充分就業或經濟成長，低物價上漲率的結果常隨同發生經濟停滯或高失業率的現象。因此，中央銀行追求的政策目標，亟需政府其他部門採行適當的配合措施，以兼顧經濟成長與安定的最終目標。若中央銀行享有高度的獨立性，將使各種政策措施之間的協調配合極為困難。其次，在現代民主的社會中，過度重視中央銀行超然地位問題的結果，可能由於其監督機構的不存在而缺乏制衡作用，其決策可能沒有民意基礎而變成一意孤行。

　　一般而言，在經濟蕭條不景氣時，大多國家央行不會袖手旁觀，會採取寬鬆的貨幣政策，以低利帶動投資意願來振興經濟，此作法乃是權衡性作法。唯在經濟穩定成長時，央行較無協助經濟成長之壓力，方有鎖定法則之空間。

## ㈡最適貨幣成長率

　　在「法則」觀念下，有所謂的「最適貨幣成長率 (optimal growth rate of money)」，意謂：貨幣供給之增加，應在可容許的物價上漲率下，能夠配合經濟發展與交易之需求。透過某種型態的貨幣數量說，可導出下式[2]：

$$\dot{M} = \dot{P} + k\dot{y} \text{（貨幣成長方程式）} \tag{22–1}$$

　　式中 $M$ 代表貨幣量，$V$ 代表貨幣之流通速度，$P$ 代表物價，$y$ 代表所得，$k$ 則是劍橋貨幣需求係數，$\dot{M}$、$\dot{P}$、$\dot{y}$ 各代表貨幣、物價、所得之增加率。理想的貨幣供給增加率 $\dot{M}$，應是在容許的物價上漲率 $\dot{P}$ 之下，考慮貨幣需求所得彈性 $k$ 之後，預測將來的所得成長率 $\dot{y}$，方設算出最適的貨幣成長率。舉

---

註

　　2.以貨幣數量說來解釋貨幣需求時，實證上有時將方程式稍作調整。若將貨幣需求方程式設定為 $M = P \cdot y^k$，則可導出 (22–1) 式。

例而言，若貨幣需求所得彈性為 1.2，可容許的物價上漲率為 4%，經濟成長率為 7%，則最適貨幣成長率為：

$$4\% + 1.2 \times 7\% = 12.4\%$$

由於統計誤差與估測偏誤，實際上貨幣成長率並不設定為固定值，而是設定為某一區間。例如：倘若經濟成長率為 6% 與 8% 之間，則最適貨幣成長率的下限為：

$$4\% + 1.2 \times 6\% = 11.2\%$$

其上限為：

$$4\% + 1.2 \times 8\% = 13.6\%$$

中央銀行在考量各種統計誤差、估測偏誤，容許一些彈性空間之後，制定貨幣供給成長率上下限，據之作為控制貨幣供給之參考。

由於近年來貨幣環境變化甚多，新種金融工具不斷出現，除了上述估算貨幣成長率的方式外，鑑於國際金融情勢與金融創新對國內貨幣環境衝擊甚大，故央行在估算貨幣最適量時，亦有採用其他方式者，例如在估算近年來貨幣需求函數時，將近年來金融情勢影響因素一併納入考量，並考量統計誤差範圍，視為貨幣供給增加率之容許上下限。

## ㈢時間落後

一個國家的中央銀行根據當時經濟金融情勢的需要，有權採取影響銀行準備金、貨幣供給量、利率水準及信用供給可能量等的貨幣政策，以改變當時的經濟金融情勢，使朝向中央銀行所希望實現的目標發展。但是此項中央銀行政策實施之後，並非立即便發生作用，通常需要經過相當時間才會產生效果。

### 1.內在落後 (inside lag)

中央銀行實際採取對策的時間過程。又可分為兩部分：⑴認知落後 (recognition lag)：即當經濟現象已發生變化，然而或者由於統計資料欠缺，

有關當局不能明確瞭解此項經濟變化的意義及其可能的影響，或者由於當經濟現象之性質及其潛在影響仍有爭論，以致中央銀行未能掌握當時之經濟問題的重點。直到經過若干時間後，中央銀行才能獲取較明確資料，決意研究對策，這段時間過程就是認知落後；⑵行政落後 (administrative lag) 或行動落後 (action lag)：中央銀行認識經濟情勢變化之後，將立即對此項經濟情勢研究可行的對策，但研究與行動都需耗費時間，在決定實施何種政策之前的時間過程稱為行政落後。

### 2. 中期落後 (intermediate lag)

自中央銀行採取行動以至對金融機構產生影響，使金融機構改變其利率或其他信用情況，並進一步對整個經濟社會產生影響的時間過程，稱為中期落後，故有時也稱為信用市場落後 (credit market lag)。

### 3. 外在落後 (outside lag)

自金融機構改變其利率或其他信用情況後，以至對實質經濟活動發生影響所需的時間過程，稱為外在落後。這又可分為兩個階段：⑴利率或信用條件改變後，個人與廠商面對新情勢，當然會改變其支用習慣或支用行為，在支用單位採取支出決定之前稱為決意落後 (decision lag)；⑵支用單位決定其支出意向後，對整個社會的生產與就業發生影響，這段影響過程所需的時間稱為生產落後 (production lag)[3]。

---

註

3. 參考：林鐘雄 (1990)，《貨幣銀行學》，三民，第 28 章。

# 繽紛貨銀 22A

## 對葛林斯班的評價

葛林斯班 (Alan Greenspan) 在 1987 年至 2006 年間擔任美國聯邦準備理事會主席，主導美國貨幣政策，對全球經濟有舉足輕重之影響力。

葛林斯班出生於 1926 年，早年曾在朱利亞德學院修習單簧管，並成為職業演奏家。之後放棄音樂，改為修習經濟。從 1974 年至 1977 年，葛林斯班在福特總統任內擔任美國經濟顧問委員會 (Council of Economic Advisors) 主席。1977 年葛林斯班獲得博士學位。1980 年代中，葛林斯班為美國鋁業公司董事會成員。

在 1987 年 8 月 11 日，葛林斯班就任美國聯邦準備理事會主席。葛林斯班一貫的主要經濟政策手法為利率升降，在他任內美國經濟經歷過兩次衰退、一次股市泡沫和一次歷史上最長的增長期。他被雷根、老布希和柯林頓提名聯準會主席多次。2004 年 5 月 18 日，葛林斯班被小布希總統提名繼任，為第五次續任美國聯邦準備理事會主席。

2006 年 1 月 31 日，葛林斯班卸任美國聯邦準備理事會主席。卸任後獲委任為英國財政大臣白高敦的榮譽顧問，並計畫繼續撰寫著作。

葛林斯班有句經典名言：「如果你們認為確切地理解了我講話的涵義，那麼，你們肯定是對我講的話產生了誤解。」 (If I seem unduly clear to you, you must have misunderstood what I said.) 道出了其在全球矚目下發言之審慎，及在貨幣政策執行時為避免市場過度反應之含蓄作風。

在葛林斯班卸任之後，次級房貸風暴在 2007 年的夏季爆發。有人將次級房貸風暴的原因歸咎於葛林斯班。葛林斯班在其回憶錄中表示：布希總統使得美國財政由盈餘轉為赤字，也是導致次級房貸風暴的主要原因。言下之意，他不認為他個人須承擔全部金融海嘯之罪過。

在葛林斯班剛退休時，各界對其所執掌之美國貨幣政策以及對全球經濟發展之影響，多持正面評價，但是在 2008 年金融海嘯之後，則有各種質疑。到底其功過如何，有待各界以更多資料與研究，作進一步評判。

# 繽紛貨銀 22B

## 美國聯準會主席柏南克與葉倫

　　柏南克 (Ben Shalom) 在 2006 年 2 月 1 日至 2014 年 2 月 3 日間擔任美國聯邦準備理事會主席。他為麻省理工學院經濟學博士，在普林斯頓大學任教 17 年，曾擔任經濟系主任。柏南克為在南卡羅萊那州、狄龍的少數猶太家庭之一。2002 年被美國總統小布希任命為美聯儲理事。2005 年 6 月，擔任美國總統經濟顧問委員會主席。10 月被任命為下任美國聯邦準備理事會主席，接替葛林斯班之工作。他擔任聯準會主席期間，適逢金融海嘯發生，他運用貨幣數量寬鬆措施 (Quantitative Easing, QE)，提供充沛資金，導引市場維持低利率，穩住金融海嘯後的經濟低迷情勢。2009 年，因為在帶領美國度過大蕭條以來最惡劣的經濟危機中的突出表現，被《時代雜誌》評選為「年度風雲人物」。柏南克是知名的宏觀經濟學家，主要研究興趣是貨幣政策和宏觀經濟史。他是美國藝術與科學學院院士和計量經濟學會會士。曾編著《宏觀經濟學原理》、《微觀經濟學原理》等教材。

　　葉倫於 2014 年 2 月 4 日至 2018 年 2 月 3 日擔任美國聯準會主席，擔任主席前為舊金山聯邦儲備銀行的總裁兼首席執行官，柏克萊加州大學哈斯商學院的名譽教授，以及由前美國總統比爾·柯林頓提名出任第十八任美國總統經濟顧問委員會主席。2013 年 10 月 9 日，美國總統歐巴馬提名接替柏南克出任聯邦準備理事會主席。2014 年 2 月 3 日就職，成為聯準會成立一百年來首位女性主席，但未獲川普總統提名續任。在職期間，經濟逐漸好轉，景氣慢慢復甦，也擺脫了低利率的泥淖，在升息與股市攀升的情勢中卸任。

## | 重要詞彙 |

中間目標 (intermediate target)　　　　行政落後 (administrative lag)

操作目標 (operating target)　　　　　行動落後 (action lag)

權衡性的貨幣政策 (discretionary　　　中期落後 (intermediate lag)
　monetary policy)　　　　　　　　　信用市場落後 (credit market lag)

法則性的貨幣政策 (rule monetary　　　外在落後 (outside lag)
　policy)　　　　　　　　　　　　　決意落後 (decision lag)

內在落後 (inside lag)　　　　　　　　生產落後 (production lag)

認知落後 (recognition lag)

# 練習題

1. 被選為操作目標與中間目標的變數，應具備哪些條件？
2. 請說明貨幣政策工具、操作目標、中間目標、最終目標之間的關係。
3. (1)何謂貨幣供給量？

   (2)何謂最適貨幣供給量？

   (3)維持貨幣供給量最適年增率，以如何計算為宜？

   (4)近年來各國何以重視貨幣供給量之管理？

   (5)目前臺灣貨幣當局對貨幣供給量年增率，盼續維持在多少？

   (6)在短期內貨幣供給量之變動幅度很大且不規則，貨幣當局是否在目前，甚至一個月的短期內調整最適成長率？
4. 何謂權衡與法則？中央銀行當以權衡或法則來執行貨幣政策？並說明理由。
5. 中央銀行能否同時固定利率水準與貨幣供給量，設定兩種中間目標？
6. 說明貨幣政策之運用會產生的時效落後。

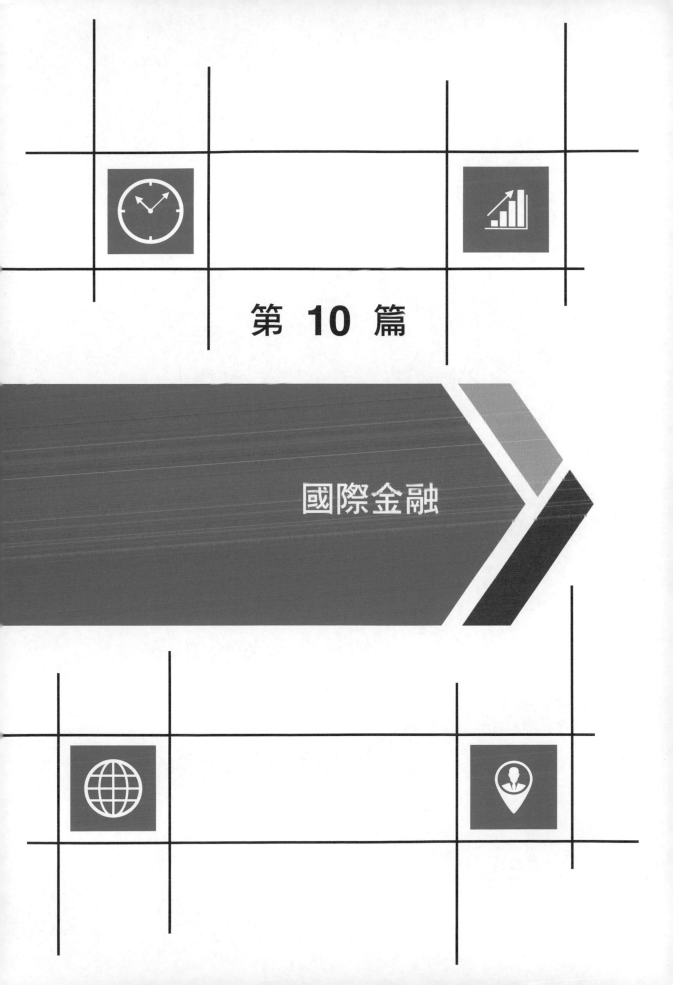

第 10 篇

國際金融

# 第 10 章

國際金融

# 第 23 章
# 國際收支與外匯政策

　　國際收支的內容，須由國際收支平衡表來說明。本章將探討國際收支與外匯政策的概念。首先於第 1 節介紹國際收支平衡表，我們須先瞭解其意義為何，還有其包含哪些項目以及臺灣實際的國際收支平衡表資料為何。第 2 節則介紹外匯政策的分類以及臺灣歷年來外匯政策的演變過程。

## 架構圖 23　國際收支與外匯政策

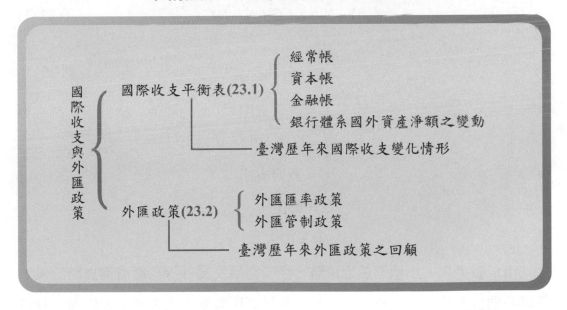

## 23.1 國際收支平衡表

開放經濟的國民，透過國際貿易購買外國之財貨與勞務及出售我國之財貨與勞務；購買外國之財貨與勞務為輸入 (imports)，出售我國之財貨與勞務為輸出 (exports)。輸入外國財貨與勞務所做之支出，因未支用於本國產品，故應由本國國民所得恆等式中扣除；反之，輸出代表外國人民對本國財貨與勞務支出，成為我國之所得，所以輸出應加於我國國民所得上。結果，開放經濟的國民所得恆等式為：

$$Y = C + I + G + X - IM \tag{23-1}$$

式中，

$$Y = 國民所得$$
$$C = 消費支出$$
$$I = 投資支出$$
$$G = 政府支出$$
$$X = 輸出$$
$$IM = 輸入$$

由於臺灣為一小型開放經濟體，國際金融交易深深影響臺灣貨幣政策，所以我們宜對國際金融交易究竟如何衡量有所瞭解。我們擬於本節深入分析我國國際收支平衡表，以瞭解我國之國際交易情況及其所致國際金融交易。國際收支平衡表所記載的為我國與國外部門在某一段時間（如 1 季或 1 年）因財貨、勞務或資本移動等交易所產生之借貸關係。譬如表 23–1 所示我國 2015 年、2016 年之國際收支簡表，代表在這些年度我國與國外部門的交易所致收支之情況。

表 23-1 臺灣國際收支簡表

單位：百萬美元

| 項　目 | 2016 | | | 2015 | | |
|---|---|---|---|---|---|---|
| A.經常帳* | | | 71,914 | | | 75,153 |
| 　商品：收入（出口） | 310,017 | | | 336,880 | | |
| 　商品：支出（進口） | −239,634 | | | −264,064 | | |
| 　　商品貿易淨額 | | 70,383 | | | 72,816 | |
| 　服務：收入（出口） | 41,448 | | | 41,135 | | |
| 　服務：支出（進口） | −52,447 | | | −51,269 | | |
| 　　商品與服務收支淨額 | | −10,999 | | | −9,128 | |
| 　初次所得：收入 | 29,489 | | | 28,886 | | |
| 　初次所得：支出 | −13,824 | | | −13,032 | | |
| 　　初次所得淨額 | | 15,665 | | | 15,854 | |
| 　二次所得：收入 | 6,944 | | | 6,603 | | |
| 　二次所得：支出 | −10,079 | | | −9,986 | | |
| 　　二次所得淨額 | | −3,135 | | | −3,383 | |
| B.資本帳[1] | | | −9 | | | −5 |
| 　資本帳：收入 | 17 | | | 15 | | |
| 　資本帳：支出 | −26 | | | −20 | | |
| C.金融帳[1] | | | 54,879 | | | 66,211 |
| 　直接投資：資產 | 17,904 | | | 14,709 | | |
| 　　股權和投資基金 | | 16,871 | | | 13,649 | |
| 　　債務工具 | | 1,033 | | | 1,060 | |
| 　直接投資：負債 | 9,231 | | | 2,391 | | |
| 　　股權和投資基金 | | 7,312 | | | 2,478 | |
| 　　債務工具 | | 1,919 | | | −87 | |
| 　證券投資：資產 | 81,463 | | | 56,340 | | |
| 　　股權和投資基金 | | 6,445 | | | 6,922 | |
| 　　債務工具 | | 75,018 | | | 49,418 | |
| 　證券投資：負債 | 2,643 | | | −858 | | |
| 　　股權和投資基金 | | 5,325 | | | 1,658 | |
| 　　債務證券 | | −2,682 | | | −2,516 | |
| 　衍生性金融商品 | −2,228 | | | 1,184 | | |
| 　　衍生性金融商品：資產 | | −11,153 | | | −11,227 | |
| 　　衍生性金融商品：負債 | | −8,925 | | | −12,411 | |
| 　其他投資：資產 | −8,266 | | | −16,402 | | |
| 　　其他股本 | | 9 | | | 8 | |
| 　　債務工具 | | −8,275 | | | −16,410 | |

| | | | | |
|---|---|---|---|---|
| 其他投資：負債 | 22,120 | | −11,913 | |
| 　其他股本 | | 0 | | 0 |
| 　債務工具 | | 22,120 | | −11,913 |
| 合計 | | 17,026 | | 8,937 |
| D.誤差與遺漏淨額 | | −6,363 | | 6,074 |
| E.準備與相關項目 | | 10,663 | | 15,011 |
| 　準備資產 | 10,663 | | 15,011 | |
| 　基金信用的使用及自基金的借款 | – | | – | |
| 　特殊融資 | – | | – | |

說明： 1.剔除已列入項目 E 之範圍。
　　　 2.中央銀行自本 (2016) 年第 1 季起改按國際貨幣基金 (IMF) 第六版國際收支和國際投資手冊 (Balance of Payments and International Investment Position Manual, Sixth Edition, BPM6) 基礎公布我國國際收支統計。BPM6 改以正號表示各項對外收入／支出、資產／負債的增加，負號表示相關項目的減少，https://www.cbc.gov.tw/public/Attachment/6112214371471.pdf。
資料來源：2018 年 1 月，《中華民國金融統計月報》，中央銀行經濟研究處。

根據交易性質之不同，我國之國際收支平衡帳分成經常帳 (current account)、資本帳 (capital account)、金融帳 (financial account) 三大類，以及誤差與遺漏及準備等五大項[1]。茲分述如下：

## (一)經常帳

經常帳記載當期生產的財貨勞務之國際交易，包括商品、服務、所得及經常移轉。表 23–1 之商品中，「商品貿易淨額」一項分別記載我國商品之出口金額與我國進口商品之金額，其金額為正值，因此形成我國貿易順差。反之，若出口金額小於進口金額則將形成貿易逆差。

服務項目代表我國在勞務、旅行、運輸及其他勞務（通信、營建、保險、資訊、特許、文化、休閒等）方面之收入與支出之金額。此外，國際收支平衡表中尚包括了經常移轉收支項目。在經常帳項目中四項收入總額減支出總額的餘額表示經常帳餘額。以表 23–2 的數字為例，2001 年與 2016 年有經常

---

註

　1.我國國際收支平衡表係參照國際貨幣基金著之《國際收支和國際投資手冊》。

帳盈餘 (current account surplus)。反之，若經常帳之收入金額小於支出金額，則其收入金額與支出金額的差額為負數，表示經常帳發生赤字。

經常帳餘額顯示我國政府部門與民間部門對外國財富的要求權之變動，經常帳盈餘表示我國對外財富的要求權增加；反之，經常帳赤字則表示我國對外國財富的要求權減少。

由於財貨勞務的輸出入足以影響匯率的變動，因此社會各界莫不細心觀察經常帳餘額的變化，以推測匯率的可能動向。此外，由於經常帳餘額顯示我國對外國財富要求權之情況，其增減將影響國人對國幣與外幣資產的需求，因而將會影響匯率。

## (二)資本帳

資本帳記錄我國與外國之間的資本流動。表 23–2 中的資本帳包括資本移轉（債務的免除、資本設備之贈與及移民移轉）與非生產性、非金融性資產 (non-produced、non-financial asset)，如專利權、商譽等無形資產之取得與處分。我國居民向外國購買資產或在外國投資則屬於資本流出 (capital outflows) 應記載於支出；反之，若外國人購買我國之資產或來臺投資則為資本流入 (capital inflows)，應記載於收入。

## (三)金融帳

金融帳是根據投資的種類分成直接投資、證券投資、衍生性金融商品及其他投資。這些投資再區分為資產（即居民對非居民之債權）與負債（即居民對非居民之債務）。直接投資包含我國對外的直接投資與外資直接來臺的直接投資，而證券投資則分成股權證券與債權證券兩種。至於衍生性金融商品，因其重要性日增，特別列示出來。

## ㈣銀行體系國外資產淨額之變動

因為由國際收支平衡表我們可以看出，經常帳盈餘或赤字，必須由資本帳對外貸款或向外借款之交易項目或增減準備等項目予以抵銷，以使國際收支能保持平衡。是以，經常帳餘額、資本帳餘額、金融帳餘額、誤差與銀行體系國外資產淨額之變動等項目之關係為：

$$\begin{array}{cccc} \text{經常帳餘額} + & \text{資本帳餘額} + & \text{金融帳餘額} + & \text{誤差與遺漏} \\ (71,914) & (-9) & (-54,879) & (-6,363) \end{array}$$

$$= \text{銀行體系國外資產淨額之變動}$$

$$(10,663) \tag{23-2}$$

上述括弧內數字為 2016 年我國國際收支平衡表中各項之金額。

表 23-2 最後一項為銀行體系國外資產淨額之變動。誠如 (23-2) 式所示，經常帳餘額、資本帳餘額，以及金融帳餘額之和為貸方餘額大於借方餘額，則國際收支的收入大於支出，國際收支發生盈餘，則銀行體系國外資產淨額將增加，表示我國對外國財富的要求權增加。反之，若上述三項的和為借方餘額大於貸方餘額，則國際收支的收入不敷支出，國際收支發生赤字，以致銀行體系國外資產淨額因之減少，表示我國對外國財富的要求權減少。

就我國 2016 年的資料而言，上述三項之和乃表中㈠項至㈣項之和，我國之國際收支盈餘為 10,663 百萬美元，使銀行體系國外資產淨額增加 10,663 百萬美元。

## ㈤臺灣歷年來國際收支變化情形

臺灣歷年來國際收支變化情形，可由表 23-2 得見。自 2001 年以來，經常帳均為順差。至於資本帳餘額則多為赤字，多為資本流出。國際收支餘額亦多為盈餘，有盈餘則會轉成外匯存底，我國累計的外匯存底一向甚高，且持續累積。

表 23-2　臺灣歷年來國際收支變化情形

單位：百萬美元

| 年份 | (A)經常帳餘額 | (B)資本帳餘額 | (C)金融帳餘額 | (D)誤差與遺漏淨額 | (E)國際收支餘額 | 外匯存底（年底） | 匯率（年底） |
|---|---|---|---|---|---|---|---|
| 2001 | 17,072 | −41 | −355 | 677 | 17,353 | 122.21 | 33.80 |
| 2002 | 24,333 | −43 | 8,864 | 510 | 33,664 | 161.65 | 34.58 |
| 2003 | 28,250 | −18 | 7,735 | 1,125 | 37,092 | 206.63 | 34.42 |
| 2004 | 17,249 | −2 | 7,317 | 2,032 | 26,596 | 241.74 | 33.42 |
| 2005 | 14,926 | −46 | 2,340 | 2,836 | 20,056 | 253.29 | 32.17 |
| 2006 | 23,137 | −63 | −19,601 | 2,613 | 6,086 | 266.15 | 32.53 |
| 2007 | 32,013 | −25 | −38,932 | 2,924 | −4,020 | 270.31 | 32.84 |
| 2008 | 24,801 | −270 | −1,641 | 3,384 | 26,274 | 291.71 | 31.52 |
| 2009 | 40,650 | −50 | 13,488 | 38 | 54,126 | 348.20 | 33.05 |
| 2010 | 36,832 | −49 | −339 | 3,729 | 40,173 | 382.01 | 31.64 |
| 2011 | 37,878 | −36 | −32,027 | 424 | 6,239 | 385.55 | 29.46 |
| 2012 | 44,336 | −24 | −32,669 | 3,841 | 15,484 | 403.17 | 29.61 |
| 2013 | 51,274 | 67 | −42,489 | 2,466 | 11,318 | 416.81 | 29.77 |
| 2014 | 61,829 | −8 | −51,838 | 3,032 | 13,015 | 418.98 | 30.36 |
| 2015 | 75,153 | −5 | −66,211 | 6,074 | 15,011 | 426.03 | 31.89 |
| 2016 | 71,914 | −9 | −54,879 | −6,363 | 10,663 | 434.20 | 32.31 |

說明：　1.此處之匯率為新臺幣對美元銀行間成交之收盤匯率。
　　　　2.(E)國際收支餘額＝(A)經常帳餘額＋(B)資本帳餘額＋(C)金融帳餘額＋(D)誤差與遺漏淨額
　　　　3.本表符號：資金流入（正號），流出（負號）。
資料來源：　1.外匯存底資料取自中央銀行。
　　　　　　2.國際收支資料取自 2018 年 1 月，《中華民國金融統計月報》，中央銀行經濟研究處。
　　　　　　3.匯率資料取自中央銀行。

## 23.2 外匯政策

　　外匯政策係指一國政府對於其外匯市場運作之政策，內容包括外匯匯率水準以及資本進出之政策。故分成兩方面來說，一為外匯匯率政策，另一為資本管制政策。

## ㈠外匯匯率政策

### 1. 固定匯率制度 (fixed exchange rate system)

政府制定匯率於某一水準，維持固定不變，稱為固定匯率政策。政府採取固定匯率政策，有兩個原因：(1)維持匯價穩定，讓買賣外匯者得以事先設算成本，減少投機；(2)有意低估或高估。低估可以抑制內銷，提升外銷增加貿易順差。幣值高估可吸引外資進入，增加資本流入額。

**優　點**

(1)匯率固定，投機者無利可圖，因此投機活動無法進行，避免外匯市場不穩定。

(2)匯率固定，風險易於估計，因此貿易和投資的進行較容易。

(3)固定匯率制度下，匯率是由政府訂定，政府可將匯率定在所需的水準上，達到其特定的經濟目的。

**缺　點**

(1)存在內、外部失衡之兩難問題：匯率水準無法反映供需，國際收支無法自動達成均衡，同時國內也可能處於失衡，因此政府須運用政策搭配，以達成內、外部均衡。事實上，往往難以同時達到內、外部之均衡。

(2)投機的壓力較大：固定匯率下，匯率並非不能變動，一旦國際收支大量失衡時，人民預期匯率變動，於是引起投機，而此種投機是單向的，大家預期匯率會貶低而拋售本國貨幣，迫使政府不得不將貨幣貶值。

(3)資源配置不當：政府維持匯率固定，無異是補貼從事國際貿易的廠商，利用公共資金吸收國際交易中可能產生的風險，使資源分配由非貿易廠商移轉到貿易廠商。

(4)外匯市場沒有效率：由於預期匯率固定，沒有誘因去從事遠期外匯市場交易，因此市場無法發展，缺乏效率。

### 2. 浮動匯率制度 (floating exchange rate system)

匯率水準由外匯市場供需決定，而不由政府制定，中央銀行並不明顯地干預市場運作。若有必要，中央銀行方進入市場參與買賣，依其參與情形多寡，可分別為純粹浮動匯率制度 (pure floating exchange rate system) 與不純浮動匯率制度 (dirty floating exchange rate system)。純粹浮動匯率制度指央行完全不干預外匯市場；不純浮動匯率制度指央行進場買賣藉以影響匯率，又稱管理浮動匯率制度。

所謂純粹浮動匯率制度係指匯率完全由外匯供需決定，中央銀行不以影響匯率水準為目的而買賣外匯的匯率決定方式，又稱為純粹伸縮匯率制度。

**優　點**

(1)國際收支自動達成均衡：當外匯供需不均衡時，主要由匯率升值、貶值調節，國際收支自動達成均衡，因此政府對外匯準備的需求降低，不必因應國際收支赤字而保有大量外匯。

(2)只需專心處理內部均衡的問題：由於透過匯率浮動，外部均衡即自動達成，因此可獨立運用貨幣政策達到內部均衡，且政策具有自主性。

(3)隔絕國外的通貨膨脹干擾：當外國通貨膨脹較高時，本國匯率會升值，以避免本國物價上漲，因此在浮動匯率下，本國與外國的物價差距，可在匯率調整後隔絕掉。

(4)增加外匯市場的效率：雖然匯率隨時上下波動，對於外匯交易者有很大的風險，然而投資人可以利用遠期外匯市場從事避險，使外匯市場更健全。

(5)貨幣政策具有較大的有效性：在浮動匯率下，貨幣供給擴張，使利率下降，引起資本流出，國際收支惡化，匯率貶值，使出口增加而總需求提高，所得擴張。而在固定匯率下，貨幣供給擴張後，引起國際收支惡化，外匯流失，無法藉著匯率變動來調整國際收支，導致貨幣政策完全無效。

**缺　點**

(1)增加投資、貿易的不確定性：由於匯率經常變動，風險和利潤不易估算，會阻礙投資和貿易的進行。雖然可藉遠期外匯的買賣來規避風險，但仍

需要一些操作的成本，不若固定匯率下的簡易穩定。

(2)投機性資本移動破壞外匯市場的穩定：由於匯率不斷波動，易引起投機者套利、套匯行為，使市場更加不穩定。

### 3.管理浮動匯率制度（又稱不純浮動匯率制度）

管理浮動匯率制度 (managed floating exchange rate system) 是介於固定匯率與純粹浮動匯率兩者間的制度，一方面匯率原則上由外匯市場的供給與需要來決定，另一方面中央銀行隨時參與外匯的買賣來影響匯率的水準。由於此種匯率制度包含了中央銀行的干預，故又稱為不純浮動匯率制度。

**優　點**

(1)它不像固定匯率制度那麼僵硬，可逐步調整匯率至理想的水準。

(2)中央銀行可視外匯存底的多寡，來決定是否該賣出外匯以清除匯率上升（即貶值）的壓力。在外匯存底尚多時，中央銀行可放手去做；但外匯存底已經匱乏時，中央銀行即可聽任匯率上升。這種選擇的自由，是在固定匯率制度下所沒有的。

(3)匯率主要仍是由市場供需決定，故多少也具有純粹浮動匯率在隔絕外在變動對本國經濟之衝擊方面之功能。

(4)匯率波動可較純粹浮動匯率為緩和。

**缺　點**

(1)中央銀行須保有適量的外匯，以備進行干預。

(2)匯率的變動仍屬難免，故無法完全消除匯率變化對貿易的干擾。

(3)匯率的走向與中央銀行的意見息息相關，投機者若能正確揣測到中央銀行的意向，即可獲利，因此外匯投機可能較為嚴重。

・爬行釘住制度 (crawling peg system)

是為了避免匯率短期間大幅波動所採取的一種制度。即先決定一國通貨的匯率及其波動的界限，而在此一界限內匯率可以自由浮動，一旦外匯市場遭受持續性的壓力，則根據事先公布的小幅百分比，連續以特定期間逐次地

調整匯率與移動匯率波動的界限，使匯率達於均衡水準。

### 優　點

(1)讓匯率適度波動以反映市場供需訊息。

(2)避免匯率水準變化太大而造成貿易商生產投資行為之干擾。

### 缺　點

(1)匯率水準限定在某範圍內變動，便無法充分反映出市場供需實況。

(2)如果單方面壓力甚大，例如預期貶值壓力甚大，一直持續下去而無法及時獲得紓解，便反而使這壓力更為擴大而已。

## ㈡外匯管制政策

### ‧資金進出管制

政府規定不准資金進出，或制定資金進出額度的上限，此乃資金進出管制政策。

### 優　點

在資金管制國家，通常為了掌握國內資金動態，會管制資金進出，以免國內資金因大量匯出而蒙匱乏之虞，或國外資金鉅額進出而影響國內資金情勢。

### 缺　點

(1)資金管制後，國內與國外金融交流阻隔，使得資金使用效率降低，業者在資金調度上僵硬。

(2)資金進出管制，不符先進國家金融慣例，會阻礙該國金融國際化之發展。

## ㈢外匯市場與國內貨幣市場之互動

外匯市場與國內貨幣市場之間，有相當緊密之互動關係。倘若外匯市場有超額供給，市場上之超額外匯無法在國內交易，必須轉換成新臺幣，央行

要釋出新臺幣以購入外匯,遂而一方面中央銀行累積外匯存底,另方面使得國內貨幣供給增加,造成國內貨幣寬鬆,形成通貨膨脹壓力。因此,中央銀行必須對此被動增加的貨幣予以吸收,遂而進行公開市場操作,賣出證券以減縮貨幣供給,此稱為沖銷 (sterilization)。在此情形下,中央銀行的公開操作,乃是被動調整貨幣供給,可謂貨幣政策失去自主性。

倘若外匯市場原本即供需均衡,無超額供給或超額需求,則無上述國內貨幣市場之沖銷,可謂貨幣政策操作不受到外匯市場影響,稱之為貨幣政策自主性。在三種匯率制度(浮動、管理浮動、固定)中,浮動匯率制度下貨幣政策自主性最高,固定匯率制度下貨幣政策自主性最低。

「政策三難 (the policy trilemma 或 the trilemma) 原則」又稱為「不可能的三位一體 (impossible trinity)」,乃指每個國家都希望能夠達到以下三個目標:固定匯率、資本自由移動與貨幣政策的自主性,但是沒有任何一個國家有辦法同時達成,最多只能達到三者中的兩者而已,或者是稍微兼顧到三者但是皆「無法完全達成」。

之所以會造成上述的結果是因為我們為了要達成三者中間的任兩者,在達成的過程中就必定會犧牲了剩下的一者。如果達到了固定匯率及資本自由移動的兩個目標的話,那貨幣政策的自主性就會受到嚴重的干擾;而如果達成了固定匯率及貨幣政策的自主性兩大目標的話,那為了在固定匯率的情況下還能保有貨幣政策的自主性,就必要實施嚴格的資本管制,避免資金的流入及流出影響上述兩者目標;而如果達成了資本自由移動及貨幣政策的自主性兩項目標的話,那麼顯而易見的,匯率就將隨著資本移動及貨幣政策的變化而上下起伏不定,無法保持在固定的匯率上。

# 繽紛貨銀 23A

## 國際重要貨幣匯率變動

表 23-3 為臺灣主要貿易對手國通貨對美元之匯率，顯示自 2001 年至 2017 年間國際貨幣匯率震盪不定。造成匯率動盪的因素與各國的匯率制度有關，也受國際間政經情勢之影響。隨著全球資金互動日益頻繁，各國匯率之相互影響情形也日漸繁複。

表 23-3 2001 年至 2017 年間臺灣與主要貿易對手通貨對美元之匯率

| 年平均 | 新臺幣 | 日 圓 | 英 鎊 | 韓 圜 | 人民幣 | 澳 幣 | 歐 元 |
|---|---|---|---|---|---|---|---|
| | NTD/USD | JPY/USD | USD/GBP | KRW/USD | CNY/USD | USD/AUD | USD/EUR |
| 2001 | 33.800 | 121.53 | 1.4400 | 1,291.0 | 8.2771 | 0.5176 | 0.8948 |
| 2002 | 34.575 | 125.39 | 1.5013 | 1,251.1 | 8.2770 | 0.5433 | 0.9411 |
| 2003 | 34.418 | 115.93 | 1.6344 | 1,191.6 | 8.2770 | 0.6486 | 1.1286 |
| 2004 | 33.422 | 108.19 | 1.8318 | 1,145.3 | 8.2768 | 0.7354 | 1.2417 |
| 2005 | 32.167 | 110.22 | 1.8204 | 1,024.1 | 8.1943 | 0.7637 | 1.2436 |
| 2006 | 32.531 | 116.30 | 1.8426 | 954.8 | 7.9734 | 0.7530 | 1.2545 |
| 2007 | 32.842 | 117.75 | 2.0017 | 929.3 | 7.6075 | 0.8368 | 1.3687 |
| 2008 | 31.517 | 103.36 | 1.8532 | 1,102.0 | 6.9487 | 0.8388 | 1.4648 |
| 2009 | 33.049 | 93.57 | 1.5645 | 1,276.9 | 6.8314 | 0.7799 | 1.3893 |
| 2010 | 31.642 | 87.78 | 1.5461 | 1,156.1 | 6.7703 | 0.9173 | 1.3245 |
| 2011 | 29.464 | 79.81 | 1.6036 | 1,108.3 | 6.4615 | 1.0315 | 1.3901 |
| 2012 | 29.614 | 79.79 | 1.5853 | 1,126.5 | 6.3123 | 1.0354 | 1.2849 |
| 2013 | 29.770 | 97.60 | 1.5645 | 1,094.9 | 6.1958 | 0.9654 | 1.3277 |
| 2014 | 30.368 | 105.94 | 1.6474 | 1,053.0 | 6.1434 | 0.9014 | 1.3267 |
| 2015 | 31.898 | 121.04 | 1.5290 | 1,131.2 | 6.2275 | 0.7513 | 1.1091 |
| 2016 | 32.318 | 108.79 | 1.3555 | 1,160.4 | 6.6445 | 0.7434 | 1.1062 |
| 2017 | 30.439 | 112.17 | 1.2880 | 1,130.4 | 6.7588 | 0.7664 | 1.1269 |

資料來源：2018 年，〈我國與主要貿易對手通貨對美元之匯率（銀行間交易匯率）〉，中央銀行。

# 繽紛貨銀 23B

## 臺灣歷年來外匯政策之回顧

以下將敘述我國自政府遷臺後外匯制度的演變。在 1949 年至 1978 年 6 月之間為固定匯率與外匯管制的政策，但隨著貿易順差逐漸增加及國內經濟的發展，對外匯的管制逐漸放鬆，分成幾個不同的階段，以下將分別說明之。其大致上又可劃分成以下階段來說明[2]：

### 一、政府遷臺時期

臺幣改革時期的單一匯率制度：1949 年至 1951 年在臺幣改革之初，臺灣的外匯管理並不嚴格，進口所需之外匯可以新臺幣 5 元對 1 美元的單一匯率向臺灣銀行自由請購結匯，且無數量上之限制。這是因為當時中央銀行提供大量的黃金與外匯支持臺灣省的財政，故外匯供給尚不缺乏。但 1949 年 10 月之後，大陸情勢逆轉，政府遷臺，新臺幣大量發行，物價高漲，美元黑市價格隨之上升，進口利潤優厚，申請外匯大增，而外匯幾乎完全停頓。至 1951 年初，外匯存底完全用盡，國際收支相當艱難，故政府於 1951 年實施新金融措施，加強外匯管理。

### 二、複式匯率制度（1951 年至 1963 年）

㈠外匯審核與複式匯率制度時期（1951 年 4 月至 1953 年 9 月）：1951 年政府實施「新金融措施」，先後頒布《黃金外幣處理辦法》及《禁止奢侈品買賣辦法》，嚴格取締黑市美元買賣，限制金、銀及外匯外流，禁止奢侈品交易以因應外匯短缺之現象，並建立外匯審核與複式匯率制度。在複式匯率制度下，官價匯率與結匯證匯率配合運用。當時銀行買進美元的價格，因出口品而異；賣出美元的匯率亦隨進口品與進口者之不同而不同。1958 年至 1963 年此複式匯率的價差大幅縮小。

㈡進口預算制度與實績制度時期（1953 年 9 月至 1955 年 2 月）：1953 年 9 月政府公布《改善進口外匯申請及審核辦法》，實行進口物資預算制度與實績制度。所謂進口物資預算制度是：規定每兩個月為一期，根據過去進口、國內存貨、消費及生產需要等情形，編訂進口物資預算，預先公布，以供審核之根據。所謂實績制度是：貿易商進口貨物以其登記之營業範圍為限；申請金額不得超過某一時期之進出口實績乘以規定的百分比。進口實績制實行後，進口增加但出口無法有效擴展，外匯供給相對於需求短缺，致使實績制

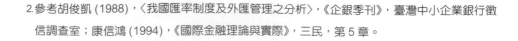

2.參考胡俊凱 (1988)，〈我國匯率制度及外匯管理之分析〉，《企銀季刊》，臺灣中小企業銀行徵信調查室；康信鴻 (1994)，《國際金融理論與實際》，三民，第 5 章。

度的實行發生困難，故不得不對實績制度進行改革。

　　㈢外匯配額制度與多元複式匯率時期（1955 年 3 月至 1958 年 4 月）：1955 年 3 月，為改善當時的國際收支及穩定物價，政府公布《結售外匯及申請結匯處理辦法》，實施外匯配額制度。在外匯配額制度下，對進出口結匯採行不同的計算，形成「多元複式匯率」。藉不同的匯率及不同額度的進口外匯配給，對不同的進、出口施以不同的管制。外匯配額制度及多元複式匯率，對改善當時的國際收支與穩定物價，確實產生相當的功效。但是，過度人為的匯率與管制，破壞了價格機能的運作，使得資源的配置產生扭曲，造成了所得分配不公。故 1958 年，政府又對外匯配額制加以改革。

　　㈣進出口物資均憑結匯證結匯的結匯證制度時期（1958 年 4 月至 1963 年 9 月）：至 1958 年，臺灣的物價與國際收支已逐漸好轉，國內市場逐漸飽和，為拓展出口以持續經濟發展，政府遂頒布「改進外匯貿易方案」及有關法令，進行如下的外匯貿易改革：

1.簡化匯率制度

　　將多元複式匯率制度簡化為二元匯率（即官價匯率與結匯證匯率），再歸併為單一匯率制度。1960 年 7 月，政府規定，所有進出口均憑結匯證結匯，並以臺灣公司的結匯證牌價 40.03 元為標準匯率。至此，我國實際上已成單一匯率制度（除少數進出口品用不同匯率外）。

2.改進結匯制度

　　結匯證使用期間為一百二十天，期間內得自由買賣，構成結匯證市場，結匯證價格由市場供需決定。

3.加強鼓勵出口及放寬進口管制

　　至 1961 年 6 月 1 日起，台糖公司依 40.03 元的牌價無限供應結匯證，而臺灣銀行以 40.00 元的官價匯率無限收購結匯證，故貿易商不再需要於市場上買賣結匯證，同時也喪失了以結匯證限制進口之功能。

三、釘住美元的單一及固定匯率時期（1963 年至 1978 年）

　　1961 年 7 月 1 日，中央銀行正式在臺復業，有關外匯管理事宜也逐漸移轉到中央銀行統籌辦理。1963 年 9 月，在國際貨幣基金的建議下，我國正式取消結匯證制度，並建立以新臺幣 40 元兌換美元 1 元為基本匯率的單一匯率制度，所有進出口品均以此匯率進行結匯。在此釘住美元的固定匯率制度下，新臺幣以 1：40 開始釘住美元，再透過美元換算成對其他通貨之匯率。

　　1970 年 12 月，政府為平衡國際收支，穩定國內金融，實施外匯管理，制訂《管理外匯條例》，規定我國的外匯包括金、銀（不包括飾金、飾銀在內）、外國貨幣、票據及有價證券。

　　1971 年與 1973 年，美元兩度貶值，臺幣對美元的中心匯率因此於 1973 年 2 月 16 日由 40 比 1 降為 38 比 1，這是自釘住美元的固定匯率制度實施以

來臺幣對美元首次升值。這也顯示我國國際收支逆差，外匯準備不足的問題也不復存在，取而代之的是國際收支的持續大量順差，外匯準備過多的現象。

1960 年代至 1970 年代初，我國與其他 IMF 的會員國一樣，實施可調整的固定匯率制度（即釘住美元的固定匯率制度）。迨 1973 年 3 月史密松寧協定崩潰，布里敦森林制度（即可調整的固定匯率制度）瓦解，各先進國家紛紛放棄可調整的固定匯率制度，而採行管理浮動匯率制度（即機動匯率制度），浮動匯率的採行已蔚成風潮。未採行管理浮動匯率之國家，也不時機動調整中心匯率，以因應國際收支與國內外經濟局勢之變化。而我國自 1976 年以來，出口大幅擴張，以及當時美元在國際市場上價位持續下跌，而新臺幣又一直釘住美元，對其他通貨形同貶值，因而造成外貿順差及外匯存底不斷增加。中央銀行為因應上述情勢，減少外來因素的衝擊，乃於 1978 年 7 月 10 日宣布新臺幣不再釘住美元，改採機動匯率制度，並自 7 月 11 日起先將新臺幣對美元升值匯率由 1 比 38 調整為 1 比 36。

四、機動匯率時代（1978 年以後）

1978 年 7 月，廢除固定匯率制度改採機動匯率。1978 年 12 月，針對以往實施固定匯率之缺點，及因應機動匯率的實施與外匯市場的建立，《管理外匯條例》再度修正，對於外匯的管理作更有彈性的規定，其中刪除有關新臺幣基本匯率與廢止外匯清算的規定，並修訂規定外匯所得者，可以外匯存款方式持有外匯，用來進口機器設備及原料之用，此項外匯存款並可經由外匯指定銀行自由買賣，且中央銀行允許各指定銀行相互買賣所持有之外匯，如有需要可向中央銀行外匯局出售或購買。1979 年 2 月 1 日，臺幣匯率由五家主要銀行及央行共同決定，外匯市場正式成立。當時採用中心匯率制度，每日匯率變動幅度不得超過前日收盤價 0.5%。1979 年 8 月 21 日，變動幅度上限改成 2 角 5 分，迨 1987 年 7 月 15 日，中心匯率變動範圍擴充至 2.25%。1980 年 3 月 3 日，央行退出此決策體系。

1980 年代，臺灣有鉅額貿易出超，累積了大量外匯存底，美國遂對我國大力施壓。長期低估的臺幣價值，在美國加壓以及國內自由化呼聲下，政府遂於 1986 年宣布緩慢升值。這個緩慢升值的政策宣布之後，在預期心理下引起更多資金流入以兌換臺幣，造成國內貨幣供給鉅幅增加。直到 1989 年 4 月 3 日，政府放棄美元中心匯率制度，匯率方交由外匯市場來決定。隨後，中央銀行亦曾多次進場影響匯價，但已不再強制規定匯率水準。這段時期可稱為邁入外匯自由化，惟中央銀行仍不時進場干預匯率，故屬於不純浮動匯率制度。

## ｜重要詞彙｜

國際收支平衡表

經常帳 (current account)

資本帳 (capital account)

固定匯率制度 (fixed exchange rate system)

浮動匯率制度 (floating exchange rate system)

純粹浮動匯率制度 (pure floating exchange rate system)

不純浮動匯率制度 (dirty floating exchange rate system)

管理浮動匯率制度 (managed floating exchange rate system)

## ｜練習題｜

1. 何謂管理浮動制度？其主要目的為何？
2. 依國際貨幣基金第六版《國際收支和國際投資手冊》的規定，國際收支平衡表包括哪些項目？
3. 何謂貨幣政策自主性？何謂政策三難？

# 第 24 章
# 匯率理論

外匯匯率的計算，有幾種不同的概念，須事先予以釐清。而決定匯率的因素，有長期因素與短期因素。長期因素可用一價法則、購買力平價說，乃至於關稅、需求、偏好、生產力等等來說明。短期因素則與兩國相對利率水準與相對幣值預期因素有關。

本章將介紹外匯匯率的相關概念。首先，第 1 節介紹匯率的種類，並說明匯率的重要性；瞭解其意義之後，須再探討匯率的決定因素，因此於第 2 節介紹匯率的長期決定因素，以及第 3 節介紹匯率的短期決定因素。

## 架構圖 24　匯率理論

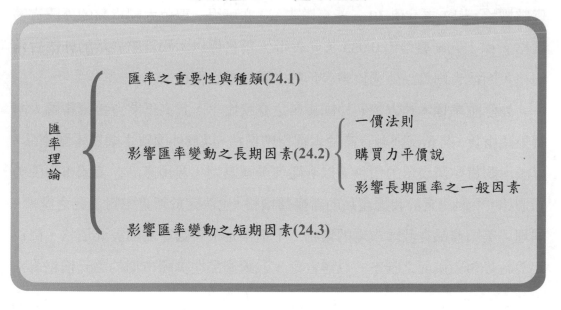

- 匯率理論
  - 匯率之重要性與種類(24.1)
  - 影響匯率變動之長期因素(24.2)
    - 一價法則
    - 購買力平價說
    - 影響長期匯率之一般因素
  - 影響匯率變動之短期因素(24.3)

# 24.1 匯率之重要性與種類

## (一)匯率之重要性

「外匯」係指具體的「外國貨幣」及「對外國貨幣的請求權」而言。因此,「外匯」一語涵蓋範圍很廣,包括外國紙幣、鑄幣、外幣票據及有價證券,以及存放於國外銀行的存款,甚至國人存在國內銀行的外匯存款亦屬之。依照我國《管理外匯條例》的規定,所謂外匯係指外國貨幣、票據及有價證券而言。因此,外匯可解釋為:「能用以償還外國債務的一切貨幣、票據、證券及存款」。

「匯率」為本國貨幣與外國貨幣的交換率。可用一單位外國貨幣的本國貨幣價格,如 1 美元值 30 元新臺幣表示,亦可用一單位本國貨幣的外國貨幣價格,如 1 元新臺幣值 0.033 美元表示。前者係以本國貨幣表示的外國貨幣價格,而後者則為以外國貨幣表示的本國貨幣之價格。

外匯匯率係本國貨幣與外國貨幣之交換比率,其高低將直接影響國人購買外國財貨、勞務及金融資產的本國貨幣價格,以及外國買主購買本國產品,以該本國貨幣所表示的價格。以我國與美國為例,我國產品在美國市場的美元價格,不但決定於我國產品的新臺幣價格,也決定於新臺幣對美元之匯率。同理,美國產品在我國市場的價格,不但決定於美國產品的美元價格,尚決定於新臺幣對美元之匯率。具體言之,我國產品在美國市場的美元價格為:

$$P_{US\$} = P_{NT\$} \times \frac{US\$}{NT\$} \qquad (24\text{--}1)$$

式中,

$P_{US\$}$ = 以美元表示之價格

$P_{NT\$}$ = 以新臺幣表示之價格

$$\frac{US\$}{NT\$} = 以 1 元新臺幣值若干美元所表示之匯率$$

而美國產品在我國市場之新臺幣價格則為：

$$P_{NT\$} = P_{US\$} \times \frac{NT\$}{US\$} \tag{24-2}$$

式中，

$P_{NT\$}$ = 以新臺幣表示之價格

$P_{US\$}$ = 以美元表示之價格

$\frac{NT\$}{US\$}$ = 以 1 元美元值若干新臺幣所表示之匯率

例如 1990 年底匯率為 27.2，2012 年 6 月底匯率為 29.9，有 美國人想購買一件價值新臺幣 10,000 元的手工藝品。他若在 1990 年底購買只須支出 367.65 美元即可。因為當時的新臺幣對美元的匯率為 1 美元值新臺幣 27.2 元，亦即每 1 元新臺幣值 0.036765 美元，因此利用 (24-1) 式將 10,000 元新臺幣的手工藝品換算成美元價格應是 $10,000 \times 0.036765 = 367.65$ 元。假設該手工藝品的新臺幣價格仍為 10,000 元不變，而他於 2012 年 6 月底才想購買，則只須支付 334.45 美元，即可購得。因為與 1990 年底相較每 1 美元所能兌換的新臺幣已由 27.2 元改為 29.9 元，或 1 元新臺幣已由 1990 年底的 0.036765 美元貶值為 2012 年 6 月底的 0.033445 美元。因此，儘管該手工藝品的新臺幣價格維持不變，但利用 (24-1) 式予以換算，美國買主所需支付的美元價格，卻因新臺幣的貶值而降為 $10,000 \times 0.033445 = 334.45$ 元。

反觀現在，在同一時間，由於新臺幣升值或美元貶值之結果，國人購買美國產品的新臺幣價格究竟有何變動。假設國人想購買價值 1,500 美元的美製個人電腦一套。若他在 1990 年底購買則須支出新臺幣 40,800 元，因為當時 1 美元值 27.2 元新臺幣，故利用 (24-2) 式加以換算其新臺幣價格為 $1,500 \times 27.2 = 40,800$ 元。反之，假設該套個人電腦之美元價格仍為 1,500 元，而國人等到 2012 年 6 月底才購買，則他須支出 59,850 元新臺幣始能購得。

**407**

因此，該電腦的美元價格雖仍為 1,500 元，其新臺幣價格卻因新臺幣的貶值而漲為 59,850 元。

綜觀上述，即使本國產品以本國貨幣表示的價格，以及外國產品以外國貨幣表示的價格不變，本國貨幣對外國貨幣升值，將使本國產品的外幣價格上漲，外國產品以本國貨幣表示的價格下降。因而本國貨幣升值將打擊我國產品之輸出，卻有利外國產品之輸入。反之，一國貨幣對外國貨幣貶值，將有利於該國產品之輸出，而不利於該國產品之輸入。因此，匯率變動直接影響一國產品在外國市場之價格，進而影響其財貨、勞務之輸出入、金融資產之移轉，以及廠商與消費者之福利，其對經濟活動之影響既深且鉅。因此匯率究竟如何決定，其變動因素何在，值得我們進一步的探討。以下我們擬先討論匯率之長期決定因素，再探討匯率之短期決定因素。

## (二)匯率之種類

### 1.匯　率

匯率主要分為即期匯率 (spot exchange rate) 與遠期匯率 (forward exchange rate) 兩種。前者係指交易發生後立即需要交割的即期交易 (spot exchange) 所決定之匯率。遠期匯率則指現在成交但於未來一定時間交割的遠期交易 (forward exchange) 所決定的匯率。

### 2.有效匯率指數 (effective exchange rate index)

新臺幣有效匯率指數是指選擇過去某一外貿收支平衡的時點為基期，並選擇與我國貿易關係密切之國家的貨幣，組成一個貨幣籃，可以加權計算出「新臺幣名目有效匯率指數」；若再除以購買力平價指數，就可以得出「新臺幣實質有效匯率指數」。

### 3.實質有效匯率指數 (real effective exchange rate index)

新臺幣實質有效匯率指數能夠顯示新臺幣匯率變動狀況，並且衡量我國與其他貿易對手國之間的貿易額、競爭程度及相對物價變動的情況。

依據實質有效匯率指數的定義，在假設基期為均衡匯率的前提下，如果新臺幣實質有效匯率指數大於 100，表示新臺幣被高估，應該貶值；但若指數小於 100，則代表新臺幣被低估，應該升值。不過隨著貿易結構變化等因素，往往會使得指數偏離 100 甚多，而有重新編製的必要，但仍然能夠看出匯率的走勢。

## 24.2 影響匯率變動之長期因素

匯率既然是一種價格，其水準將由外匯市場的供需決定。因此，要知道匯率如何決定，以及匯率何以變動，我們必須說明外匯需求與供給之影響因素，然後分別探討長期匯率決定因素與短期匯率決定因素。

### ㈠一價法則 (law of one price)

在短期完全競爭，資訊充分且無摩擦 (frictionless) 的情況下，任何國家生產的同質產品，其價格應該一致。此即所謂的「一價法則」。此為匯率決定的基礎法則。譬如，倘若美國製的球鞋一雙值 30 美元，而臺灣製的同樣品質的球鞋在臺灣值新臺幣 897 元。因此根據一價法則，新臺幣對美元的匯率應該是 1 美元值新臺幣 29.9 元或新臺幣 1 元值 0.033445 美元。因為唯有如此，同樣一雙鞋子在美國賣 30 美元時，在臺灣的售價才會恰好是新臺幣 897 元。同理，在臺灣售價新臺幣 897 元的鞋子在美國的售價才會是 30 美元。不然，同一產品在兩國售價將發生差異。在完全競爭、資訊充分、且無摩擦情況之下，人們將增加對價格較低一國的產品需求，而減少價格較高一國之產品需求，以致前者的價格上升，後者的價格下降，直至兩者又恢復相等，重新達成均衡為止。倘若兩國的產品售價不變，則唯有透過匯率變動，才能恢復一價法則的均衡狀態。

## ㈡購買力平價說

購買力平價說 (theory of purchasing power parity, PPP) 是一個著名的匯率決定理論。它認為兩國貨幣的交換率（亦即匯率）應顯示各國貨幣在各該國國內購買力的相對關係。若一國貨幣之國內購買力相對於他國貨幣的國內購買力降低，則前者的貨幣應該貶值；反之，若一國貨幣在其本國的購買力相對於他國貨幣提高，則其貨幣應該升值。因此，外匯匯率應該適時反映兩國物價水準之相對變動。換言之，購買力平價說僅係將一價法則應用到一般物價水準的情況而已。

譬如，假設上述我國製球鞋每雙之新臺幣價格由原來的 897 元上漲 10% 而為 987 元，但美國製同樣球鞋的價格卻未變動，新臺幣對美元匯率，應該是新臺幣貶值 10% 使新臺幣對美元匯率成為 1 美元兌換 32.89 元新臺幣，始能維持一價法則。若將一價法則應用於中美兩國之物價水準，則我國物價水準若相對地比美國物價水準上漲 10%，則美元將升值 10%。因此，購買力平價說不外是將一價法則應用於兩國的一般物價水準而已。

購買力平價說認為一國物價水準若相對於他國物價水準而上升，則該國貨幣應該貶值，而他國貨幣則應該升值的看法，究竟能否解釋現實經濟之情況？

新臺幣對美元匯率與中美兩國相對物價關係相當密切。足見購買力平價說雖然不能解釋匯率的短期變動，但它卻能說明匯率與兩國相對物價水準的長期關係。

購買力平價說假設兩國的產品品質皆相同，透過一價法則，可推論出兩國匯率係由相對物價水準所決定的結論。對某些項目而言，兩國所生產的產品，其品質可能相當一致，但對大部分而言，各國生產之生產品質可能有相當的差異，因此兩國相對物價水準不能完全解釋兩國匯率的變動。

購買力平價說假設各國商品皆為貿易財 (traded goods)，然則，各國物價

指數所涵蓋的商品及勞務，並非每一項皆有國際交易。例如住宅、土地、餐飲、理髮、教學等財貨勞務之價格雖已納入物價指數，但它們卻為非貿易財 (nontraded goods)。因此，儘管此類產品價格有所變動，以致一國物價水準隨之變動，然因其為非貿易財，故其價格變動對匯率並無多大的影響作用。

購買力平價說乃於 1918 年加塞爾 (G. Cassel) 所提倡，認為一國貨幣之對外價值，依本國貨幣在本國市場之購買力和外國貨幣在外國市場之購買力兩者之比較而決定。亦即兩國貨幣的交換比率應與兩國貨幣各在其本國內的購買力比率相接近。巴拉莎 (B. Balassa) 主張此學說又分為絕對與相對：

## 1. 絕對購買力平價說 (absolute purchasing power of parity)

認為兩國間的匯率是決定於二國物價水準的比值，也就是一國貨幣購買力的比率。

$$均衡匯率 = \frac{本國物價指數}{外國物價指數}$$

批評者指出此說成立的前提在於各國的商品加權指數皆相同，並且不包括非貿易財，在現實社會中這些假設很難成立，因此乃有相對購買力平價說產生。

## 2. 相對購買力平價說 (relative purchasing power of parity)

認為均衡匯率已確定後，因各國貨幣購買力的相對變化程度，即可得到新的均衡匯率。可以下式表示：

$$新均衡匯率 = 基期均衡匯率 \times \frac{(1 + 本國物價上漲率 \%)}{(1 + 外國物價上漲率 \%)}$$

此式之意義為二國的外匯匯率與本國物價指數成正方向變動，與外國物價指數成反方向變動。

購買力平價說在應用上，有如下之優缺點：

### 優 點

(1)可決定兩國貨幣單位匯價。

⑵可說明物價變動對匯率的影響。

⑶可測知市場脫離均衡匯率的程度。

### 缺　點

⑴若自由貿易及不兌換紙幣本位之前提不成立，則此理論適用性亦值得懷疑。

⑵各國物價指數編法互異，比較時會產生偏差。

⑶忽略匯率變動會影響物價的現象。

⑷未考慮兩國間資本移動對匯率的影響。

## ㈢影響長期匯率之一般因素

匯率水準是由外匯市場所決定的。根據外匯市場供需之變動，將會影響長期匯率水準。圖 24–1 為外匯市場供需圖，匯率乃以 1 元美元值多少本國貨幣所表示之匯率，數值往上升即本國幣貶值而外幣升值，數值下跌即本國幣升值而外幣貶值。

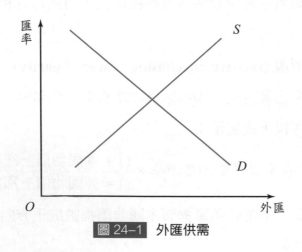

圖 24–1　外匯供需

綜上觀之，決定兩國長期匯率之因素，除購買力平價說所主張的相對物價水準外，尚有關稅及配額 (tariffs and quotas)、對本國與外國產品的相對偏好，以及生產力等其他因素。

## 1. 相對物價水準

誠如上述，兩國之相對物價水準雖未能如購買力平價說所預期的，完全解釋兩國匯率的決定，但它卻能指出匯率的長期趨向。

## 2. 關稅與進口配額

關稅與進口配額等貿易障礙將會影響匯率。假設新臺幣對美元之匯率為 1 美元兌換 29.9 元新臺幣，而某商品在美國市場售價 100 美元，在臺灣的價格為新臺幣 2,000 元。如此，臺灣之產品若輸出到美國市場，並按上述匯率換算成美元價格，則每件值 66.89 美元，比美國相同產品便宜 33.11 美元，美國消費者將只購買我國的產品。因此，美國政府為保護該產品之產業，可能採取設限或課徵關稅，俾使外國商品在美國市場價格不致低於美國自製同樣商品之價格。以上述數字為例，若美國對我國產品課徵 50% 的關稅，則我國產品在美國市場的美元價格成為 66.89 美元 × (1 + 0.50) = 100 美元。這樣即可使美國產品與我國產品站在同一價位競爭。然而，若美國政府未課徵是項關稅，而欲使我國產品在美國之售價達 100 美元，以獲致一價法則之均衡，則新臺幣對美元之匯率應由上述 1 美元值新臺幣 29.9 元調為 1 美元值新臺幣 20 元，始能達成同樣之效果。綜上所述，一國若對進口貨物課徵關稅或設限，則將使該國貨幣趨於升值。若一國掃除關稅與進口配額，將使該國貨幣趨於貶值。

## 3. 國人對國外產品的相對偏好（進口與出口需求）

國人偏好外國商品，外國商品的價格將上升，以致外國貨幣將相對升值。反之，若外國消費者偏好我國商品，則外國貨幣將相對貶值。因而國人對本國與外國產品的相對偏好，將影響本國貨幣與外國貨幣的匯率。

## 4. 生產力

若一國生產力相對於外國提高，其產品將較便宜，國際競爭能力隨之提高，會使該國貨幣升值。反之，若一國生產力落後於他國，其產品價格將相對提高，國際競爭能力下降，為維持其商品的國際競爭地位，本國貨幣必須

相對於外國貨幣貶值。因此，就長期而言，生產力提高的國家其貨幣將升值；反之，一國之生產力若相對地低於他國，則其貨幣將貶值。

綜合上述，影響長期匯率變動方向的幾個主要因素，將如表 24–1 所示。

**表 24–1**　影響匯率變動之長期因素

| 影響因素 | | 匯率變動方向 |
|---|---|---|
| 一、相對物價水準 | ↑ | ↓ |
| 二、相對關稅與配額 | ↑ | ↑ |
| 三、進口需求 | ↑ | ↓ |
| 四、出口需求 | ↑ | ↑ |
| 五、相對生產力 | ↑ | ↑ |

說明：1.「相對」指本國相對於外國而言。
　　　2.匯率變動方向↑指升值，↓指貶值。

## 24.3 影響匯率變動之短期因素

### 影響短期匯率的相對資產報酬率因素

匯率的波動，受長期趨勢影響，也受短期因素影響，上節討論影響匯率之長期因素，本節將討論影響匯率之短期因素。

傳統的匯率決定理論強調以輸出與輸入所致，對外匯的供給與需求以決定均衡匯率及其變動。然而，晚近的理論則強調以對外匯資產需求與供給決定匯率。此種匯率決定理論稱為資產分析法 (asset approach)。因為相對於任一時間國內資產的持有額而言，輸出入流量所致對外匯的供給與需求，比長短期資本流動之資金進出量為低。因此，對本國資產與外國資產的相對需求實為影響短期匯率的主要因素。

在此國內資產乃以新臺幣表示之資產，可稱為新臺幣資產。本國居民與外國居民對本國資產皆可能有所需求，因此它們乃構成對本國資產需求的兩個主要來源。根據資產需求理論，我們知道本國資產相對於外國資產的相對

預期報酬率是影響對本國資產需求的一項重要因素。當本國居民或外國居民預期新臺幣資產的預期報酬率，將相對地高於外國資產預期報酬率時，他們將增加對新臺幣資產（本國資產）之需求。反之，若他們預期本國資產之預期報酬率，將相對地低於外國資產報酬率，則他們將減少對本國資產之需求。

任何一位投資人在面臨兩國以上資產可以選擇時，他必須將外國資產的預期報酬率，按照當時的匯率換算成同樣的貨幣單位才能進行比較與選擇。因此，在持有外國資產時，投資人除注意該資產的利息收入外，尚須顧及預期報酬率變動可能造成的匯兌收益或匯兌損失。然後，才能決定究竟要持有本國資產或外國資產，以及要持有若干。

具體言之，我們假設投資人有新臺幣與美元兩種資產可以選擇，而且每單位資產的利率分別為 $i$ 與 $i_F$。就本國投資人而言，投資於本國資產的預期報酬率為 $i$，但投資於美元資產的預期報酬率卻不等於 $i_F$，因為尚須考慮美元可能升值或貶值所致之匯兌利益或損失。例如美元資產的利率為年利率 10%，但美元在一年內卻預期升值 4%，則以新臺幣表示美元資產的預期報酬率為 14%。因為我國投資人不只享受到美元資產 10% 的利息報酬，而且由於美元升值使其美元利息兌換成新臺幣時，尚可享受 4% 的匯兌利益。反之，若預期美元在這一年將貶值 5%，則其投資於美元資產的預期報酬率將為 10% − 5% = 5%，而非原來的 10%。

是以，投資於外國資產而以本國貨幣單位表示的預期報酬率，等於外國資產利率加外國貨幣的預期升值率，或減外國貨幣的預期貶值率：

$$R_F^e = i_F + \frac{(E_{t+1}^e - E_t)}{E_t} \qquad (24\text{--}3)$$

式中，

$R_F^e =$ 以本國貨幣表示外國資產之預期報酬率

$i_F =$ 外國資產之利率

$E_t =$ 一單位外國貨幣值多少單位本國貨幣表

示的本期即期匯率

$E_{t+1}^e$ = 一單位外國貨幣值多少單位本國貨幣

表示的下期即期匯率

(24–3) 式中，$i_F$ 為外國資產之利率，而 $\dfrac{(E_{t+1}^e - E_t)}{E_t}$ 若為正則為外國貨幣

之預期升值率，若為負則為外國貨幣之預期貶值率。

在美元資產的預期報酬率 $i_F + \dfrac{(E_{t+1}^e - E_t)}{E_t}$ 高於新臺幣資產的預期報酬率 $i$

時，本國人將增加持有美元資產。由 (24–3) 式可以看出，投資於美元資產的

預期報酬率等於美元資產 $i_F$ 與美元匯率升值率 $\dfrac{(E_{t+1}^e - E_t)}{E_t}$ 之和。如果，其他

情況不變，任何一項提高或兩者皆提高，均會使本國投資人增加對美元資產

的需求。

同理，可以看出美國投資人對新臺幣資產與美元資產的選擇條件。若美

國人投資於新臺幣資產，則新臺幣資產的預期報酬率應為新臺幣資產的利率

加新臺幣對美元的升值率，或減新臺幣對美元的貶值率。而且，由於美元對

新臺幣升值表示新臺幣對美元貶值，所以上述美元升值率 $\dfrac{(E_{t+1}^e - E_t)}{E_t}$ 的負數，

即代表新臺幣對美元的升值率。因此，以美元表示新臺幣資產的預期報酬率

應等於新臺幣利率減美元升值率：

$$R^e = i - \frac{(E_{t+1}^e - E_t)}{E_t} \tag{24–4}$$

式中，

$R^e$ = 新臺幣以美元表示的預期報酬率

$i$ = 新臺幣利率

$-\dfrac{(E_{t+1}^e - E_t)}{E_t}$ = 新臺幣對美元的升值率

美國投資人在選擇究竟投資於美元資產或新臺幣資產時，他們所比較的是美元資產預期報酬率 $i_F$ 與新臺幣資產預期報酬率 $[i - \frac{(E^e_{t+1} - E_t)}{E_t}]$ 究竟何者較高。若美元資產之預期報酬率高於新臺幣資產的預期報酬率，則他們將增加持有美元資產，反之則增加持有新臺幣資產。因此，若相對於新臺幣資產利率，美元資產利率提高，或預期美元對新臺幣的匯率升值率 $\frac{(E^e_{t+1} - E_t)}{E_t}$ 將提高，他們將增加對美元資產之需求。

綜上所述，當美元資產利率 $i_F$ 相對於新臺幣資產利率 $i$ 上升時，本國投資人與美國投資人對美元資產的需求皆將增加。因此，當美元資產利率相對上升之際，人們對美元資產之總需求隨之提高。同時，我們也發現美元的升值率 $\frac{(E^e_{t+1} - E_t)}{E_t}$ 愈高，本國投資人與美國投資人對美元資產的需求亦愈趨增加，因此美元升值率的上升，將促使人們增加對美元資產之需求。

**表 24-2　影響匯率變動之短期因素**

| 影響因素 | | 本國匯率變動方向 |
|---|---|---|
| 一、本國利率 | ↑ | ↑ |
| 二、他國利率 | ↑ | ↓ |
| 三、預期本國幣值 | ↑ | ↑ |
| 四、預期他國幣值 | ↑ | ↓ |

說明：匯率變動方向↑指升值，↓指貶值。

# 繽紛貨銀 24A

## 匯率變動原因與中央銀行角色

影響匯率變動的因素很多，除經濟面重要因素之外，中央銀行（以下簡稱央行）也扮演著舉足輕重的角色。一般而言，在浮動匯率制度下，央行為了達到經濟與金融之政策目標而進場干預，乃是各國常見現象，但是對央行

干預行為進行嚴謹研究之文獻則不多見。

在我國所採行的機動匯率制度下，央行常為了政策性考量而進場干預匯市，其影響不容忽視。作者與許嘉棟〈新臺幣匯率與央行干預行為〉一文[1]，藉由央行最適干預行為分析，將央行的政策目標變數引入新臺幣匯率決定式。在對新臺幣匯率決定式的實證估計中，無論是否考慮央行干預行為，均發現國內外相對物價、利率差距與鄰國日韓之匯率走勢都有顯著影響；又央行基於穩定物價、刺激景氣與平穩匯市等政策目標而進場干預，亦顯著影響了匯率走勢。實證分析清楚顯示：考慮央行干預行為的模型比忽略央行干預行為的模型，在解釋能力與預測能力兩方面表現都較佳。

在機動匯率制度下，我國的央行時常基於各種考量介入匯市，藉買賣外匯影響匯率水準及其波動幅度，惟國內有關新臺幣匯率的實證研究，罕有將央行干預的影響納入考慮者。由於央行干預的資料無法取得，且難以推估，上述文章藉由最適干預行為分析，將央行干預所著重的三個目標促進經濟成長、穩定物價與穩定匯率，引入新臺幣匯率之決定方程式；然後對忽略央行干預因素時的新臺幣匯率方程式以及考慮央行干預因素後的匯率方程式進行估計，進而比較二方程式的樣本外匯率預測能力之高低。

該文所採用之實證樣本期間為 1987 年 7 月至 2002 年 9 月，實證研究的結果顯示，除了國內外相對物價、利率差距、以及日圓、韓圜匯率等市場基本面因素對新臺幣匯率皆具有與理論一致的顯著影響之外，央行干預的三項政策目標變數對新臺幣匯率也都發揮了顯著的作用：當經濟景氣不佳時，央行藉干預引導新臺幣貶值；當國內物價有膨脹之虞時，央行則引導新臺幣升值；又央行的確有藉買賣外匯，使匯率的變動呈現部分調整，以緩和匯率波動幅度。

此外，實證研究也清楚顯示，將央行干預因素納入考慮後的匯率方程式比忽略干預因素的方程式不只對新臺幣匯率有較高的解釋能力，對樣本外的匯率之預測表現也較佳。

以上實證結果印證我國中央銀行的匯市干預在新臺幣匯率之決定上具有相當的影響力，因此對新臺幣匯率的研究切不宜忽略此一重要因素。

---

**註**

1.參考：楊雅惠、許嘉棟 (2005)，〈新臺幣匯率與央行干預行為〉，《臺灣經濟預測與政策》，第 35 卷第 2 期，頁 23–41。

# 繽紛貨銀 24B

## 國際化貨幣各有發展模式[2]

　　世界上主要國際化貨幣的發展模式，各有策略。無論是英鎊、美元、歐元、日圓，乃至於近年來快速成長的人民幣，均各有不同的拓展方式。這些策略之運用，隨著政經環境以及世界潮流，呈現不同的歷程與面貌。

　　英鎊成為國際貨幣，與英格蘭銀行之發展以及日不落國的堅強實力有關。英格蘭銀行是英國之中央銀行，乃各國中央銀行之鼻祖。該行在 1833 年取得鈔票無限法償的資格，1928 年成為英國唯一的發行銀行，建立金融體系安定信心之主力角色。隨著大不列顛之日不落國行腳，於各洲殖民地紮根而展現主導性的堅強國力，英鎊在全球自然而然發揮出國際貨幣之角色。

　　美元的國際貨幣地位，與二次大戰後布里敦森林制度 (Bretton Woods System) 之貨幣制度安排密切相關。當時為重建世界經濟與重整全球金融，決議成立世界銀行與國際貨幣基金 (IMF)。美國由於經濟力量強大，擁有全球大部分黃金，主導跨國會議走向，決議美元與黃金之間維持平價關係，並決定各會員國通貨與美元維持穩定的匯率。在此制度下，美元成為各國所願意保有之最主要準備通貨。換言之，隨著美國的世界第一強國地位，讓世界各國皆以其貨幣作為計價標準與儲備貨幣，給予美元在各國所向披靡的優勢。

　　歐元的產生，是在歐盟各國共識下所創造出來的國際化貨幣。歷經數十年之研議，終於從 1999 年初到 2002 年，分成三階段將歐元制度落實，以單一貨幣取代各國的貨幣。此貨幣之產生，一方面擬降低歐元區國家之經貿交易成本，另方面有揭竿向美元挑戰之意味。此國際化貨幣之出爐，其效益固然產生，但也付出相當成本，這在 2010 年之歐債危機中展露無疑，各國坎坷地承受了統一貨幣之相互牽絆的代價。在歐元區各國努力下，目前也算勉強度過檯面上危機，維持住其國際貨幣之地位。

　　日圓在國際上的兌換，二次大戰後初期原為嚴格管制，1964 年日本加入國際貨幣基金組織成為會員國，方在國際貿易結算中廣泛使用。接著日本對外經貿擴張，成為美國之外的全球第二大國，美國亦要求日圓匯率必須自由化。1984 年成立日圓——美元委員會，日圓啟動了國際化，尤其在亞洲金融風暴與歐元啟動的背景下，日本加強國際化之力道，希望把日圓之國際化地位予以推升。然而，隨著日本泡沫與多年經濟蕭條，已讓出其全球第二大經濟體之地位給中國大陸，看來日圓之國際拓展程度難以大幅攀升。

註

2.參考：楊雅惠，〈國際化貨幣各有發展模式〉，《工商時報》，2014 年 8 月 1 日。

　　2000 年後，人民幣迅速在海外設立據點，採用相互簽訂協議的模式，已建立了約十個人民幣離岸中心，包括亞洲的香港、新加坡、臺北、首爾、馬來西亞，以及歐洲的倫敦、巴黎、法蘭克福、盧森堡、蘇黎世等。其實，人民幣尚未成為全球性自由兌換之貨幣，不具國際間自由流通的條件，但是先採行在海外佈樁人民幣離岸中心的策略。本來中國大陸經貿開放初期，即是採試點先行方式，先在東南沿海地點開放鄉鎮企業，觀察一段時日後再全盤開放。這種試點先行的模式，不但過去用在企業私有化與貿易活動，目前也用在貨幣外匯政策上。

　　各種國際化貨幣的發展策略，採用不同的模式，各在不同世代引領風騷，影響經貿市場上的計價單位，也影響各國外匯準備貨幣的組成比例。國際金融的舞臺總是忙碌，有潮起也有潮落，不單調也不單純。

## | 重要詞彙 |

即期匯率 (spot exchange rate)

遠期匯率 (forward exchange rate)

有效匯率指數 (effective exchange rate index)

實質有效匯率指數 (real effective exchange rate index)

一價法則 (law of one price)

購買力平價說 (the theory of purchasing power parity, PPP)

## | 練習題 |

1. 請說明有效匯率指數、實質有效匯率指數之定義。
2. 當我國物價上漲時，匯率將如何變動？
3. (1)何謂貨幣的升值？
　 (2)哪些因素會促使貨幣升值？
4. 外匯的定義為何？外匯的供給及需求的主要來源為何？
5. 影響匯率之因素有所謂之短期因素及長期因素，試分析其意義。
6. 何謂一價法則？何謂購買力平價說？

# 第 25 章
# 1990 年代以來重要國際金融事件

　　1990 年代，國際間重要的金融事件包括下述諸項：⑴歐洲貨幣整合，即歐元問世；⑵亞洲金融風暴之爆發；⑶金融整併；此外 2000 年代更有金融海嘯與歐債危機。本章將介紹這些事件之過程與相關議題。

## 架構圖 25　1990 年代以來重要國際金融事件

```
                          ┌─ 歐元整合：歐債危機根源(25.1)
                          │
1990年代以來重要          │   亞洲金融風暴(25.2)
國際金融事件        ────┤
                          │   金融整併(25.3)
                          │
                          └─ 金融海嘯(25.4)
```

# 25.1 歐元整合：歐債危機根源

## (一)歐元與歐洲經濟暨貨幣聯盟

歐聯國家自 1999 年元月份起，開始實施共同貨幣，稱為歐元 (Euromoney)。這在歐洲貨幣史上，乃是一個相當重要的制度變革。自 1999 年 1 月開始，首先加入歐洲經濟暨貨幣聯盟的十一個國家，將鎖定各自的貨幣與歐元之間的匯率；到了 2002 年，各國貨幣進一步由歐元取代。

歐元制度之實施，共分成若干階段進行，參見表 25–1。

第一階段為 1998 年 5 月至 1999 年初，歐元制度定案，各國政府、企業界、金融界正式著手準備歐元制度之因應配合措施，歐盟中央銀行於茲成立。

第二階段為 1999 年至 2001 年，此 3 年間，會員國的匯率維持固定，個人可自由選擇採用歐元或原來本國貨幣。

第三階段為 2002 年元月至 6 月底，各國必須完成停止使用各國貨幣，全以歐元交易之準備措施。

第四階段為 2002 年 7 月始，所有十一國貨幣被收回，只以歐元流通。

為了達到貨幣整合的目標，所有會員國的經濟必須進行整合，採行各項財政節流措施，降低政府債務，並維持低通貨膨脹水準。

歐洲進行經濟整合，歷經多年努力，逐步漸進，曾經有若干階段，包括歐洲經濟共同體 (European Economic Community, EEC)、歐洲共同體 (European Community, EC)、歐洲貨幣統合 (European Monetary Union) 等不同階段。歐洲經濟暨貨幣聯盟 (Economic and Monetary Union, EMU)，是歐洲整合過程中的最後一個階段，其主要任務即以單一貨幣來取代各會員國現行的貨幣制度。

表 25-1　歐元制度階段時間表

| 第一階段 | 1998 年 5 月至 1999 年 1 月 1 日 | 1. 歐洲審議會宣布將於 1999 年 1 月 1 日加入歐洲經濟暨貨幣聯盟的國家名單。<br>2. 中央銀行成立。<br>3. 財政與金融界完成轉換準備動作。<br>4. 企業界加速準備動作。 |
|---|---|---|
| 第二階段 | 1999 年 1 月 1 日至 2001 年 12 月 31 日 | 1. 1999 年 1 月 1 日起，會員國的匯率將永久固定。<br>2. 歐元將成為歐洲經濟暨貨幣聯盟的貨幣。<br>3. 各國貨幣將持續流通，但僅作為歐元的另一種表現形式。 |
| 第三階段 | 2002 年 1 月 1 日至 2002 年 6 月 30 日 | 1. 各國原本通用的紙鈔、銅板，將停止流通，故所有的會員國必須完成一切轉換動作。<br>2. 所有資產必須轉以歐元計算。 |
| 第四階段 | 2002 年 7 月 1 日始 | 2002 年 7 月起，所有歐洲經濟暨貨幣聯盟會員國必須禁絕原有貨幣的繼續流通。 |

參考：NiKi Chesworth, Susie Pine-Coffin 著，劉慧玉譯 (1999)，《歐元所有你應該知道的事》，臉譜。

## (二)加入歐洲經濟暨貨幣聯盟的國家與標準

1997 年 10 月，英國工黨公布其對於加入歐洲經濟暨貨幣聯盟的態度；當時財政大臣布朗 (Gordon Brown) 對國會發表了一份聲明，他說：英國沒有理由不加入歐洲經濟暨貨幣聯盟，而原則上，工黨承諾一定會參加這個組織，雖然時間不會在 1999 年。布朗說，時機不對是因為英國才剛剛採行了一些經濟上的實驗方案，因此成為 1999 年 1 月 1 日開始的第一波會員國並不符合國家利益，不宜在排除整體經濟某些基本而難以預見的變化下來作決定。然而，即使英國達成自己與歐洲設定的加入歐洲經濟暨貨幣聯盟的經濟標準，最終的決定權仍在人民手裡。究竟是否參加，必須經過人民公投。

馬斯垂克條約設定經濟趨合標準，各會員國加入經濟暨貨幣聯盟前，必須先滿足趨合標準 (convergence criteria)，又稱馬斯垂克標準 (Maastricht criteria)。趨合標準可分為幾個重要部分：通貨膨脹率的趨合、財政表現的趨合、兌換率的趨合，及利率的趨合。

根據通貨膨脹率的趨合標準，經濟暨貨幣聯盟的準會員國，必須維持高度的物價穩定性。在加入聯盟的前一年，其 CPI 不能超過三個表現最佳國家

平均指數的 1.5%。

在財政標準方面，馬斯垂克條約規定，各國必須保持持久、穩定的財政狀況。在加入經濟暨貨幣聯盟前，政府的預算赤字不得超過國內總生產毛額的 3%，而政府債務餘額則不得超過 GDP 的 60%。不過，馬斯垂克條約中設有一條但書：如果國家政府能證明這些預算赤字，或政府債務是特例、意外、屬於臨時性的，或者這些赤字或債務有明顯縮減傾向的話，該國仍然可以被批准加入歐洲的經濟暨貨幣聯盟。反過來說，雖然某國的赤字及債務都在標準之下，但歐盟總部認為該國未來風險極大，可能超過聯盟所能承擔的範圍，便可拒絕它的加入。

在匯率標準上，馬斯垂克條約訂定的標準，為各國匯率的浮動不能超過「正常」範圍；並在兩年內，沒有出現任何「緊張情勢」或貶值行動。

利率的趨合標準為：在加入經濟暨貨幣聯盟的前一年，任何國家的平均名目長期利率，不能超過聯盟內三個表現最好的國家（亦即通貨膨脹率最低的國家）2%。而馬斯垂克條約認定的名目長期利率，為長期國債及其他同級債券利率。

有關成長與穩定的協定，要求會員國密切合作，把經濟政策的焦點放在就業方面。此舉目的在於加強歐洲的全球競爭力，尤其是希望能增進勞動市場與商品市場的效率、科技方面的研發，以及為中小企業創造更多的機會。

2015 年 12 月為止，歐盟共有二十八個會員國，包括德國、法國、英國、西班牙、義大利、葡萄牙、比利時、盧森堡、奧地利、愛爾蘭、芬蘭、瑞典、荷蘭、匈牙利、波蘭、丹麥、捷克共和國、斯洛伐克、斯洛文尼亞、賽普勒斯、希臘、愛沙尼亞、拉脫維亞、立陶宛、馬爾他、保加利亞、羅馬尼亞與克羅埃西亞。然而，英國於 2016 年 6 月 23 日舉行脫離歐盟之公投，通過脫歐，51.9% 英國選民支持脫歐。脫歐談判於 2017 年 6 月 19 日正式啟動，擬於 2019 年 3 月 29 日正式離開歐盟。

在歐盟中有十九個國家使用歐元，包括德國、法國、西班牙、義大利、

葡萄牙、比利時、盧森堡、奧地利、愛爾蘭、芬蘭、荷蘭、希臘、斯洛文尼
亞、賽普勒斯、馬爾他、斯洛伐克、愛沙尼亞、拉脫維亞與立陶宛。此外非
歐盟國家中有六個國家使用歐元為官定貨幣，包括安道爾、科索夫、蒙特內
哥羅、摩納哥、聖馬力諾與梵蒂岡城。

## ㈢歐元產生之背景

歐元歷經數十年的激盪才問世。原來 1944 年布里敦森林體系 (Bretton
Woods system)，意在建立全球主要貨幣間的固定匯率制度。參見表 25–2。

1944 年四十四國代表創立布里敦森林體系，帶來了一個匯率普遍穩定的
時代，前後達二十餘年。在布里敦森林體系下，各國貨幣釘住美元，並且只
能在既定的匯價水準上下 1% 的範圍內波動。

歐元是較為全面性的歐洲政治統合過程的一部分。1946 年，邱吉爾率先
鼓吹創立「歐洲合眾國 (United States of Europe)」。他的動機純粹出於政治，
他相信創立單一歐洲政府，將為遭兩次世界大戰摧殘的歐陸揭開長治久安的
新頁。他和其他許多人認為，經濟整合可以預防武裝衝突。

表 25–2 歐元制度整合前相關事件發生順序

| | 從世界大戰到貨幣統合 |
|---|---|
| 1944 | 布里敦森林體系<br>建立全球主要貨幣間的固定匯率制度。 |
| 1945 | 二次世界大戰結束<br>激發人們討論「歐洲合眾國」，以結束數個世紀以來的武裝衝突。 |
| 1952 | 歐洲煤鋼共同體 (ECSC)<br>邁向泛歐合作的第一大步，顯示經濟統合可能是政治統合的先聲。 |
| 1958 | 歐洲經濟共同體 (EEC)<br>為龐大的產品和服務「共同市場」奠基。它的許多建議多年都未執行。 |
| 1967 | 合併條約<br>結合 EEC、ECSC、歐洲原子能共同體 (Euratom) 成單一的國際組織，稱做歐洲共同體 (EC)，為邁向鞏固歐陸政治合作重要的一步。 |
| 1970 | 渥勒報告<br>EC 正式提議，創造長期的「經濟貨幣統合」。 |

| | |
|---|---|
| 1971 | 布里敦森林制度瓦解<br>固定匯率時代結束。歐洲領袖擱置「渥勒報告」,針對匯率不穩定的問題,尋找更為立即性的解決方案。 |
| 1979 | 歐洲貨幣體系 (EMS)<br>把參與國間的貨幣匯率鎖定在事先決定的狹窄交易區間。被視為貨幣統合的早期形式,又稱匯率機能。 |
| 1987 | 單一歐洲法<br>鞏固、擴張和執行原始的 EEC 協定首次構思的許多「共同市場」觀念。 |
| 1989 | 戴洛報告<br>EC 發表正式的研究報告,建議分三階段創造單一貨幣。 |
| 1990 | EMU 第一階段開始<br>包括最後消除歐洲聯盟內部產品、服務、勞工和資本流動的障礙。 |
| 1992 | 歐洲聯盟 (EU)<br>是有史以來最為深廣的合作協定。EC 和 EMU 計畫成為 EU 的一部分。 |
| 1994 | EMU 第二階段開始<br>創設歐洲貨幣機構,並宣布哪些國家將參與單一貨幣區。 |
| 1999 | EMU 第三階段開始<br>歐元首次出現,作為法定貨幣,但只是「記帳貨幣」。 |

參考:Christian N. Chabot 著,何喻方譯 (1999),《貨幣新秀——歐元》,寰宇。

邱吉爾的想法在 1952 年生根,當時西歐六國組成 「歐洲煤鋼共同體 (European Coal and Steel Community, ECSC)」。煤和鋼可說是當時最重要的戰略資源,ECSC 要求創始國把控制這些資源的權力授予獨立的管理單位。

1958 年,法國、西德、比利時、荷蘭、盧森堡和義大利批准《羅馬條約》,因此創立了歐洲經濟共同體 (EEC)。EEC 的目的是降低貿易障礙、精簡經濟政策、協調運輸和農業政策、消除抑制自由競爭的措施,並促進會員國間的勞工和資本流動。它成功地刺激了歐洲的貿易,1958 年到 1968 年增為四倍,新領域的合作計畫因此大盛。EEC 主要的目的是在歐洲各國政府間,推動「更為緊密」和長期的政治統合,不只是為了促進國際貿易。

事實上,政治上的整合 1967 年進一步強化。當時的 「合併條約」 (Merger Treaty) 把 EEC、ECSC 和歐洲原子能共同體 (European Atomic Energy Community, Euratom) 融合成一個更大、力量更強的協定,稱之為歐洲共同體 (EC)。

　　1960 年代末，歐洲政治和經濟合作的討論範圍開始擴大到觸及匯率協定，部分原因是布里敦森林體系一直無法維持歐洲貨幣穩定。到了 1960 年代末，布里敦森林體系漸露疲態。德國和法國分別把馬克和法郎貶值，因此威脅到歐洲其他貨幣的穩定。之後，1970 年，盧森堡總理皮耶・渥勒 (Pierre Werner) 完成一份 EC 高階報告「渥勒報告」，主題是在歐洲經濟體間創設一套完整的貨幣統合制度，首次用到「經濟貨幣統合」一詞。這份報告不只強調需要在貨幣上合作，也特別指出創立歐洲單一貨幣或許可行。

　　這份報告原被擱置，隨後，布里敦森林制度瓦解，經過多年的實驗和磋商之後，終於在 1979 年創設歐洲貨幣體系 (European Monetary System, EMS)。EMS 的特色是一個歐洲匯率機能 (European Exchange Rate Mechanism, ERM)，限制 EC 的貨幣（初期不願加入的英國、西班牙和葡萄牙貨幣除外）只能在稱做平價方格 (parity grid) 的預定狹窄交易區間內波動。這是貨幣統合整體而言相當成功的早期形式。雖然 EMS 協定沒有創造單一貨幣，但它把參與國的貨幣「鎖住」在可預測的交易區間內，這有助於促進經濟穩定。

　　儘管布里敦森林體系瓦解和創立歐洲貨幣體系的期間，擴張歐洲政治合作的努力減慢下來，不過在 1980 年代活力再現。這段期間經濟成長遲滯，刺激多年的磋商，終於導致 1987 年《單一歐洲法》(Single European Act) 誕生，希望以有系統的方法，消除任何邊界檢查、關稅，以及資本及勞工流動限制。它的目標是 1992 年年底前實現不受限制的共同市場，首先消除銀行、證券、保險和其他金融服務的經營障礙。

　　1989 年再提出「戴洛報告」，提出了明確的貨幣統合推動三階段計畫，呼籲創立泛歐單一貨幣，此報告極受好評。EC 幾乎馬上推出貨幣統合計畫。EMU 的第一階段起於 1990 年 7 月，整體目標和《單一歐洲法》相同：確保商品、服務、勞工和資本流動的所有限制永久消除。後來於 1992 年，歐洲各國領袖在馬斯垂克集會，成立歐洲聯盟 (EU)，EMU 計畫成為歐盟的一部分，

而且擬定了這個過程第二和第三階段的明確計畫。《歐洲聯盟條約》(Treaty on European Union) 又稱《馬斯垂克條約》(Maastricht Treaty)。此外，EMU 實施後，原來的 ERM 由 ERM II 取代，用以穩定歐元和其他歐盟國家貨幣間的匯率。

第二階段始於 1994 年 1 月 1 日，主要是設立歐洲貨幣機構 (EMI)，後來改為歐洲中央銀行。EMI 利用第二階段擬定單一貨幣政策的策略性和營運性計畫，並協助決定哪些國家的經濟「適合」加入單一貨幣區。第二階段也第一次見到使用「歐元 (euro)」一詞。1995 年的馬德里高峰會之前，全球所知的新貨幣名稱叫做「歐洲貨幣單位 (ecu)」。接著第三階段在 1999 年 1 月 1 日開始。這一天，也就是「渥勒報告」首次提到相關的觀念之後約 30 年，歐元成了十一國的官方貨幣。

## ㈣歐元的經濟利益與成本

歐元貨幣整合有其利益與成本。歐元的發展前景，與這些經濟利益、成本之相對大小有關：

### 1.歐元經濟利益

(1)降低匯率風險

對任何消費者、生產者或投資人而言，匯率風險都有潛在的麻煩，因為他們今天所做的經濟決策，總是於未來才獲有報酬，或者交運產品、服務。雖然有避險技術存在，卻不足以充分解決這個問題。固然企業不斷透過外匯期貨市場避險，以目前的匯率買進將來兌換外國貨幣的權利，但是避險有它的價格與成本，統一貨幣制度之出現，可降低匯率之風險。

(2)降低交易成本

採用歐元之前，到歐洲旅遊的觀光客，總是碰到持有多種貨幣的麻煩和成本；每一種貨幣都只有歐盟一小塊地方承認，而且只能付費在銀行、錢莊、旅客服務處、信用卡公司兌換。有關的費用除了貨幣的買價和賣價價差，還

採固定手續費（如 1%）的形式。歐元消除了這些成本，減少交易時的代價。

(3)價格透明化

採用歐元之前，歐元區的消費者要比較不同國家商品的價格既困難且費事。但歐元價格提供簡單且前後一致的比較基礎，將刺激歐陸各個家庭和企業去比較海外的價格，有助於各個市場間的競爭。

(4)深化金融市場

採行歐元之前，要撮合消費者立即性的財務需求和存款人的投資需求並不容易。每種財務工具，從政府公債和商業銀行放款，到普通股和高風險的衍生性金融商品，都以某個國家的貨幣標價。這使得金融市場四分五裂，阻礙了外來投資，即使沒有交易成本和匯率風險，也是如此。歐元革除了這種狀況。歐洲各主要交易所都以歐元標示各種金融工具（包含以前發行者）的價格。對投資人和借款人而言，這樣的發展使得歐洲的金融市場更為寬廣、更容易進出，而且流動性更高，在國際間發展空間更大。

## 2.歐元經濟成本

雖然歐元可望創造龐大的經濟利益，但也會帶來很多成本。

(1)過渡成本

1999 年到 2002 年間，全球各地的公共和民間機構將耗費數百十億美元調整發票、價目表、價格標籤、公務表格、薪資帳冊、銀行帳戶、資料庫、鍵盤、軟體程式、販賣機、自動櫃員機、停車場收費表、電話亭、自動郵資蓋印機、計數器等等，使適用於新貨幣。歐元紙鈔和硬幣的製作本身要花數百十億美元。

(2)就業損失

採用單一貨幣之後，就不需要許多貨幣交叉交易和避險工具，對許多行業構成痛苦的威脅。當然了，和採用歐元有關的行業就業增加，正吸收一些就業損失，如軟體和事務機器業者。

(3)結構調整成本

　　嚴謹地分析歐元的重大利弊得失時，一定要考慮地方、區域、國家和國際各級政府發展這個計畫投入的龐大心力，以及民間部門所花無數的分析和準備時間。批評歐元的人說，這些資源價值達數百十億美元，本來大可用於改革歐洲重重的結構性問題，例如起於失業、公共福利計畫無法支撐、稅制扭曲、創新力遲滯或民營化效果不彰的問題。雖然不可能衡量歐元的總機會成本，所有的人都認為投資很大。

　　歐元整合數年，歐元對美元匯率大於 1，即歐元價值不如美元，直到 1996 年歐元方緩慢升值，2000 年時歐元價值高於美元。然而，在 2008 年、2009 年金融海嘯 (Financial Tsunami) 期間，若干歐元區國家發生問題，甚至到了 2010 年全球經濟已經復甦之後，希臘、愛爾蘭、葡萄牙、義大利與西班牙等國之債信問題遲遲無法有效化解，總是勞動歐元區大國德國、法國出面資助，歐元區付出不少代價，引發了歐元整合利弊之爭。

　　總而言之，歐元制度推動後，對歐洲經濟帶來效益，也同時伴隨著相當成本。此制度之功效如何，將有待時間證明。

## ㈤歐債危機之根源

　　歐元整合，利弊互見。歐元區國家透過貨幣統一，期以減少匯率風險，降低交易成本，價格透明化，貿易更為順暢。要達到此項目標，各國相互聯盟，有共同約束，也須相互扶持。而且，貨幣整合之後，各國必須放棄貨幣政策決定權，乃至於經濟決策自主性，各國已無法為自身量身打造最適切的政策組合。

　　歐元整合之後，雖然仍存在內部磨合問題，但問題尚未嚴重化。到 2008 年全球金融危機（通稱金融海嘯）發生之後，歐元問題便陸續惡化，已經無法掩蓋沉痾。一方面，經濟衰退造成各國政府稅收減少；另方面，經濟不佳使失業救濟金以及政府援助支出增加。這些因素綜合起來，造成歐洲各國的

財政赤字及債務水準大幅飆升。在 2010 年時，雖然金融海嘯對全球的衝擊漸漸減弱，經濟逐漸復蘇，但是歐洲若干國家的債務問題正逐一浮上檯面，不但愈形惡化，而且要靠歐洲多個國家來解決財經問題，徒增問題複雜度，糾纏多時，苦無解套方案。

雖然歐元區國家的貨幣已經整合，但是財政並未整合，財政問題嚴重的國家一直維持著高額的財政赤字，難以償還高抬的債務，尤其是俗稱的 PIIGS 五國（葡萄牙、義大利、愛爾蘭、希臘、西班牙），其債務占 GDP 比例極高，雖然這五國之比例並非全是前五高，但其經濟實力脆弱，不足以償還負債。有關歐洲主要國家之政府債務占 GDP 之比率，參見表 25-3。

表 25-3 歐洲主要國家政府債務占 GDP 比率

單位：%

|  | 2007 年 | 2009 年 | 2011 年 | 2013 年 | 2015 年 | 2016 年 |
|---|---|---|---|---|---|---|
| 歐元區國家 | 66.3 | 79.9 | 87.2 | 91.6 | 90.4 | 89.3 |
| 歐盟區國家 | 59.0 | 74.8 | 82.5 | 85.7 | 84.9 | 83.5 |
| 德 國 | 65.2 | 74.4 | 81.2 | 77.5 | 71.2 | 68.3 |
| 愛爾蘭 | 24.8 | 65.1 | 108.2 | 119.5 | 78.7 | 75.4 |
| 希 臘 | 107.4 | 129.4 | 165.3 | 177.4 | 177.4 | 179 |
| 西班牙 | 36.3 | 53.9 | 68.5 | 95.5 | 99.8 | 99.4 |
| 法 國 | 64.2 | 79.2 | 85.8 | 92.3 | 95.6 | 96 |
| 義大利 | 103.1 | 116.0 | 120.1 | 129 | 132.1 | 132.6 |
| 葡萄牙 | 68.3 | 83.1 | 107.8 | 129 | 129 | 130.4 |
| 英 國 | 44.4 | 69.6 | 85.7 | 86.2 | 89 | 89.3 |

資料來源：歐盟統計局。

為了解決其問題，歐元區的主要國家德國屢次召開歐元區國家高峰會議共思解決方案，要求各國撙節財政，然而各國財經利益立場不一，各有盤算，又牽涉到各國的政治生態不同，國內政局影響到國際協議之允諾。PIIGS 五國的大選、法國的大選等政治因素，都在協商過程中造成諸多變數。至於歐元整合機制達成之際，並未對於如何退出此區有所討論與共識，多深怕會導致整個歐元體制之崩潰。尤其是希臘經濟一直仰仗歐元區之支助，是否適宜

退出歐元區，成為全球熱烈討論之話題。

截至 2012 年 6 月止，歐元區是否發行歐元債券，仍被反覆爭辯，德國一直持反對立場。歐元中央銀行是否挹注資金問題，原也因顧慮著通貨膨脹威脅而多有猶豫，已在 2011 年 12 月 21 日歐洲央行通過將三年期貸款分配給 523 家銀行。國際貨幣基金以及美國、中國大陸、日本等國家，都曾加入討論如援助歐元區國家，但是總難根本解決困境。此外，一直問題嚴重的希臘，2012 年 6 月的國會選舉結果，贊成撙節財政的「新民主黨」勝出，讓希臘留在歐元區的機率增加，暫時穩住希臘的變數，但是義大利、西班牙等國家的規模較希臘為大，其問題更引起眾人關注。

歐債危機是 2010 年來全球相當頭痛的問題。此問題歷經多年而難有解決方案，暴露出貨幣整合的種種弊病，影響甚為深遠，有待持續觀察。

# 25.2 亞洲金融風暴

## (一)亞洲金融風暴的情況

1997 年，東南亞國家爆發亞洲金融風暴 (Asian Financial Crisis)，不但東南亞許多國家與南韓嚴重受創，也造成了亞洲地區全面性的恐慌，且震驚了全球。1997 年 5 月，亞洲金融風暴由泰國引爆，而迅速蔓延至其他東亞國家，包括印尼、菲律賓、馬來西亞與南韓等國。即使是基本面相當良好的新加坡、臺灣、香港等國，亦先後受到不小的衝擊。亞洲受創國在此風暴中均發生匯率重挫、股市狂跌、外資撤離、金融機構癱瘓等問題。

若再分析其原因，可發現這些國家均有共同徵兆：長期的貿易赤字、倚重外資、過度投資、金融機構放款品質不健全等等。東南亞四國與南韓等國，雖然近年來經濟快速成長，但其經常帳赤字也急速增加。為彌補這些赤字與國內過度投資所造成的經濟結構失衡，遂而大量向外舉債。於是乎，這些國

家所背負的龐大外債如何償還，就成為外國投資者及債權人所擔心的問題，一旦有任何風吹草動，都極易引發信心危機，而將資金撤離。因此當索羅斯等國際投機客與機構開始放空泰銖以後，野火便一發不可收拾，造成全面金融風暴。特別是對外債水準高的國家，衝擊更是猛烈。

其實這些國家的赤字，與中國大陸在 1994 年人民幣大幅貶值有關。原本東南亞即因勞工便宜因素而著重勞力密集的產品，以其為出口主體，然而，1994 年人民幣巨幅貶值，由 1 美元兌 5.76 人民幣貶值至 1 美元兌 8.62 人民幣。加上中國大陸本來原即擁有充沛的低廉勞工，使其出口大幅擴張，攻占了東南亞的外銷市場。而在外銷競爭力衰退的情形下，這些東南亞國家依然積極地追求快速經濟成長，而對於高速成長下所造成的經濟失衡現象，與泡沫經濟的產生不予重視，坐視資金源源不斷流入房地產市場，以及其他沒有效率的投資。此外，金融體系的不健全與金融管理不上軌道，這些國家卻大筆舉債，而許多外債又是短期外債。

我們進一步觀察泰國、印尼、菲律賓、馬來西亞、南韓諸國在此次風暴中的表現與經濟體質，簡述如下。

## 1. 泰國情勢

此次風暴始自於 1997 年 5 月間索羅斯等國際投資客炒作泰國外匯市場。5 月中旬，泰銖 (Thai Baht) 遭受到大規模的投機攻擊，泰國政府雖斥資近百億美元進場支撐泰銖，並配合各項總體政策，然而，成效有限。7 月 2 日泰國中央銀行宣布放棄實施已有 13 年的一籃通貨匯率制度，改採管理式浮動匯率制度，泰銖當日巨幅貶值 19.5%。面對外資大量撤離的情形，泰國當局卻錯估了形勢，將泰銖貶值的壓力視為短期炒作所致，而沒有注意到其國內經濟情勢惡化的事實，陸續以拋售美元的行為來支持泰銖匯價。而因為這樣的政策干預，讓泰銖利率急速飆升，更進一步傷害到已經岌岌可危的房地產市場與金融體系。所以當泰國當局最後因撐不住而決定讓泰銖自由浮動之時，經濟危機已經失控。

泰國因外人直接投資增加，經濟快速成長。然而，泰國政府忽視了結構性失衡問題，長期間經常帳赤字，必須要靠持續外人直接投資或金融投資，以及對外舉債來支應。當時泰國所推動的公共工程建設都是採取 BOT 模式[1]，不但項目過多，而且同時進行。由於國內資金有限，遂自然引發參與企業對外借債的行為，使其舉債情形日益嚴重。根據經濟學人智庫 (The Economist Intelligence Unit, EIU) 的報告，至 1996 年止在 765 億美元的外債中有大約 370 億美元是屬於短期借款，而有 70% 為民間借款。由於短期借款約占總外債比例高達 48%，償還壓力非常高。

### 2. 印尼情勢

泰銖大幅貶值，迅速引起經濟本質與泰國相近的鄰近國家相繼崩潰，印尼也大受衝擊。印尼由於有極為豐富的天然資源，特別是石油與天然氣產量豐富，使得國際銀行團持續貸款給它。1990 年代，印尼也吸引了不少的外人投資。然而在繁榮的背後，仍存在許多不當的管制與扭曲的結構。高關稅及其他貿易障礙扭曲了許多產品價格，卻保障了國內企業的利益。出口競爭力不振，雖然每年因石油等產品有大量出口，但是經常帳卻仍保持逆差。

印尼政府一直透過高利率吸引國外短期資金，結果資金若非流向受壟斷的市場，就是流向具投機性的股票與房地產市場。雖然印尼央行在 1997 年 7 月起暫時凍結對房地產市場的融資，但是房地產相關呆帳已占當時銀行體系總呆帳的一半以上。高利率也促使民間部門大量對外舉債。根據 EIU 的估計，至 1996 年止，民間部門的外債為 550 億美元，其中有 340 億美元為短期借款。

### 3. 菲律賓情勢

菲律賓固然經濟快速成長，但通貨膨脹現象頗為嚴重，使其名目利率始

----

終趕不上物價上漲的幅度,實質利率一直維持負值,大幅影響儲蓄意願,因此儲蓄率低落。國內資金市場欠儲蓄挹注,也只好仰賴外資與外債。

菲律賓的經常帳逆差惡化,經濟結構失衡。另一方面,其國內股票價格及房地產價格的上揚,吸引大量資金的投入。這種泡沫經貿形成之後,醞釀成崩跌危機。菲國房地產市場在 1997 年第 2 季就發生崩落的現象,造成金融體系的呆帳問題,已危及到菲幣的穩定。經菲國央行採取斷然措施,緊縮銀行對房地產市場的融資,並提高利率,才暫時平息菲幣的貶值壓力。但是隨著泰銖、馬幣與印尼盾的重貶,菲幣隨之進一步貶值已難以避免。

不過,菲國情況不若泰、印嚴重,雖然其外債達 420 億美元,占 GDP 的比重達 48%,比泰國、馬來西亞都高。但是其中超過 82% 都是中長期的債務,短期債務不到 18%。

### 4.馬來西亞情勢

在金融風暴喧騰時,馬國總理馬哈地將馬幣貶值壓力歸咎於索羅斯為首的外國基金法人的投機操作。國際作手索羅斯則反駁此乃因東南亞諸國經濟體質不佳所致,不應歸咎於國際資金作手。馬哈地多次提出要限制外匯交易的言論,使得國際投資者及債權人更為恐慌。其限制外匯交易的措施,更增加投資或借貸的匯兌風險,對外國投資及債權人極端不利。因此,每當馬哈地嚴斥國際投資客時,馬國的貨幣及股市都紛紛重挫。

馬來西亞經常帳維持逆差,尤其約在 1995 年、1996 年時出口成長減緩,使得經常帳赤字是否擴大成為眾所關心的問題。此外,馬來西亞也透過 BOT 方式,大量進行公共工程建設及其他投資。企業的國內及國外負債也就快速地升高。自 1994 年起馬國外債每年都以二位數成長率增加,至 1996 年外債總額高達 GDP 的 39%。另外其國內債務總額更高達 GDP 的 133%。

### 5.南韓情勢

南韓是 1997 年亞洲風暴中唯一嚴重受創的東北亞國家。其情形之嚴重,引起國際貨幣基金 (IMF) 撥款援助,並號召工業國家亦鼎力相助,惜未能避

免金融風暴的襲擊。

南韓政府雖然強力主導放鬆管制，但是對於放寬後之監督設計以及管理制度之擬定不周全，企業集團常以「總合金融公司」來融資。這些總合金融公司大都由原來在地下金融市場的投資金融公司轉變而來，由於總合金融公司家數遠比銀行家數多，而且常透過境外金融市場來調度資金，業務極為複雜，政府在監督這些總合金融公司之業務上並未能確實有效地執行。

南韓的企業集團相當依賴對外借款，而且，集團內其他企業互相持股，互相保證，使主要企業一發生經營危機就波及到集團內企業之財務。企業集團之不動產擔保大部分向銀行質押，而短期擔保貸款則向總合金融公司融資，不但利息負擔重，而且也極不穩定，一發生風吹草動就抽銀根。結果，資金周轉發生問題，金融緊縮，企業財務又吃緊，如此惡性循環。

南韓出口成長率由 1995 年的 31.5%，下降至 1996 年的 3.5%，而進口卻仍保持 11.2% 的成長率，使得經常帳逆差上升至 218 億美元。而南韓的外債餘額，卻由 1994 年的 569 億美元的水準，上升為 1996 年的 1,047 億美元，增加了 84%。顯示南韓企業過去幾年憑藉著對外舉債積極地擴充，一旦出口利潤萎縮，就造成了龐大的財務負擔。

## ㈡風暴國家之共同成因

分析前述風暴受創國家，有些共同成因，茲整理於下。

### 1. 外債餘額超過其外匯存底，無力償還外債

這些風暴國家，普遍均有外債過高並遠遠超過外匯存底的現象。根據 1997 年 10 月份資料，泰國的外債約為外匯存底的三倍，菲律賓約為四倍，馬來西亞約為二倍，印尼則高達五倍。由於這些國家的外債均逾其外匯存底數倍，即使這些國家動用全部外匯存底，也無力清償。

### 2. 長期貿易逆差

這些風暴國家均有長期的貿易赤字。其中，馬來西亞雖在 1980 年後期有

順差，但迨 1990 年代亦轉為逆差。泰國的經常帳逆差由 1994 年的 84 億美元揚升至 1996 年的 147 億美元，而南韓經常帳逆差則由 1994 年的 45.3 億美元激增至 1996 年的 237.2 億美元。

### 3.民間過度投資，造成資金需求殷切

這些風暴國家的企業多紛紛盲目地擴充，不但在本業大量投資，還積極跨入其他行業，從事多角化經營，這種情形在南韓尤甚。而這幾年來，東南亞 BOT 公共工程建設的盛行，更是吸引企業紛紛投入，亦是造成過度投資的另一因素，故對資金需求甚為殷切。

### 4.股市外資比例偏高，深受國際資金炒作影響

這些國家在實質經濟與產業體質未趨健全前，即大肆開放金融體系，又在常年逆差下開放資本帳，外資遂大舉湧進，致使外債金額遠超過外匯存底。一旦國際金融市場有了風吹草動，極易蒙受巨大衝擊，而無力抵擋。以印尼為例，便超過 60%。這些外來短期資金的進出多為投機性，一旦外人突然急於脫手，後果將不堪設想。

### 5.金融機構體質纖弱

東南亞國家與南韓的金融體系並不甚健全，長期以來，官、商、金融界彼此勾結之情形嚴重，使得金融管理規則如同虛設，同時金融體系人員對於風險的概念不足，都是金融體系放款品質不佳的因素。而由於企業的過度投資與房地產泡沫的破滅，使得金融機構普遍出現趨高之呆帳。

### 6.政府危機處理模式失當

亞洲金融風暴的導火線，在於國際投機客炒作東南亞國際金融市場後，引發全面性的市場預期。這種市場預期心理，造成各國貨幣貶值及股市挫跌等連鎖反應效果。在這些事故發生後，包括泰國、馬來西亞、印尼、南韓等國政府，在風暴初期都沒有清楚認識到其經濟結構失衡的現象，誤以為貶值壓力只是外匯投機客的炒作行為，以為採用短期措施便可度過難關，而終至危機坐大。

### 7.泡沫經濟體質與總體經濟失衡

　　泰國、馬來西亞、印尼及南韓等國均有保持高度的經濟成長率，其背後也伴隨著許多結構性失衡的問題。由於經濟快速發展，各國企業普遍對經濟景氣及市場成長抱持過度樂觀的預期。過度擴張結果導致負債過高。此外，過熱的景氣造成股市與房地產市場泡沫式的發展。供需的嚴重失衡終於造成股市與房地產市場的崩潰，而使許多投資者深陷其中。這種泡沫式的經濟體質，一旦國內外情勢丕變，極易釀成重大的經濟危機。

## ㈢臺灣所面臨之挑戰

　　由東南亞到東北亞所引發的這一連串金融風暴中，我國雖然也有新臺幣貶值的現象，在金融市場上承受相當壓力，但相對於其他陷入金融危機而貨幣大幅貶值的亞洲國家而言，我國所受到的衝擊則相對輕微。

　　臺灣之股價在 1997 年上半年原即持續攀升，從 1 月底的 7,135 點攀升到 8 月底的 9,890 點，已種下遲早股價會滑跌的股市體質。一旦亞洲金融風暴發生，使得新臺幣匯價由 7 月底時的 27.9 迅速貶至 28.7。此時央行採取捍衛匯率的制度維持在 28.7 的水準。此種捍衛措施，依靠不斷賣出美元外匯存底，收回臺幣的方式來維持，遂造成國內資金緊俏，股市失血。而股市上原本股價搖搖欲墜，遂在諸多因素之下一路滑落。縱使央行祭出降低存款準備率的強力貨幣政策工具，卻無法改變資金緊俏的局勢。於是，當國內民眾也開始普遍掀起搶購美元風潮之後，央行於 10 月 16 日改弦更張，匯價交由外匯市場需求來決定，當時臺幣匯價連續巨幅滑落數日，旋即趨穩，而股市也慢慢平穩下來。隨後數月，在韓圜貶值與日圓重挫時，臺幣幣值也受影響而大幅滑落。不過，此情勢隨著國際風暴暫趨平緩而趨穩。

　　然而，1998 年後半年以來，臺灣卻爆發歷年來鮮見的連環金融與企業脫序現象，而股價波動也比其他國家為高。由若干票券金融公司背後的財團發生財務危機開始，引出財團因過度跨業經營且在股市中交叉持股不當操作護

盤的現象，也暴露出部分金融機構在核貸放款與保證時有不當弊端，以及政府金融檢查、監督工作之缺失。

　　茲觀察亞洲金融風暴爆發以來 1 年半的國際金融情勢，參考表 25–4，該表統計亞洲主要國家之匯率及股價變動率，並予以合計，以觀察其金融波動程度。在風暴後第 1 年，即 1997 年 6 月底至 1998 年 6 月底間，臺灣之兩項金融指標之和為 −35.44%，波動程度比他國為輕。在 1998 年 6 月底至 1998 年 12 月底間，各國匯價回升且股市趨穩，而臺灣仍出現負值 −8.35%。若觀察期間放長至整個 1 年半期間，可發現臺灣只稍遜於香港與日本，與新加坡近似，比其他風暴國家為佳。

表 25–4　亞洲主要國家匯率與股價變動表

單位：%

| 項目<br>國家 | 1997 年 6 月底至<br>1998 年 6 月底 | | | 1998 年 6 月底至<br>1998 年 12 月底 | | | 1997 年 6 月底至<br>1998 年 12 月底 | | |
|---|---|---|---|---|---|---|---|---|---|
| | 匯率<br>變動<br>率 | 股價<br>變動<br>率 | 合 計 | 匯率<br>變動<br>率 | 股價<br>變動<br>率 | 合 計 | 匯率<br>變動<br>率 | 股價<br>變動<br>率 | 合 計 |
| 臺　灣 | −19.04 | −16.41 | −35.44 | 6.63 | −14.97 | −8.35 | −13.67 | −28.92 | −42.59 |
| 南　韓 | −35.32 | −60.04 | −95.36 | 14.18 | 88.82 | 103.00 | −26.15 | −24.54 | −50.70 |
| 新加坡 | −15.18 | −46.34 | −61.52 | 2.22 | 30.57 | 32.79 | −13.29 | −29.94 | −43.23 |
| 香　港 | 0.00 | −43.78 | −43.78 | 0.00 | 17.62 | 17.62 | 0.00 | −33.88 | −33.88 |
| 泰　國 | −41.47 | −49.30 | −90.77 | 15.55 | 33.10 | 48.65 | −32.37 | −32.52 | −64.89 |
| 菲律賓 | −36.75 | −37.34 | −74.09 | 6.51 | 11.85 | 18.37 | −32.63 | −29.92 | −62.55 |
| 馬來西亞 | −38.87 | −57.71 | −96.58 | 8.68 | 24.39 | 33.08 | −33.57 | −47.39 | −80.95 |
| 印　尼 | −83.57 | −38.46 | −122.02 | 85.00 | −10.74 | 74.26 | −69.60 | −45.06 | −114.66 |
| 日　本 | −17.41 | −23.17 | −40.58 | 22.09 | −12.56 | 9.53 | 0.84 | −32.82 | −31.99 |

資料來源：由央行公布統計資料與各種金融報導資訊整理而成。

　　在金融風暴衝擊下，臺灣實質面表現堪稱強勁，1997、1998 年之經濟成長率分別為 6.8% 與 4.8%，仍比其他亞洲風暴國家耀眼，尤以風暴後第 1 年為然。

　　亞洲金融風暴後臺灣表現，不似泰、印、馬、菲、南韓等國之嚴重，究

其原因與下列諸端有關：

(1)在成長過程中強調穩定：臺灣長期的經濟發展模式中，一方面追求高度經濟成長率；另一方面又能維持平穩的物價。

(2)貿易常年順差：由於長期以來，臺灣產業的出口競爭力甚為強勁，維持鉅額順差，這與重度受創國家的常年貿易赤字現象大相逕庭。

(3)中小企業在產業發展中的角色相當重要：臺灣經濟發展過程，中小企業所扮演的角色相當重要，而中小企業面對國內外經濟變局，一向甚具應變力，頗具韌性。

(4)外匯存底豐沛，而外債不多：臺灣一向擁有豐沛的外匯存底，800～900 億美元的外匯存底讓我國對抗匯市投機客有了相當本錢。而公共外債只約 1 億美元左右，相對於風暴國家可謂甚低。

(5)外資在股市中的比例相對較低：我國政府對於外人投資於股市的比例一向設限，目前外資占股市總市值之比率也甚低，國內發展的資金來源多仰賴國內儲蓄，依賴外資者遠低於受風暴影響之國家，故減少了外資對我國金融市場之衝擊程度。

(6)曾遭逢泡沫經濟挑戰之歷練：在 1980 年代後期，過高的股價、房地產價格與極寬鬆的金融環境，終以泡沫崩潰作結，所幸該次泡沫崩潰之後，經濟體質終得以恢復。該次經驗，有助於錘鍊臺灣經濟能夠快速應變外來變局的韌性。

迨 1998 年第 4 季，臺灣逐漸出現若干亞洲金融風暴的後續現象。受到國際景氣低迷之影響，尤其是東南亞之進口萎縮，使臺灣出口業績不振。且國內一連串的企業金融風暴，大企業財團暴露財務風險，受牽連的票券公司與銀行因而有了擠兌危機，股市在企業交叉持股與違約交割下一直持續低迷。

檢討這些弊病，原由之一是金融自由化過程未配合金融紀律化。金融自由化開放民營銀行、票券金融公司多家設立營業之後，各家金融機構在財團的支助下成立。按金融監理原則，同一家金融機構貸放給同一組關係企業之

額度有其限額。但是，實務上，卻往往會發生同一關係企業與某一金融機構過度牽連之情事。換言之，在執行金融自由化之際，須具備配套的金融監理措施，若未確實執行，將形成另一波金融不穩定的危機。

當景氣熱絡時，無論企業體質是否健全，均可安步當車，順利營運。但亞洲金融風暴所帶來的景氣低迷，使所有企業體系面臨檢驗。原本體質健全的企業體與金融機構便可順利度過危機，但原本體質脆弱者便通不過危機的試煉。

整體而言，臺灣在亞洲金融風暴中，由於總體及實質面若干因素，使其表現比其他風暴國家相對較佳。然而，在國際多變環境的挑戰下，國內仍應儘速健全經濟體質，強化因應國際變局的能力，期以順利安度風暴。

## ㈣ IMF 角色與展望

亞洲金融風暴發生後，國際貨幣基金 (IMF) 等國際金融組織積極介入。未來，IMF 之角色應該如何定位，以及亞洲經濟如何發展，均有待時間考驗。

一般而言，IMF 對會員國提供援助時，多會要求受援國也做出配合之整頓措施，一般對於風暴受援國提出的條件包括：(1)緊縮措施（如減少公共支出、降低補助額）；(2)緊縮性貨幣政策；(3)外匯交易自由化與匯率一元化；(4)利率自由化；(5)增加公用事業與公共服務之費率（如油電價格、食品與基本原料）；(6)金融重整。

IMF 認為結構性改革應直搗金融體系之重大缺失與其管理上之弊病。否則，若金融機構的弊病不解決，貨幣政策的效果必大打折扣。而財政政策也會因政府保證了太多債務而失去意義。根據 IMF 在 1999 年元月所提供的一份報告所載，IMF 對風暴國家提供援助之基本策略也是秉持著這些想法，包括三方面：(1)採用結構性改革：重建金融體系，並採相對應措施以促使經濟持續成長，以求建立信心並阻止資本外流；(2)調整總體政策，如包括用溫和

性的財政緊縮政策，以改善惡化的財政狀況，並彌補金融部門重建之執行成本。用緊縮貨幣政策來限制資本流竄。降低匯率貶值之壓力，避免匯率過度調整以至於超過反映基本面的實質匯率之應有幅度。因為過度調整的匯率可能造成通貨膨脹，形成競爭國的出口壓力而損及世界貿易穩定體系；(3)提出大額融資方案，協助恢復信心。由 IMF 出面，協調會員國對風暴國家提供資金援助。

由於 IMF 提出的方案涉及多項金融改革，金融改革可能涉及危機之進一步擴散，故破產過程需儘速處理。因此，相關機構均提出因應措施，例如世界銀行、亞洲開發銀行亦加入援助行列。

對於國際貨幣基金在此次金融風暴中的表現，毀譽參半。至於國際貨幣基金未來的角色，已有不同的論調出現，要求改革，正反意見均有。這些意見可歸納如下：

(1)維持原有架構。改革各國政府必須設定明確、長期的政策目標，俾以建立信心以及堅持決策開放，維持市場的資訊流通，與確保政策目標及國際機構值得信賴。為達到這個目的，各國必須遵守明確的行為準則，包括財政政策、貨幣政策及金融政策、企業標準與社會政策，而且由 IMF 及世界銀行 (World Bank) 制訂。

(2)建議 IMF 成立擔保用的信用機構。當債務國發生流動性危機時，能迅速撥款應急，再由該國未來出口的貿易盈餘中扣回，以期降低投機客逮住債務國外匯空虛發動攻擊的風險，同時也能吸引各國維持開放資本市場與自由貿易。

(3)建議設立新的全球金融規範常任委員會，以定期的方式，結合 IMF、世銀、巴賽爾委員會及其他管理團體。這個全球委員會將被委以設立機制，以協調金融法規與國際監督標準。這個常任委員會同時可以鼓勵民間部門改善其風險評估。

(4)把 IMF 與世界銀行合併。既然國際貨幣基金與世界銀行均為解決國際

間經濟金融問題，但其作法與步調並不完全一致。本來原則上國際貨幣基金著重短期問題，世界銀行著重長期問題，而欲解決一國之經濟金融問題，往往短期與長期問題要全盤考慮。這兩個單位各自為政，主張悖離。故而有人建議把兩個單位合併，重新架構。

(5)有人認為危機發生的原因並不是市場失靈的結果，而是政府過度干預或政府試圖取代市場的結果，是政府錯誤地釘住匯率引發投機者下注所造成的。因此，有人主張不需有政府的干預，也不需要國際貨幣基金這樣的單位。

總而言之，IMF 的組織、角色、定位，並無共識。展望未來情勢，舉凡 IMF 的角色、國際金融情勢、貿易生態的轉變，均有待觀察。臺灣未來所面臨的挑戰，仍然不少。風暴受創國家的通病，臺灣相對輕微，但仍須借鏡他山之石，方能攻錯。而亞洲金融風暴固然暫時平息，將來宜預作防備，須目前即積極改進經濟體質，這乃是風暴受創國家當務之急。

# 25.3 金融整併

## ㈠金融機構之購併

由於國際間金融競爭十分激烈，許多國家均展開金融購併 (financial mergers and acquisition)，無論是美洲、歐洲、亞洲，均有多國之金融機構已經展開多件金融購併。以亞洲而言，日本、新加坡、韓國，均已有若干金融購併之案件，參見表 25–5。這些購併案件，一般而言，購併是為了規模經濟 (economy of scale) 與範疇經濟 (economy of scope)，但實際整併之後，其經營效率是否有效提升，並不明確，有些則需要時間來觀察檢視。

表 25-5　日、新、韓之金融購併（約 2000 年代）

| 國　家 | 金融集團 |
|---|---|
| 日　本 | 1. 瑞穗金融集團 (Mizuho)：<br>2000 年由日本興業銀行 (the Industrial (Kogyo) Bank of Japan)、富士銀行 (Fuji Bank)、第一勸業銀行 (Dai-Ichi Kangyo Bank) 合併為瑞穗集團 (Mizuho Holdings)，為最先完成合併者，亦是當時世界上資產規模最大之銀行集團。<br>2. 日聯集團 (UFJ)：<br>2001 年 4 月，由三和銀行 (Sanwa Bank) 和東海銀行 (Tokai Bank) 合併組成為日聯集團 (United Financial of Japan, UFJ) 銀行。<br>3. 三井住友金融集團 (SMFG)：<br>2001 年 4 月，由櫻花銀行 (Sakura Bank) 與住友銀行 (Sumitomo Bank) 合併，改稱三井住友銀行 (Sumitomo Mitsui Banking Corporation)。<br>4. 三菱東京金融集團 (MTFG)：<br>由東京三菱銀行、三菱信託銀行、日本信託銀行所組成，1996 年，Mitsubishi Bank 和 the Bank of Tokyo 合併為東京三菱銀行 (Tokyo Mitsubishi Bank)。2006 年 1 月，日本 UFJ、三菱東京 (The Bank of Tokyo-Mitsubishi) 合併成立新的持股公司 (Mitsubishi UFJ Financial Group)。 |
| 新加坡 | 1. 星展銀行 (DBS)：<br>星展銀行原名為新加坡銀行 (Development Bank of Singapore)，1998 年 11 月，星展銀行正式收購儲蓄銀行 (POS Bank)。<br>2. 星展銀行香港分行：<br>1999 年從日商 Fuji Bank 收購香港廣安銀行 (Kwong On Bank)，2001 年向香港國浩集團收購香港道亨銀行 (Dao Heng Bank)。星展銀行旗下的三家香港銀行：道亨銀行、廣安銀行及海外信託銀行合併更名為 DBS Bank (Hong Kong) Limited。 |
| 南　韓 | 1. 南韓國民銀行 (Kookmin Bank)：<br>國民銀行在亞洲金融風暴時採取積極的金融改革措施，清理內部不良債權 (NPL)，再分別併購四家金融機構，已於 2001 年 11 月 1 日與住房商銀合併，為南韓最大銀行。<br>2. 漢南銀行和漢城銀行於 2002 年 12 月合併。<br>3. 新韓金融集團 2003 年 8 月收購朝興銀行。<br>4. LoneStar 於 2003 年收購韓國外換銀行。<br>5. 花旗銀行於 2004 年 3 月收購韓美銀行。 |

說明：本表為 2000 年左右時期之購併。
資料來源：作者整理。

## (二)金融監理制度與金融體系結構調整

　　全球各國有各種不同的金融體系架構，有些國家採用單一業務之金融機構型態，銀行、證券、保險機構分別獨立設立公司；有些則採行金融控股公司型態，由金融控股公司投資於旗下不同金融機構，形成金融集團；另有些國家則採綜合性銀行制度，將不同金融業務整合於一家金融機構來進行，可

以發揮並提高規模經濟與範疇經濟。未來的金融體系發展趨勢，有可能由單
一金融機構型態，逐步增加跨業經營之範圍。轉型方向可以是金融控股公司
方式，也可能是綜合性銀行方式。若為了便於金融監理，減少金融轉型之成
本，則會傾向於選擇金融控股公司的方式。若朝向提供較完整的先進金融服
務，則會傾向於採行綜合性銀行型態。臺灣之金融制度乃是選擇了金融控股
公司，以及容許單一金融機構得兼營其他金融業務之方式，例如銀行機構可
以兼營證券業務。美國與日本亦採金融控股公司型態，至於未來是否朝向綜
合性銀行體系邁進，亦有不少討論。至於歐洲國家之金融架構則已採綜合性
銀行型態，提供資金供需雙方的多樣金融服務。

　　國際間的金融監理制度也在逐步調整。以銀行準備率而言，已往乃是由
政府決定法定準備率，要求銀行提存相當準備金，用以加強金融機構之流動
性與安全性的保障。但是，漸漸地各國之制度已有調整，歐美等先進國家已
傾向於降低法定準備率，並且提高流動資產占負債之比例，一方面讓銀行減
少不具生利性質的準備金，增加導息資產來增加獲利空間；另一方面流動資
產可隨時變現，亦可維持銀行之流動性。

# 25.4 金融海嘯

　　2007 年 8 月，美國爆發次級房貸問題，引發全球金融市場之震撼，股
市、匯市劇烈波動，至 2008 年期間更有許多大型國際金融機構接連倒閉，引
起全球金融風暴，稱為金融海嘯。此風暴之形成，有其背景因素，各國亦積
極採取緊急措施，臺灣亦有因應措施，簡述於下。

## ㈠金融海嘯之發生

　　美國次級房貸規模於 2000 年代初便開始快速成長，至 2006 年時已比
2003 年增加一倍，約占美國房貸 20% 之譜。次級房貸是銀行針對信用紀錄

較差或有信用不良紀錄的客戶承作的住房貸款，這些客戶多因信用評級較差，無法從正常管道借貸，利率較一般正常貸款高。美國次級房貸業者通常會將房貸商品發行證券化商品，如合成式擔保債務憑證 (synthetic collateralized debt obligation, synthetic CDO)，係衍生性金融商品與資產證券化之組合，以組合來提高其債信評等，向社會大眾募集資金。因為投資報酬率比一般債券市場高，常吸引海外基金、避險基金及壽險公司等法人戶參與。

金融海嘯之發生，約可分成三波：

第一波金融海嘯，始於 2007 年 7 月 19 日美國第三大投資銀行貝爾斯登 (Bear Stearns) 旗下之對沖基金瀕臨瓦解。受到美國次級房貸影響之國際大型金融機構甚多，各機構受創情況嚴重度不一，包括：新世紀金融 (New Century Financial Corp.)、貝爾斯登 (Bear Stearns)、County Wide、American Home Mortgage Investment、第一資本金融 (Capital One Financial)、Miami Valley Bank、NetBank、北岩銀行 (Northern Rock)、花旗集團 (Citigroup)、美林證券 (Merrill Lynch)、瑞銀集團 (UBS)、摩根史坦利 (Morgan Stanley) 等等。有些機構更是退出了市場，例如 Bear Stearns 就在 2008 年 5 月宣布賣給摩根大通銀行 (JP Morgan Chase Bank)；北岩銀行則在 2008 年 2 月 19 日於英國下議院三讀通過將北岩銀行國有化，藉由立法程序由政府接管[2]。

第二波金融海嘯，始於 2008 年 7 月中，美國房利美 (Fannie Mae) 與房地美 (Freddie Mac) 兩大房地產貸款公司爆發財務危機，9 月份美國聯邦政府宣布接管二房，挹注資金並擔保債務。

第三波金融海嘯，始於 2008 年 9 月雷曼兄弟控股公司 (Lehman Brothers) 宣布破產、美林證券被美國銀行收購、美國國際集團 (AIG) 向聯邦準備銀行申請緊急融資。美國支援美國國際集團，但未救助雷曼兄弟。雷曼兄弟之破產，引發全球金融市場系統危機，並導致各國許多大型的金融機構

註

2. 參考：楊雅惠 (2008)，〈省思國際金融危機從次貸風暴談起〉，《經濟前瞻》，7 月，頁 76–81。

相繼倒閉或被政府接管，包括：

　⑴美國華盛頓互惠銀行 (Washington Mutual) 被 FED 接管，並由摩根大通銀行買下。

　⑵美聯銀行 (Wachovia) 被富國銀行 (Fargo) 收購。

　⑶德國最大房貸銀行海波銀行 (Hypo Real Estate) 接受政府擔保。

　⑷冰島三大銀行 Glitnir、Landsbanki、Kaupthing 被政府接管。

　⑸比利時、荷蘭、盧森堡合資的富通金融集團 (Fortis) 不堪財務損失，由比利時、荷蘭、盧森堡三國央行聯手出資收購。

　⑹英國主要房貸銀行 Bradford & Bingley 由政府接管，最大房貸機構 HBOS 被駿懋銀行 (Lloyds TBS) 收購。

　⑺日本大和生命保險公司宣布破產等。

　上述三波金融危機，撼動大眾對金融市場的信心，迅速引起強烈且廣泛之市場反應，風險性資產急於求售，同業間拆款利率劇揚，出現流動性短缺現象，利率交換價差擴大，CDS[3] 價格驟升，衍生性金融商品價格大跌，全球股市持續重挫，形成金融海嘯。全球金融市場動盪不安，衝擊逐漸由金融體系擴散至實質經濟，影響民間消費及投資信心，全球經濟活動受到抑制，導致經濟衰退及通貨緊縮。

## ㈡金融風暴之成因[4]

　本次全球金融危機之起因交錯複雜，綜合國際間各界看法，大致可歸納

---

**註**

3.信用違約交換 (credit default swap, CDS)：將交易對手的信用風險移轉給第三者的一種衍生性金融商品，係可供信用提供者（放款人或公司債持有人）規避信用風險之契約，交易主體包含違約風險保護買方 (protection buyer)，及違約風險保護賣方 (protection seller)。買方因持有風險敏感性資產（例如債券或放款部位），欲將此違約風險轉嫁給賣方，故定期支付費用以保障未來可能發生的違約損失，賣方收取費用並相對承擔義務，一旦發生違約事件，需給付買方所造成的損失。

為下列原因：

## 1.全球超額流動性降低投資人風險意識

　　風暴的發生背景，係多年來美國資金環境寬鬆，因應 2001 年科技泡沫破壞，為了刺激景氣而採寬鬆政策，促使銀行大量承作次級房貸。此外，日本持續陷入流動性陷阱，以及歐元區採取寬鬆貨幣政策，更助長全球流動性快速成長。全球超額流動性使投資人風險意識大幅降低，資金競相追逐風險性資產，導致資產價格上漲，信用與資產市場均出現泡沫化現象。次級房貸隱藏在該等風險性資產中，成為金融市場之未爆彈。美國自 2004 年 6 月以來，為逐步調節資金寬鬆局勢，持續調高聯邦資金利率，遂也加重房貸利息，加上房地產市場的持續降溫，相關資產價值下跌，次級房貸借款者延遲還本付息，違約率提高，進而影響連結金融商品之價值，引發流動性問題，2007 年因美國房市下跌之觸發，波及整體債市及股市，形成全面金融恐慌。

## 2.「貸款後證券化」模式與資訊不對稱導致信用品質下降

　　金融財務工程之快速發展與金融創新，促使「貸款後證券化」經營模式盛行。銀行與貸款機構承作房屋貸款後即出售給投資銀行，再由投資銀行透過證券化過程重新包裝成 ABS[5] 與 CDO[6]，出售給全球機構投資人，將信用

4.資料來源：參考：2009 年 5 月，《金融穩定報告》，中央銀行。

5.資產基礎證券 (asset backed securities, ABS)：係指特殊目的公司依資產證券化計畫所發行，以表彰持有人對該受讓資產所享權利之權利憑證或證書。投資標的多半是非不動產抵押貸款債權的證券化商品。主要係金融機構將能產生現金收益的資產或債權集合起來，予以信用增強，然後發行成證券，出售給有興趣的投資人，背後連結的資產可以是銀行貸款、租約或其他資產等。例如，以汽車貸款、信用卡應收帳款、或以分期付款之應收帳款作為擔保發行證券，預期報酬主要來自於發行時所承諾的票面利率。投資風險以證券化背後的資產或債權之信用風險為主，發行人的風險與提前還款的風險次之。

6.擔保債務憑證 (collateralized debt obligation, CDO)：係以第三者債務抵押發行之證券，發行者將一組固定收益債權加以重組證券化包裝後再依不同信用品質區分各層次證券銷售給投資人，將產生的現金流量依照證券發行條件付息給投資人。CDO 標的物的種類繁多，可能是企業貸款、公司債、證券化的結構商品等。

風險移轉給投資人且降低房貸審核標準以擴增承作量,使次級房貸市場大幅成長且放款信用品質大降。此外,資產證券化雖給予銀行更多避險管道,但無法瞭解證券化商品背後實際資產之相關資訊及風險,且在出售商品時,資產管理人並未善盡代理人的角色,導致投資人無法充分掌握風險。

### 3.信評機構之利益衝突及模型偏誤

信用評等機構之評等結果不僅被用於決定《新巴塞爾資本協定》之風險權數,亦為許多金融機構風險管理及投資決策之依據。然而,信用評等係由信評機構向債券發行機構收取費用,存在利益衝突。此外,信評機構在為證券化商品評等時,一方面可能因資訊不對稱,無法完全取得證券化商品背後資產池之相關資訊,導致評價模型偏誤;另一方面信評機構之信用評等模型,僅涵蓋信用風險,未涵蓋市場及流動性等其他風險。尤其是未將總體環境變化納入信用評等模型中,低估了風險嚴重性。

### 4.風險管理技術趕不上金融創新腳步

在財務工程技術持續創新之下,次級房貸被包裝成結構型商品,惟該等商品結構複雜且缺乏歷史資料,金融機構只能依賴未經市場驗證之數理模型進行風險評估及管理,而該等模型之各項假設係建立在金融穩定且市場流動性充分之基礎上,一旦金融不安或流動性枯竭,風險管理即完全失靈。此外,許多金融機構對暴露於次級房貸有關之多項風險,包括投資 ABS 及 CDO 等金融商品、提供流動性額度、以及暴露於交易對手風險等,多未整合並進行管理,忽略次級房貸風險高度集中情形,導致危機引爆後一連串損失。

## ㈢各國穩定金融措施

為因應金融海嘯之衝擊,各國政府採取多項措施以穩定金融市場:

### 1.穩定股票市場

實施禁止對金融股放空(美國、英國、法國、德國、愛爾蘭、荷蘭、瑞士、比利時、加拿大、澳洲)、全面禁止放空(美國(無券)、澳洲、韓國、

印尼)、對長期持有股票和公司債型基金的投資人可享稅負優惠(韓國)。

### 2.維持市場流動性

全球主要央行陸續注資,並調降利率(美國、歐盟、英國、加拿大、瑞士及瑞典等),紓緩流動性危機,藉由寬鬆貨幣政策振興經濟;提高存款保障額度(美國、英國及西班牙),實施存款全額保障機制(德國、冰島、丹麥、奧地利及希臘等)以穩定金融體系,強化存款人信心;金融機構債務保證(美國、英國、德國、荷蘭、法國、西班牙、奧地利及愛爾蘭)使拆款市場正常營運。

### 3.強化金融機構資本並避免信用緊縮

美國實施「資本購買計畫」,以購買優先順位特別股方式,對合格且由美國控制之金融機構挹注資金,以個案方式對具系統性重大影響力之倒閉金融機構提供援助。其他國家亦提供資本重建計畫(英國、德國、西班牙、荷蘭、奧地利及瑞典);收購銀行問題資產(德國、西班牙及義大利);加強對中小企業融資(日本及南韓)。

## (四)臺灣之穩定金融措施

臺灣在穩定金融海嘯期間實施了下述措施:

### 1.股票市場限制

全面禁止借券及融券放空措施;每日股市漲跌幅減半,由 7% 降至 3.5%(至 2008 年 10 月 27 日止);增加國發基金購買上市有價證券之金額;徹查干擾股市之禿鷹、謠言及不實訊息;強化借券資訊之揭露方式及說明;投資人融資融券期限最長一年限屆滿前,授信機構得審視客戶信用狀況,再准允客戶展延期限六個月;投資人經授信機構同意,得以其他擔保品,補繳融資自備款或融券保證金差額等。

### 2.維持市場流動性

中央銀行充分供應資金、降低存款準備率、調降利率。而存款全額保障

（包含外匯存款、金融機構存款、政府存款及同業拆款）實施至 2010 年 12 月 31 日止，其後回復限額存款保證，限額保證額度由 150 萬增至 300 萬。

### 3.強化金融機構資本並避免信用緊縮

金融監督管理委員會協調支應銀行辦理企業融資所需資金，避免銀行對營運正常、但一時遭遇困難之企業緊縮銀根；協調銀行公會對於非自願性失業者房貸予以展延；擴大中小企業信用保證基金保證成數及融資額度；國發基金規模由 2,000 億元擴增至 1 兆元，以投資國內重要策略性產業及協助企業改善體質與產業結構。

金融海嘯爆發，不但造成金融市場動盪，也引起全球景氣蕭條，全球經濟成長率巨幅下跌，由 2007 年之 5.2%，2008 年降為 3%，2009 年更降至負值 -0.6%，到 2010 年方走出低谷，經濟成長率提升為 5.0%，全球景氣才轉為復甦。金融風暴對經濟成長影響之鉅，由此可見。

## 繽紛貨銀 25A

### 金融海嘯後占領華爾街運動與人文省思

2008 年金融海嘯之後，全球各界諸多檢討與批判。2011 年 9 月 17 日，近千名示威者湧入紐約金融中心華爾街示威，反抗大公司的貪婪不公和社會不平等，斥責貧富差距懸殊而忽略多數的弱勢者，稱為「占領華爾街 (Occupy Wall Street)」。隨後，類似的集會活動出現在美國各大城市（華盛頓特區、舊金山、洛杉磯、芝加哥、波士頓等等），並蔓延至南美洲、歐洲、亞洲、大洋洲各地，發展成「一起占領 (Occupy Together)」。

占領華爾街運動的興起，顯示全球社會對於人文省思之企盼。金融海嘯的起源，與財富發展過程中摻雜人性弱點、市場上競相逐利行為有關。全球金融中心龍頭紐約華爾街，便是 2008 年金融海嘯的爆發源頭，在此海嘯中大受非難，被責為貪婪、短視、掩飾。經過這次海嘯的教訓，各國紛紛在相關監理機制、貨幣政策、業界行為規範上，多有檢討改進具體措施。然而，全球所待振興的，不只是經濟的復甦與金融市場的狂熱，尚包括精神面的再思

索以及人文面的再深究。

　　遙觀歐洲 14 世紀的文藝復興，揮別了中古世紀的黑暗時期之後，進入嶄新的世代。文藝復興所強調的乃是人文主義，肯定人的價值，涵蓋藝術與社會生活，關注人的歷史、人的世界、人的活動、以及人的精神、形象和身體本身；認為人人生來平等，反對封建等級制度；主張個人社會地位應來自於道德和勞動，而非來自於門第或繼承權。這種觀念給予每個人生存與成就的機會，社會充滿活力，觸動各階級、領域的潛力，使經濟快速成長，文藝也成果斐然，當時所謂文藝三傑，即達文西、米開朗基羅、拉斐爾，精彩作品流傳久遠。經濟與文藝的同步提升，相輔相成地造就了歐美的盛世。

　　有創意的文藝作品，不但表現出人文思想之價值，且歷久彌新，愈經得起時代考驗，其商業價值愈高。但是若一味為累積財富而追逐財富，汲汲營營於金錢遊戲，不但失去了提升人文價值與實現理想的意義，更極可能身陷債務牢籠之中。擁有財富，是為了在不虞匱乏之下，展開有意義的生活。一個進步的社會，應以創意思維同步推動經濟發展方是理想的提升。

　　作者所著的《經濟的創意樂章》一書（聯經出版，2008 年）將經濟與音樂、文學、藝術等領域作了結合，認為人文價值提升過程中，自可為經濟加值，啟發長久的經濟活力。作者另有〈金融海嘯後需要新文藝復興〉一文[7]，更闡釋了海嘯後亟需人文思維再造之觀念。

　　歷史上的文藝復興是遠古的 14 世紀至 16 世紀時期，人文面的文藝復興則沒有期限。當今 21 世紀，逐利、套利、詐利的行為層出不窮，輕忽了人文價值的思考與實踐。經過金融海嘯的深刻教訓後，我們所需要的乃是重新出發，以嶄新的眼光，思索人文內涵，耕耘一個嶄新的文藝復興世代。

## 繽紛貨銀 25B

### 創意跨域力量[8]

2016 年諾貝爾文學獎給了世人一大驚訝，出了一記奇招，獎頒美國歌手

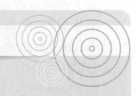

---

註

7.楊雅惠 (2009)，〈金融海嘯後需要新文藝復興〉，《台灣銀行家》，金融研訓院，第 1 期，頁 90
～91。

8.參考：楊雅惠，〈從諾貝爾文學獎看創意跨域力量〉，《工商時報》，2016 年 11 月 4 日。

巴布狄倫 (Bob Dylan)。為什麼歌手得到諾貝爾獎？再去展讀其生平及得獎原由，其實諾貝爾文學獎並不在於推崇其歌藝，而是重視其歌詞之意涵，肯定其挑戰時代與堅持理想的勇氣，看上其廣傳社會的影響力。

巴布狄倫的歌詞，表達他的思維想法，對社會有反抗意識，包括反戰思維，以及在演唱風格的挑戰突破。一首「隨風而逝 (Blowing in the wind)」，歌詞詢問：要走過多少路才能成為一個男人，要經歷多少戰火才能換到和平，語中隱喻其對戰爭的反抗。「變革的時代 (The times they are a-Changin')」 吟唱著：躊躇不前者，將被時潮淘汰淹沒。被廣為各界引用，其影響不止在演藝圈，甚至也滲入學術圈。據報導，美國的護理實務期刊有若干文章曾引用巴布狄倫歌詞，甚至有專文分析引用其歌詞之現象，認為科學家的創新隨想往往起於好奇心，正與其歌詞所傳達的意境相近，可見引用其歌詞乃是時尚。

美國明尼蘇達大學音樂系的阿歷克斯‧盧貝 (Alex Lubet) 教授提醒：巴布狄倫並不是第一位榮獲諾貝爾文學獎的音樂人，1913 年諾貝爾文學獎得主泰戈爾 (R. Tagore, 1861～1941) 以詩集獲獎，而他也在音樂方面造詣甚高，曾寫下逾兩千首歌曲，常被電影採用，有三首分別被挑選為印度、孟加拉和斯里蘭卡國歌。諾貝爾獎雖不提他的音樂成就，而他結合了文學與音樂的跨領域火花，無疑增加社會影響力，吸引了諾貝爾獎評審的眼光。

無論巴布狄倫或泰戈爾，都發揮了跨領域創作的爆發力火花，若只有歌未必具有深度的思想，若只有詞未必具有擴散推廣的力道。跨領域的曲與詞之結合，擷取不同領域的精華，予以加倍加乘，加強打動聽眾心田的力道。其所爆發的力量，已證明不容小覷。

跨領域的結合，已在不少面向出現，呈現傑出亮眼的成果。提出相對論的科學家愛因斯坦，乃是自小鑽研小提琴的音樂人。莫札特的曲子，讓他體會到和聲學與曲式學的數學架構，也為這位科學家驅散了憂鬱和煩憂，增添美麗與和諧，協助其科學思維的醞釀。

把美學帶入科技，乃是近年顯學。賈伯斯為蘋果公司創辦人之一，具企業家、行銷家、發明家身分，籌設皮克斯動畫，駕馭不同領域。他在創業之初就注重電腦的使用方便性和美觀，滿足消費者對生活美學的期許，很快獲得市場青睞，打造其燦爛的科技王國。

跨領域可在個人發揮，亦可在團體呈現。社會上不同領域間，有時須媒合者協助。媒合者的角色，可由政府或民間扮演。若只從事單一面向，很可能只在原有藩籬下踱步，須賴新進工具打開天空。例如：故宮文物之知識推廣，若透過數位內容工具，以更活潑更親近的面貌呈現，更能引發民眾對文物之興緻與鑑賞。又如地區特色發展，經濟產業與地區文物結合，帶動觀光事業與地區產值，跨領域聯手出擊，可囊括不同領域的群眾，發揮跨領域的影響力。

值得一提的是：在跨領域結合過程中，並非只是並列不同元素，而是需要予以融合交會，誘出不同產出，獲致不同產品。在這融合過程中，需要創意，方能激發亮點與火花。舉例言之，科技工作者踏入音樂廳或畫展場，並不等於跨領域結合，除非藝文元素進入科技工作中，如同賈伯斯把美學帶入科技創作之中，方具新的生命動能。

另一項值得提及的，跨領域結合不代表個別領域不須專精，切忌主要專業只停滯在膚淺階段，但急求橫越不同學門，而把不同色澤的膚淺皮毛勉強粘貼在一起，若不細心修整，恐流於雜碎組合之失。因此，在跨領域結合時，原有領域仍須具備相當水準與深度，跨領域加上創新構想，方能產生具備意義而有深度的影響力。

## ｜重要詞彙｜

歐元 (Euromoney)
歐洲經濟暨貨幣聯盟 (Economic and Monetary Union, EMU)
金融海嘯 (Financial Tsunami)

亞洲金融風暴 (Asian Financial Crisis)
金融購併 (financial mergers and acquisition)

## ｜練習題｜

1. 歐元之實施可分成哪些階段？歐元制度是如何產生的？
2. 歐洲貨幣整合，有何經濟利益與成本？
3. 亞洲金融風暴之發生原因為何？
4. 2007 年次級房貸、2008 年金融海嘯等一連串金融風暴，其發生原因與政府因應措施如何？
5. 如何能降低金融風暴發生的可能性？

# | 參考文獻 |

中文部分

中小企業廳計畫部金融課編 (1990)，《中小企業金融新潮流》，同友館。

方國榮 (1997)，〈金融創新與財務工程〉，《臺灣經濟金融月刊》，臺銀經研室，第 33 卷第 8 期。

白俊男 (1983)，《貨幣銀行學》，三民。

向壽一 (1990)，《現代日本企業　多國籍總合金融機關》，同文館。

寺西重郎 (1991)，《工業化金融》，東洋經濟新報社。

李庸三、陳上程 (1994)，〈臺灣金融發展之回顧與前瞻〉，《臺灣金融發展會議》，中研院經研所，頁 23～90。

李榮謙 (1993)，《臺灣地區之貨幣控制：理論、實證與政策》，智勝。

李榮謙、高超洋、黃麗倫、楊淑雯 (2011)，〈日本失落十年的經驗與啟示〉，《中央銀行季刊》，第 32 卷第 2 期，頁 47～64。

李麗 (1995)，《衍生性金融商品》，三民。

林鐘雄 (1990)，《貨幣銀行學》，三民。

社團法人東京銀行協會 (1994)，〈中小企業・個人向金融制度要覽〉，平成 6 年 8 月調。

各期資料，〈金融創新商品專欄〉，《證交資料》，臺灣證券交易所。

侯金英 (1981)，〈我國金融機構的特徵與其發展〉，《臺北市銀月刊》，第 20 卷第 7 期，頁 1～26。

胡俊凱 (1988)，〈我國匯率制度及外匯管理之分析〉，《企銀季刊》，臺灣中小企業銀行徵信調查室。

康信鴻 (1994)，《國際金融理論與實際》，三民。

許光華、許可達、嚴宗銘 (2006)，《貨幣銀行學》，三民。

張清溪、許嘉棟、劉鶯釧、吳聰敏 (2016)，《經濟學：理論與原理》上下冊，雙葉。

梁發進、徐義雄編著 (1994)，《貨幣銀行學》，國立空中大學。

第一屆兩岸金融學術研討會 (1995)，大陸中國金融學會、臺北金融研究發展基金會，中華經濟研究院。

莊武仁 (1991)，〈利率期限結構理論及其檢定〉，《貨幣市場簡訊》，國際票券金融股份有限公司，第 71 期，9 月 15 日，頁 1～11。

許振明 (1987)，《貨幣銀行學》，華泰。

許嘉棟主編 (1995)，《臺灣貨幣與金融論文集》，聯經。

許嘉棟、梁明義、楊雅惠、劉壽祥、陳坤銘 (1985)，《臺灣金融體制之研究》，中華經濟研究院：經濟專論 (65)，6 月。

許嘉棟、楊雅惠 (1997)，〈臺灣金融制度與經濟發展〉，《經濟政策與經濟發展：臺灣經濟發展之評價》（于宗先、李誠主編），中華經濟研究院與俞國華文教基金會，頁149～190。

郭國興 (1995)，《貨幣銀行學：理論與應用》，三民。

郭婉容 (1996)，《總體經濟學》，三民。

陳松男 (1996)，《國際金融市場泛論與分析》，新陸。

楊雅惠 (1988)，〈銀行開放民營為何猶豫〉，《經濟前瞻》，中華經濟研究院，第 3 卷第 3 期。

楊雅惠 (1991)，〈銀行業管制與營運行為之分析〉，《臺灣貨幣與金融論文集》，（許嘉棟主編）（《臺灣經濟發展論文集續編》，于宗先主編），聯經。

楊雅惠 (1991)，〈臺灣銀行業之管制與營運〉，《香港與亞太區華人銀行業》，（饒美蛟、鄭赤琰主編），香港中文大學、香港亞太研究所、海外華人研究社，頁 175～195。

楊雅惠 (1992)，〈臺灣金融政策及其影響〉，海峽兩岸產業發展研討會，中華經濟研究院、北平社會科學院數量與技術研究所、經濟日報社主辦。

楊雅惠 (1999)，〈金融制度與金融改革〉，《一九八○年代以來臺灣經濟發展經驗》（施建生主編），中華經濟研究院，頁 427～461。

楊雅惠，〈一張鈔票十八萬細菌〉，《聯合報》，2003 年 11 月 11 日。

楊雅惠，〈風險下賭希望〉，《聯合報》，2003 年 7 月 15 日。

楊雅惠 (2004)，〈臺灣民營銀行開放家數之商榷〉，《開放民營銀行設立之經驗與啟示：臺灣案例》（于宗先主編）第四章，喜馬拉雅研究發展基金會：中國大陸經濟問題 1 月，頁 109～126。又出版於 2005 年，《民營銀行：臺灣案例》，文庫、經濟探索系列，社會科學文獻出版社。

楊雅惠 (2005)，《總體經濟學》，三民。

楊雅惠 (2008)，《經濟的創意樂章》，聯經。

楊雅惠 (2008)，〈省思國際金融危機 從次貸風暴談起〉，《經濟前瞻》，中華經濟研究院，7 月，頁 76～81。

楊雅惠 (2009)，〈金融海嘯後需要新文藝復興〉，《台灣銀行家》，金融研訓院，第 1 期，頁 90～91。

楊雅惠，〈金融市場的羊群效應〉，《經濟日報》，2009 年 4 月 19 日。

楊雅惠 (2010)，〈兩岸金融合作與發展新局〉，2010 年第七屆金融市場與趨勢研討會，臺灣證交所、臺灣期交所、淡江大學合辦。

楊雅惠，〈尋找完美的貨幣制度〉，《工商時報》，2010 年 12 月 10 日。

楊雅惠 (2011)，〈金融體制之演變〉，《中華民國發展史》，國立政治大學人文中心。

楊雅惠，〈金融知識教育蔚為國際潮流〉，《工商時報》，2012 年 5 月 4 日。

楊雅惠 (2012)，〈英美雙 V 閘門：關起開放之門？〉，《台灣銀行家》，金融研訓院，第 33 期，頁 10～11。

楊雅惠，〈國際化貨幣各有發展模式〉，《工商時報》，2014 年 8 月 1 日。

楊雅惠，〈金融挺產業之多方路徑〉，《工商時報》，2014 年 7 月 4 日。

楊雅惠，〈QE 流行潮：從東京、華盛頓到法蘭克福〉，《工商時報》，2015 年 1 月 9 日。

楊雅惠，〈消失的辛巴威元 世界貨幣奇譚〉，《工商時報》，2015 年 7 月 3 日。

楊雅惠，〈從諾貝爾文學獎看創意跨域力量〉，《工商時報》，2016 年 11 月 4 日。

楊雅惠，〈在科技金融新代的迷潮中〉，《工商時報》，2017 年 5 月 5 日。

楊雅惠，〈水漲船高非本事全球經濟持穩中宜求躍升〉，《工商時報》，2018 年 1 月 5 日。

楊雅惠，〈為除弊而除「幣」從印度廢鈔談起〉，《工商時報》，2018 年 2 月 2 日。

楊雅惠、王湘衡 (2009)，〈我國債券市場發展現況及課題〉，《證券櫃檯雙月刊》，證券櫃臺買賣中心，第 142 期，頁 7～15。

楊雅惠、許嘉棟 (2005)，〈新臺幣匯率與央行干預行為〉，《臺灣經濟預測與政策》，中央研究院經濟研究所，第 35 卷第 2 期，頁 23～41。

楊雅惠、許嘉棟 (2015)，《臺灣金融體制之變遷綜觀》，臺灣金融研訓院。

楊雅惠、陳元保、陳坤銘、杜英儀 (1997)，《當前製造業資金問題與對策》，中華經濟研究院。

楊雅惠、龍嘯天 (2003)，《大陸金融體制之研究兼論臺商融資管道與臺灣銀行業赴大陸設點問題》，中華經濟研究院。

楊雅惠、龍嘯天 (2004)，〈大陸保險市場之發展暨開放〉，中華經濟研究院。

趙捷謙 (1994)，《經濟學要義》，五南。

蔣碩傑 (1985)，《臺灣經濟發展的啟示穩定中的成長》，天下。

蔣碩傑 (1995)，《蔣碩傑先生時論集》，遠流。

鄭秀玲、陳欽奇 (1996)，〈國內外銀行業規模經濟、多元化經濟及效率研究之比較〉，《經濟研究》，中興大學經濟系，第 34 卷第 2 期，頁 111～147。

羅至美 (2014)，《歐元與歐洲統合歷史、危機與展望》，五南。

英文部分

Arshadi, Nasser, and Gordon V. Karels (1997), *Modern Financial Intermediaries & Markets*, International Edition, Prentice-Hall International, Inc.

Beenstock, Michael, and J. Andrew Longbottom (1981), "The Term Structure of Interest Rates in a Small Open Economy," *Journal of Money, Credit and Banking*, 13 (1), pp. 44~59.

Belongia, Michael T., and James A. Chalfant (1989), "The Changing Empirical Definition of Money: Some Estimates from a Model of the Demand for Money Subsititutes," *Journal of Political Economy*, 97 (2), pp. 387~397.

Borokhovich, Kenneth A., Robert J. Bricker, Terry L. Zivney, and Srinivasan Sundaram (1995), "Financial Management (1972 ~ 1994): A Retrospective," *Financial Management*, 24 (2), pp. 42~53.

Branson, William H. (1972), *Macroeconomics Theory and Policy*, International Edition, Happer & Row, Publishers, Inc.

Buckle, M., and J. L. Thompson (1992), *The United Kingdom Financial System in Transition*: *Theory and Practice*.

Cole, David C., Hal S. Scott, and Philip A. Wellons, eds. (1995), *Asian Money Markets*, Oxford University Press.

Cooley, Thomas F., and Stephen F. LeRoy (1981), "Identification and Estimation of Money Demand," *American Economic Review*, 71 (5), pp. 825~844.

Cox, John C., Jonathan E. Ingersoll, Jr., and Stephen A. Ross (1985), "A Theory of the Term Structure of Interests Rates," *Econometrica*, 53 (2), pp. 385~407.

Federation of Bankers Associations of Japan (Zenginkyo) (1995), *The Banking System in Japan Financial Statistics*, No. 397.

Goldfeld, Stephen M., and Lester V. Chandler (1986), *The Economics of Money and Banking*.

Gordon, S. Roberts (1980), "Term Premiums in the Term Structure of Interest Rates," *Journal of Money, Credit, and Banking*, 12 (2), pp. 184~197.

Japan Securities Research Institute (1994), *Securities Market in Japan*.

Judd, John P., and John Scadding L. (1982), "The Search for Stable Money Demand Function: A Survey of the Post–1973 Literature," *Journal of Economic Literature*, 20 (3), pp. 993~1023.

Kaufman, George G., ed. (1994), *Banking Structures in Major Countries*, Kluwer Academic Publishers.

Marsh, Terry (1980), "Equilibrium Term Structure Models: Test Methodology," *The Journal of Finance*, Vol. XXXV, No. 5 (May), pp. 421~435.

Mishkin, Frederic S. (2015), *The Economics of Money, Banking and Financial Markets*, Harper Collins.

Patrick Hugh, and Yung-Chul Park (1994), *The Financial Development of Japan, Korea and Taiwan: Growth, Repression and Liberalization*, Oxford University Press.

Jack Revell, ed. (1994), *The Changing Face of European Banks and Securities Markets*, St. Martin's Press.

Roger Craine, Arthur Havenner, and James Barry (1978), "Fixed Rules vs. Activism in the Conduct of Monetary Policy," *American Economic Review*, 68 (5), pp. 769~783.

Schiller, Rudiger (1993), "Successful Privatization in Former East Germany: Results from a Survey Carried Out among Small-and Medium-sized Enterprises in the Spring of 1993," ICSB 38th World Conference, Las Vegas, Nevada, U. S. A.

Shea, Jia Dong, and Yang, Ya-Hwei (1994), "Taiwan's Financial System and the Allocation of Investment Funds," *The Role of the State in Taiwan's Development*, edited by Joel D. Aberbach, David Dollar, and Kenneth L. Sokoloff, M. E. Sharpe, pp. 193~230.

Thomas, Lloyd B. (1997), *Money, Banking, and Financial Markets*, International Edition, The McGraw-Hill Companies, Inc..

Tsiang, S. C. (1989), *Finance Constraints and the Theory of Money: Selected Papers*, edited by Meir Kohn, Academic Press, Inc.

Norbert Walter, and Rudiger von Rosen (1995), *German Financial Markets*, Woodhead Publishing.

White, Lawrence H. (1996), "Review of: The Quantity Theory of Money: From Locke to Keynes and Friedman," *Journal of Economic Literature*, 34 (4), pp. 1944~1945.

William F. Sharpe (1981), *Investments*, Prentice-Hall.

Yang, Ya-Hwei (1993), "Government Policy and Strategic Industries: The Case of Taiwan," *Trade and Protectionism: NBER-East Asia Seminar on Economics*, Volume 2, edited by Takatoshi Ito, and Anne O. Krueger, The University of Chicago Press, pp. 387~412.

Yang, Ya-Hwei (1994), "Taiwan: Development and Structural Change of the Banking System," *The Financial Development of Japan, Korea and Taiwan: Growth, Repression and Liberalization*, edited by Hugh Patrick, and Yung-Chul Park, Oxford University Press.

Yang, Ya-Hwei (1998), "Coping with the Financial Crisis: The Taiwan Experiences," *Seoul Journal of Economics*, 11 (4), pp. 423~445.

Yang, Ya-Hwei (1998), "Monetary Policy and Capital Flows in Taiwan during the 1980s and 1990s," *Coping With Capital Flows in East Asia*, edited by C.H. Kwan, Donna Vandenbrink, and Chia Siow Yue, Nomura Research Institute (Tokyo) & Institute of Southeast Asian Studies (ISEAS), August, pp. 111～135. Reprint in the Volume II set The Economic Development of Northeast Asia (edited by Heather Smith), Edward Elgar, 2002.

Yang, Ya-Hwei, and Daw Ma (2012), "Capital Structure Choice and Ownership: Evidence from Electronics Enterprises in China," *China Economic Journal*, 4:2–3, pp. 145～158.

Yang, Ya-Hwei, and Jia-Dong Shea (1999), "Evolution of Taiwan's Financial System," *East Asia's Financial Systems*: *Evolution & Crisis*, edited by S. Masuyama, D. Vandenbrink, and C. S. Yue, Nomura Reasearch Institute and Institute of Southeast Asian Studies, pp. 260～290.

Zahid, Shahid N., ed. (1995), *Financial Sector Development in Asia*, Oxford University Press.

# | 索 引 |

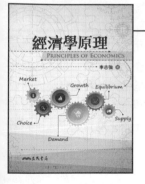

## 經濟學原理

李志強／著

　　本書以淺顯易懂的文字來說明經濟學的基礎概念，穿插生活化的實例並減少複雜的數學算式，使初次接觸經濟學的讀者能輕鬆地理解各項經濟原理。本書各章開頭列舉該章的「學習目標」，方便讀者掌握章節脈絡；全書課文中安排約七十個「經濟短波」小單元，補充統計數據或課外知識，提升學習的趣味性；各章章末的「新聞案例」則蒐集相關新聞並配合理論分析；另外，各章皆附有「本章重點」與「課後練習」，提供讀者複習之用。

## 總體經濟學

盧靜儀／著

　　本書特色：1.介紹總體經濟學的基本概念及理論，幫助您認識整個經濟體系的運作以及體系中各部門間的關聯性。 2.本書理論涵蓋國內及國外部門，使您能夠檢視現今政府政策的適當性及適用性。 3.每章都設有「經濟話題漫談」的單元，以近期國內外的經濟新聞或話題為中心，對照內文中的經濟理論，讓您熟悉經濟理論的運用。

## 初級統計學：解開生活中的數字密碼

呂岡玶、楊佑傑／著

　　本書特色：1.以生活案例切入，避開艱澀難懂的公式和符號，利用簡單的運算推導統計概念，即使對數學不甚拿手也能如魚得水。 2.以直覺且淺顯的文字介紹統計觀念，再佐以實際例子說明，讓您輕鬆理解，統計不再是通通忘記！ 3.以應用的觀點出發，說明統計在生活上各層面的運用，是一門能幫助解決許多問題的實用學問。

## 會計學（上）（下）

林淑玲／著

　　本書特色：1.本書依照國際財務報導準則 (IFRS) 編寫，以我國最新公報內容及現行法令為依據，並彙總 GAAP、IFRS 與我國會計準則的差異。 2.本書分為上、下兩冊，上冊介紹會計原則、簿記原理及結帳相關的概念，幫助讀者完整掌握整個會計循環。下冊介紹存貨、現金、應收款項、長期性資產、負債及股東權益等個別單元，並搭配詳盡的範例解說。 3.章節後均附有國考歷屆試題及問答題，可為讀者檢視學習成果之用。

## 財務管理——理論與實務　　　　張瑞芳／著

　　財務管理是企業的重心所在，關係經營的成敗，不可不用心體察，盡力學習控制管理，若能深入瞭解運用，必可操控企業經營的成功，否則企業將毀於一旦。修習此一學科，必須用心、細心、耐心，而一本易懂、易記、易唸的財管書籍是迫切需要的；然而部分原文書及坊間教科書篇幅甚多，且內容艱辛難以理解，因此本書著重在概念的養成，希望以言簡意賅、重點式的提要，能對莘莘學子及工商企業界人士有所助益。

## 財務報表分析　　　　盧文隆／著

　　本書特色：1.行文簡單明瞭，逐步引導讀者檢視分析財務報表；重點公式統整於章節後方，並附專有名詞中英索引，複習對照加倍便利。 2.有別於同類書籍偏重原理講解，本書新闢「資訊補給」、「心靈饗宴」及「個案研習」等應用單元，並特增〈技術分析〉專章，融會作者多年實務經驗，讓理論能活用於日常生活之中。 3.彙整各類證照試題，有助讀者熟悉題型；隨書附贈光碟，內容除習題詳解、個案研習參考答案，另收錄進階試題，提供全方位實戰演練。

## 投資學　　　　張光文／著

　　本書以投資組合理論為解說主軸，並依此理論為出發點，分別介紹金融市場的經濟功能、證券商品以及市場運作，並探討金融市場之證券的評價與運用策略。

　　此外，本書從理論與實務並重的角度出發，將內容區分為四大部分，依序為投資學概論、投資組合理論、資本市場的均衡以及證券之分析與評價。為了方便讀者自我測驗與檢視學習成果，各章末均附有練習題。

　　本書除了適用於大專院校投資學相關課程，更可為實務界參考之用。

## 行銷管理　　　　黃俊堯／著

　　本書特色： 1.內容包含現今行銷者特別重視的議題，如顧客價值管理、數位行銷、產業行銷、服務行銷等。 2.全書提供大量案例來輔助說明，並介紹中國市場的行銷環境與經營案例。 3.各章開頭附有該章重點，章末附有討論題目，適合大專院校一學期的行銷管理課程之用。

## 管理學

榮泰生／著

　　本書融合了美國著名教科書的精華、研究發現以及作者多年擔任管理顧問的經驗。在撰寫的風格上，力求平易近人，使讀者能夠很快的掌握重要觀念；在內容的陳述上，做到觀念與實務兼具，使讀者能夠活學活用。本書可作為大專院校「企業管理學」、「管理學」的教科書，以及各高級課程的參考書。對於從事實務工作的人（包括管理者以及非管理者）而言，本書是充實管理的理論基礎、知識及技術的最佳工具。

## 稅務會計

卓敏枝、盧聯生、劉夢倫／著

　　本書特色：1.法規更新至 106 年 6 月 14 日，收錄稅捐稽徵法、所得稅法、加值型及非加值型營業稅法等最新法規修正。2.包含對（加值型）營業稅之申報、兩稅合一及營利事業所得稅結算申報的詳盡表單、說明及實例。3.內容編寫建立在全盤租稅架構與整體節稅理念上，綜合理論與實務，是營利事業實務運用的最佳參考工具。

## 期貨與選擇權

廖世仁／著

　　本書特色：1.期貨與選擇權雖然是財金系的進階課程，但本書敘述淺白、文字平易近人，適合大專學生和對期貨與選擇權有興趣的一般人士。2.內文搭配例題和隨堂測驗，可隨時掌握學習進度。3.重要章節提供「衍生性商品災難事件簿」單元，以真實案例說明不慎操作期貨與選擇權帶來的傷害。4.每章皆附有期貨商業務員、期貨分析師等往年考題。

## 國際金融理論與實際

康信鴻／著

　　本書特色：1. 本書主要介紹國際金融的理論、制度與實際情形。在寫作上強調理論與實際並重，文字敘述力求深入淺出、明瞭易懂，並在資料取材及舉例方面，力求本土化。2. 全書共分十六章，介紹國際金融的基本概念及其演進，其中第十五章〈歐債危機對全球及臺灣金融及經濟影響〉和第十六章〈量化寬鬆政策對全球及臺灣金融及經濟影響〉介紹目前最新穎的議題。此外，每章最後均附有內容摘要及習題，以利讀者複習與自我測試。3. 本書敘述詳實，適合修習過經濟學原理而初學國際金融之課程者，也適合欲瞭解國際金融之企業界人士，深入研讀或隨時查閱之用。

## 保險學

陳彩稚／著

　　本書首先總論保險制度之運作原理與保險契約之主要特質，其次分析保險事業經營之業務與財務管理，以及政府監理之原因與法規。後半部內容則著重於保險產品特性之介紹，探討民營人身保險、非人身保險以及公營保險產品之承保範圍、除外責任與費率因素等要點。全書內容簡潔扼要，並以具體之個案範例深入淺出的說明抽象之保險理論，適合大專學生與各界人士閱讀參考。

## 國際貿易實務詳論

張錦源／著

　　國際間每一宗交易，從初步接洽開始，經報價、接受、訂約，以迄交貨、付款為止，其間有相當錯綜複雜的過程。本書按交易過程先後作有條理的說明，期使讀者能獲得一完整的概念。除了進出口貿易外，本書對於託收、三角貿易、轉口貿易、相對貿易、整廠輸出、OEM 貿易、經銷、代理、寄售等特殊貿易，亦有深入淺出的介紹，另也包含電子信用狀統一慣例、本金／無本金交割遠期外匯等最新內容，為坊間同類書籍所欠缺。